Stephan Dreyer
Rainer Keppler

Das neue Kosmos Buch der Aquaristik

Fische, Pflanzen, Wasser, Technik

KOSMOS

Aquaristik

Das Aquarium: Natur zu Hause 5

Ein trockenes Thema: Wasser 27

Technik: Der Natur auf die Sprünge helfen 47

Es grünt so grün: Pflanzen fürs Aquarium 61

Die Hauptdarsteller: Unsere Fische *79*

Die Qual der Wahl: Die Fischarten *99*

Service *154*

Das Aquarium: Natur zu Hause

Das Aquarium: Natur zu Hause

Etwa 80 Millionen Zierfische in ca. 2 Millionen Haushalten schwimmen allein in deutschen Aquarien, und mindestens so viele Menschen ließen sich aus freien Stücken vom Aquaristikfieber anstecken. Was haben sie davon?
Haben sie bestimmte (womöglich gemeinsame) Ziele, und was kann und soll Aquaristik bewirken? Welchen Sinn und Zweck kann ein Glaskasten (oder gar mehrere) haben, den man sich zu Hause oder gar am Arbeitsplatz aufstellt, mit Wasser füllt und mit Pflanzen und Fischen bestückt?
Nun, *die* gemeinsame Antwort auf alle Frage kann es nicht geben. Es gibt eine ganze Reihe von Gründen, warum Menschen mit Fischen und Wasserpflanzen zusammenleben wollen. Aber allen Aquarianern ist – bewusst oder unbewusst und mehr oder weniger stark ausgeprägt – eines gemeinsam: Die Liebe zur belebten Natur sowie die Freude an entsprechenden Beobachtungen.
Ist sie gekoppelt mit einer gewissen Portion „Forschergeist“, wird man die mit der aktiven Ausübung der Aquaristik einhergehenden Lehr- und Lerneffekte im Vordergrund sehen. Vor allem aus dem vielfältigen und reizvollen Bereich der Verhaltensforschung lässt sich auch auf begrenztem Raum viel beobachten und

Gesellschaftsaquarium mit tropischen Süßwassfischen aus Südamerika und Südostasien. Bei der Bepflanzung wurde auf eine dekorative Wirkung geachtet.

analysieren. Gerade Naturkunde- und Biologielehrer machen sich dies in Schulaquarien zu Nutze, und manchen Schüler lässt die Thematik nicht mehr los.
Bei keiner anderen Form der Haus- und Heimtierhaltung werden die Wechselbeziehungen zwischen Tier und Umwelt und ihre mannigfaltigen Verflechtungen so deutlich wie in der Aquaristik. Die Ökologie als Lehre dieser Zusammenhänge lässt sich durch die gegebenen Abhängigkeiten (Fisch – Wasser – sonstige Bewohner) trefflich darstellen und vermitteln.
Nur was man in praktischer Erfahrung und direktem Kontakt kennen lernt, wird man auch schätzen können und schützen wollen. Die Aquaristik vermittelt eine Vorstellung davon, was sich draußen in der Natur, mit und ohne Zutun des Menschen, abspielt. Dabei rückt neben den Bewohnern das Wasser selbst mit seiner elementaren Bedeutung für alle Lebensformen in das Zentrum des Interesses.
Fragen und Antworten des Biotop- und Landschaftsschutzes spiegeln sich in Aquarien wider; der Umweltschutzgedanke wird in der Thematik „Wasserqualität, Wasseraufbereitung“ greifbar und im Kleinen nachvollzogen. Die Verantwortung für Lebewesen und ihre Umgebung, die Freude, die aus erfolgreicher Hege und Pflege von Wasserbewohnern erwächst, stellen sich als weitere denkbare Aquaristik-Motivationen dar.
Man kann Aquaristik ganz für sich allein, gemeinsam mit Freunden und Bekannten oder als sinnvolle und arbeitsteilige Beschäftigung für die ganze

Prachtschmerlen

Familie betreiben. Viele Aktive suchen aber auch ganz bewusst den Meinungs- und Erfahrungsaustausch in entsprechend orientierten Interessensgruppen, seien es Arbeitsgemeinschaften an Schulen oder anderen Bildungseinrichtungen oder die zahlreichen Aquarienvereine. Fachsimpeln oder nur zuhören, gemeinsam beobachten oder sich weiterbilden und die geselligen Aspekte dieser Runden genießen – all das kann aus Aquaristik erwachsen, Anlass für den Einstieg in dieses schöne Hobby sein oder zu seiner Vertiefung führen.

Doppelschwert-Guppy, eine bei professionellen Guppy-Züchtern verbreitete Form, die jedoch selten im Zoofachhandel zu finden ist.

Schließlich seien die Zeitgenossen genannt, die alle zuvor genannten, guten Gründe weder brauchen noch wollen: Sie finden es einfach „nur" schön, ein Aquarium zu besitzen und sich daran zu erfreuen: als Zierde einer Wohnung, als Schmuckstück im Zimmer und als Objekt, dessen Betrachtung nach dem hektischen Arbeitstag als entspannend, ja wohltuend empfunden wird.
Zu jeder Form der Ausübung der Aquaristik gehört eine Portion Sachkunde und Fachwissen, um möglichen Fehlern vorzubeugen und Kritikern den Wind aus den Segeln zu nehmen. Bei Durchführung mit Sachverstand gibt es nichts, aber auch gar nichts, das gegen die Aquaristik spricht. Eine sinnvolle Beschäftigung ist sie allemal.

› Überlegungen vorab

Wenn wir Lebewesen (Tiere oder Pflanzen) in unsere Obhut nehmen, sollte es selbstverständlich sein, dass wir die Verantwortung für ein gesundes und artgerechtes Leben dieser Organismen übernehmen. Um im konkreten Fall Aquarium diese Lebensbedingungen nicht nur kurzfristig, sondern kontinuierlich aufrechterhalten zu können, sind eine Reihe regelmäßiger Pflegearbeiten erforderlich. Sie verursachen ein gewisses Maß an Kosten und nehmen auch einige Zeit in Anspruch.
Da die meisten Misserfolge in der Aquaristik auf mangelnde oder falsche Pflege zurückzuführen sind, soll hier zunächst einmal der Pflegeaufwand, den ein „durchschnittliches" Aquarium erfordert, besprochen werden. Es liegt dann an Ihnen, sich zu überlegen, ob Sie diese Tätigkeit und den damit verbundenen Kosten- und Zeitaufwand auf sich nehmen wollen. Wenn ja, steht dem Start ins „nasse Hobby" und der damit ver-

bundenen, meist lebenslangen Infektion mit dem Aquaristikvirus nichts mehr im Wege!
Mit der Zeit werden Sie, wie alle Aquarianer, die Erfahrung machen, dass die erforderlichen Pflegemaßnahmen alles andere als lästig sind. Auch die Zeit, die Sie mit „Fische beobachten" verbringen, wird Ihnen nicht als Belastung erscheinen. Im Gegenteil, Sie werden es manchmal bedauern, wenn die Beobachtung interessanter Vorgänge im Aquarium durch berufliche oder sonstige Termine eingeschränkt wird.

Es ist sinnvoll, während der Fütterung die Fische zu beobachten: Kommt jeder Fisch ans Futter, gibt es Anzeichen von Krankheiten oder Verletzungen, gibt es Unverträglichkeiten zwischen einzelnen Fischen oder liegen etwa sonstige Abweichungen vom normalen Verhalten vor? Gleichzeitig wirft man auch einen Blick aufs Thermometer und prüft, ob alle technischen Geräte einwandfrei arbeiten. Für alle diese Tätigkeiten muss mit einem täglichen Zeitaufwand von ca. zehn bis 15 Minuten gerechnet werden.

Arten-Aquarium für Brabantbuntbarsche (*Tropheus*-Arten) aus dem Tanganjika-See. Das kalkhaltige Lochgestein bietet ideale Verstecke und sorgt dafür, daß der pH-Wert im alkalischen Bereich bleibt.

› Der Pflegeaufwand

Hier werden zunächst in allgemeiner Form die erforderlichen Tätigkeiten und der damit verbundene Zeit- und Kostenaufwand beschrieben. Nähere Erläuterungen und Begründungen erfahren Sie dann in den späteren Kapiteln über Wasserpflege und Technik.
Das Füttern Ihrer Pfleglinge ist zweifellos die häufigste Pflegemaßnahme. Eine ein- bis zweimalige Fütterung pro Tag sollte als Anhaltspunkt dienen. Es darf nur so viel gefüttert werden, wie die Fische in wenigen Minuten restlos fressen. Weitere Einzelheiten zur Fütterung finden Sie im entsprechenden Kapitel.

Die wichtigste, für die Erhaltung eines optimalen Milieus entscheidende Tätigkeit ist die Durchführung eines regelmäßigen Teilwasserwechsels. Um ein stetiges Anhäufen von Schadstoffen im Aquarium zu verhindern, muss regelmäßig alle 14 Tage ein Viertel bis ein Drittel des Wasservolumens abgesaugt und durch frisches Wasser ersetzt werden. Näheres dazu im Kapitel über Wasser. Gleichzeitig werden auch abgestorbene Pflanzenteile und übermäßige Mulmansammlungen entfernt. Falls erforderlich, wird auch ein Teil der Filtermassen im Filter gereinigt. Für diese Tätigkeit muss man bei einem 100-l-Aquarium

mit einem Zeitaufwand von ca. 30 Minuten rechnen.
Um sicher zu gehen, dass den Aquarieninsassen ihr nasses Element auch zusagt, sollten regelmäßig pH-Wert, Karbonathärte und Nitrit-Gehalt überprüft werden. Dafür gibt es preiswerte und leicht zu handhabende Testsets im Zoofachhandel. Der Zeitaufwand für eine Messung liegt bei ca. drei bis fünf Minuten.
Bei den Kosten wollen wir uns hier darauf beschränken, nur die Betriebskosten zu behandeln. Anschaffungskosten sind einmalig und hängen letzten Endes davon ab, für welches Aquarium Sie sich entscheiden. Da sich Preise bekanntlich ändern, kann hier nur auf die einzelnen Kostenfaktoren hingewiesen werden. Absolutwerte würden in Kürze nicht mehr der Realität entsprechen.
Prinzipiell entstehen dauernde Kosten an Strom, Wasser, Futter und Pflegemitteln. Die Hauptverursacher von Stromkosten sind Beleuchtung und Heizung. Am Stromverbrauch für Beleuchtung lässt sich nicht sparen, da eine Beleuchtungsdauer von zehn Stunden täglich erforderlich ist. Die Kosten für Heizung richten sich nach der Differenz zwischen Zimmertemperatur und erforderlicher Temperatur des Aquarienwassers. Je kleiner die Differenz, desto geringer die Kosten. Die Stromkosten für Filterung fallen äußerst gering aus, da moderne Aquarienfilter nur sehr wenig Strom verbrauchen (oft unter 10 W).
Die Wasserkosten für den regelmäßigen Teilwasserwechsel sind praktisch (noch) zu vernachlässigen: Für ein 100-l-Aquarium benötigt man bei 14-tägigem Austausch von 30 l Wasser etwa 780 l im Jahr.

Zitronensalmler

Die Kosten für Futter sind von der Zahl und der Größe der gepflegten Fische abhängig. Dazu kommen dann noch Kosten für Pflegemittel, wie z.B. Dünger für Wasserpflanzen, Wasseraufbereiter. Als gelegentliche Kosten kämen noch die erwähnten Testsets hinzu. Bei einer Reichweite von 50–80 Messungen pro Packung (je nach Fabrikat) schlagen sie weniger häufig zu Buche.

› Der richtige Standort

Wenn Sie nun die Schilderung des Pflegeaufwands nicht von Ihrem Entschluss abbringen konnte, sich mit dem Aquaristik-Virus infizieren zu lassen, so ist es an der Zeit, den geeigneten Standort für das Aquarium auszusuchen. Spätestens seit es technisch ausgereifte künstliche Beleuchtungen für Aquarien gibt, hat das Aquarium auf der Fensterbank ausgedient. Der Standort Fensterbank oder auch ein Platz in der Nähe des Fensters, wie er in älterer Aquarienliteratur noch propagiert wird, bringt zu große Lichtprobleme mit sich. Der nur schwer kontrollierbare und nicht kontinuierliche (Sommer/Winter) Lichteinfall fordert Algenprobleme geradezu heraus. Die Vorväter der modernen Aquaristik hatten noch mit einem weiteren Problem zu kämpfen. Damals gab es noch keine Aquarienbeleuchtungen, wie wir sie heute kennen. So war die Fensterbank zwangsläufig der prädestinierte Ort für das Aquarium. Wurden nun im Herbst die Tage kürzer, so kam es recht oft zu dem gefürchteten »Herbststerben«. Der verringerte Lichteinfall führte auch zu weniger Sauerstoffproduktion durch die Wasserpflanzen. Mangels eines weiteren, heute selbstverständlichen technischen Hilfsmittels, nämlich Durchlüfterpumpen, war so mancher Fisch aufgrund Sauerstoffmangels dem Tod geweiht. Wem das Leben seiner Lieblinge am Herzen lag, musste rechtzeitig zusehen, den Bestand so weit zu verringern, dass die restlichen Bewohner mit dem verringerten Sauerstoffgehalt über den Winter kamen. Im Frühjahr konnte man dann wieder an die Neuanschaffung von Fischen denken, wenn die zunehmende Tageslänge auch mehr Sauerstoff im Aquarium versprach. Diese Sorgen brauchen wir uns heute dank ausgereifter Aquarientechnik nicht mehr zu machen.

Die dunkelste Ecke eines Zimmers, möglichst ohne Sonneneinstrahlung, ist deshalb der ideale Platz für ein Aquarium. Eine gezielt auf die Bedürfnisse der Pflanzen abgestimmte künstliche Beleuchtung sorgt für das richtige Licht in kontinuierlichem Rhythmus. Möglicherweise können Sie dadurch sogar eine ewig dunkle und unbeliebte Ecke im Zimmer aufmöbeln und schlagen so zwei Fliegen mit einer Klappe.

Darüber hinaus sollte der Idealplatz für ein Aquarium aber noch einige weitere Bedingungen erfüllen. Ein elektrischer Anschluss mit mindestens drei Steckdosen sollte sich in der Nähe befinden oder problemlos hergestellt werden können. Die Pflegearbeiten, vor allem aber der nötige regelmäßige Teilwasserwechsel, müssen ohne akrobatische Verrenkungen durchführbar sein.

Die Nähe eines Wasseranschlusses ist nicht unbedingt zwingend erforderlich. Bei kleineren Aquarien wird man den Wassertransport ohnehin per Eimer machen, was einmal in zwei Wochen auch bei entfernter liegendem Badezimmer leicht erledigt werden kann.

Bei größeren Aquarien kann die Eimerschlepperei allerdings zur Last werden, zumal zufällig verschwapptes Wasser sicherlich kein Anlass zu familiären Freudenausbrüchen ist. In einem solchen Fall empfiehlt sich die Anschaffung eines längeren Schlauches (Gartenschlauch). Das eine Ende steckt man ins Aquarium, natürlich nicht ohne Ansaugschutz für die Fische. Das andere Ende klemmt man, nachdem man das Wasser kurz angesaugt hat, unter die Brille des „stillen Örtchens". So kann, ein ausreichender Höhenunterschied vorausgesetzt, jede beliebige Menge Wasser aus dem Aquarium bequem entsorgt werden. Für den umgekehrten Weg wird der Schlauch mit der Warmwassermischbatterie verbunden (passende Verschraubungen gibt's im Baumarkt) und temperiertes Wasser fließt zurück ins Aquarium. Da man die Eigendynamik von Schläuchen nicht unterschätzen sollte, muss das Schlauchende im Aquarium entsprechend gesichert werden (Saugnapf, Stein etc.).

Wenn es nicht möglich ist, das Aquarien-Untergestell über den Balken zu platzieren, hilft eine große Platte als Unterlage, die den Druck über die Balken verteilt.

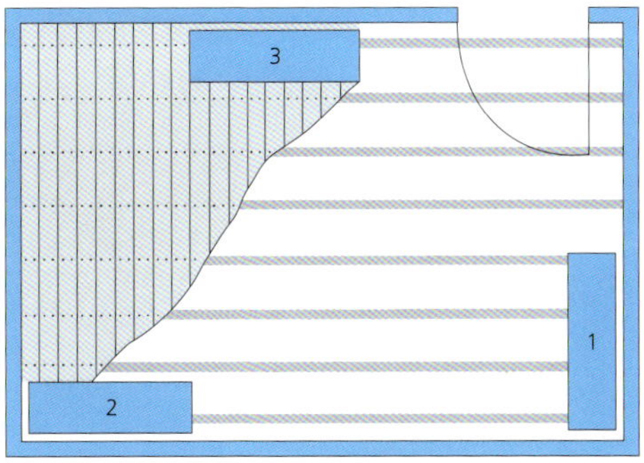

Achten Sie bei der Wahl des Standorts auf den Verlauf der Balken im Fußboden. Quer zur Balkenrichtung ist der ideale Standort (1); in der Ecke (2) ist es immer noch stabiler als parallel zum Balkenverlauf an der Wand (3).

TIPP

Es versteht sich von selbst, dass der Unterbau absolut waagrecht stehen muss. Die eigentliche Fläche, auf die das Aquarium gestellt wird, muss plan und absolut frei von Fremdpartikeln (kleinen Steinchen etc.) sein. Zwischen Stellfläche und Aquarium legt man eine so genannte Polysoftmatte, die es speziell für Aquarien im Zoofachhandel gibt.

Es geht jedoch auch bequemer und ohne Bastelei, wenn man sich eines der im gut sortierten Zoofachhandel erhältlichen Wasserwechselsets kauft. Solche Sets arbeiten in der Regel mit einer so genannten Wasserstrahlpumpe. Diese wird an die Wasserleitung angeschlossen und durch einen speziellen Ventilmechanismus saugt sie über einen Schlauch das Wasser aus dem Aquarium an, wenn man den Wasserhahn aufdreht. Einen kleinen Nachteil hat die Bequemlichkeit allerdings. Die Wasserstrahlpumpe verbraucht pro Liter abgesaugtes Aquarienwasser etwa zwei Liter Trinkwasser, das mit in den Ausguss fließt.

Das Gewicht eines gefüllten Aquariums ist nicht zu unterschätzen. Ein 100-l-Aquarium wiegt inklusive Bodengrund, Dekoration und Unterbau ca. 120–150 kg. Bei Aquarien unter 100 l dürfte das Gewicht bei heutigen Deckenkonstruktionen für die Standortwahl unbedeutend sein. Bei größeren Aquarien ist es jedoch ratsam, sich Gedanken über die Tragfähigkeit der Decke zu machen. Sie ist in der Nähe der Wände natürlich höher als in der Mitte des Zimmers. Im Zweifelsfall sollten Sie einen Statiker zu Rate ziehen. Bei Altbauten mit Holzdecke sollte außerdem noch die Laufrichtung der Balken berücksichtigt werden. Steht das Aquarium quer zur Laufrichtung und dazu noch an einer Wand, so ist die Tragfähigkeit am höchsten.

Seinem Gewicht entsprechend, benötigt ein Aquarium natürlich noch einen stabilen Unterbau. Für Aquarien bis ca. 60 l kann dies ein Tisch, Schreibtisch, Regal oder dergleichen sein. Für größere Aquarien benötigt man einen eigens für diesen Zweck hergestellten Unterbau. Der Zoofachhandel bietet heute Aquarienunterbauten in zahlreichen Modellen und Ausführungen an. Ein Selbstbau lohnt sich nur bei Sondermaßen, entsprechendes Können natürlich vorausgesetzt.

Zuchtform des Indischen Wasserfreund

› Das Aquarium

Die Größe

Aquaristik-Einsteiger stehen allzu oft vor der Gewissensfrage: Zunächst klein beginnen und später evtl. vergrößern oder gleich ein großes Aquarium? Beides hat, offen gesagt, Vor- und Nachteile. Sehen wir uns zunächst einmal die Verhältnisse in der Natur an.

Unsere Pfleglinge schwimmen in ihrer Heimat in riesigen Wassermassen, deren chemische Zusammensetzung sich durch eine ausgeprägte Kontinuität auszeichnet. An diese Verhältnisse haben sich die Fische mehr oder weniger stark angepasst (mehr darüber im Kapitel über Fische). Aus diesem Grunde sollte man bestrebt sein, im Aquarium ähnliche kontinuierliche Lebensbedingungen zu bieten. Zumindest sollten sich die Schwankungen in vertretbaren Grenzen bewegen.

Nun ist es nicht zu bestreiten, dass in einem großen Aquarium diese Konstanz der Lebensbedingungen durch versehentliche Pflegefehler nicht ganz so leicht aus dem Gleichgewicht gebracht wird wie in einem kleinen. Andererseits wird man bei einem kleinen Aquarium, sofern man nicht vorzeitig aufgibt, mit den natürlichen Gesetzmäßigkeiten dieses kleinen Lebensraumes eher vertraut als bei einem großen. Pflegefehler werden von einem kleinen Aquarium sofort unerbittlich quittiert.

Smaragd-Panzerwels

Hierzu ein Beispiel: Ein unbemerkt gestorbener Fisch wird in einem großen Becken keinen Ärger bereiten. Er wird praktisch ohne Auswirkungen auf das Wassermilieu von unzähligen Bakterien und anderen Organismen zersetzt. Im kleinen Aquarium läuft prinzipiell das Gleiche ab. Nur kann im hier wesentlich kleineren Wasservolumen die Arbeit der Bakterien zu einem katastrophalen Sauerstoffmangel führen. Die Folgen für die Fische sind wohl jedem klar.
Weiterhin ist zu bedenken, dass die Anschaffung und auch die Betriebskosten bei einem großen Aquarium natürlich größer sind als bei einem kleinen, zumal der Zoohandel kleinere Aquarien mit durchaus akzeptablen Abmessungen preiswert als Komplettset mit allem erforderlichen Zubehör anbietet. Die Entscheidung liegt letzten Endes bei Ihnen. Das kleine Aquarium erfordert jedenfalls wesentlich mehr Disziplin und Regelmäßigkeit in der Pflege als ein größeres. Aus diesem Grund könnte man es durchaus als den didaktisch besseren Weg des Einstiegs in die Aquaristik betrachten. Sollten Sie wider Erwarten nach einiger Zeit feststellen, dass Aquaristik doch nicht das ist, was Sie sich als Hobby vorgestellt haben, dann hält sich zumindest der finanzielle „Flurschaden“ in Grenzen. Wir gehen natürlich davon aus, dass Sie in einem solchen Fall die gepflegten Lebewesen in verantwortungsvolle Hände weitergeben.

Bauart und Form

Heutzutage findet man praktisch nur noch so genannte Nur-Glas-Aquarien. Das sind Behälter, die aus exakt zugeschnittenen und diamantgeschliffenen Einzelglasscheiben zusammengeklebt werden. Als Kleber und gleichzeitige Abdichtung dient so genannter Silikonkautschuk.

Aquarien gibt es in allen erdenklichen Formen und Größen.

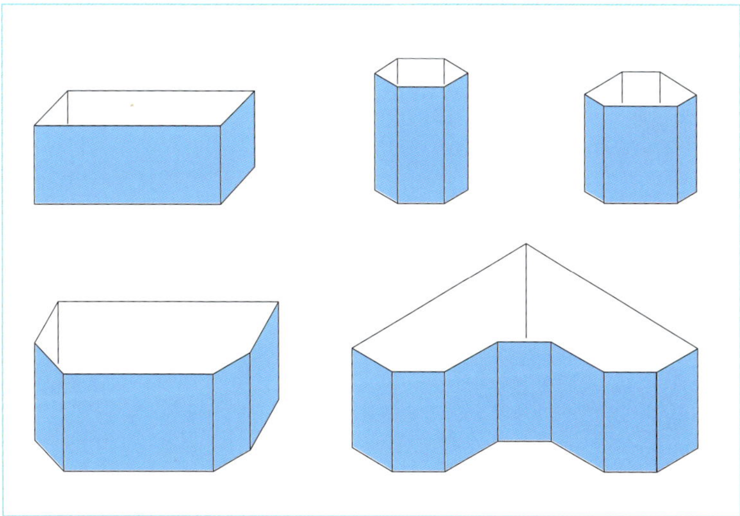

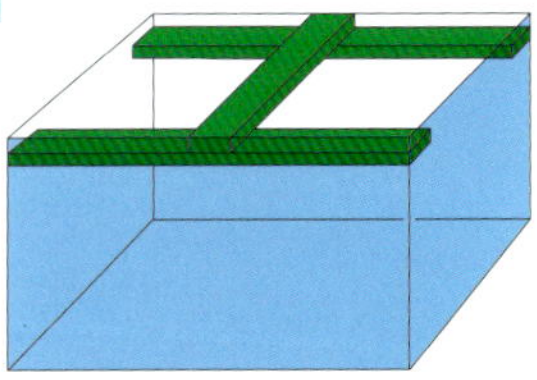

Becken ab 100 cm Seitenlänge benötigen einen Mittelsteg zur Stabilisierung, der über den längs verlaufenden Stegen angebracht ist.

INFO

In Deutschland gibt es mittlerweile einen Katalog über die Mindestanforderungen zur Pflege der gängigsten Fischarten, der von kontrollierenden Behörden und Amtspersonen praktisch wie ein Gesetz gehandhabt wird. Es handelt sich dabei um das „Gutachten über Mindestanforderungen an die Haltung von Zierfischen (Süßwasser)", das 1999 vom damaligen Bundesministerium für Ernährung, Landwirtschaft und Forsten in Bonn herausgegeben worden ist und seitdem unverändert gilt. Dieses Gutachten wurde von insgesamt neun mit aktivem Tierschutz betrauten Verbänden unterzeichnet und gilt daher als kaum widerlegbar. Dieses Gutachten kann beim BMELV angefordert werden (Adresse Seite 154) und ist auf deren Homepage veröffentlicht.

Derzeit werden die meisten Aquarien mit schwarzem Silikon geklebt. Dies soll das „Einwachsen" von Algen in die Grenzflächen zwischen Silikon und Glas verhindern. Andererseits gibt es auch Aquarien, die mit transparentem Silikon geklebt sind, wo auch noch nach 20 Jahren kein nennenswertes Einwachsen von Algen festzustellen ist. Man könnte also die schwarze Klebung eher als Modeerscheinung betrachten.

Die Farbe der Klebung dürfte also letztendlich eine untergeordnete Rolle spielen. Wesentlich wichtiger ist das Vorhandensein von so genannten Verstärkungsleisten, die auch gleichzeitig als Deckscheibenauflage dienen. Kaufen Sie nur Becken, die Verstärkungsleisten an den Längsscheiben des Aquariums haben!

Bei Becken über 1 m Länge müssen auch noch, abhängig von der Länge, ein oder mehrere Querstege vorhanden sein, die auf die Verstärkungsleisten aufgeklebt sind. Bei großen Aquarien, die nur mit Querstegen versehen sind (ohne Verstärkungsleisten in Längsrichtung), kommt es immer wieder vor, dass die Klebung der Querstege reißt und sich die Längsscheiben dann bedenklich nach außen wölben, wenn nicht sogar platzen.

Geklebte Aquarien haben grundlegende Vorteile gegenüber der früher üblichen „Rahmenbauweise". Durch den Wegfall des aufwendig herzustellenden Metallrahmens, in den anschließend die Scheiben eingekittet wurden, ist es möglich, wesentlich größere Aquarien preiswert zu fertigen. Zudem sind von der herkömmlichen „viereckigen" Form abweichende interessante Formen möglich, die auch als Sonderanfertigung preislich noch im Rahmen bleiben. Dadurch eröffnet sich eine Fülle neuer Gestaltungsmöglichkeiten im Wohnraum.

Ein kleiner Nachteil dieser Nur-Glas-Aquarien sei jedoch nicht verschwiegen: Vor allem die Kanten sind beim Transport wesentlich leichter zu beschädigen als die von Rahmenaquarien. Mit ein bisschen mehr Vorsicht lässt sich dieses jedoch leicht umgehen.

Bei der Auswahl der geeigneten Beckenform sollte den Ansprüchen der zu pflegenden Fische Vorrang vor innenarchitektonischen „Meisterleistungen" gegeben werden. Langgestreckte Fische, die gern viel schwimmen, sollte man z.B. nicht in kurzen hohen Becken pflegen. Umgekehrt sollten Fische mit hohem Körper nicht in flachen langen Becken gepflegt werden.

Muss das Becken aus irgendeinem Grund (zur Verfügung stehender Platz etc.) eine bestimmte Form haben, so wählen Sie bitte nur solche Fische, denen der angebotene Lebensraum zusagt. Nähere Angaben finden Sie in den Kapiteln über Aquarientypen und Fische und in der am Ende des Buches angegebenen Fachliteratur.

Ein weiteres wichtiges Kriterium bei der Auswahl der Beckenform ist die Tiefe des Beckens. Unter Tiefe versteht man die Entfernung zwischen Front- und Rückscheibe. Je tiefer ein Becken ist, desto vielseitiger sind die Gestaltungsmöglichkeiten im Aquarium. Hinzu kommt noch, dass die Entfernung von der Front- zur Rückscheibe, durch das Wasser beobachtet, wesentlich kürzer erscheint als an der Luft.

Ideal wären Aquarien, die tiefer sind als hoch oder zumindest gleich tief wie hoch. Leider hat die Industrie dies noch nicht erkannt. So sind die allermeisten Aquarien in Standardgrößen höher als

tief. Mit etwas Geschick lassen sich jedoch auch solche Aquarien ansprechend gestalten. Für welches Maß Sie sich auch immer entscheiden, achten Sie darauf, nur Fabrikate von renommierten Herstellern mit Garantie auf die Klebung zu kaufen.
Der Vollständigkeit halber seien nun auch noch einige andere Aquarienbauarten genannt. Als die Nur-Glas-Aquarien sich durchzusetzen begannen, fand man eine Zeitlang auch eine Zwischenstufe zwischen Rahmen- und Nur-Glas-Aquarien: Aquarien, die mit Silikon geklebt wurden, auf die jedoch nachträglich ein Rahmen aus Kunststoffprofilen aufgeklebt wurde. Der „Rahmen" dieser Aquarien hat keinerlei tragende Funktion. Er schützt lediglich die Kanten vor Beschädigung. Solche Aquarien sind mittlerweile jedoch wieder „aus der Mode" gekommen. Wer nun um die Kanten seines Nur-Glas-Aquariums fürchtet, kann einen solchen Rahmen aus Kunststoffprofilen (Baumarkt) auch leicht selbst ankleben.
Plexiglas ist ebenfalls ein Material, aus dem Aquarien hergestellt werden können. Da es jedoch im Vergleich zu Glas teurer und außerdem sehr kratzempfindlich ist, konnte es sich zumindest in Deutschland nicht so recht durchsetzen. Lediglich in einem Stück gegossene, für Quarantäne oder Zucht verwendbare Klein- oder Kleinstbecken aus Plexiglas finden noch Verwendung.
Für extrem große Aquarien kann es aus preislichen Gründen erforderlich sein, auf andere Materialien als Glas zurückzugreifen. Man setzt dann lediglich eine Frontscheibe aus Glas ein. Es wäre z. B. nicht das erste Mal, dass ein Aquarianer sein Traumaquarium betoniert oder mauert und dann das Haus darum herumbaut.

Isolation gegen Wärmeverlust

Bei Aquarien mit tropischen Fischen liegt die Wassertemperatur (zumindest während der kühleren Jahreszeit) um ca. 5–8 °C über der Raumtemperatur. Dies bedingt einen nicht unerheblichen Wärmeverlust nach außen. Nun stehen die wenigsten Aquarien so, dass sie von allen Seiten eingesehen werden können. Es empfiehlt sich also, alle Seiten, die nicht eingesehen werden können, von außen wärmedämmend zu isolieren. Das spart Stromkosten. Als Material eignen sich Styroporplatten oder so genannte extrudierte Dämmplatten aus Polystyrol (Baumarkt). Extrudierte Dämmplatten sehen eleganter aus und lassen sich mit einem Cuttermesser exakt und fransenfrei zuschneiden. Zur Befestigung verwendet man Silikonkleber oder doppelseitiges Teppichklebeband.

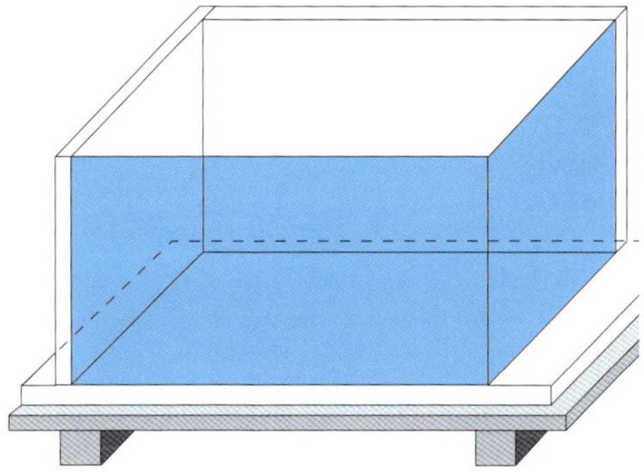

Als Isolation gegen Wärmeverlust werden die dem Betrachter abgewandten Seiten des Aquariums mit einer Styroporplatte verkleidet.

Der Hintergrund

Der Blick durch ein Aquarium auf die dahinter liegende Tapete passt in den seltensten Fällen zu der auch noch so gekonnt gestalteten Aquarieninneneinrichtung. Bevor das Aquarium an seinen endgültigen Standort gebracht wird, sollten deshalb alle nicht einzusehenden Scheiben mit einem Hintergrund versehen werden, der natürlich mit der Inneneinrichtung des Aquariums harmonieren sollte.
Die einfachste Art ist ein schlichter Anstrich der betreffenden Scheiben von außen mit handelsüblicher Dispersionsfarbe. Als Farbe eignen sich am besten Schwarz oder dunkle erdige Töne. Statt eines direkten Anstrichs der Scheiben können auch die zur Wärmeisolation verwendeten Platten (vorheriger Abschnitt) eingefärbt und dann von außen angeklebt werden.
Im Zoofachhandel sind so genannte Fotorückwände als Meterware in verschiedenen Motiven erhältlich, die dann einfach von außen mit Klebeband befes-

Panzerwelse suchen gerne in feinem Untergrund durch Gründeln nach Nahrung. Deshalb sollte man ihnen im Aquarium eine Fläche mit feinem Sand anbieten.

tigt werden. Weiterhin findet man im Zoofachhandel mittlerweile auch ein breites Sortiment an Reliefrückwänden in verschiedensten Motiven zum Einkleben *in* das Aquarium.

Der Bodengrund

Um den Aquarienpflanzen das erforderliche Pflanzsubstrat und den Fischen den nötigen „Boden unter den Füßen" zu bieten, braucht die künftige Unterwasserwelt einen Bodengrund. Am besten bewährt hat sich bräunlich melierter Kies in einer Körnung von 2–3 mm. Meiden Sie reinweißen Kies, auch wenn er noch so schön „clean" aussieht. Fische fühlen sich auf dunklem Bodengrund wesentlich wohler und zeigen schönere Farben.
Achten Sie auch darauf, dass die einzelnen Kieskörnchen rundlich sind. An scharfkantigem Material, wie z.B. Lavabruch oder Basaltsplitt, die zwar schön dunkel gefärbt sind, können sich manche Bodenfische empfindliche Verletzungen zuziehen. Weitere Einzelheiten zum Bodengrund erfahren Sie im Kapitel über Wasserpflanzen.

Die Einrichtung

Zur Gestaltung des Lebensraumes Aquarium benötigen Sie natürlich auch noch Wasserpflanzen und bestimmte Dekorationsmaterialien. Damit diese ihrem besonderen Verwendungszweck und nicht zuletzt auch ästhetischen Gesichtspunkten gerecht werden, hier einige grundsätzliche Gedanken vorab.
Da das Aquarium einmal eine kleine, nach biologischen Gesetzmäßigkeiten funktionierende Lebensgemeinschaft werden soll, versteht es sich von selbst, dass Plastikpflanzen absolut tabu sind. Welche wichtigen Funktionen die Pflanzen im Aquarium erfüllen, erfahren Sie im Kapitel über Pflanzen. Auch bei den übrigen Dekorationsmaterialien, die Sie benötigen werden, um z.B. Höhlen, Reviereinteilungen oder Terrassen aufzubauen, bieten sich natürliche Materialien eher an als Plastikkram. Natursteine, Holzwurzeln oder Steinholz sind einige Materialien, die sich sehr gut eignen. Sämtliche Materialien dürfen keine schädlichen Substanzen an das Wasser abgeben. Besonders bei jeglicher Art von Holz ist darauf zu achten, dass nur nicht

INFO

In der Literatur kann man verschiedentlich lesen, der Kies solle absolut kalkfrei sein. Dies braucht man nicht so wörtlich zu nehmen. Der erwähnte bräunlich melierte Kies ist ein Naturprodukt und kann durchaus einige wenige kalkhaltige Körner enthalten. Für ein „normales" Aquarium ist das absolut belanglos und wird an der Härte des Wassers nichts ändern. Lediglich in Spezialaquarien mit extrem weichem Wasser kann solcher Kies zu Problemen führen.

faulendes Holz Verwendung findet. Bei Materialien aus dem spezialisierten Zoofachgeschäft können Sie sicher sein, dass sie geeignet sind.
Den in der Literatur häufig zu findenden Hinweis, Steine, Wurzeln oder sonstige Materialien vor Verwendung auszukochen, können Sie getrost vergessen. Nicht nur, dass bei solchen Aktionen meist der Haussegen leidet, auch die Beschaffung passender Töpfe stellt einen normal bestückten Haushalt oft vor unüberwindliche Probleme. Kräftiges Abbürsten unter fließendem Wasser genügt völlig.

› Versicherungen

Obwohl es, Gott sei Dank, nur sehr selten vorkommt, dass man den Inhalt seines Aquariums auf dem teuren Wohnzimmerteppich findet, sollte man doch für diesen Fall vorgesorgt haben. Stellen Sie sich einmal vor, was ein einziger Eimer Wasser anrichtet, der zufällig aus Versehen im Wohnzimmer umfällt, und rechnen Sie das dann auf den Inhalt Ihres Aquariums hoch! Von dem eigenen Schaden sei hier einmal gar nicht die Rede. In einer Mietwohnung kann das ausgelaufene Wasser eines Aquariums erheblichen Schaden an fremdem Eigentum anrichten.
Am besten, Sie lassen sich von Ihrem Versicherungsfachmann beraten. Eine Haftpflichtversicherung deckt Schäden gegenüber Dritten ab. Wenn das Aquarium, meist gegen Sonderprämie, in die Hausratversicherung mit eingeschlossen werden kann, sind auch Ihre eigenen Schäden versichert. Mitglieder von Aquarienvereinen, die dem VDA (siehe Adressen Seite 154) angehören, sind automatisch gegenüber Dritten versichert.

› Erfahrungsaustausch

Bevor wir nun in den nächsten Kapiteln tiefer in die aquaristische Materie einsteigen, ein Rat: Ein Aquarium zu pflegen heißt, sich mit einem Komplex sich gegenseitig beeinflussender Lebewesen zu beschäftigen. Und gerade weil es sich um Lebewesen handelt, kann es keine Anleitung wie für eine Maschine geben, der man nur zu folgen braucht und schon klappt alles.
Dieses Buch will versuchen, Sie in die richtige Richtung zu lenken. Sie werden jedoch früher oder später auf irgendein Problem stoßen, auf das Sie in diesem Buch vielleicht keine Antwort finden. Suchen Sie deshalb den Gedankenaustausch mit Gleichgesinnten.
Ihr erster Ansprechpartner wird Ihr spezialisierter Zoofachhändler sein. Mit der Zeit werden Sie dann sicher auch andere Aquarianer kennen lernen, die vielleicht einem Verein angehören, oder Sie werden selbst Mitglied in einem Aquarienverein. In heißen Diskussionsabenden werden Sie dann feststellen, dass oft viele Wege nach Rom führen und dass manchmal nicht alles so geht, wie man es sich anfangs vorgestellt hat. Aber gerade das ist es, was die Aquaristik so interessant macht.

Tipp
Überladen Sie ihr Aquarium nicht mit zu vielen verschiedenen Dekorationsmaterialien. Auch hier gilt der Grundsatz, dass weniger oft mehr ist. Legen Sie also keine Steinsammlung unter Wasser an, sondern verwenden Sie nur Steine einer Art. Mehr über die Aquarieneinrichtung finden Sie im nächsten Kapitel.

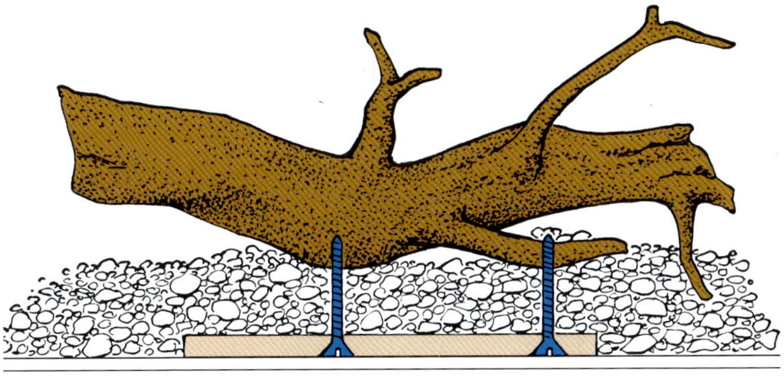

Moorkienwurzeln werden mit nicht rostenden Schrauben auf einer Kunststoffplatte befestigt, die dann mit Bodengrund bedeckt und dadurch gehalten wird.

› Aquariendekoration

Bevor Sie darangehen, Ihr ganz persönliches Aquarieninterieur zu gestalten, ein Wort vorab: Wollte man den Lebensraum unserer Aquarienfische absolut naturgetreu nachbilden, so böte sich in den allermeisten Fällen kein allzu erhebender Anblick. Das muss nicht sein. Die Einrichtung eines Aquariums darf selbstredend durch unser ästhetisches Empfinden geprägt sein. Wichtig ist lediglich, dass sie trotzdem die Funktion übernimmt, die für ein artgerechtes Leben der Fische erforderlich ist. Das heißt, Fische, die Unterschlupf in Form von Höhlen benötigen, sollten diese auch vor-

finden, und Fische, die Pflanzendickichte brauchen, um sich gegebenenfalls zurückziehen zu können, sollten nicht in „Steinwüsten“ gepflegt werden, und so weiter.

Im vorangegangenen Kapitel haben Sie bereits erfahren, welche Materialien für eine Dekoration im Aquarium in Frage kommen. Um es noch einmal zu wiederholen: Verwendbar sind grundsätzlich alle natürlichen Materialien, die nicht faulen und keine schädlichen Substanzen an das Wasser abgeben. Taucher, Schiffswracks und sonstige Plastikartikel stören die Fische zwar nicht, aber sie passen nicht so recht zum Bild einer möglichst natürlich wirkenden Unterwasserlandschaft. Über Geschmack lässt sich jedoch bekanntlich nicht streiten.

Die am häufigsten verwendeten Dekorationsmaterialien sind wohl nach wie vor Steine und Holzwurzeln. Geeignet sind alle Arten von Steinen, die keine Härtebildner enthalten, also zum Beispiel Granit, Basalt, Schiefer, Lava, Kieselsteine und andere. In Sonderfällen, wie zum Beispiel für ein Aquarium mit Fischen aus den afrikanischen Grabenseen, kann auch Kalkgestein Verwendung finden. Steine dienen dazu, Höhlen, Reviergrenzen und Terrassen aufzubauen. Terrassen eignen sich sehr gut, um dem Aquarium räumliche Tiefe zu verleihen, wenn sie nicht parallel zum Scheibenverlauf, sondern asymmetrisch nach hinten verlaufend angelegt werden. Um ein Durchrieseln des Bodengrundes durch Lücken in der „Terrassenmauer“ zu verhindern, klebt man mit Silikon Glasstreifen hochkant auf die Bodenscheibe, die dann mit Steinen verkleidet werden.

Holzwurzeln sind ein hervorragendes Mittel, um im Wasser versunkene Baumteile oder vom Wasser unterspülte Baumwurzeln nachzuahmen. Außerdem bieten sie verschiedenen Harnischwelsen einen wesentlichen Bestandteil ihrer Nahrung, nämlich Cellulose, die diese durch unermüdliches Abraspeln der Wurzeln zu sich nehmen.

Leider haben die meisten Holzwurzeln eine unangenehme Eigenschaft: Sie schwimmen auf, und das unter Umständen noch nach Jahren. Bewährt haben

TIPP

Halbierte oder ganze gereinigte Kokosnuss-Schalen mit Öffnung bieten einen idealen Brutplatz für Zwergbuntbarsche. Mit entsprechend zurechtgeschnittenen Bambusstäben kann im Wasser stehendes Schilf oder Gras nachgeahmt werden. Kokosnuss-Schalen und Bambus brauchen, wie Moorkienholz, vor Verwendung nicht ausgekocht zu werden.

Apfelschnecken sind gern gepflegte „Putzfrauen“ im Aquarium. Interessant ist die Fortpflanzung. Das große, gelblich bis rötlich gefärbte, traubenartige Gelege wird über der Wasseroberfläche abgelegt.

sich folgende Methoden, um die Wurzeln unter Wasser zu halten: Die Wurzeln so anordnen, dass das obere Ende unter einer Verstärkungsleiste des Beckens zu liegen kommt; das am Boden liegende Ende mit entsprechend schweren Steinen unten halten. Die Verstärkungsleiste des Beckens soll dabei nur den Auftrieb der Wurzeln abfangen, auf keinen Fall die Wurzeln zwischen Boden und Verstärkungsleiste einklemmen – Bruchgefahr! Mit Edelstahlschrauben kann man eine größere Kunststoffplatte an die Unterseite der Wurzel schrauben, die im Aquarium mit Kies und Steinen beschwert wird. Kommen Sie bitte nicht auf die Idee, Wurzeln mit Silikon ankleben zu wollen! Aufgrund der Porosität des Holzes wird nach kurzer Zeit Wasser in die Grenzfläche der Klebung eindringen, die Wurzel macht sich selbstständig, und ab geht es nach oben! Wenn die Beleuchtung dabei nicht zu Bruch geht, haben Sie Glück gehabt.

Neuerdings bietet der Zoofachhandel auch tropisches Holz an, das gut für Aquarien geeignet ist und – wesentlicher Vorteil – schwerer ist als Wasser. Es muss allerdings sehr lange vorgewässert werden, da es das Wasser ziemlich stark braun färbt. Bei der Verwendung solcher Wurzeln ist außerdem noch zu beachten, dass sie sehr hart sind. Die sehr beliebten pflanzenfressenden Harnischwelse (z. B. *Ancistrus, Peckoltia* etc.) sind auf die Aufnahme von Holzfasern als Ballaststoff angewiesen. Dies tun sie in der Regel durch Abraspeln von Holzwurzeln. Die gerade erwähnten Wurzeln sind jedoch so hart, dass sie sich daran buchstäblich »die Zähne ausbeißen«. Deshalb sollten Sie bei Verwendung solcher Wurzeln unbedingt darauf achten, den Harnischwelsen entsprechendes Futter anzubieten, das ausreichend Holzfasern enthält. Solches Futter bietet der gut sortierte Zoofachhandel immer häufiger an.

Es gibt sicherlich noch viele weitere wertvolle, natürliche Materialien, deren Aufzählung den Rahmen dieses Buches sprengen würde. Lassen Sie Ihre Fantasie spielen. Vermeiden Sie jedoch die Verwendung zu vieler verschiedener Materialien in einem Becken.

› Einrichten Schritt für Schritt

Die Einrichtung des Aquariums erfolgt im wesentlichem nach folgendem Schema:

1. Bodenheizung Wenn Sie sich zur Verwendung einer Bodenheizung entschlossen haben, muss diese zuerst auf den Glasboden des Aquariums in gleichmäßigen Schlingen verlegt werden. Näheres über Bodenheizungen erfahren Sie im Technik-Kapitel.

2. Bodengrund Am besten bewährt hat sich eine 4 bis 6 cm hohe Schicht aus möglichst dunkelfarbigem Kies. Wenn Sie vorgereinigten Kies aus dem Zoofachgeschäft beziehen, ist es nicht einmal unbedingt erforderlich, ihn auszuwaschen. Eine geringfügige Trübung nach dem Einfüllen des Wasers verschwindet nach kurzer Zeit wieder. Kies unbekannter Herkunft muss vor der Verwendung im Aquarium unbedingt gewaschen werden.

3. Stabheizer und Filter Verfahren Sie beim Anbringen der Geräte genau nach der Gebrauchsanleitung. Installieren Sie die Geräte im hinteren Teil des Aquariums so, dass sie später durch Dekorationsgegenstände und Pflanzen möglichst verdeckt werden.

4. Dekorationsgegenstände anordnen Wenn keine besonders stark wühlenden Fische gepflegt werden sollen, können Steine, Wurzeln usw. auf den Bodengrund aufgelegt oder leicht eingegraben werden. Schwere Steinaufbauten für wühlende Fische, z. B. Buntbarsche, müssen vor Einbringen des Bodengrunds aufgebaut werden. Um dabei die Bodenscheibe nicht zu beschädigen, ist es ratsam, eine Styroporplatte oder besser ein engmaschiges Kunststoffgitter (Gartenbedarf) unterzulegen.

5. Wasser einfüllen Um dabei den Bodengrund nicht unnötig aufzuwirbeln, legt man einen flachen Gegenstand (Scheibe, Teller, Stein) auf den Boden und leitet darauf den Wasserstrahl. Das Wasser wird gleich auf 25 °C temperiert (Mischbatterie). Nachdem das Aquarium voll gefüllt ist, werden noch eventuell erforderliche Korrekturen an der Dekoration vorgenommen.

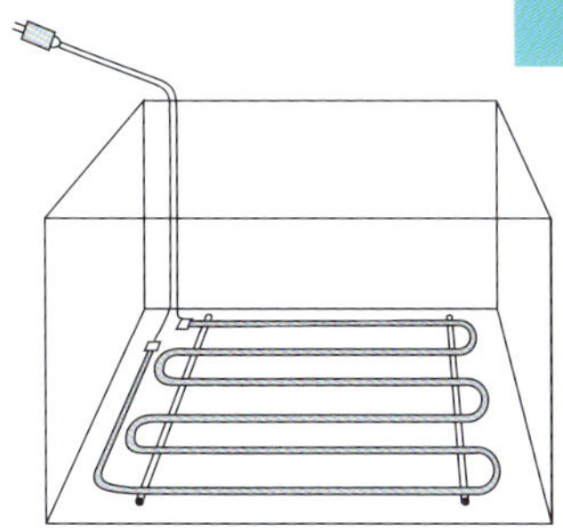

1 Bodenheizung verlegen

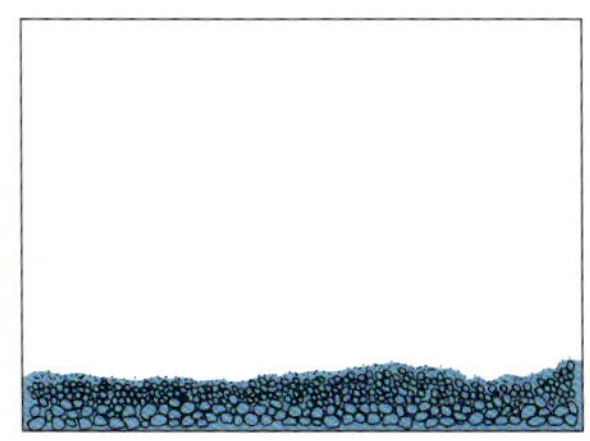

2 Kies einfüllen

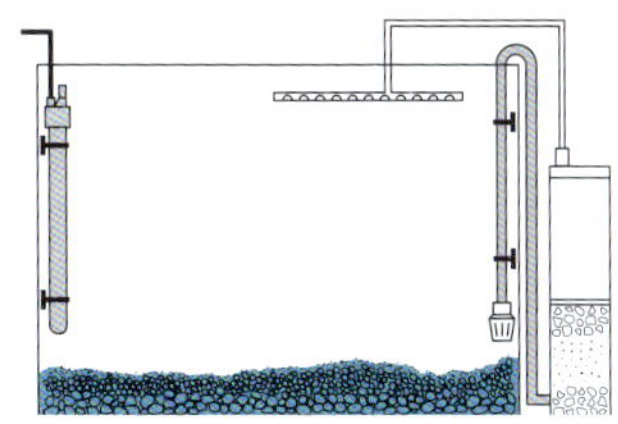

3 Stabheizer und Filter installieren

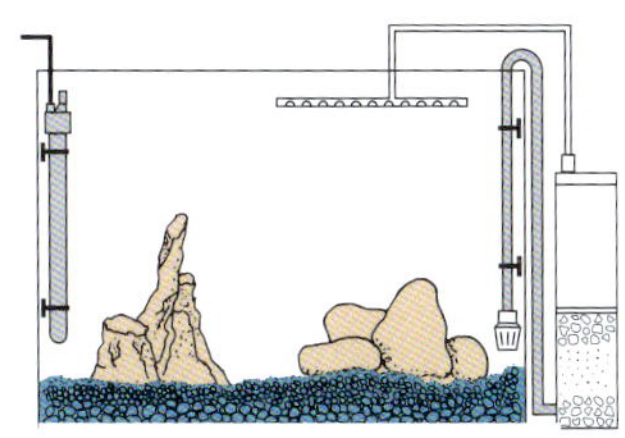

4 Dekoration anordnen

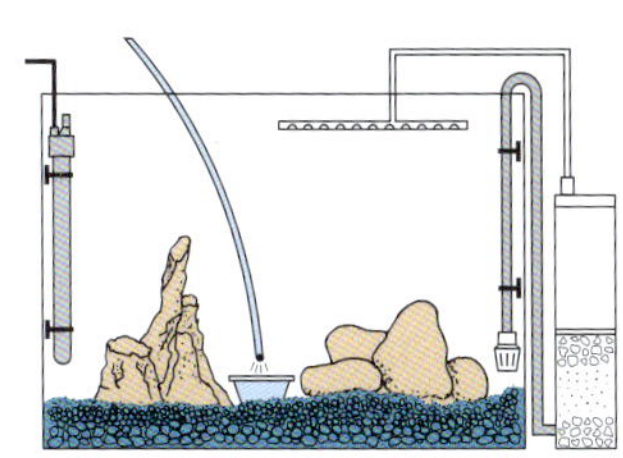

5 Wasser einfüllen

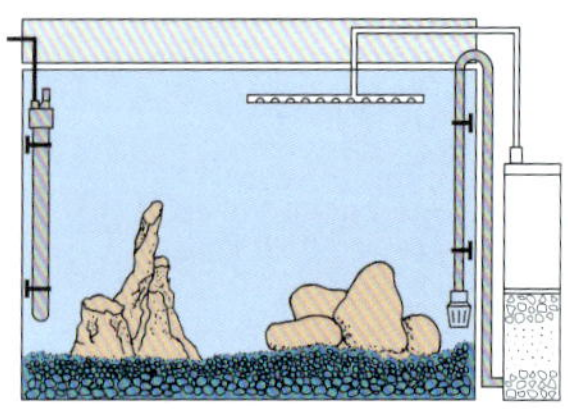

6 Beleuchtung anbringen

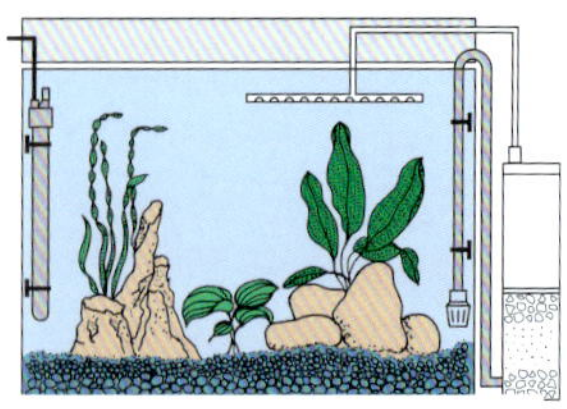

7 Pflanzen einsetzen

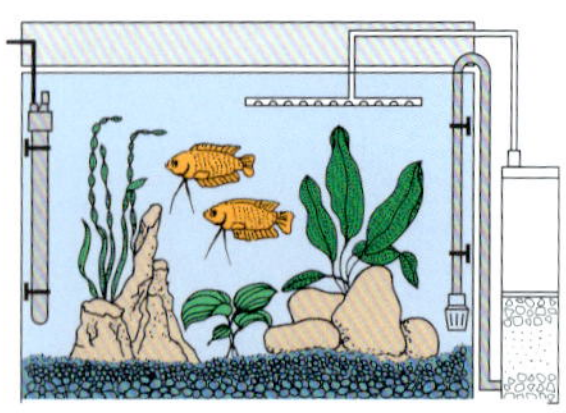

8 Fische einsetzen

6. Geräte in Betrieb nehmen Installieren Sie die Beleuchtung und nehmen Sie Filter und Heizung in Betrieb. Näheres über diese Geräte erfahren Sie im Technikkapitel (seite 47).

Animpfen Nun ist es erforderlich, das Aquarium mit Bakterien „anzuimpfen". Was es mit diesen Bakterien auf sich hat und wozu sie gut sind, erfahren Sie in den folgenden Kapiteln. Die absolut beste Methode der Animpfung ist die: Besorgen Sie sich von einem befreundeten Aquarianer einen Teil eingefahrene Filtermasse und waschen Sie diese in Ihrem Aquarium aus. Die dabei entstehende unschöne Trübung verschwindet rasch wieder, Sie haben praktisch im Handumdrehen einen „eingefahrenen" Filter und können, wenn die Wasserwerte stimmen, bereits ein bis zwei Tage später Fische einsetzen. Der Zoofachhandel bietet mittlerweile auch recht zuverlässige Bakterienpräparate an, die das Einfahren des Filters und Aquariums erleichtern. Solche Präparate heißen meistens „Aquarienstarter" oder „Filterstarter".

7. Wasserpflanzen einsetzen Wenn die Technik einwandfrei arbeitet und das Becken angeimpft ist, können die Wasserpflanzen eingesetzt werden. Nähere Einzelheiten dazu im Kapitel über Pflanzen.

8. Fische einsetzen Die Fische werden einige Tage später eingesetzt. Näheres darüber und über die Fische selbst erfahren Sie in den entsprechenden Kapiteln.

› Aquarientypen

Gesellschaftsbecken

So genannte Gesellschaftsbecken dürften für die meisten Aquarianer der Einstieg in dieses schöne Hobby gewesen sein. Wie der Name schon sagt, werden in einem derartigen Aquarium verschiedene Bewohner vergesellschaftet.

Generell gilt für die gewollte Vergesellschaftung von Tieren unterschiedlicher Arten – und genau darum geht es hier – eine ganz wichtige Grundregel: Die gemeinsam unterzubringenden Lebewesen müssen sich miteinander vertragen und sie müssen prinzipiell die gleichen Ansprüche an die Umweltbedingungen haben. Nur so ist eine wirklich artgerechte Unterbringung gewährleistet, wie sie zu Recht vom Tierschutz verlangt wird. Dieser Grundsatz hat natürlich auch in der Aquaristik zu gelten. Eine „wilde Mischung" verschiedenster Fischarten, kombiniert mit diversen Pflanzen und eventuellen weiteren Wasserbewohnern, ausgesucht allein nach Gesichtspunkten des rein persönlichen Geschmacks, geht meistens schief. Zumindest das Wohlbe-

finden einiger oder gar aller Beckeninsassen wird beeinträchtigt. Wesentliche Lebensfunktionen können schon durch die bloße Anwesenheit ungeeigneter Mitbewohner beträchtlich gestört werden. Stress, Angst und Schmerz kennt man auch von Fischen. Zwingt man ihnen gar völlig unnatürliche Haltungsbedingungen auf, wird das Gesellschaftsbecken leicht zu einem Ort für vorprogrammierte Tierquälerei.

Unsere zuvor genannte Grundregel der gegenseitigen Verträglichkeit unter gleichzeitiger Achtung gleicher Umweltansprüche hilft dies zu vermeiden. Kritikern der Aquaristik wird so das Wasser abgegraben, und man wird langfristig

Freude auch an diesem Aquarientyp haben.
Was versteht man nun bei Fischen unter dem Grundsatz des „Sich-miteinander-Vertragens“? Vorab heißt dies, dass Räuber und ihre Beutefische nicht dauerhaft zu vergesellschaften sind. Raubfische, denen ständig maulgerechte Fischchen begegnen, werden diese auch zu schnappen versuchen (und bei häufigem Erfolg vielleicht rasch überernährt sein), und umgekehrt stehen kleine Beutefischchen selbst bei besten Versteckmöglichkeiten permanent unter Stress, wenn ein Jäger sie stets verfolgt oder belauert.
Verträglichkeit bedeutet auch einmal Verzicht: Langflossige Zuchtformen, die es von vielen Fischarten gibt, werden selbst von manchen Friedfischen nur allzu gern an den „Schleiern“ oder sonstigen Flossenfortsätzen gezupft. Daher gehören derartige Fisch-Spielarten nicht in ein Gesellschaftsbecken.
Die allseitige Zuträglichkeit der Fütterungsmethode und der verabreichten Kost empfiehlt eigentlich die ausschließliche Mischung von Allesfressern oder Gemischtköstlern unter den Fischen. Ansonsten wird ein Gesellschaftsbecken hinsichtlich der Fütterung sehr aufwendig.
Dieser Aspekt leitet zu den Ansprüchen an die Umwelt über, die ja für alle Bewohner dieses Beckentyps unbedingt identisch sein müssen: Setzt man Umwelt zunächst mit Lebensraum oder bevorzugtem Aufenthaltsraum einer Fischart gleich, so ist es sinnvoll, wenn man Arten der verschiedenen Schwimmzonen (Wasseroberfläche, freier Schwimmraum und Boden) im Gesellschaftsbecken zusammenbringt. Der vorhandene Raum wird so ideal ausgenutzt. Auch dabei achte man auf Ausgewogenheit; sowohl innerhalb der Bereiche als auch auf das gesamte Aquarium bezogen muss die Besatzdichte stimmen! Der Anfänger wird sich mit ein bis zwei Arten pro Beckenzone begnügen müssen.
Die wesentlichen Wasserparameter müssen für alle „Gesellschafter“ passen. Glücklicherweise sind bei vielen Fisch- und Pflanzenarten hinsichtlich Temperatur, pH-Wert und Wasserhärte gewisse Bereiche artgerecht und bekömmlich. Innerhalb dieser Grenzen sollte man aber bleiben, und zwar bei allen dreien der genannten Faktoren! Nur wo Sie hierzu an-

Ein weiteres Beispiel eines gekonnt eingerichteten Gesellschaftsbeckens. Dabei wurde auf die Kontrastwirkung der einzelnen Pflanzenarten zueinander geachtet.

hand des Fisch-Kapitels oder anderer Fachliteratur wirkliche Übereinstimmung feststellen, haben Sie es mit echten Partnern für die Vergesellschaftung zu tun und verhalten sich wie ein wahrer Tierfreund.

Aquarien mit Motto

Streng genommen sind die Aquarien, auf die wir in diesem Abschnitt etwas näher eingehen wollen, auch nichts anderes als Gesellschaftsbecken. Nur dass eben die Fischgesellschaft in diesen Becken unter einem bestimmten Motto ausgesucht wurde, und auch die Einrichtung der Aquarien entsprechend gestaltet wurde. War beim „normalen Gesellschaftsbecken“ lediglich das Zusammenpassen der Fische, egal woher sie stammten, maßgebend, so beschränkt man sich nun auf eine bestimmte Gruppe oder gar Art, um deren Lebensbedingungen optimal gestalten zu können. In diesem Zusammenhang spricht man von so genannten Arten-, Biotop- oder Landschaftsaquarien. Als Sonderfall wären dann noch die so genannten Holländischen Aquarien zu nennen.

INFO

Soll man nun bei der Zusammenstellung eines Gesellschaftsbeckens auch noch auf die geographische Herkunft der erwählten Bewohner achten? Oder darf man völlig unabhängig von Erdteil- oder Länderherkunft mischen? Nun, das ist reine Ansichtssache, und die Übergänge zu den nachfolgend behandelten Beckentypen sind fließend. Beim Thema Gesellschaftsbecken scheiden sich nun einmal die Geister, und das sollen sie ruhig auch ganz nach Belieben. Wir meinen, erlaubt ist, was gefällt und was hinsichtlich der Ansprüche zusammen passt.

Artenaquarien

Wohl die meisten Einsteiger werden mit einem Gesellschaftsbecken beginnen. Früher oder später stellt sich dann (so auch bei den Autoren) die Vorliebe für eine bestimmte Art oder Gattung heraus, über deren Lebensgewohnheiten und Verhalten man etwas mehr wissen oder besser gesagt erleben möchte. Dies ist der Schritt zum Artenbecken, das dann entsprechend den besonderen Lebensbedingungen dieser Art oder Gattung hergerichtet wird.

Es gibt jedoch auch Arten und Gattungen, die sich aufgrund ihrer besonderen Anpassungen an bestimmte Lebensräume oder aufgrund bestimmter Verhaltensweisen von vornherein nur in einem eigens für sie hergerichteten Aquarium pflegen lassen. Zuchterfolge sind dann letztendlich die Bestätigung für die artgerechte Gestaltung des Lebensraums der betreffenden Fische.

Eine Gruppe von Fischen erfreut sich wie keine andere größter Beliebtheit: die Cichliden oder Buntbarsche. Es gibt ungefähr genauso viele Chichliden-Liebhaber wie Liebhaber aller anderen Fischarten zusammen. Cichliden bieten eine ganze Reihe von Besonderheiten, die sie für ein Artenbecken geradezu prädestinieren: Anpassungen an bestimmte Lebensräume, wie z.B. den Malawi- oder Tanganjikasee, ein besonders stark ausgeprägtes Brutpflegeverhalten, das vom Offenbrüten bis hin zur hoch spezialisierten Maulbrutpflege reicht, mit mehr oder weniger starker Paarbindung, Vater-Mutter-Familie und vieles mehr. Solche besonderen Verhaltensweisen erfordern natürlich ein entsprechend gestaltetes Aquarium speziell für diese Arten.

Aber gerade bei Cichliden darf der Begriff des Artenaqauariums auch nicht zu eng gesehen werden. Viele Cichliden benötigen, um ihr Brutpflegeverhalten voll entfalten zu können, artfremde Bei-

Kaiserbuntbarsch aus dem Malawi-See

fische, da der angeborene Revierverteidigungstrieb sonst den eigenen Partner treffen kann. So gesehen ist ein solches Aquarium dann auch wieder ein Gesellschaftsbecken. An dieser Stelle noch näher auf die Pflege von Cichliden einzugehen, hieße Eulen nach Athen zu tragen. Der interessierte Leser sei auf die Artenporträts in diesem Buch und die umfangreiche Spezialliteratur hingewiesen.

Biotop- oder Landschaftsaquarien

Im Zuge der immer preiswerteren Fernreisen in tropische Länder haben immer mehr Aquarianer die Gelegenheit, die Lebensräume ihrer Pfleglinge vor Ort genau zu studieren. Was liegt näher, als sich ein solches Biotop in seinen elementaren Teilen zu Hause im Aquarium nachzubilden und die dazugehörigen Fische darin zu pflegen? Schon ist das Biotopaquarium geboren.
Bei der Einrichtung des Biotopaquariums kommt es nicht darauf an, das betreffende Biotop originalgetreu mit Originalmaterialien nachzubilden. In den meisten Fällen sähe ein solches Aquarium wenig einladend aus. Vielmehr müssen die Gestaltungselemente die Funktion erfüllen, an die sich die Fische in ihrem Lebensraum angepasst haben. So wird zum Beispiel eine Keilfleckenbarbe unter dem Blatt einer Amazonasschwertpflanze genauso ablaichen wie unter dem Blatt einer Cryptocoryne. Wichtig ist lediglich, dass eine Pflanze mit entsprechend breiten Blättern vorhanden ist, die den Ablaichvorgang ermöglicht. Wie die Pflanze heißt und woher sie kommt, ist in diesem Fall gleichgültig.
Auch beim Fischbesatz darf die Biotoptreue nicht übertrieben werden. In einem natürlichen Biotop leben immer verschiedene Vertreter der Nahrungskette zusammen, was dort natürlich seinen Sinn hat. Nun wird keiner auf den Gedanken kommen, Raubfische und deren Beute in ein und demselben Aquarium zu halten, nur weil sie gemeinsam im gleichen Biotop vorkommen.
Wie nun die Gestaltung eines Biotopaquariums konkret aussehen kann, wollen wir an einem Beispiel durchspielen.

Weil es die Heimat einer besonders interessanten Fischgruppe, nämlich der Labyrinth- oder Kletterfische ist, haben wir das Biotop „asiatisches Reisfeld mit angrenzenden stehenden oder langsam fließenden Bewässerungsgräben“ ausgesucht. Vielleicht haben auch Sie einmal die Gelegenheit, ein geflutetes Reisfeld und daran angrenzende Bewässerungsgräben mit ihren typischen Bewohnern in Natur zu beobachten.
Der amphibisch wachsende Wasserspinat *(Ipomea)* und zahlreiche Seerosen *(Nymphaea)* bilden ein dichtes Gewirr von Stängeln und Wurzeln unter Wasser. Die großen Schwimmblätter der Seerosen schirmen einen Großteil des einfallenden Lichtes ab. Am Ufer wachsen Schilf und andere Sumpfpflanzen. Etwas weiter treiben die meterlangen schmalen Blätter der Hakenlilie *(Crinum thaianum)* an der Wasseroberfläche. Wurzeln von am Ufer wachsenden Bäumen ragen ins Wasser. Der Boden ist mit einer Schicht abgestorbener Pflanzenteile und in das Wasser gefallener Blätter bedeckt.
An manchen Stellen bilden Schwimmpflanzen wie Muschelblumen *(Pistia)*, Wasserhyazinthen *(Eichhornia)* oder

Biotop-Aquarien empfinden den natürlichen Lebensraum der Fische nach.

Wasserfarn *(Salvinia sp.)* fast undurchdringliche Polster. Auch zwischen den Reispflanzen finden sich immer wieder Stellen mit Seerosen, Wasserspinat und Schwimmpflanzen. Das meist sehr flache Wasser wird von der tropischen Sonne auf Temperaturen zwischen 28 und 33 °C aufgeheizt.

Zwergfadenfisch, männliches Tier in der natürlichen Färbung. Es gibt mittlerweile viele farblich abweichende Zuchtformen.

In diesem Biotop leben, wie bereits erwähnt, verschiedene Arten von Labyrinthfischen, die aufgrund ihrer besonderen Atmungsweise – sie atmen atmosphärische Luft – an das oft relativ sauerstoffarme Wasser gut angepasst sind. Im gleichen Biotop findet man an weniger dicht bewachsenen Stellen mit leichter Wasserbewegung aber auch verschiedene kleinere Bärblinge wie zum Beispiel den Rotschwanzbärbling *(Rasbora borapetensis)*. An der Wasseroberfläche stehen Trupps von Halbschnabelhechten *(Dermogenys)* und Hechtlingen *(Panchax)*. Die Bodenregion wird von verschiedenen Schmerlen *(Botia)*, kleinen Stachelaalen und unzähligen kleinen glasartigen Garnelen nach Nahrung durchsucht.

Dazwischen lauern aber auch Räuber: An der Wasseroberfläche findet man kleinere Trupps des Nadelhechtes *(Xenentodon)* mit ihren nadelspitzen Zähnen, und am Boden im Pflanzendickicht warten Schlangenkopffische *(Channa)* auf ahnungslos vorbeiziehende Beute. Ein Aquarium, das diesem Biotop entspricht, könnte folgendermaßen aussehen: Im Hintergrund und an den Seiten repräsentieren hochwachsende Pflanzen wie zum Beispiel Vallisnerien und verschiedene Stängelpflanzen *(Hygrophila, Heteranthera)* den Rand des Reisfeldes mit seinen hoch aufstrebenden Reispflanzen. Dieser Eindruck kann noch durch die Anlage einer Terrasse im Hintergrund betont werden. Einige zurechtgesägte Bambusstäbe stellen Schilf oder andere Sumpfgräser dar, die aus dem Wasser wachsen.

Eine bizarre Holzwurzel ersetzt die ins Wasser ragenden Wurzeln der Bäume. Ein oder zwei Tigerlotus (je nach Größe des Aquariums) sorgen mit ihren Schwimmblättern für diffuses Licht. Darüber hinaus können noch einige Schwimmpflanzen wie zum Beispiel der Wasserhornfarn *(Ceratopteris)* eingesetzt werden, zwischen denen die Labyrinthfische dann ihr typisches Schaumnest anlegen werden.

Als niedriger bleibende Bepflanzung im mittleren und vorderen Bereich des Aquariums eigenen sich anspruchslose Cryptocorynen wie zum Beispiel *Cryptocoryne wendtii*. Ansammlungen von abgestorbenen Blättern und anderen Pflanzenteilen lassen sich durch getrocknetes Herbstlaub von Buche, Eiche oder Erle sehr gut imitieren. Damit das Laub nicht im Wasser schwimmt, muss es vorher kurz mit kochendem Wasser überbrüht werden.

Ein solches Biotopaquarium kann bereits in kleinen Becken von 60 cm Kantenlänge mit entsprechend klein bleibenden Fischen verwirklicht werden. Als Hauptakteure kämen zum Beispiel ein Pärchen oder besser ein Männchen und zwei Weibchen des Zwergfadenfisches *(Colisa lalia)*, des knurrenden Guramis *(Trichopsis vittatus)* oder des Honiggguramis *(Colisa chuna)* in Frage. Da die balzenden Männchen bald das ganze Aquarium als ihr Revier betrachten, sollte nur eine Labyrinthfischart gepflegt werden.

Als Beifische eignen sich kleine Barben oder Bärblinge, wie zum Beispiel der Zwergbärbling *(Rasbora maculata)* oder

TIPP

Es gibt unzählige weitere Möglichkeiten zur Gestaltung von Biotopaquarien, deren Aufzählung den Rahmen dieses Buches sprengen würde. Der interessierte Leser sei auf das Literaturverzeichnis am Ende dieses Buches verwiesen. Übrigens bieten Aquarienausstellungen hervorragende Gelegenheiten, sich inspirieren zu lassen.

Ein Pärchen Mosaikfadenfische umkreist sich kurz vor dem Laichakt unter dem Schaumnest.

der Rotschwanzbärbling *(Rasbora borapetensis)*, von denen man einen Schwarm von 10 bis 15 Stück einsetzt. Die „untere Etage" des Aquariums kann ein Trupp von 5 bis 8 Schachbrettschmerlen *(Botia sidthimunki)* bewohnen. Diese Art war lange Zeit nicht mehr erhältlich und ist in ihrer Heimat vermutlich ausgestorben. Neuerdings wird sie in Thailand nachgezüchtet und kommt dadurch wieder in den Handel.

Die größeren Arten, wie zum Beispiel Mosaikfadenfische *(Trichogaster leeri)* und viele andere erfordern natürlich entsprechend größere Behälter.

Nicht vergessen werden soll natürlich auch der bekannte siamesische Kampffisch. Dass von Kampffischen, aufgrund ihrer Kampfeslust, immer nur ein Männchen mit mehreren Weibchen in einem Aquarium gepflegt werden kann, stimmt nicht ganz. Einander fremde Männchen werden sich natürlich immer erbittert bekämpfen, wenn sie sich begegnen. Anders jedoch Tiere, die miteinander aufgewachsen sind. Es ist durchaus möglich, mehrere Kampffischmännchen, die sich sozusagen kennen, mit mehreren Weibchen in einem Aquarium, wie es hier vorgestellt wurde, zusammen zu halten und auch zu züchten. Dies trifft für die kurzflossige Wildform noch eher zu als für die schleierflossige Form, die leider nur noch ausschließlich im Handel angeboten wird. Da Kampffische den gesamten Wasserraum von der Wasseroberfläche bis fast zum Boden beanspruchen, wird man ihnen außer ein paar Bodenfischen keine weiteren Beifische zugesellen.

Wohnzimmerteiche, Paludarien, Aquaterrarien

Das an sich schon recht große und vielfältige Gebiet der Süßwasser-Aquaristik lässt sich durch Hinzunahme bestimmter Beckentypen und -ausstattungen noch erheblich variieren. Auch die Wahl der Bewohner spielt dabei eine Rolle.

Wohnzimmerteiche sind eine durchaus ansehnliche „Zwischenlösung" meist für Kaltwasserfische. Während die klassische Kaltwasseraquaristik (abgesehen vielleicht von der Goldfischhaltung) als fast ausgestorbener Zweig gilt und andererseits die Freilandteiche im Garten „boomen", entdecken immer mehr Besitzer größerer Wohnzimmer oder Wintergär-

INFO

Bei holländischen Pflanzenaquarien und japanischen Landschaftsaquarien handelt es sich um Aquarien, bei denen die Pflege von Wasserpflanzen im Vordergrund steht. Diese werden ausschließlich nach besonderen ästhetischen Gesichtspunkten so angeordnet, dass ein harmonisches Gesamtbild entsteht. Da dabei oftmals Pflanzen verschiedenster Pflegeansprüche vergesellschaftet werden, erfordert ein solches Aquarium ein ganz besonderes Fingerspitzengefühl und ein Höchstmaß an pflegerischem Aufwand.

Immer beliebter in der Aquaristik werden Zwergkrebse; hier ein Vertreter aus der Gattung Cambarellus.

ten die Vorteile der Fischpflege in ebenerdig aufgesetzten oder im Boden eingelassenen Teichbecken, so genannten Wohnzimmerteichen. Anstelle von Koi und Goldfischen oder Orfen (Kaltwasser) könnten darin auch tropische Aquarienfische im Warmwasser leben. Dabei ist die richtige Dimensionierung der technischen Ausstattung wichtig. So eröffnen sich für den Betrachter ganz neue Perspektiven.

Paludarien (Sumpfbehälter) sind etwas für Freunde tropischer Pflanzen, Terrarientiere und Fische. Ein Wasserbereich wird von einem Landteil mit Uferregion überragt oder umgeben, in beiden Bereichen können jeweils typische Bewohner gepflegt werden. Man könnte Paludarien auch als Terrarien mit besonders großem und durch Glas einsehbar gemachtem Wasserbecken bezeichnen, nur dass letzteres von Technik und Pflege her eben wie ein Aquarium betrieben wird.

Aquaterrarien sind dagegen das andere Extrem: Der Landteil ist minimal, meist am Rand angehängt oder als Schwimm-Insel gestaltet. Bei Zwerg-Krallenfröschen und beim Axolotl (einem ständig aquatisch lebenden Molch) z. B. kann auch völlig auf eine trockene Region verzichtet werden. Wasserschildkröten dagegen brauchen einen durch Strahler „besonnten“ Landteil und viel Wasser darum oder darunter zum Schwimmen und Tauchen. Ursprünglich waren die Fische in einem Aquaterrarium nur Lebendfutter, Aquaterrarienfans haben aber die Möglichkeiten der Vergesellschaftung von Terrarienbewohnern mit Fischen erkannt und genutzt.

Auch Zimmerspringbrunnen werden ab und zu als Aufenthaltsort für Fische „missbraucht“. Aufgrund der technischen Ausstattung dürfte das aber nur in den seltensten Fällen sinnvoll und artgemäß sein!

Ein trockenes Thema: Wasser

Ein trockenes Thema: Wasser

Wasser ist das Lebenselement unserer Pfleglinge. Durch den innigen Kontakt mit diesem Lebenselement bestehen vielerlei Wechselbeziehungen zwischen dem Wasser und seinen Bewohnern. Die Zusammensetzung des Wassers beeinflusst die Lebensvorgänge von Tieren und Pflanzen einerseits, andererseits werden durch eben diese Lebensvorgänge Stoffe an das Wasser abgegeben, die es verändern. Deshalb sind Wasser und Wasserqualität ein zentrales Thema in der Aquaristik.

› Wasser ist nicht gleich Wasser

Wasser ist ein ideales Lösungsmittel. Es kann die verschiedensten Stoffe gelöst enthalten, ohne dass man dies äußerlich wahrnehmen könnte. So sieht zum Beispiel ein Liter destilliertes Wasser genauso aus wie ein Liter Meerwasser. Lediglich die Geschmacksprobe (oder eine Messung) verrät den Unterschied. Bereits das Leitungswasser kann aufgrund seiner Herkunft gelöste Stoffe verschiedener Art enthalten.

Darüber hinaus nehmen im Kleinbiotop Aquarium die darin gepflegten Lebewesen auf mannigfache Weise Einfluss auf die Zusammensetzung des Wassers. Verschiedene Stoffe können im Wasser miteinander reagieren oder werden umgebaut. Solche Veränderungen im Wasser-Chemismus finden leider allzu oft nicht zur positiven Seite hin statt, mit entsprechenden Folgen für die Lebewesen. Um hier im Bedarfsfall regelnd eingreifen zu können, wollen wir Sie in diesem Kapitel mit einigen wesentlichen Faktoren bekannt machen, die im Wasser ihr „unsichtbares Wesen“ treiben. Wir wollen dabei komplizierte chemische Zusammenhänge außer Acht lassen und uns – soweit möglich – auf das für die Praxis Wesentliche beschränken. Wer es noch genauer wissen möchte, sei auf das Literaturverzeichnis verwiesen.

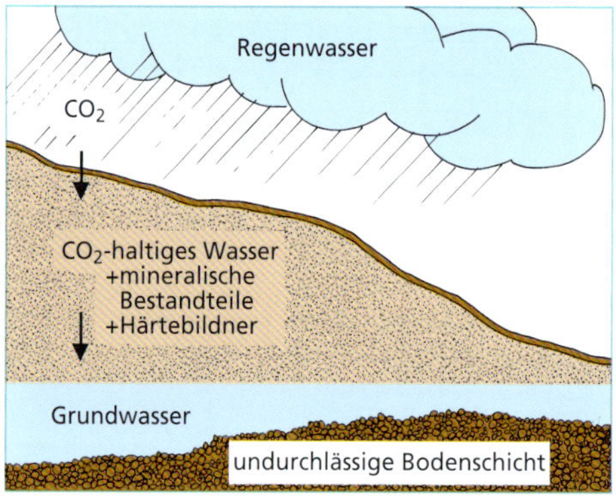

Das kohlendioxidhaltige Regenwasser nimmt auf seinem Weg durch die Humus- und Gesteinsschicht weiteres CO_2 und viele Mineralien auf.

Wasserhärte

Sicher haben Sie schon bemerkt, dass man beim Händewaschen in manchen Gebieten viel Seife braucht, um Schaum zu bekommen, während woanders ein bisschen bereits ausreicht. Wo man viel Seife braucht, ist das Wasser hart, wo man wenig braucht, ist es weich.

durch kalkhaltige Schichten sickert, werden durch die Wirkung der Kohlensäure Mineralsalze im Wasser gelöst, es wird hart. Sickert das Regenwasser hingegen

Ausschnitt aus einem Gesellschaftsaquarium, in dem überwiegend Stängelpflanzen zu einem harmonischen Gesamtbild zusammengestellt wurden.

Ein Paar des Zebra- oder Grünflossenbuntbarschs bewacht sein Gelege auf einem Stein.

Verantwortlich für die Härte des Wassers sind bestimmte Mineralsalze, die so genannten Härtebildner, landläufig auch als Kalk bezeichnet. Wie kommen die nun in das Wasser? Dafür ist es wichtig zu wissen, dass Leitungswasser (in der Regel aus Grundwasser) und das Wasser aus Quellen und Flüssen letztendlich irgendwann einmal Regenwasser war, das durch viele Erdschichten gesickert ist. Über undurchlässigen Bodenschichten sammelt es sich als Grundwasser oder tritt irgendwo als Quelle zu Tage.
Auf seinem Weg durch die Luft und durch die oberen Humusschichten der Erde nimmt das Wasser CO_2 auf, aus dem im Wasser zum Teil Kohlensäure entsteht. Wenn nun dieses kohlensaure Wasser

durch kalkfreie Schichten aus Urgestein, so wird nichts gelöst und es bleibt weich. Den Hauptanteil der Wasserinhaltsstoffe bilden Salze der Härtebildner Kalzium (Ca) und Magnesium (Mg).
Man unterscheidet die Begriffe Gesamthärte, Karbonathärte und Nicht-Karbonathärte, die oft aufgrund ihres Hauptbestandteils auch als Sulfathärte bezeichnet wird. Unter Gesamthärte versteht man per Definition den Gehalt eines Wassers an Erdalkali-Ionen, also Kalzium und Magnesium. Seltener vorkommende Ionen, wie zum Beispiel Kalium, Natrium und andere, werden dabei außer Acht gelassen. Nun können Ionen nie für sich allein im Wasser vorliegen, da sie nur durch Lösungsvorgänge von Salzen entstehen

können. Dabei geht gleichzeitig ein Partner mit in Lösung, mit dem sie sozusagen „verheiratet“ sind. Die am häufigsten vorkommenden Partner sind Karbonat- und Hydrogenkarbonationen, die als Bildner der Karbonathärte gelten.
In den meisten Wässern sind etwa 80% der Kalzium- und Magnesiumionen mit Karbonat- und Hydrogenkarbonationen gekoppelt, wodurch man einen Karbonathärteanteil von etwa 80% der Gesamthärte findet. Die restlichen 20% der Kalzium- und Magnesiumionen sind mit Sulfat-, Chlorid- oder Natriumionen verbunden und repräsentieren die so genannte Nichtkarbonathärte.
In manchen Gewässern (zum Beispiel in den Tropen) kann es vorkommen, dass außer den Kalzium- und Magnesiumionen auch noch erhebliche Mengen der als Gesamthärte nicht messbaren Ionen Kalium und Natrium vorhanden sind, die auch noch mit Karbonat- und Hydrogenkarbonationen gekoppelt sind. In diesem Fall ist die Karbonathärte größer als die Gesamthärte.

Marmorierter Beilbauch

Die in Deutschland übliche Maßeinheit ist Grad deutsche Härte (°dGH). Diese Maßeinheit ist auch international weit verbreitet und anerkannt. Für die Haltung der meisten Aquarienfische und Pflanzen spielt die Härte des Wassers eine untergeordnete Rolle. Es hat sich gezeigt, dass die meisten Weichwasserfische und Pflanzen, die seit Generationen gezüchtet werden, auch in mittelhartem bis hartem Wasser gut zu halten sind. Wesentlich für eine gesunde Haltung von Fischen und Pflanzen ist nicht die ständige Wasserpanscherei, um unerwünscht hohe Härtewerte zu senken (was man dann irgendwann vielleicht aus Bequemlichkeit vergisst), sondern die Kontinuität der Bedingungen.
Die Erfahrung hat gelehrt, dass mittelhartes Wasser zwischen 8 und 20 °d Gesamthärte (entsprechend 5–16 °d Karbonathärte) wesentlich „stabiler“ (das heißt weniger anfällig gegen Schwankungen der Wasserwerte, vor allem des pH-Werts) ist. Verantwortlich dafür ist die Fähigkeit der Karbonathärte, Säuren zu „puffern“. Gibt man zum Beispiel in ein Wasser mit hoher Karbonathärte etwas Salzsäure, so geschieht auf den ersten Blick überhaupt nichts. Die Karbonate haben die Säure gebunden, quasi unschädlich gemacht. Auch der pH-Wert

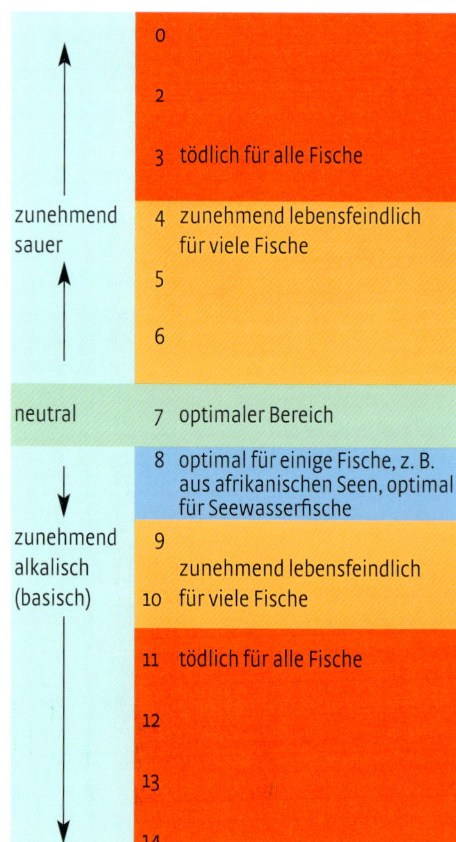

Der pH-Wert des Wassers ist für die Fische von entscheidender Bedeutung.

ändert sich nicht. Lediglich die Menge der Karbonate wurde durch die Säure etwas verringert. Die gleiche Menge Säure in karbonatfreies Wasser gegeben, führt sofort zu einem katastrophalen Absinken des pH-Wertes, dem so genannten Säuresturz, und die Fische sterben. Aus diesem Grund bezeichnet man die Karbonathärte neuerdings als Säurebindungskapazität. Lediglich zur Zucht sollten annähernd die natürlichen Wasserwerte geboten werden, da die Eier der Fische wenig anpassungsfähig sind.

pH-Wert oder Säuregrad

Der pH-Wert ist ein Maß dafür, wie sauer oder alkalisch (basisch, laugig) eine Flüssigkeit ist. Die Werteskala reicht von 0 bis 14. Der Wert 0 entspricht extremer Säure (zum Beispiel Salzsäure) und der Wert 14 extremer Lauge (zum Beispiel Natronlauge). Genau in der Mitte bei 7 liegt der Neutralpunkt, also weder sauer noch alkalisch. Der Säuregrad steigt also, je weiter der Wert unter 7 liegt, und die Alkalität (Laugigkeit) steigt, je weiter der Wert über 7 liegt.

Im alltäglichen Leben werden wir, oft unbewusst, mit dem Phänomen des pH-Wertes konfrontiert. Extrem sauer geht es zum Beispiel bei der Verdauung in unserem Magen zu. Magensäure hat einen pH-Wert von 1 bis knapp 2. Speisen und Getränke werden von uns als wohlschmeckend empfunden, wenn sie mehr oder weniger sauer sind. Eine Lösung von Natron in Leitungswasser, altbewährtes Mittel gegen Sodbrennen, das durch Magensäure verursacht wird, ist alkalisch und wird als wenig wohlschmeckend empfunden. Leitungswasser liegt in der Regel im neutralen Bereich um 7.

Fische können in einem pH-Bereich zwischen 4,5 und 9 vorkommen. Dabei werden die Extrembereiche (zum Beispiel sehr saure Schwarzwässer des Rio Negro oder alkalische Sodawässer der afrikanischen Seen) jedoch nur von wenigen Spezialisten bevorzugt. Die weitaus meisten Fische, die auch in Aquarien gepflegt werden, leben in pH-Bereichen zwischen 5,5 und 7,5.

In der aquaristischen Praxis hat es sich gezeigt, dass sowohl Arten aus leicht sauren Gewässern mit pH-Werten um 6 als auch Arten aus neutralen bis leicht alkalischen Gewässern mit einem pH-Wert um 7,5 im neutralen Bereich um pH 7 gut zu pflegen sind. Lediglich zur Zucht sollten die entsprechend bevorzugten pH-Werte eingehalten werden.

In natürlichen Gewässern wird der pH-Wert hauptsächlich durch das Zusammenspiel zweier Komponenten bestimmt, nämlich Karbonathärte und CO_2 beziehungsweise der daraus entstehenden Kohlensäure. Das Mengenverhältnis von Karbonathärte (als alkalischer Komponente) zu Kohlensäure (als saurem Gegenspieler) entscheidet über die Höhe des pH-Wertes. Ist das Mengenverhältnis ausgeglichen, so liegt der pH-Wert bei 7, dem für die Pflege von Fischen und Pflanzen zu bevorzugenden Wert. Als weitere natürliche pH-beeinflussende Substanzen sind noch die in Moor- und Schwarzwässern vorkommenden Humin- oder Fulvosäuren zu nennen.

Im Abschnitt über die Karbonathärte haben Sie bereits erfahren, dass Wässer mit höherer Karbonathärte gegen Säure besser gepuffert sind als weiche. Das Gleiche gilt auch für die andere Richtung, nämlich plötzliche pH-Anstiege, die ebenso gefährlich sind: Um den Kalk als Hydrogenkarbonat (doppelt kohlensaurer Kalk) in Lösung und den pH-Wert bei 7 zu halten, ist eine bestimmte Menge gelöstes CO_2 im Wasser erforderlich. Je mehr

Schwarz- oder Weißwasser: die Fische brauchen im Aquarium ähnliche Wasserwerte wie in ihrem natürlichen Lebensraum.

INFO

Der Grundsatz, möglichst konstante Bedingungen im Aquarium einzuhalten, gilt auch für den pH-Wert. Dies ist einleuchtend, wenn man sich vor Augen hält, dass bei einer Veränderung des pH-Wertes um nur eine Stufe die Säurekonzentration sich nicht etwa um das Doppelte, sondern um das Zehnfache ändert. Das heißt, pH 5 ist zehnmal saurer als pH 6 und hundertmal saurer als pH 7. Umgekehrt ist pH 9 zehnmal alkalischer als pH 8 und hundertmal alkalischer als pH 7.

Goldene Zuchtform des Blauen Fadenfischs

Temperaturabhängigkeit des Sauerstoffgehaltes im Wasser

Temperatur (°C)	Sauerstoffgehalt (mg O_2/l)
10	10,92
11	10,67
12	10,43
13	10,20
14	9,98
15	9,76
16	9,56
17	9,37
18	9,18
19	9,01
20	8,84
21	8,68
22	8,53
23	8,38
24	8,25
25	8,11
26	7,99
27	7,86
28	7,75
29	7,64
30	7,53
31	7,42
32	7,32
33	7,22
34	7,13
35	7,04

Kalk im Wasser vorhanden ist, umso mehr CO_2 ist dafür natürlich auch notwendig.

Durch die Assimilation entziehen die Wasserpflanzen am Tage dem Wasser CO_2. Dadurch wird die CO_2-Konzentration unterschritten, die erforderlich ist, um den vorhandenen Kalk in Lösung zu halten. Folge davon: ein Teil des Hydrogenkarbonats zerfällt in unlösliches Karbonat (einfach kohlensaurer Kalk, der sich als weißlicher Belag auf Pflanzenblättern niederschlägt) und CO_2, wodurch sich ein neues Gleichgewicht einstellt, das den verbliebenen Kalk in Lösung hält. Wird nicht genügend CO_2 von außen zugeführt, zum Beispiel durch eine CO_2-Düngeanlage, so setzt sich dieser Prozess fort, bis alles Hydrogenkarbonat aufgebraucht und als unlösliches Karbonat auf den Pflanzenblättern zu finden ist.

Solange noch Hydrogenkarbonat im Wasser vorhanden ist, durch dessen Spaltung sich ein neues Gleichgewicht einstellen kann, wird sich der pH-Wert nur unwesentlich in Richtung 8 verändern. Es gibt jedoch Pflanzen, die nicht aufhören CO_2 aufzunehmen, auch wenn bereits alles Hydrogenkarbonat verbraucht ist. Sie entziehen dann auch noch dem Karbonatniederschlag das darin gebundene CO_2, wodurch der pH-Wert in kürzester Zeit auf Werte bis 10 steigen kann.

Als Folge treten bei den Fischen Verätzungen der Kiemen und Schleimhäute auf, die zum Tode führen können, wenn keine sofortige Abhilfe erfolgt. In weichem Wasser mit wenig Kalk tritt dieses Phänomen natürlich wesentlich leichter und schneller auf als in härterem. Deshalb noch einmal der Hinweis: härteres Wasser ist pH-stabiler als weiches.

Sauerstoff

Sauerstoff ist das Lebenselixier für alle tierischen Organismen. Ohne Sauerstoff gäbe es kein tierisches Leben auf der Erde. Sauerstoff ist damit auch für das Aquarium der wichtigste Faktor, von dem das Wohlbefinden unserer Pfleglinge abhängt. Fische benötigen ihn zur Atmung, aber auch Pflanzen benötigen zumindest nachts eine ausreichende Versorgung mit Sauerstoff. Von größter Wichtigkeit ist der Sauerstoff aber für das Millionenheer von Bakterien, die den ganzen anfallenden „Mist" im Aquarium abbauen. Ohne sie wäre eine Aquarienhaltung praktisch undenkbar. Mehr über diese Bakterien und ihre segensreiche Tätigkeit erfahren Sie im nächsten Abschnitt dieses Kapitels.

Gase, so auch der Sauerstoff, haben das Bestreben, zwischen ihren Gehalten (Partialdrücken) in der Luft und einer Flüssigkeit, in unserem Fall Wasser, einen Gleichgewichtszustand herzustellen. Daraus resultiert, je nach Temperatur, ein bestimmter Sauerstoffgehalt im Wasser. Je kälter das Wasser, desto mehr Sauerstoff enthält es im Gleichgewichtszustand. Dies ist auch der maximale Sauerstoffgehalt, der durch Belüftung zu erreichen ist. Bei 25 °C sind es 8,11 mg/l. Die Gehalte für andere Temperaturen zeigt die nebenstehende Tabelle.

Im Aquarium sollte man bestrebt sein, den erforderlichen Sauerstoffgehalt auf biologischem Wege, das heißt durch die Assimilationstätigkeit lebender Pflanzen, zu erzeugen (Ausnahme: Aquarien mit pflanzenunverträglichen Fischen). Um sich auf der sicheren Seite zu bewegen, ist am Abend (kurz vor Erlöschen der Beleuchtung) ein Sauerstoffgehalt anzustreben, der dem Gleichgewichtszustand bei der gegebenen Temperatur entspricht. Dies ist jedoch nur mit angepasster Beleuchtungsstärke und optimaler Pflanzenpflege möglich.

Es ist falsch, Sauerstoffwerte der natürlichen Heimat unserer Aquarienfische, die häufig unter Gleichgewichtsniveau liegen, als Vorbild für das Aquarium zu nehmen. Im Gegensatz zum Aquarium sind die Sauerstoffgehalte in der Natur, wenn auch niedrig, so doch von äußerster Gleichmäßigkeit, die durch die Atmung der Tiere nicht beeinflusst wird. Die Tiere haben sich diesem Gehalt angepasst. Wollten wir dagegen ein Aquarium mit einem Sauerstoffgehalt von nur 3 oder 4 mg/l „fahren", so würden wir sehr bald ein „blaues Wunder" erleben. Spätestens in der Nacht, wenn Tiere und Pflanzen Sauerstoff verbrauchen, wird sich in dem vergleichsweise winzigen Wasservolumen des Aquariums ein katastrophaler Sauerstoffmangel einstellen, mit allen dazugehörigen fatalen Folgen. Von versehentlich zu viel gereichtem Futter oder einem unbemerkt gestorbenen Fisch, die zusätzlich noch Sauerstoff zehren, ganz zu schweigen. Der Lebensraum Aquarium verhält sich anders als ein Naturbiotop, und deshalb ist am Abend ein hoher Sauerstoffgehalt in Höhe des Gleichgewichtwertes grundlegende Voraussetzung für das Wohlergehen seiner Insassen!

Auch Fische machen Mist

Alle tierischen Organismen benötigen zur Aufrechterhaltung ihrer Lebensvorgänge und zum Wachstum Nahrung, der in einem mehr oder weniger komplizierten Verdauungsvorgang die für den betreffenden Organismus wichtigen Bestandteile entzogen werden. Was nicht gebraucht oder verwertet werden kann, wird ausgeschieden. Die Ausscheidungsprodukte werden über verschiedene Zwischenstufen weiter abgebaut (mineralisiert), von den Pflanzen als Nährstoffe aufgenommen und zum Aufbau von pflanzeneigener Substanz verwendet. Schließlich werden die Pflanzen von Tieren gefressen und das Ganze beginnt wieder von vorn.
Dieser stark vereinfacht dargestellte Kreislauf spielt sich in einem intakten natürlichen Ökosystem ohne nennenswerte Anhäufung von Zwischenprodukten ab. Das System steht im so genannten biologischen Gleichgewicht. Im Aquarium besteht eine grundlegend andere Situation. Im Vergleich zu natürlichen Systemen werden hier wesentlich mehr tierische Organismen (Fische) auf engstem Raum mit verhältnismäßig wenigen Pflanzen gehalten.
Die Fische scheiden wesentlich mehr Abfallstoffe aus, als von den Pflanzen im Aquarium verwertet werden können. Es muss im Aquarium also zwangsläufig zu einer Anhäufung von Abfallstoffen aus dem Verdauungsvorgang der Fische kommen. Aus diesem Grund ist es wichtig zu wissen, was mit diesen Stoffwechselprodukten im Aquarium geschieht.

Black Mollys fressen an Futtertabletten auf dem Boden

Ammonium, Nitrit, Nitrat

Die größte Bedeutung haben im Aquarium die Stickstoffverbindungen Ammonium, Nitrit und Nitrat, von denen das Nitrit direkt und das Ammonium unter bestimmten Umständen eine Gefahr für die Fische darstellen. Diese Verbindungen entstammen letztendlich der Verdauung von Proteinen (Eiweiß), die im tierischen Organismus bis zum Ammonium abgebaut werden. Das Ammonium wird als unbrauchbarer Rest ausgeschieden. Der Abbau der Proteine erfolgt im Prinzip über folgende Stufen: Proteine → Peptide → Aminosäuren → Ammonium → Nitrit → Nitrat. Uns interessieren vor allem die letzten Schritte vom Ammonium bis zum Nitrat, da diese im Aquarienwasser ablaufen und dadurch direkten Einfluss auf die Lebewesen im Aquarium haben können. Auch von Fischen nicht gefressenes Futter wird von verschiedenen Organismen abgebaut, die

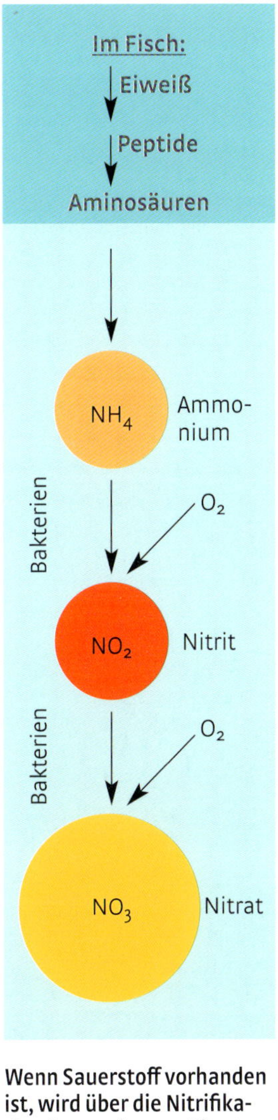

Wenn Sauerstoff vorhanden ist, wird über die Nitrifikation Ammonium zu Nitrat umgebaut.

letztendlich auch wieder Ammonium ausscheiden.
Was geschieht nun mit diesem Ammonium? In der Natur dient es als Hauptpflanzennährstoff und wird dadurch größtenteils „verbraucht". Die Weiterverarbeitung über Nitrit zu Nitrat spielt nur eine geringe Rolle. Im Aquarium kann auch der beste Pflanzenwuchs nicht so viel Ammonium verarbeiten, wie durch die Fische gebildet wird. Deshalb muss es hier durch bestimmte Bakterien unter Verbrauch von Sauerstoff über die Zwischenstufe Nitrit zu Nitrat oxidiert werden. Nitrat kann auch von den Pflanzen als Nährstoff verwendet werden, jedoch wird Ammonium bevorzugt.
Letzten Endes reichert sich also Nitrat im Aquarium an. Das ist auch gut so, denn dieser durch Bakterien bewerkstelligte Umbau von Ammonium zu Nitrat, die so genannte Nitrifikation, ist praktisch die „Lebensversicherung" für unsere Fische im Aquarium. Warum, ist schnell erklärt. Das Ammonium selbst ist nicht giftig, kann jedoch pH-Wert-abhängig in das hochgiftige Ammoniak übergehen. Generell gilt: je höher der pH-Wert, desto mehr fischgiftiges Ammoniak liegt vor. Den genauen Zusammenhang zeigt die Tabelle.

Auch Nitrit ist ein sehr starkes Fischgift. Werte ab 0,5 mg/l sind bedenklich, 2,0 mg/l sind tödlich. Dagegen ist das Endprodukt Nitrat eher fischverträglich. Werte von einigen 100 mg/l können von Fischen noch toleriert werden. In einem gut eingefahrenen Aquarium sollten die Stoffe Ammonium und Nitrit praktisch nicht messbar sein, lediglich Nitrat darf sich langsam ansammeln. Die Fische wären damit sozusagen „aus dem Schneider". Trotzdem hat der stetig steigende Nitratgehalt einen Haken: Wird nicht durch regelmäßigen Teilwasserwechsel das Nitrat verdünnt, freuen sich ungebetene Gäste über diesen idealen Nährstoff: die Algen. Mehr darüber finden Sie im Abschnitt über Algen (Seite 68).
Welche Bakterien machen nun diese Nitrifikation und wie kommen sie ins Aquarium? Zwei ganz bestimmte Gruppen von Bakterien haben sich auf die Nitrifikation, also den Umbau von Ammonium zu Nitrat, spezialisiert. Die eine Gruppe baut Ammonium zu Nitrit um und die andere Nitrit zu Nitrat. Die eine Gruppe kann also nicht ohne die andere existieren, da sie von ihr das Substrat (Nitrit) geliefert bekommt.
Um ihre segensreiche Tätigkeit ausführen zu können, stellen diese Bakteri-

Ammoniakgehalt in Abhängigkeit vom pH-Wert (geändert nach Krause)

NH_4^+/NH_3 Gesamtgehalt (mg/l)	Anteil des giftigen Ammoniak (mg/l) bei pH-Wert 6,5	7,0	7,5	8,0	8,5	9,0
0,1	< 0,001	0,001	0,002	0,006	0,014	0,035
0,2	< 0,001	0,001	0,004	0,011	0,029	0,069
0,3	0,001	0,002	0,006	0,017	0,043	0,104
0,5	0,001	0,003	0,010	0,029	0,072	0,173
0,8	0,002	0,005	0,015	0,046	0,115	0,277
1,0	0,002	0,006	0,019	0,057	0,144	0,346
1,2	0,002	0,007	0,023	0,069	0,173	0,415
1,5	0,003	0,009	0,029	0,086	0,216	0,519
2,0	0,004	0,012	0,038	0,114	0,288	0,692
4,0	0,008	0,024	0,076	0,229	0,576	1,384
6,0	0,011	0,036	0,114	0,342	0,864	2,076
8,0	0,015	0,048	0,152	0,458	1,152	2,70

Die Tabelle gilt nur bei 24 °C. Je 1 °C höherer/niedrigerer Temperatur sind bis zu 4 % höhere/niedrigere Werte vorhanden.

Bewertung: harmlos kritisch akut gefährlich

en einige Ansprüche an ihre Umwelt: ausreichender Sauerstoffgehalt, der zur Oxidation benötigt wird, pH-Wert um den Neutralpunkt bis schwach alkalisch und CO_2 als Nahrung.
Da ein Aquarium kein steriles System darstellt (weshalb das Abkochen von Einrichtungsgegenständen auch Unsinn ist), könnte man nach der Neueinrichtung einfach so lange warten, bis sich die Nitrifizierer etabliert haben ... wenn dem nicht das äußerst langsame Wachstum dieser Bakterien und die (verständliche) Ungeduld des Neuaquarianers entgegenständen.
Nitrifizierende Bakterien benötigen 10 bis 20 Stunden, um ihre Zahl einmal zu verdoppeln, was andere Bakterien in wenigen Minuten fertigbringen. Ohne „nachzuhelfen" benötigt daher ein neues Aquarium ca. zwei bis drei Wochen, bis sich genug Nitrifizierer angesammelt haben. Während dieser Zeit zeigen typische Verläufe der Ammonium-, Nitrit- und Nitratkonzentration den Aufbau der Bakterienpopulation an: Zunächst steigt der Ammonium-Spiegel stark an und beginnt nach einiger Zeit zu fallen, während gleichzeitig der Nitritspiegel zu steigen beginnt: Die erste Bakteriengruppe hat sich etabliert und baut Ammonium zu Nitrit um. Es vergeht wieder einige Zeit, bis der Nitritspiegel zu fallen beginnt: Nun nimmt die zweite Bakteriengruppe ihre Arbeit auf und baut Nitrit zu Nitrat um. Wenn der Nitritspiegel sich gegen 0 nähert und ein langsamer Anstieg von Nitrat feststellbar ist, gilt das Aquarium als eingefahren und es können Fische eingesetzt werden.
Jetzt kann aber ein weiteres Problem auftauchen. Die Anzahl der Bakterien ist vom Substrat abhängig. Wenn das Aquarium praktisch leer, nur mit Pflanzen ohne anfallende Abfallstoffe eingefahren wurde, kann nach Einsetzen der Fische das „Spielchen" erneut losgehen, weil die Bakterienpopulation erst wachsen muss, um sich an das vermehrte Abfallangebot durch die Fische anzupassen.
All das kann Sie kalt lassen, wenn Sie, wie bereits angedeutet, Ihr neues Aquarium entsprechend animpfen. Der „Hauptarbeitsplatz" dieser Bakterien ist (außer dem Bodengrund und allem, was sich im Aquarium befindet) der Filter, in dem bestimmte Materialien den Bakterien eine geeignete Ansiedlungsfläche bieten. Aus diesem Grund ist das Auswaschen einer alteingefahrenen Filtermasse (die natürlich nicht ausgetrocknet sein darf) im neu eingerichteten Aquarium die absolut beste Animpfungsmethode. Die dabei entstehende „trübe Suppe" klärt sich sehr schnell wieder, und Sie haben vom Augenblick an ein eingefahrenes Aquarium, in das Sie sofort Fische einsetzen können.
Aquarienvereine wenden diese Methode seit Jahrzehnten zum Einfahren von Ausstellungsbecken an. Werden Sie misstrauisch, wenn auf irgendeinem Produkt steht: Schütten Sie XY ins Wasser und am nächsten Tag können Sie Fische dazusetzen! Ganz nebenbei – Nitrifizierer sind „Mimosen" und lassen sich äußerst schlecht konservieren! Als Pulver „lyophilisierte" (gefriergetrocknete) Bakterienpräparate sind deshalb absolut ungeeignet, weil wirkungslos, um ein neues Aquarium einzufahren. Die wichtigen Bakterien zum Einfahren eines Aquariums überstehen diesen Prozess nicht lebend. Seriöse Bakterienpräparate sind flüssig, weil dies die einzige Möglichkeit ist, die nützlichen Bakterien eine gewisse Zeit lang zu „konservieren". Ein Mindesthaltbarkeitsdatum sollte deshalb unbedingt angegeben sein.
Es könnte bisher der Eindruck entstanden sein, dass im Aquarium nur nitrifizierende Bakterien leben. Das stimmt natürlich nicht. Im Aquarium leben eine ganze Reihe verschiedener Bakterien, die am Stoffkreislauf mitbeteiligt sind, nur dass diese Bakterien eben wirklich „von selbst" kommen, ohne unser Zutun.

Phosphat

Phosphatverbindungen übernehmen wichtige Funktionen sowohl im tierischen als auch im pflanzlichen Organismus. Energiereiche Phosphate werden als Energielieferanten bei der Muskelarbeit oder bei der Pflanze zum Aufbau von Zucker gebraucht. Zum Aufbau von Knochen wird ebenfalls Phosphat benötigt. Durch die Verdauungsvorgänge der

Dicklippiger Fadenfisch (Männchen) beim Nestbau

Fische und aus Futterresten gelangt Phosphat ins Aquarienwasser. Die Menge und die Auswirkung im Aquarium wird oft unterschätzt. In der Natur haben sich Pflanzen daran gewöhnt, dass Phosphat Mangelware ist, und besitzen entsprechende Mechanismen, die es ihnen ermöglichen, mit geringsten Phosphatmengen auszukommen.
Was geschieht nun, wenn im Aquarium plötzlich ein Phosphatangebot vorliegt, das den Bedarf der Wasserpflanzen oft um mehr als das Hundertfache übersteigt? Unsere „speziellen Freunde“, die Algen, freuen sich und stürzen sich geradezu auf das Phosphat. Wenn dann auch noch entsprechende Mengen an Nitrat vorhanden sind, ist die Algenplage vorprogrammiert. Das Fatale ist, dass Algen Phosphat speichern können, wenn mehr da ist, als sie im Moment brauchen. Dadurch können die Algen auch lange nachdem der Phosphatgehalt gesenkt wurde (Wasserwechsel) noch lustig weiterleben, wodurch das Phosphat als Ursache oft verkannt wird.

Organische Stoffe im Wasser

Alle natürlichen Gewässer enthalten einen hohen Anteil an gelösten hochmolekularen organischen Verbindungen. Diese Stoffe stammen teils aus dem Stoffwechsel der Tiere und teils aus pflanzlichen Abbauprozessen. Im hygienischen Sinn handelt es sich dabei um Verschmutzungsindikatoren, die deshalb in unserem Trinkwasser nicht enthalten sein dürfen.
Auf die Fische haben diese Stoffe aber durchaus positive Effekte. Sie bewahren als so genannte Schutzkolloide zum Beispiel die Schleimhaut vor schädigenden Einflüssen. Huminstoffe, die vor allem in Schwarzwässern enthalten sind, wirken bakterienhemmend und schleimhautverdichtend. Aber auch Wasserpflanzen profitieren von gelösten organischen Substanzen, da viele als natürliche Chelatoren (Nährstoffträger) wirken und so wichtige Nährstoffe pflanzenverfügbar halten. Es hat sich gezeigt, dass frisches Leitungswasser aggressiv auf Kiemen und Schleimhaut der Fische wirkt. Erst ein Zusatz von organischen Verbindungen macht das Wasser „fischgerecht“. Die Zugabe eines der im Zoofachhandel erhältlichen Wasseraufbereitungsmittel behebt dieses Problem.

› Wasseraufbereitung

In diesem Abschnitt wollen wir Ihnen einerseits Tipps geben, wie Sie unerwünschte Werte des Leitungswassers verändern können, bevor es ins Aquarium kommt, und andererseits auch aufzeigen, wie Veränderungen der Wasserwerte, die sich während des Betriebs des Aquariums einstellen, durch geeignete Maßnahmen in Grenzen gehalten werden können. Sie erinnern sich doch noch – Kontinuität ist das oberste Gebot!
Bevor Sie jedoch drangehen, die Zusammensetzung des Leitungswassers vor Verwendung zu verändern, sollten Sie sich genau überlegen, ob dies für die Fische, die Sie zu pflegen beabsichtigen, auch wirklich erforderlich ist. Wie gesagt, die meisten Aquarienfische lassen sich im Leitungswasser problemlos pflegen, wenn die Kontinuität der Bedingungen gewahrt bleibt. Und gerade die lässt sich mit Leitungswasser eher einhalten, als mit der dauernden „Wasserpanscherei“, die Ihnen vielleicht irgendwann einmal lästig wird.
Anders bei der Zucht: hier werden möglichst die natürlichen Wasserwerte gefordert, da die Eier der Fische wenig anpassungsfähig sind.

Die Wasserhärte verändern

Aufhärten Eine Erhöhung der Wasserhärte ist meist nur dann erforderlich, wenn in Weichwassergebieten Fische gepflegt werden sollen, die höhere Härtewerte benötigen, wie zum Beispiel Cichliden aus den afrikanischen Grabenseen oder australische Regenbogenfische. Filterung über Marmorgrus oder Zugabe von pulverförmigem Kalziumkarbonat erhöht die Gesamt- und Karbonathärte gleichmäßig. Dabei ist die Zufuhr von CO_2 erforderlich, um den Kalk entsprechend in Lösung zu bringen und zu halten. Eine Erhöhung der Resthärte (Gesamthärte ohne Karbonathärte) kann zum Beispiel durch Kalziumsulfat erreicht werden. Bequem zu handhabende

INFO

Gefahr aus der Wasserleitung

Heutzutage werden vor allem in Neubauten, aber auch bei der Altbausanierung, Wasserleitungen aus Kupferrohr verlegt. Von diesen Kupferrohren kann eine ernst zu nehmende Gefahr für die Aquarienbewohner ausgehen.
Neu installierte Kupferleitungen besitzen noch keine isolierende Kalkschicht im Inneren. Steht nun bei längerer Nichtbenutzung das Wasser in der Leitung, so können sich erhebliche Mengen an Kupfer im Wasser lösen, die bei Aquarienfischen zu Vergiftungserscheinungen und bei Pflanzen zu Wachstumshemmung führen können.
Bei neu installierten oder frisch entkalkten Warmwasserboilern oder Durchlauferhitzern besteht übrigens die gleiche Gefahr. In einem solchen Fall sollte man das Wasser einige Minuten ablaufen lassen, bevor man es für das Aquarium verwendet. Meist hat sich im Leitungssystem nach etwa einem Jahr eine Kalkschicht aufgebaut, die eine weitere Lösung von Kupfer verhindert.

Ein Schlauch (mit Ansaugstutzen) zum nächstgelegenen Abfluss erspart das lästige Eimerschleppen.

Karbonathärte- und Gesamthärtebildner sind auch im Zoofachgeschäft erhältlich.

Enthärten Das Enthärten von Leitungswasser ist weitaus komplizierter als die Erhöhung der Wasserhärte. Es gibt im Prinzip nur drei Verfahren, die aquaristisch sinnvoll sind. Welches Verfahren man einsetzt, hängt letztlich von den lokalen Gegebenheiten ab. Die Verfahren sollen hier nur im Prinzip vorgestellt werden, da es umfangreiche Fachliteratur gibt, auf die der Interessierte zurückgreifen kann.

Zwei Verfahren beruhen auf dem Prinzip des Ionenaustausches. Es sind dies die Teilentsalzung oder Entkarbonisierung und die Vollentsalzung. Wie bereits der Name sagt, werden bei diesen Vorgängen bestimmte Ionen gegen andere ausgetauscht, wodurch die Wasserhärte verschwindet. Zentraler Teil solcher Anlagen sind bestimmte Kunstharze mit Austauschereigenschaft, über die das Wasser wie über einen Filter geleitet wird.

Eine **Entkarbonisierung** ist nur dann sinnvoll, wenn die Karbonathärte im Wasser mindestens 80 % der Gesamthärte ausmacht. Da durch die Entkarbonisierung die Ionenverteilung im Wasser verschoben wird und äußerst niedrige Gesamtsalzgehalte, wie sie zur Zucht von Weichwasserfischen gebraucht werden, nicht erreichbar sind, eignet sich diese Methode nur für weniger empfindliche Fische. Bei der **Vollentsalzung** erhält man praktisch destilliertes Wasser, das man durch Verschneiden auf jeden gewünschten Härtegrad einstellen kann.

Alle Ionenaustauscher haben eine begrenzte Kapazität, die abhängig ist von der Härte des Ausgangswassers und der Menge des verwendeten Harzes. Nach Erschöpfung müssen die Harze mit Salzsäure (Entkarbonisierung) oder mit Salzsäure und Natronlauge (Vollentsalzung) regeneriert werden. Dabei ist mit der bei Chemikalien gebotenen Vorsicht zu arbeiten. Regenerierflüssigkeiten sind Sondermüll und dürfen nicht in den Ausguss geschüttet werden! Es gibt auch Geräte mit Regenerierservice. Das ist zwar etwas teurer als selbst Regenerieren, Sie sparen sich aber die Mühe und das Abfallproblem.

Als dritte Methode wäre noch die **Umkehrosmose** zu nennen. Geräte, die nach diesem Prinzip arbeiten, werden regelmäßig im Handel angeboten. Dabei wird durch den im Leitungsnetz herrschenden Druck das Wasser gegen eine Membran gedrückt, die praktisch wie ein mikrofei-

Einer der beliebtesten Aquarienfische überhaupt, der Rote Neon. Er benötigt zur optimalen Pflege weiches bis mittelhartes Wasser bei einem schwach sauren pH-Wert.

nes Sieb annähernd alles zurückhält, was größer ist als das reine Wassermolekül. Ein geringfügiger Restsalzgehalt bleibt jedoch erhalten.

Der Wirkungsgrad der Umkehrosmoseanlagen hängt vom Wasserdruck und der Temperatur ab. Er liegt bei Leitungswasserdruck bei etwa 20 %. Das heißt, aus 100 Liter Wasser erhält man 20 Liter entsalztes Wasser (Permeat) und 80 Liter Restwasser mit erhöhtem Salzgehalt (Konzentrat), das in den Ausguss läuft. Umkehrosmoseanlagen sollten möglichst permanent in Betrieb sein, um eine möglichst lange Lebensdauer der Membran zu erreichen. Ihre Anschaffung ist also nur sinnvoll, wenn ein kontinuierlicher Wasserbedarf vorhanden ist. Regenerationskosten entfallen, dafür muss von Zeit zu Zeit die Membran gewechselt werden, die teuer ist, und es fallen erhöhte Wasserkosten an.

Den pH-Wert verändern

Senken Wie Sie bereits wissen, kommt der pH-Wert in der Natur hauptsächlich durch das Zusammenspiel von Karbonathärte und gelöstem CO_2-Gas zustande. Da im Aquarium meist aufgrund von CO_2-Mangel (es wird durch die Pflanzen verbraucht) der pH-Wert ansteigt, sollte er mit den gleichen natürlichen Mitteln, nämlich Zufuhr von CO_2, gesenkt und auf Werte um den Neutralpunkt eingestellt werden. Gleichzeitig erhalten dabei die Pflanzen lebensnotwendiges CO_2. Bei Wässern mit Karbonathärten über 15 °dKH ist eine Senkung der Karbonathärte auf 10 °dKH sinnvoll, da sonst unnötig viel CO_2 gebraucht würde, um den pH-Wert auf 7 zu senken.

In besonderen Fällen, zum Beispiel zur Zucht, kann der pH-Wert auch durch Torffilterung gesenkt werden. Dies kann jedoch nur im weichen Wasser geschehen, da im härteren Wasser die Säuren des Torfes durch die Karbonathärte abgepuffert werden. Der pH-Wert sollte dabei ständig überprüft werden. Es sei noch angemerkt, dass die Filterung über Aktivkohle die Wirkung des Torfes aufhebt.

Erhöhen Es ist in den seltensten Fällen erforderlich, kann jedoch durch eine Erhöhung der Karbonathärte (siehe dort) erfolgen. Im Zoofachhandel sind auch entsprechende Präparate zur pH-Anhebung erhältlich.

Den CO_2-Gehalt verändern

Aufgrund des CO_2-Verbrauchs der Wasserpflanzen kommt es in gut bepflanzten Aquarien regelmäßig zu CO_2-Mangel. Die Installation einer CO_2-Düngeanlage schafft hier Abhilfe. Näheres darüber er-

INFO

Vergessen Sie alle anderen Enthärtungs-Methoden, wie sie zum Beispiel in Spülmaschinen oder bei Haushaltsinstallationen und sonstigen technischen Anwendungen zu finden sind. Enthärtungsanlagen, wie sie z.B. in Spülmaschinen verwendet werden, arbeiten nach dem Prinzip des Neutralaustauschers, kenntlich an der Regeneration mit Salz. Bei dieser Methode werden die Härtebildner letztlich in Salze umgewandelt; das ist reinigungstechnisch sinnvoll, für die Aquaristik jedoch unbrauchbar, da der Gesamtsalzgehalt der Gleiche geblieben ist.

Glühlichtsalmler sind weniger anspruchsvoll und können auch in härterem Wasser bei pH-Werten um den Neutralpunkt gehalten werden.

fahren Sie im nächsten Kapitel. Eine Senkung des CO_2-Gehaltes wird meist nur in Folge versehentlich falsch eingestellter Düngegeräte nötig sein und kann durch kräftige Wasserbewegung oder Durchlüftung schnell erreicht werden.

Ammonium und Nitrit entfernen

Die Entfernung von Ammonium und Nitrit sollte eigentlich kein Thema sein, da sie, wie bereits geschildert, von Bakterien erledigt wird. Lediglich wenn die Bakterien durch irgendeinen Umstand „geärgert" wurden (zum Beispiel durch Behandlung von Fischkrankheiten), das Aquarium katastrophal überbesetzt ist oder zu viel gefüttert wurde, kann der Ammonium- oder Nitritgehalt ansteigen. In einem solchen Fall kann zunächst ein Teilwasserwechsel vorgenommen werden. Anschließend muss für eine Normalisierung der Verhältnisse gesorgt werden, zum Beispiel durch Herausfiltern von Medikamentenresten über Aktivkohle, weniger füttern und, falls erforderlich, den Fischbesatz verringern.

Nitrat entfernen

Die billigste und einfachste Methode, das Nitrat loszuwerden, ist der als Pflegemaßnahme bereits bekannte, regelmäßige Teilwasserwechsel. Problematisch wird es allerdings in einigen Gegenden, wo das Leitungswasser bereits Nitrat enthält. Laut Trinkwasserverordnung sind maximal 50 mg/l zulässig. Dies genügt aber schon, um unter Umständen eine Algenplage hervorzurufen.
Es gibt noch einen anderen Weg der Nitratentfernung, den auch die Natur benutzt und der in Kläranlagen mehr und mehr großtechnisch angewendet wird: die so genannte Denitrifikation. Das ist die Fähigkeit verschiedener Bakterien, statt des im Wasser gelösten Sauerstoffs den im Nitrat chemisch gebundenen Sauerstoff zur Atmung zu verwenden. Letztendlich entsteht dabei gasförmiger Stickstoff, der in die Atmosphäre entweicht, und schon sind wir das Nitrat los!
So weit, so gut – die Sache hat nur leider einen Haken. Die Bakterien denken unter normalen Aquarienbedingungen im Traum nicht daran, den Sauerstoff aus dem Nitratmolekül zu veratmen, solange noch im Wasser gelöster Sauerstoff wesentlich leichter zu haben ist. Um gleich noch etwas klarzustellen: Es handelt sich bei diesen Bakterien nicht um die gleichen, die das Nitrat produzieren und diesen Prozess etwa nur „rückwärts" ablaufen lassen. Denitrifizierer gibt es in den verschiedensten Bakteriengruppen, die unter bestimmten Umständen eben in der Lage sind, Nitrat zu veratmen. Potenziell denitrifizierende Bakterien sind in jedem Aquarium vorhanden.
Erst wenn praktisch kein freier Sauerstoff im Wasser mehr verfügbar ist und wenn organische Nahrung (zum Beispiel Zucker) vorhanden ist, gehen die Bakterien dazu über, Nitrat zu veratmen. Ähnliche Bedingungen findet man in Mulmansammlungen und im Bodengrund des Aquariums, wenn man nicht in regelmäßigen „Putzanfällen" den Bodengrund umschichtet und jedes bisschen Mulm entfernt. Aquarien mit einer gewissen Portion „Dreck" funktionieren deshalb oft besser als peinlich saubere, die regelrecht „zu Tode geputzt" werden.
In besonders konstruierten Filtern mit extrem geringer Durchflussrate und langem Filterweg können entsprechende Bedingungen künstlich erzeugt werden. Wichtig ist dabei eine regelmäßige Zufuhr von Nahrung für die Bakterien. In Kläranlagen verwendet man Ethanol. Dies ist unter Aquarienbedingungen nicht machbar, da ein „Durchschlagen" des Ethanols ins Aquarium zu einer Massenvermehrung von Bakterien und dadurch zu Sauerstoffmangel führen kann. Mittlerweile bietet der Zoofachhandel ein sehr sicheres Produkt zur biologischen Nitratentfernung von einem der führenden Zubehörhersteller an. Die erwähnte Filterkonstruktion ist dabei überflüssig. Es handelt sich um eine im Wasser nicht lösliche Bakteriennahrung, die sich in speziellen Netzbeuteln befindet. Diese Netzbeutel werden einfach in den ganz gewöhnlichen Filter gelegt. Der Netzbeutel reduziert den Wasserfluss und dadurch entsteht Sauerstoffmangel im Inneren des Netzbeutels, wodurch die Bakterien gezwungen sind, das Nitrat als Sauerstoffquelle zu verwenden. Die dafür

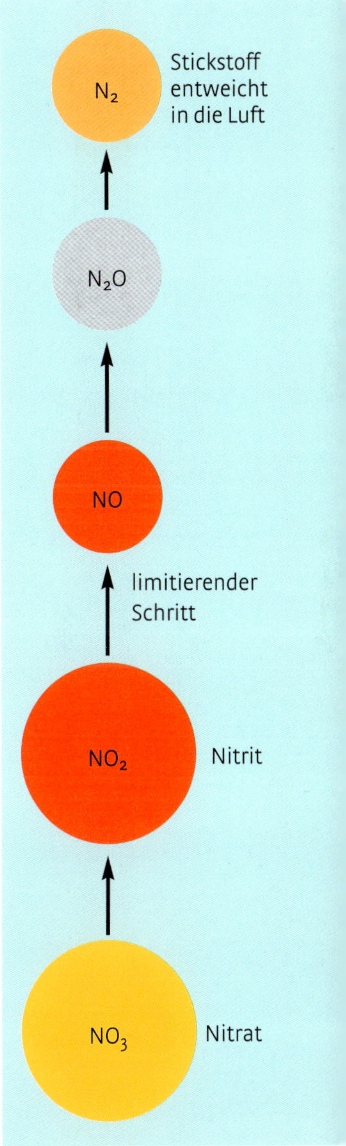

Wenn kein Sauerstoff vorhanden ist, können verschiedene Bakterien den im Nitrat enthaltenen Sauerstoff veratmen und so Nitrat zu Stickstoff abbauen.

TIPP

Nitratentfernung über Austauscherharze ist nicht die Methode der Wahl, da dadurch das Wasser mit anderen Ionen, in der Regel Chlorid, angereichert wird. Dadurch wird die Ionenverteilung im Wasser nachhaltig verändert.

erforderliche Energie erhalten Sie von der Bakteriennahrung, die sich im Netzbeutel befindet.
Da die Veratmung des Nitrats aber über die Stufe des Nitrits erfolgt, besteht bei hohen Nitratgehalten im Aquarienwasser die Gefahr einer sekundären Nitritanreicherung. Der Schritt Nitrat – Nitrit geschieht nämlich wesentlich schneller als die folgenden Schritte von Nitrit über verschiedene Zwischenprodukte zu Stickstoff. Deshalb ist beim Einsatz der oben erwähnten Netzbeutel mit Bakteriennahrung unbedingt die Gebrauchsanleitung zu beachten und keinesfalls dürfen mehrere Beutel gleichzeitig in den Filter gelegt werden. Legt man die erforderliche Anzahl Beutel mit ein oder zwei Wochen Abstand in den Filter, so kann keine gefährliche Nitritspitze entstehen und der Nitratgehalt sinkt mit der Zeit fast gegen null.

Phosphat entfernen

Bis vor einigen Jahren konnte zu viel Phosphat im Wasser praktisch nur durch Wasserwechsel entfernt werden. Mittlerweile hat die Zubehörindustrie die Marktlücke erkannt und bietet zum Teil recht zuverlässige Phosphatbinder über den Zoofachhandel an. Alle Produkte dieser Art bedienen sich der Fähigkeit bestimmter Metalle, Phosphat irreversibel zu binden. Für die Anwendung im Aquarium sind Produkte auf Eisenbasis am besten geeignet, da versehentlich ins Aquarium gelangte Eisenbestandteile dort keinen Schaden anrichten können, selbst wenn einmal der pH-Wert unerwartet absinken sollte. Produkte auf Aluminiumbasis bergen eine versteckte Gefahr, da bei zufälligem Absinken des pH-Wertes hochgiftiges Aluminium frei werden könnte.
Durch gezielte, nicht zu gut gemeinte Fütterung und Vermeidung phosphathaltiger Pflegeprodukte lässt sich ein unnötig hoher Anstieg des Phosphatgehalts vermeiden. Ein üppiger, gesunder Pflanzenwuchs trägt natürlich auch zur Verringerung des Phosphatgehalts bei.
Leider kommt es immer wieder vor, dass manche Wasserpflanzendünger Phosphate und Nitrate enthalten. Dünger für Zimmerpflanzen hat übrigens im Aquarium absolut nichts verloren! Auch in manchen Wasseraufbereitungsmitteln werden zum Teil noch Polyphosphate als Komplexbildner für Schwermetallionen verwendet. Meiden Sie Pflegepräparate, die Phosphate enthalten! Steigt nach einem Wasserwechsel und Zugabe von Dünger oder Wasseraufbereiter der Phosphatgehalt in kurzer Zeit wieder auf den alten Wert, so enthält zumindest eines der Produkte Phosphat.
Sie sollten auch einmal den Phosphatgehalt Ihres Leitungswassers prüfen. Oft sind in Hausinstallationen Phosphatdosieranlagen eingebaut, die ein Verkalken der Wasserleitungen verhindern sollen. In einem solchen Fall müssten Sie versuchen, das Wasser für Ihr Aquarium vor dieser Anlage zu entnehmen. Gegebenenfalls den Hausbesitzer um Erlaubnis bitten.

Den Sauerstoffgehalt verändern

Akute Sauerstoffmangelsituationen können durch Belüftung und starke Wasserbewegung behoben werden. Bei entsprechender Pflege der Wasserpflanzen (Nährstoffe, Beleuchtung) sollte in gut bepflanzten Aquarien eigentlich zumindest tagsüber keine Sauerstoffmangelsituation vorkommen. Ein eventuell zu starkes Absinken des Sauerstoffgehalts während der Nacht kann durch leichte Belüftung verhindert werden. (Eine Schaltuhr sorgt dafür, dass die Belüftung nur nachts läuft.) Sauerstoffmangel ist bei Fischen an der beschleunigten Atmung zu erkennen. Im akuten Fall hängen die Fische mit dem Maul an der Wasseroberfläche und führen heftige Atembewegungen aus.
Nicht immer ist dieses Verhalten jedoch ein Zeichen für Sauerstoffmangel im Wasser. Ein zu hoher Nitritgehalt lässt die Fische ebenfalls an der Wasseroberfläche nach Luft „schnappen“. Nitrit besetzt die Sauerstoffbindestellen im Blut und so können die Fische nicht genügend Sauerstoff über die Kiemen aufnehmen. Der Körper signalisiert „Sauerstoffmangel“ mit den bekannten Verhaltensweisen. Zeigen die Fische solches Verhalten, sollte unbedingt auch an eine Überprüfung des Nitritgehalts gedacht werden.

Ungebetene Gäste

Trotz aller Vorsicht können sich im Aquarium auch manche ungebetenen Gäste einstellen. Als Hauptvertreter wären hier erst einmal verschiedene Schneckenarten zu nennen. Meist schleppt man Laich oder Jungtiere mit Wasserpflanzen ein. Vordergründig haben die zahlreichen kleinen **Schneckenarten** den Vorteil, dass sie Futterreste und Algen vertilgen. Turmdeckelschnecken lockern auch den Bodengrund auf. Die meisten Aquarianer sind jedoch nicht konsequent genug in der Fütterung der Fische, sodass für die Schnecken der Tisch reich gedeckt ist und sie sich zur Plage entwickeln. Manche fressen bei Futtermangel außerdem auch Pflanzen.

Sollte es also einmal so weit gekommen sein, dass der Bodengrund mehr Turmdeckelschnecken als Kies enthält oder Posthornschnecken und andere Kleinschnecken das Aquarium übervölkern, ist Abhilfe nötig. Der Handel bietet Mittel gegen Schnecken an, die allerdings nur im Notfall verwendet werden sollten. Man wird nach einer Behandlung schwerlich alle toten Schnecken im Aquarium finden, die dann empfindlich das Wasser verpesten. Außerdem sind Turmdeckelschnecken weitgehend unempfindlich gegen diese Mittel.

Die Posthornschnecke zählt zu den Schnecken, die sich – entsprechendes Nahrungsangebot vorausgesetzt – leicht übermäßig vermehren und so zur Plage werden können.

Schneckenfallen, die mittlerweile ebenfalls im Handel erhältlich sind, arbeiten ohne Chemie und sind deshalb der empfehlenswertere Weg, den Schnecken zu Leibe zu rücken. Solche Fallen können, auch bei sachgerechter nächtlicher Anwendung, leider hin und wieder auch zur Falle für einen neugierigen Wels werden. Deshalb ist häufigere Überwachung angesagt.

Apfelschnecken werden in der Regel bewusst gepflegt und gehören nicht zu den ungebetenen Gästen. Aufgrund ihrer Größe sind sie im Falle einer zu starken Vermehrung auch leicht zu finden.

Bliebe also noch das unermüdliche Absammeln der Schnecken, was sehr lästig ist, oder die Pflege schneckenfressender Fische. Von Kugelfischen raten wir ab. Besser bewährt, weil leichter zu pflegen, haben sich alle *Botia*-Arten, die mit der Zeit auch Turmdeckelschnecken „erledigen".

Süßwasserpolypen *(Hydra)* und **Scheibenwürmer** (Planarien) schleppt man sich meistens mit Lebendfutter ein. Sparsame Fütterung lässt diese „Gäste" von selbst wieder verschwinden. Manche anspruchslosen Fische (Makropoden und andere) fressen sie auch. Ganz davon abgesehen kann *Hydra* in einem separaten Kleinstaquarium ein interessanter Pflegling sein.

› Das Aquarienwasser überwachen

Um gezielte Wasseraufbereitungsmaßnahmen durchführen zu können oder einfach nur um zu wissen, ob noch alles in Ordnung ist, müssen die entsprechenden Wasserparameter mit geeigneten Methoden gemessen werden. Der spezialisierte Zoofachhandel bietet eine Reihe von einfach zu handhabenden Schnelltests an, die ausreichend genau und preiswert sind. Für bestimmte Parameter sind auch elektronische Messgeräte erhältlich, deren Anschaffung sich wegen des vergleichsweise hohen Preises nur bei häufiger Nutzung lohnen wird.
Die Schnelltests beruhen im Wesentlichen auf zwei Methoden. Bei der einen Methode (Titration) werden Wasserinhaltsstoffe dadurch gemessen, dass man einer Wasserprobe eine Messlösung so lange zugibt, bis sich ein zugesetzter Indikator verfärbt. Die Anzahl Tropfen der verbrauchten Messlösung gibt die Konzentration des gesuchten Stoffes an.
Die andere Methode beruht auf dem Prinzip, dass bestimmte Wasserinhaltsstoffe bei Reaktion mit bestimmten Chemikalien eine typische Farbe erzeugen, deren Intensität proportional zur Konzentration der gesuchten Stoffe ist. Durch Vergleich mit geeichten Farbkarten kann die Konzentration ermittelt werden. Gewöhnen Sie sich an, über alle Messergebnisse Buch zu führen und auch die Tageszeit zu notieren, da sich manche Werte tageszeitlich ändern. So können Sie Veränderungen oder Tendenzen schnell erkennen und, falls erforderlich, rasch handeln.

Härte und Gesamtsalzgehalt messen

Die Messung der Gesamthärte und der Karbonathärte unterscheiden sich methodisch nicht. Man gibt zu einer Wasserprobe von 5 ml so lange ein Reagens zu, bis bei Gesamthärte ein Farbumschlag von rot nach grün und bei Karbonathärte von blau nach gelb erfolgt. Ein Tropfen verbrauchtes Reagens entspricht 1 °d Gesamt- bzw. Karbonathärte. Die Genauigkeit der Methode kann erhöht werden, wenn man das Probenvolumen von 5 auf 10 ml erhöht. Dann entspricht ein Tropfen 0,5 °d. Um die gefundenen Werte mit anderen gebräuchlichen Maßeinheiten, zum Beispiel denen der Wasserchemiker in den Wasserwerken, vergleichen zu können, sind die Umrechnungstabellen nützlich.
Zur Messung des Gesamtsalzgehalts eines Wassers benötigt man ein so genann-

Umrechnung der Gesamthärte

	Erdalkaliionen (mmol/l)	Erdalkaliionen (mval/l)	Deutsche Grad (°d)	$CaCO_3$ (ppm)	Englische Grad (°e)	Französische Grad (°f)
1 mmol/l Erdalkaliionen	–	2,00	5,60	100,0	7,02	10,00
1 mval/l Erdalkaliionen	0,50	–	2,80	50,0	3,51	5,00
1 Deutsches Grad	0,18	0,357	–	17,8	1,25	1,78
1 ppm $CaCO_3$	0,01	0,020	0,056	–	0,0702	0,100
1 Englisches Grad	0,14	0,285	0,798	14,3	–	1,43
1 Französisches Grad	0,10	0,200	0,560	10,0	0,702	–

Umrechnung der Karbonathärte (nach KRAUSE)

		Säurekapazität (mmol/l)	Deutsche Grad (°d)	Französische Grad (°TAC)	Hydrogencarbonat (mg/l)
Säurekapazität	1 mmol/l	–	2,78	4,94	61,0
Deutsche Grad	1 °d	0,36	–	1,78	21,8
Französische Grad	1 °TAC	0,20	0,56	–	12,3
Hydrogencarbonat	1 mg/l	0,016	0,046	0,08	–

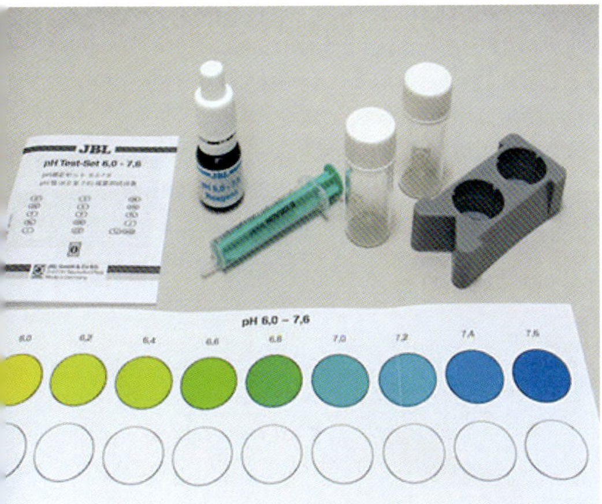

Inhalt eines Test-Sets für aquaristische Zwecke von einem renommierten Hersteller.

tes Leitfähigkeitsmessgerät oder Konduktometer. Die Messung nutzt die Fähigkeit von Wasser aus, je nach Salzgehalt mehr oder weniger elektrischen Strom zu leiten. Die Maßeinheit ist Mikrosiemens, abgekürzt µS. Geht man davon aus, dass ein Grad deutscher Härte einer Leitfähigkeit von etwa 33 µS entspricht, so kann man durch eine Messung feststellen, ob ein Wasser außer Härtebildnern auch noch andere Salze gelöst enthält. Die Art der Salze kann jedoch nicht festgestellt werden. Von der Härte auf den Gesamtsalzgehalt zu schließen, ist aus diesem Grund nicht möglich!

Den pH-Wert messen

Am weitesten verbreitet sind heute in der Aquaristik pH-Messungen mit Flüssigindikatoren. Einer Wasserprobe (in der Regel 5 ml) werden einige Tropfen Indikator zugesetzt und die entstandene Farbe mit einer Farbskala verglichen. Je nach Anwendungsfall kann man zwischen verschiedenen Messbereichen und Abstufungen wählen. Tests mit großem Messbereich (zum Beispiel pH 4–10) messen in der Regel in Abstufungen von 0,5 pH-Einheiten. Zwischenwerte können zur Not geschätzt werden.
Wer es etwas genauer möchte, muss auf Tests mit verringertem Messbereich (zum Beispiel pH 6–7,6) zurückgreifen, die dafür aber genauer sind und in Abstufungen von 0,2 oder 0,3 pH-Einheiten messen. Will man die für die Pflege der meisten Fische und Pflanzen günstige pH-Einstellung um 7 überwachen (meist mit der Anwendung einer CO_2-Düngung gekoppelt), so ist die Anschaffung eines Tests mit verringertem Messbereich und höherer Genauigkeit sinnvoll.
Im spezialisierten Zoofachhandel angebotene Flüssig-pH-Tests haben in der Regel eine Reichweite von 50 bis 80 Messungen pro Packung. Manche Hersteller bieten zusätzlich noch preiswerte Nachfüllungen an, die nur das Reagens enthalten (ohne Probenröhrchen, Farbkarte und so weiter). Hin und wieder werden auch pH-Messstäbchen angeboten. Sie sind für aquaristische Zwecke zu ungenau und deshalb nur für orientierende Messungen geeignet.
Wer auf häufige und genaue pH-Messungen angewiesen ist (Züchter), wird sicherlich die Anschaffung eines pH-Meters ins Auge fassen. Um keine Fehlmessungen durchzuführen, sollte man sich exakt an die Gebrauchsanleitung halten. Von elementarer Wichtigkeit ist die regelmäßige und gewissenhafte Kalibrierung des Geräts. Falsch oder längere Zeit nicht kalibrierte Geräte messen „Hausnummern“! Die Kalibrierflüssigkeiten sind sorgfältig vor Verunreinigung, insbesondere Verdünnung durch Aquarienwasser, zu bewahren. Nach etwa einem Jahr sollten die Kalibrierflüssigkeiten durch neue ersetzt werden.
Die Wassertemperatur hat ebenfalls Einfluss auf die pH-Messung. Bei Geräten mit automatischer Temperaturkompensation braucht man sich dafür nicht zu interessieren. Bei anderen Geräten muss bei jeder Messung am Gerät die Wassertemperatur eingestellt werden.
Der pH-Wert im Aquarium schwankt je nach Tageszeit, abhängig von der Assimilationstätigkeit der Pflanzen. In Aquarien ohne CO_2-Düngung sollte er gegen Abend nicht höher als 8 bis 8,5 liegen. Gegebenenfalls muss die Beleuchtungsdauer und -intensität entsprechend reguliert werden. Auf schnell wachsende Pflanzen sollte in diesem Fall verzichtet werden, da sie durch ihre starke Assimilation den pH-Wert schnell über 8,5 treiben können.

TIPP

Bei Verwendung von CO_2-Düngeanlagen ist eine möglichst konstante Einstellung zwischen 6,8 und 7,4 anzustreben.
In der ersten Zeit nach der Neueinrichtung eines Aquariums empfiehlt sich eine häufigere Messung des pH-Wertes zu verschiedenen Tageszeiten (Tageszeit immer notieren!). Später, wenn das Aquarium eingefahren ist, genügen eine oder zwei Messungen pro Woche (immer zur gleichen Tageszeit!).

Den CO_2-Gehalt messen

Sie haben bereits erfahren, dass der pH-Wert im Wesentlichen durch das Zusammenspiel der Komponenten Karbonathärte und CO_2 zustande kommt. Aus diesem Grund kann bei bekannter Karbonathärte und bekanntem pH-Wert der CO_2-Gehalt rechnerisch ermittelt werden – unter der Voraussetzung, dass keine weiteren pH-senkenden Stoffe (Huminsäuren) im Wasser vorhanden sind. Um Ihnen die Rechnerei zu ersparen, finden Sie auf Seite 56 eine Tabelle, aus der Sie den CO_2-Gehalt ablesen können. Es gibt jedoch auch noch die Möglichkeit, den CO_2-Gehalt mit einem Testset direkt zu bestimmen. Einer Wasserprobe wird ein Indikator zugesetzt und anschließend tropfenweise eine Messlösung zugegeben, bis in der Wasserprobe eine leichte Rosafärbung nicht mehr verschwindet. Meist entspricht ein Tropfen verbrauchter Messlösung 2 mg CO_2/l. Mittlerweile scheinen diese Tests jedoch mehr und mehr von der „Tabellenmethode" verdrängt zu werden.

Auch in der Natur schwanken der Sauerstoff- und CO2-Gehalt des Wassers.

Sind jedoch außer CO_2 noch andere pH-senkende Substanzen im Wasser vorhanden, so finden Sie sowohl in der Tabelle als auch bei der Messung höhere CO_2-Werte als tatsächlich vorhanden sind. Um eine solche Fehlmessung auszuschließen, gehen Sie folgendermaßen vor: Sie entnehmen zwei gleiche Wasserproben, wovon die erste sofort gemessen wird. Die zweite Probe wird ca. eine Stunde lang belüftet, um alles CO_2 auszutreiben. Bei der nun folgenden Messung der zweiten Probe erfassen Sie den durch andere Substanzen vorgetäuschten CO_2-Gehalt. Das zweite Messergebnis ziehen Sie vom ersten ab und erhalten so den tatsächlichen CO_2-Gehalt.

Den Sauerstoffgehalt messen

Die Messung des Sauerstoffgehalts auf chemischem Wege ist ziemlich kompliziert. Auf aquaristische Zwecke zugeschnittene Testsets wurden chemisch stark vereinfacht, sind aber noch hinreichend aussagekräftig, wenn es auf ein Milligramm hin oder her nicht ankommt.

JBL
HEFT 2
Was - Wie - Warum ?
BIOTOPGERECHTES
Aquarien-
wasser

Vorsprung durch Forschung

JBL

Inhalt

Seite

Herausgegeben von der
JBL GmbH & Co.KG
D- 67141 Neuhofen/Pfalz

www.jbl.de

4. überarbeitete Auflage 2009
Texte: Dr. Rainer Keppler,
Biologe im Hause JBL
Layout: akzenta PR, D- 53797 Lohmar

1. VORBEMERKUNG

Ein Aquarium kann als kleines Ökosystem betrachtet werden, das prinzipiell den gleichen Gesetzmäßigkeiten unterliegt wie Ökosysteme in der freien Natur. Aufgrund der extremen Kleinheit des Biotops Aquarium und der unverhältnismäßig hohen Besatzdichte mit Fischen können bestimmte biochemische Prozesse jedoch zugunsten oder zuungunsten anderer überhand nehmen und so unter Umständen das Gleichgewicht im Kleinbiotop Aquarium negativ beeinflussen. Deshalb muss hier der Aquarianer regelnd eingreifen, um dieses Biotop in einem für Fische und Pflanzen zuträglichen Gleichgewichtszustand zu halten.

Voraussetzung für jede regulierende Maßnahme ist jedoch die genaue Kenntnis der Konzentration bestimmter Stoffe, die für bestimmte biochemische Vorgänge im Wasser repräsentativ sind.

Hier bietet das **Testprogramm von JBL** das ideale „Handwerkszeug“ zur gezielten Kontrolle aller wichtigen biochemischen Prozesse im Kleinbiotop Aquarium und liefert verläßliche Aussagen, die gegebenenfalls gezielte Abhilfemaßnahmen ermöglichen.
Die vorliegende Broschüre will Sie zunächst in einigen Abschnitten über die wichtigsten biochemischen und biologischen Vorgänge im Aquarium und deren Zusammenspiel informieren. Dabei wird an jeweils betreffenden Stellen auf Kontrollmöglichkeiten mit **JBL Test Sets** verwiesen, deren Besonderheiten dann im letzten Abschnitt dieser Broschüre erläutert werden.

Wasser ist ein ganz besonderer „Saft“. Regenwasser sammelt sich z.B. in Flüssen oder im Grundwasser und nimmt neben Mineralien auch versch. organische Substanzen auf, die das Wasser verändern. Jedes natürliche Wasser hat je nach Herkunft seine ganz eigene und individuelle Beschaffenheit. Ein optisch gutes Beispiel ist das Vermischen von „Weiß- und Schwarzwasser“ im Amazonasgebiet, dem natürlichen Biotop vieler unserer Aquarienfische und Pflanzen.

2. DIE WASSERHÄRTE

Die überwiegende Mehrheit aller Aquarien wird, von wenigen Ausnahmen abgesehen, mit Leitungswasser gefüllt, das aus Grundwasser oder Wasser aus Fließgewässern, das ebenfalls dem Grundwasser entstammt, gewonnen wird. Grundwasser ist letztendlich irgendwann einmal gefallenes Niederschlagswasser, das bis in tiefe Boden- und Untergrundschichten gesickert ist. Die Härte des Wassers wird dabei dadurch verursacht, dass das CO_2-haltige (durch Kontakt mit der Atmosphäre) Niederschlagswasser auf seinem Weg durch verschiedene Erd- und Gesteinsschichten Mineralien aus diesen Schichten herauslöst. Je nachdem, durch welche Gesteinsschichten das Wasser nun fließt, bis es sich als Grundwasser auf einer wasserundurchlässigen Schicht sammelt, und wie lange es dort verweilt, ergibt sich eine unterschiedliche Härte im Wasser. **Siehe Abb. 1.**

Abb. 1.

CO_2 - haltiges Regenwasser durchdringt verschied

Nach DIN 19640 versteht man unter „Härte“ eines Wassers seinen Gehalt an Erdalkali-Ionen. Dabei unterscheidet man:

Gesamthärte (GH):

Summe aller im Wasser gelösten Erdalkali-Ionen, d.h. Calcium- und Magnesium-Ionen. Andere, seltener vorkommende Ionen werden dabei nicht berücksichtigt.

Karbonathärte (KH):

Die oben erwähnten Calcium- und Magnesium-Ionen liegen im Wasser nicht als reine Ionen, sondern als gelöste Salze, z.B. Calcium- oder Magnesiumkarbonat, -sulfat oder-chlorid vor. Die Menge an Erdalkali-Ionen, die nun als Karbonat vorliegt, bezeichnet man als Karbonathärte.
Gewöhnlich ist die KH niedriger als die GH. In manchen Fällen, z.B. in einigen Gewässern Südost-Asiens, kann es vorkommen, dass alle Calcium- und Magnesium-Ionen als Karbonate und darüber hinaus auch noch andere Ionen, z.B. Natrium oder Kalium, ebenfalls als Karbonate gelöst vorliegen, wodurch man KH größer als GH findet. Ein einfaches Schema soll dies veranschaulichen. **Siehe Abb. 2.**

Wasserhärte in Mitteleuropa und in den Tropen:

Abb. 2.

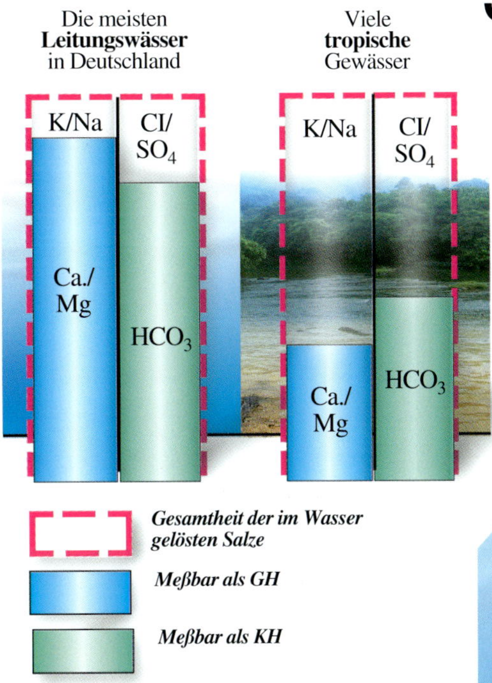

Die Wasserhärte beeinflußt die organischen Funktionen von Fischen und Pflanzen. Fische und Pflanzen, welche aus weichem Naturwasser stammen, fühlen sich in sehr hartem Wasser nicht wohl.

Die Salmler-Arten bevorzugen ein weicheres Wasser.

lenschichten und nimmt dabei mineralische Bestandteile und Härtebildner auf.

Gemessen wird in Deutschland in Grad deutscher Härte °d. Die abgebildete Umrechnungstabelle ermöglicht einen Vergleich mit anderen gebräuchlichen Maßeinheiten:

Umrechnungstabelle für Einheiten der Wasserhärte

Gesamthärte	Erdalkali-Ionen mmol/l	Erdalkali-Ionen mval/l	Deutscher Grad °d	ppm $CaCO_3$	Engl. Grad °e	Franz. Grad °f
1 mmol/l Erdalkaliionen	1,00	2,00	5,50	100,00	7,02	10,00
1 mval/l Erdalkaliionen	0,50	1,00	2,80	50,00	3,51	5,00
1 Deutscher Grad	0,18	0,357	1,00	17,80	1,25	1,78
1 ppm $CaCO_3$	0,01	0,020	0,056	1,00	0,0702	0,10
1 Englischer Grad	0,14	0,285	0,798	14,30	1,00	1,43
1 Franz. Grad	0,10	0,200	0,560	10,00	0,702	1,00

Karbonathärte	Säurebindungskapazität (mmol/l)	Deutsch. Grad (°d)	Französ. Grad (TAC)	Hydrogenkarbonat (mg/l)
Säurebindungskapazität 1 mmol/l	-	2,78	4,94	61,0
Deutsche Grad 1°d	0,36	-	1,78	21,8
Französische Grad 1° TAC	0,20	0,56	-	12,3
Hydrogenkarbonat 1 mg/l	0,016	0,046	0,08	-

Gewöhnlich unterscheidet man vier Härtebereiche:

unter 7 °d	weiches Wasser
7 - 14 °d	mittelhartes Wasser
14 - 21 °d	hartes Wasser
über 21 °d	sehr hartes Wasser

Wasserhärte kann von den meisten Aquarienpflanzen und Fischen in recht weiten Grenzen toleriert werden.

Als erstrebenswert gilt jedoch eine Karbonathärte zwischen 5 und 15 °d und eine Gesamthärte bis etwa 20 °d.

Dies soll jedoch nicht heißen, dass nicht auch bei höherer Härte Pflanzen und Fische gut gepflegt werden können, wenn alle anderen Wasserwerte möglichst optimal gehalten werden. Die Karbonathärte ist der wichtigste Garant für stabile Wasserverhältnisse im Aquarium. Vor allem ein gefährliches Absinken des pH-Wertes wird durch die Fähigkeit der Karbonathärte, Säuren zu „puffern“, zuverlässig verhindert. Aus diesem Grunde bleibt in Aquarien

Die sorgfältige Beachtung der natürlichen Wasserverhältnisse tropischer Fische bildet die Voraussetzung zur Zucht.

mit mittelhartem und hartem Wasser der pH-Wert wesentlich konstanter als in solchen mit extrem weichem Wasser. Gibt man z.B. in ein Wasser mit hoher Karbonathärte etwas Säure, so geschieht auf dem ersten Blick überhaupt nichts. Die Karbonathärte hat die Säure gebunden und somit unschädlich gemacht. Lediglich die Gesamtmenge der Karbonathärte wurde durch die Säure verringert. Gibt man jedoch die gleiche Menge Säure in karbonatfreies oder sehr karbonatarmes Wasser, kommt es sofort zu einem katastrophalen Absinken des pH-Wertes und die Fische sterben. Neuerdings bezeichnet man deshalb die Karbonathärte auch als „Säurebindungskapazität".

Bei Fischen sollte man beachten, dass Eier und Jungfische weniger anpassungsfähig sind als die ausgewachsenen Tiere. Bei der Zucht empfiehlt es sich deshalb, die in der Literatur für die einzelnen Arten angegebenen Wasserwerte einzuhalten.

Um im Aquarium eine entsprechende „Versicherung" gegen unvorhergesehenen Säuresturz (plötzliches Absinken des pH- Wertes) zu haben, empfehlen wir einen Mindestwert von 4 - 5 °d Karbonathärte nicht zu unterschreiten. In Gebieten mit sehr weichem Leitungswasser kann mit dem **JBL - Produkt AquaDur plus** jeder gewünschte Härtewert leicht eingestellt werden. Durch Zugabe von **JBL AquaDur plus** erzielt man außerdem eine für die meisten Aquarienfische sehr vorteilhafte Ionenverteilung im Wasser, die weitgehend den Verhältnissen in den Heimatgewässern entspricht.
Sehr oft erweist sich das zur Verfügung stehende Leitungswasser zur Pflege oder Zucht bestimmter Fischarten als zu hart. Mit entsprechenden Enthärtungsfiltern (Ionenaustauscher) oder Umkehrosmoseanlagen erhält man praktisch härtefreies und im Fall der Umkehrosmose auch nahezu schadstofffreies Wasser. Lassen Sie sich von Ihrem Fachhändler beraten. Das so erhaltene Wasser muss dann wieder auf den für die jeweilige Fischart erforderlichen Wert aufgehärtet werden. Dies geschieht idealerweise auch wieder mit **JBL AquaDur plus**. Besonders in Gegenden, wo mit schadstoffhaltigem Wasser zu rechnen ist, ist die Behandlung durch Umkehrosmose und anschließende Zugabe von **JBL AquaDur plus** sehr zu empfehlen.
Für die KH- und GH-Messung gibt es jeweils ein **Test Set** von **JBL**.

Der Leitwert

Im Wasser gelöste Salze verleihen dem Wasser die Fähigkeit Strom zu leiten und zwar umso mehr, je mehr Salze gelöst sind. Zur Messung des Salzgehaltes eines Wassers benötigt man ein so genanntes Leitwertmessgerät oder Konduktometer. Die Maßeinheit ist Mikrosiemens, abgekürzt µS. Üblicherweise wird der Großteil des Leitwerts eines Wassers durch die Salze der Härtebildner verursacht. Dabei entspricht ein Grad deutscher Härte etwa einem Leitwert von 33 µS. Bei einem Wasser von z.B. 10 ° deutscher Gesamthärte kann man also von einem Leitwert von mindestens 330 µS ausgehen. Im Allgemeinen wird der Leitwert aber aufgrund anderer noch zusätzlich vorkommender Salze etwas höher liegen. Hohe Nitratgehalte oder die Zugabe von Kochsalz sind häufige Ursachen für erhöhte Leitwerte im Aquarium. Bei der Pflege von Fischen aus extrem weichen und salzarmen Wässern spielt die Messung des Leitwerts eine wichtige Rolle, um osmotische Belastungen durch zu hohe Salzgehalte auszuschließen.

MANCHE MÖGEN'S HART!

Beispiel für beliebte Aquarienfische, die eher härteres Wasser bevorzugen, bietet die farbenreiche Fischwelt des Malawi- und Tanganjikasees. Charakteristisch für diese Seen ist der alkalische pH-Wert und KH größer als GH.

JBL AquaDurMalawi/Tanganjika sorgt für solche Bedingungen auch im Aquarium.

3. DER pH- WERT

Der pH-Wert gibt an, ob eine Flüssigkeit sauer, neutral oder basisch (alkalisch) reagiert. Die pH-Wert-Skala reicht von 0 (sehr sauer) bis 14 (sehr basisch). Der Neutralpunkt liegt bei 7. Rechnerisch gibt der pH-Wert die Konzentration bestimmter Ionen an, die für das Zustandekommen einer basischen oder sauren Reaktion verantwortlich sind.

Für die aquaristische Praxis wichtig zu wissen ist jedoch die Tatsache, dass sich bei einer pH-Wertänderung um nur eine Stufe die Konzentration der dafür verantwortlichen Ionen um das **10fache**, bei zwei Stufen um das **100fache**, und bei drei Stufen um gar das **1000fache** usw. ändert.

Die meisten Süßwasserfische und -pflanzen können nur innerhalb eines Bereiches von pH 6 - 8 überleben. Manche Spezialisten wünschen auch pH-Werte um 5 oder 9. Meerwasserfische benötigen pH-Werte zwischen 8,2 und 8,4. Eine Übersicht über die pH-Skala zeigt Abb. 3. Die Einhaltung eines möglichst konstanten pH-Wertes im neutralen Bereich um 7 ist aus folgenden Gründen empfehlenswert:

Da eine Änderung des pH-Wertes um nur eine Skaleneinheit, wie bereits beschrieben, einer 10fachen Änderung der dafür verantwortlichen Ionenkonzentration entspricht, bedeuten pH-Änderungen eine große Belastung für alle wasserlebenden Organismen, sowohl Fische als auch Pflanzen und Mikroorganismen. Bei Fischen kann erhöhte Anfälligkeit gegen Krankheiten, bei Pflanzen schlechtes Wachstum und bei Mikroorganismen sogar deren Absterben eine Folge von plötzlichen pH-Schwankungen sein.

Unter den Fischen und Pflanzen gibt es Arten, die mehr den sauren Bereich um pH 6,5 und andere, die mehr den neutralen bis leicht basischen Bereich um pH 7,5 oder mehr bevorzugen.

Bei einem kontrolliert eingestellten pH-Wert im neutralen Bereich um 7 lassen sich die meisten Arten optimal pflegen.

Abb. 3

Die im Handel erhältlichen Aquarienpflanzen stammen meist aus tropischen Gebieten. Bei der überwiegenden Zahl sollte das Wasser leicht sauer bis neutral (pH 6,5 - 7) gehalten werden.

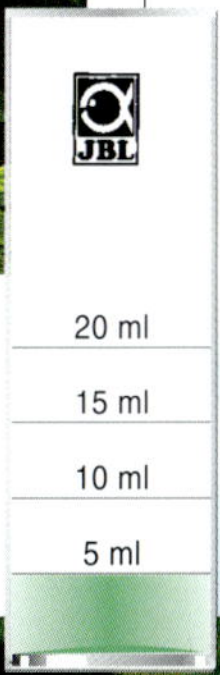

Bei einer Entwicklung des pH-Wertes zum einen oder anderen Extrem hin lassen sich nur Arten pflegen, die den entsprechenden Bereich bevorzugen.
Der Ab- und Umbau organischer Abfallprodukte zu Nitrat über Ammonium und Nitrit ist eng mit dem pH-Wert gekoppelt. Näheres darüber erfahren Sie im Abschnitt 7 dieser Broschüre. In natürlichen Gewässern wird der pH-Wert hauptsächlich durch das Zusammenspiel der Komponenten Karbonathärte und CO_2 bestimmt. Aus diesem Grund ist die Verwendung von CO_2 die natürlichste und zugleich auch eleganteste aller Methoden zur Einstellung des pH-Wertes im Aquarium.
Zur optimalen pH-Einstellung im neutralen Bereich und gleichzeitiger Versorgung der Wasserpflanzen mit lebensnotwendigem CO_2 bietet Ihnen **JBL** die neuen CO_2 Sets der **Pro-Flora u und m Serie**.

Nähere Einzelheiten darüber finden Sie in der **JBL Broschüre "Pflanzenpflege"**.

10 bis14

Extrem lebensfeindlicher pH-Bereich

Zur Überwachung des pH-Wertes dienen die **JBL pH Test Sets 3, 0 - 10; 6,0 - 7,6 und 7,4 - 9,0**.

Wie unterschiedlich die Ansprüche sind zeigt der Türkisgoldbarsch aus dem Malawisee in Afrika (pH von 8-8,5)

Viele „Südamerikaner", wie hier der Diskus, lieben schwach saure Wasserwerte (pH um 6,5)

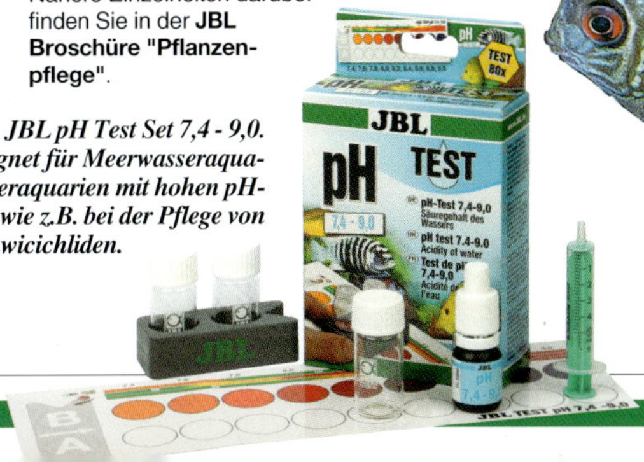

JBL pH Test Set 7,4 - 9,0. Besonders geeignet für Meerwasseraquarien und Süßwasseraquarien mit hohen pH-Werten, wie z.B. bei der Pflege von Malawicichliden.

4. DIE STICKSTOFFVERBINDUNGEN

Folgende drei Arten von Stickstoffverbindungen können als Folge organischer Abbauprozesse im Wasser vorkommen und sich unter bestimmten Umständen auch anreichern:

- Ammonium (NH_4^+) und Ammoniak (NH_3) (analysentechnisch nicht trennbar)
- Nitrit (NO_2)
- Nitrat (NO_3)

Stickstoff gehört als Bestandteil der Proteine zu den lebenswichtigen Elementen. Beim Abbau der Proteine gelangt Stickstoff in Form von Ammonium (NH_4^+) ins Wasser. Hauptlieferant für Ammonium durch Proteinabbau sind die Verdauungsprozesse aller im Wasser lebenden tierischen Organismen, da diese die Proteine nur bis zum Ammonium abbauen können und dann diese für den Organismus nicht verwertbare Stickstoffverbindung über Ausscheidungsorgane ans Wasser abgeben. Beim Verrotten abgestorbener Pflanzenteile entsteht ebenfalls Ammonium, das ins Wasser gelangt.

In einem funktionstüchtigen natürlichen Ökosystem wird dieses Ammonium zum überwiegenden Teil von Algen und Pflanzen als Nährstoff aufgenommen und als Stickstoffquelle zur Bildung von Proteinen verwendet. Ein geringer Teil des Ammoniums wird von Bakterien unter Verbrauch von Sauerstoff in Nitrat umgewandelt, das ebenfalls als Pflanzennährstoff dient. Schließlich werden die Pflanzen gefressen oder sterben ab und es entsteht wieder Ammonium. Dieser sog. Stickstoffkreislauf funktioniert in der gerade beschriebenen Weise nur in einem natürlichen Ökosystem einwandfrei, d.h. ohne nennenswerte Anhäufung der jeweiligen Zwischenprodukte.

Im Aquarium laufen die einzelnen Schritte des Stickstoffkreislaufes prinzipiell genauso ab wie in der freien Natur. Da jedoch in jedem, wenn auch noch so schwach mit Fischen besetzten Aquarium mehr Stickstoffabfälle (Ausscheidungen der Fische, Futterreste, absterbende Pflanzen) produziert werden, als von den lebenden Pflanzen verbraucht werden können, kommt es zwangsläufig mit der Zeit zu einer Anhäufung von Stickstoffverbindungen im Aquarium. In einem gut „eingefah-

Stickstoffkreislauf im Aquarium

Im Aquarium fallen wesentlich mehr Abfallstoffe an, als von Pflanzen aufgenommen werden.

renen“ Aquarium mit biologischem Filter zeichnet sich diese Anhäufung von Stickstoffverbindungen in Form eines stetig langsam steigenden Nitratgehaltes ab. Das im Aquarium anfallende Ammonium kann nur zu einem kleinen Teil von den Pflanzen als Nährstoff verbraucht werden. Der weitaus größte Teil muss durch nitrifizierende Bakterien, die sich hauptsächlich im Filter ansiedeln, unter **Sauerstoffverbrauch** zu Nitrat „oxidiert“ werden. Diese Oxidation geschieht in zwei Schritten, die von zwei verschiedenen Bakteriengruppen durchgeführt werden, die jedoch immer zusammen vorkommen, da die eine der anderen das Substrat liefert. Im ersten Schritt wird Ammonium von Bakterien der Nitrosomonas-Gruppe zu Nitrit oxidiert, das sofort von Bakterien der Nitrobacter-Gruppe zu Nitrat weiteroxidiert wird. Beim Ammonium ist die Giftigkeit mit dem pH-Wert gekoppelt (Näheres im Abschnitt 7 dieser Broschüre). In einem normal funktionierenden Aquarium läuft der Umbau von Ammonium zu Nitrat, die sog. Nitrifikation, ohne nennenswerte Anhäufung von Ammonium oder Nitrit ab. Dabei sollten Werte von 0,1 mg/l dauerhaft nicht überschritten werden.

Das Vorkommen erhöhter Ammonium- oder Nitritmengen im Aquarium deutet immer auf eine Störung der bakteriellen Abbauvorgänge oder gar eine Vergiftung der nitrifizierenden Bakterien hin.

Verschiedene Ursachen können dafür in Frage kommen, wie z.B. zu starke Fütterung, zu hoher Fischbesatz, zu geringer Sauerstoffgehalt, Medikamentenbehandlung, Veränderungen im pH-Wert u.a.

Nitrat kann bis zu Konzentrationen von über 200 mg/l von Fischen ohne Schaden toleriert werden, während Nitrit bereits in geringen Konzentrationen (ab etwa 0,5 mg/l) ein starkes Fischgift darstellt.

Ein natürliches Gleichgewicht

Viele Aquarianer beweisen immer wieder, dass es nicht schwer ist, auch in kleinen Aquarien ein natürliches Gleichgewicht aufzubauen und über lange Zeit zu erhalten. Typisch für diese Aquarien ist ein sehr geringer Fischbesatz und eine dichte Aquarienbepflanzung von Anfang an.

Stickstoffkreislauf in der Heimat unserer Aquarienfische

Nach Wiederherstellung optimaler Bedingungen (Verringerung des Fischbesatzes, bedarfsorientierte Fütterung usw.) bzw. nach Beendigung des Medikamenteneinsatzes kann durch Zugabe der **JBL Produkte Denitrol** oder **Filterstart** dem Aquarium wieder eine leistungsfähige Bakterienflora zugeführt werden. Da **JBL Denitrol** nur nützliche Reinigungsbakterien enthält, kann durch beliebige Überdosierung der Nutzeffekt gesteigert werden.

Mit den **Test Sets Ammonium**, **Nitrit** und **Nitrat** bietet **JBL** die umfassende Kontrolle über alle Stufen des Stickstoffkreislaufs im Aquarium, so dass auftretende Gefahrensituationen sofort erkannt werden und entsprechend gehandelt werden kann. Das **JBL-TestSet Sauerstoff O_2** er-möglicht Ihnen eine einfache und schnelle Kontrolle des für den bakteriellen Abbau der Stickstoffverbindungen wichtigen Sauerstoffgehaltes im Wasser. Dieser sollte morgens nach Einschalten der Beleuchtung mindestens bei ca. 4 mg/l liegen und abends kurz vor dem Ausschalten bei mindestens 8 mg/l. Diese Werte gelten für eine Wassertemperatur von 25° C.

Eine Anhäufung von Nitrat, wie sie für einen gut funktionierenden Bakterienhaushalt im Aquarium typisch ist, stellt, wie bereits erwähnt, keine unmittelbare Gefahr für die Fische dar. Trotzdem sollte man bestrebt sein, den Nitratgehalt möglichst niedrig zu halten, da durch hohe Nitratgehalte, etwa ab 50 mg/l aufwärts, vor allem das Algenwachstum gefördert wird.

Auf ein leider immer wieder vorkommendes Phänomen im Zusammenhang mit der Bildung von Nitrat möchten wir noch hinweisen: Lässt man Nitrat sich ungehindert anhäufen (ohne geeignete Pflegemaßnahmen, auf die wir noch eingehen werden), so wird erfahrungsgemäß bei etwa 200 - 250 mg/l ein Punkt erreicht sein, wo die Nitrobacter-Bakterien beginnen, ihre Arbeit einzustellen. Dies ist daran zu erkennen, dass der Nitritgehalt ansteigt. Der Grund dafür ist eine Hemmung

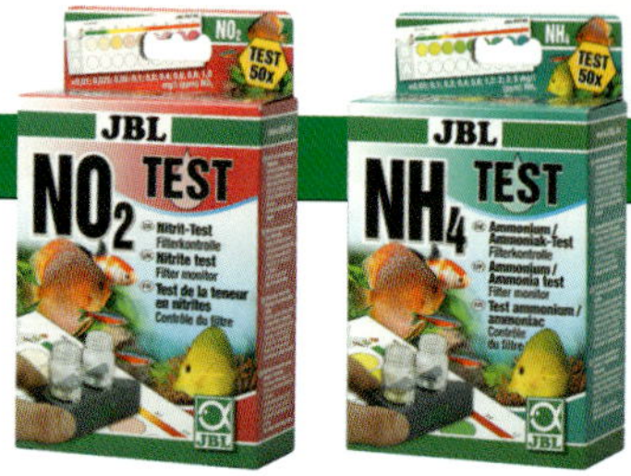

der Enzymaktivität dieser Bakterien durch zu hohe Nitratmengen. Man nennt dies mit dem entsprechenden Fachausdruck auch Produkthemmung. Oder drastischer ausgedrückt: Die Bakterien sind „sauer“, da sie im eigenen Dreck schwimmen müssen.

Ein wie soeben geschildertes Vorkommen von Nitrit bei gleichzeitig sehr hoher Nitratkonzentration wird oft als „plötzliche Rückverwandlung“ von Nitrat in Nitrit bei nicht ausreichender Sauerstoffversorgung bezeichnet. Dies ist ganz einfach falsch, da eine echte „Rückverwandlung“ von Nitrat in Nitrit erst bei derart niedrigen Sauerstoffgehalten erfolgt, die sämtliche Fische im Aquarium schnellstens in den „Fischhimmel“ befördern würde. Womit wir bei den möglichen Methoden zur Nitratentfernung angelangt wären:

Die klassische und immer noch uneingeschränkt gültige Methode zur Entfernung von Nitrat aus dem Aquarium ist ein regelmäßiger Teilwasserwechsel. Eine dichte, gesunde Bepflanzung kann ebenfalls maßgeblich zur Verringerung des Nitratgehaltes beitragen oder zumindest einen Anstieg stark verlangsamen.

Eine weitere sehr effektive Möglichkeit zur Nitratentfernung ist die Filterung über Spezialfiltermassen auf Ionenaustauscherbasis, wie z.B. **JBL NitratEx**. Dabei wird dem Wasser selektiv das Nitrat entzogen. Nach Erschöpfung kann das Material einfach mit Kochsalz regeneriert werden. Die Entfernung von Nitrat durch **JBL NitratEx** ermöglicht eine Verlängerung der Teilwasserwechselintervalle auf etwa 4 Wochen statt der üblichen 1 - 2 Wochen. Den regelmäßigen Teilwasserwechsel ganz ersetzen kann jedoch keine, wie auch immer geartete Methode der Nitratentfernung. Mit dem regelmäßigen Teilwasserwechsel werden nämlich auch eine Vielzahl von nachteiligen

Stoffen verdünnt, die man mit bisher üblichen Tests noch gar nicht messen kann.

Und nun kommen wir als letzte zu erwähnende Möglichkeit der Nitratentfernung zu der bereits angesprochenen „Rückverwandlung" von Nitrat in Nitrit, die Teil der sog. Denitrifikation ist, eines biologischen Weges zur Nitratelimination.
Bestimmte Bakterienarten sind in der Lage, unter Sauerstoffabschluß den im Nitratmolekül vorhandenen, gebundenen Sauerstoff zu veratmen, wobei letztendlich gasförmiger Stickstoff entsteht, der in die Atmosphäre entweicht. Dieser Vorgang ist von schlecht durchlüfteten landwirtschaftlichen Böden schon sehr lange bekannt und wird hier als „Stickstoffverarmung" bezeichnet. Neuerdings macht man sich diese Reaktion immer häufiger in der Klärtechnik und Trinkwasseraufbereitung zunutze, um vorhandenes Nitrat abzubauen..

JBL ist es gelungen, ein Produkt zu entwickeln, das die biologische Denitrifikation im Aquarium ermöglicht, ohne die bis jetzt bekannten Nachteile sogenannter Denitrifikationsfilter. Das Produkt **JBL BioNitratEx** enthält wasserunlösliche Nährstoffe zur Energieversorgung, die denitrifizierende Bakterien für ihren harten Job benötigen. Dabei kann kein Nährstoff zufällig ins Aquarium gelangen und dort Schaden anrichten.
Das zur Denitrifikation erforderliche sauerstoffarme Milieu wird durch einen Netzbeutel geschaffen, in dem sich dieser Nährstoff befindet. Der Netzbeutel reduziert den Wasserdurchfluss und so entsteht Sauerstoffmangel, der die Bakterien zwingt, unter Verwendung des Nährstoffs im Beutel, den im Nitrat gebundenen Sauerstoff für ihre Atmung zu verwenden. Dabei entsteht, wie bereits erwähnt, gasförmiger Stickstoff, der entweicht und weg ist das Nitrat.... Bei der Anwendung sollte man jedoch die Gebrauchsanleitung sorgfältig beachten.

Für Aquarianer mit hohen Nitratwerten eine große Hilfe: JBL BioNitratEX zur Nitratreduzierung und der JBL Nitrat Test zur exakten Kontrolle

Abschließend sei noch erwähnt, daß dieser Weg des Nitratabbaus in jedem Aquarium mehr oder weniger ausgeprägt stattfindet. Im Bodengrund oder in Mulmansammlungen können auf eng begrenztem Raum (ohne Schaden für die Fische!) Zonen ohne Sauerstoff entstehen, wo die entsprechenden denitrifizierenden Bakterien (sind in jedem Aquarium vorhanden!) dann Nitrat abbauen können. Dies funktioniert umso besser, je weniger man in regelmäßigen „Putzanfällen" jedes bißchen Mulm entfernt und regelmäßig den Bodengrund umschichtet.

Aus diesem Grund funktionieren Aquarien mit einer „gesunden Portion Dreck" auch besser als übermäßig geputzte.

5. PHOSPHOR- & SILICIUMVERBINDUNGEN

5.1 Phosphorverbindungen

Verbindungen des Phosphors, vor allem Phosphat, übernehmen wichtige Funktionen im Stoffwechsel aller Lebewesen. Energiereiche Phosphate spielen z.B. bei der Muskelarbeit eine wesentliche Rolle. Zum Aufbau des Knochengerüstes brauchen tierische Organismen Calcium und Phosphor, so auch Aquarienfische. Junge, noch stark wachsende Fische benötigen wesentlich mehr als erwachsene, nur noch sehr langsam wachsende Fische. Auch im Stoffwechsel der Pflanzen werden z.B. zum Aufbau von Zucker energiereiche Phosphate benötigt.

Wie gelangen Phosphorverbindungen ins Aquarium?

Da die Fische im Aquarium die lebensnotwendigen Phosphorverbindungen über das Futter aufnehmen müssen, kommen zunächst einmal die Verdauungsvorgänge der Fische als Ursache eines Phosphateintrages in Frage. Junge, noch wachsende Fische scheiden weniger Phosphat aus als mit der gleichen Menge Futter gefütterte erwachsene Fische. Bei bedarfsorientierter und artgerechter Fütterung wird sich der Phosphateintrag durch die Verdauungsvorgänge der Fische jedoch in vertretbaren Grenzen halten.

Durch Überfütterung oder gar Futterreste kann der Phosphatgehalt im Wasser schnell auf hohe Werte ansteigen!

Verwendung phosphathaltiger Pflegeprodukte, wie z.B. Dünger für Zimmerpflanzen, oder unsachgemäß aufgetautes Gefrierfutter kann für eine wahre Phosphatflut im Aquarium sorgen. Auch Leitungswasser kann erhebliche Mengen an Phosphat enthalten. Vor allem in Gegenden mit hartem Leitungswasser ist es leider immer noch üblich, entweder bereits seitens der Wasserwerke oder durch Dosieranlagen in der Hausinstallation Polyphosphat zuzudosieren, um die Härtebildner in Lösung zu halten. Dadurch wird ein zu starkes Verkalken der Rohrleitungen verhindert.

Was bewirken zu hohe Phosphatgehalte im Aquarium?

Obwohl Phosphor (Phosphat) ein wichtiger Pflanzennährstoff ist, ist er in der Natur eher Mangelware. In unbelasteten Gewässern findet man Werte zwischen 0,001 und 0,01 mg/l.

Füttern Sie Ihre Aquarienfische behutsam und beobachten Sie das Fressverhalten. Verloren gegangenes Futter verdirbt Ihr Aquarienwasser.

Durch entsprechende Mechanismen sind die Pflanzen an dieses geringe Phosphatangebot angepaßt und benötigen deshalb nur sehr geringe Mengen für ihr Wachstum. Steigt nun der Phosphatgehalt im Aquarium auf das hundert- bis tausendfache des natürlichen Wertes (oder gar noch mehr), was leider sehr oft vorkommt, so ist der Nährboden für unerwünschtes Algenwachstum bereitet.

Wenn dann noch entsprechende Mengen an Nitrat vorhanden sind, ist eine katastrophale Algenplage geradezu vorprogrammiert.

Die Luftwurzeln von Zimmerpflanzen (z.B. Philodendron) ins Aquarium geleitet, entziehen dem Aquarium viele unerwünschte Schadstoffe wie Phosphate. Die Zimmerpflanzen wachsen dabei wesentlich schneller und bilden ein dichteres und größeres Blattwerk.

Garnelen der Familien Caridina oder Neocaridina sind unermüdliche Algenvertilger.

Dabei kommt es jedoch auch auf das Verhältnis der beiden Stoffe Nitrat und Phosphat zueinander an. In natürlich vorkommenden Pflanzen kommen die Nährstoffe Phosphor und Stickstoff im Verhältnis 1 : 16, also 1 Teil Phosphor auf 16 Teile Stickstoff vor. Man nennt dieses Verhältnis nach seinem Entdecker auch das Redfield-Verhältnis ("googeln" Sie diesen Begriff mal im Internet). Auf Phosphat und Nitrat umgerechnet erhält man dann ein Verhältnis von 1 : 23. Liegen die Nährstoffe Phosphat und Nitrat in diesem, dem natürlichen Vorkommen in den Pflanzen entsprechenden Verhältnis vor, so kommt es in der Regel nicht zu unerwünschtem Algenwachstum.

Eine gewisse Abweichung führt aber nicht sofort zu einer Algenplage. Der "gute Bereich" liegt zwischen 15 und 30, d. h. es muss 15 – 30 mal soviel Nitrat vorhanden sein wie Phosphat.

Da in den meisten Aquarien in der Regel der Phosphatgehalt schneller steigt als der Nitratgehalt, wird oft empfohlen, den Nitratgehalt künstlich durch Zugabe von Kaliumnitrat zu erhöhen und ihn so wieder in den "guten Bereich" zu bringen. Dies kann erfolgreich sein, muss aber nicht. Wir empfehlen deshalb, keine Nährstoffsuppe zu machen, deren Konzentrationen viel höher sind, als gebraucht werden, sondern den Parameter zu senken, der zu viel ist. Dies wird in den meisten Fällen das Phosphat sein.

Algen sind außerdem in der Lage, Phosphat in erheblichen Mengen zu speichern und können damit bei Phosphatmangel noch sehr lange weiterleben. Dadurch wird das Phosphat als Ursache für unerwünschtes Algenwachstum oft nicht erkannt.

Im Kampf gegen lästigen Algenwuchs können z.B. Siamesische Rüsselbarben sehr nützliche Helfer sein.

Wie vermeidet bzw. senkt man zu hohe Phosphatgehalte?

Artgerechte und bedarfsorientierte Ernährung der Aquarienfische mit qualitativ hochwertigem Futter, das nur die physiologisch erforderliche Menge an Phosphorverbindungen enthält, minimiert die Phosphatbelastung des Aquariums durch Ausscheidungen der Fische. In der **JBL Broschüre Was? - Wie?- Warum? „Richtige Ernährung“**, erfahren Sie, wie Sie Ihre Fische mit dem reichhaltigen Futtersortiment von **JBL** in diesem Sinne artgerecht ernähren können.

Wenn Sie Gefrierfutter verfüttern, sollten Sie es wie folgt auftauen, um unerwünschten Phosphateintrag zu vermeiden: Die benötigte Menge Futter in einem Gefäß mit etwas Wasser auftauen lassen . Wenn alles aufgetaut ist, das Ganze durch ein Artemiasieb **(JBL Artemio 3)** gießen, um die Futterorganismen von dem nun stark phosphathaltigen Wasser zu trennen. Nun können die Futterorganismen mit **JBL Atvitol** vitaminisiert und verfüttert werden.

Phosphathaltige Pflegeprodukte oder Dünger für Zimmerpflanzen haben deshalb im Aquarium nichts zu suchen. Falls Sie nicht sicher sind, ob ein verwendetes Produkt Phosphat enthält prüfen Sie es mit dem **JBL Phosphat Test Set PO_4** sensitive. Pflegeprodukte von JBL sind deshalb konsequent phosphatfrei. Leider kommt es immer wieder vor, dass auch Leitungswasser Phosphat enthält, das durch die Wasserwerke zur Verhinderung von Kalkablagerungen zugesetzt wird.

Zuverlässige Phosphat-Reduzierung

Zur zuverlässigen Senkung unerwünscht hoher Phosphatwerte in Aquarium und Leitungswasser stehen Ihnen gleich zwei leistungsfähige **JBL-Produkte** zur Verfügung: **JBL PhosEx ultra** und **JBL PhosEx rapid**. **JBL PhosEx ultra** ist eine leistungsfähige Filtermasse auf Eisenbasis, die Phosphat zuverlässig bindet und nicht wieder an das Wasser freigibt. Wir empfehlen **PhosEx ultra** als Langzeitmaßnahme, um eine unerwünschte Anhäufung von Phosphat erst gar nicht aufkommen zu lassen. Es kann jedoch auch zur Senkung bereits vorhandener, unerwünscht

Dichte, gesunde Bepflanzung verbunden mit regelmäßigem Teilwasserwechsel (mit phosphatfreiem Wasser) helfen ebenfalls, den Phosphatgehalt im Aquarienwasser niedrig zu halten.

hoher Phosphatgehalte eingesetzt werden.
JBL PhosEx rapid ist ein flüssiges Eisenpräparat, das sich hervorragend eignet, hohe Phosphatgehalte als Sofortmaßnahme wirkungsvoll zu senken. Vor Einsatz von **PhosEx ultra** empfehlen wir die Anwendung von **PhosEx rapid**, um anfänglich vorhandene hohe Phosphatwerte zu senken und dadurch die Kapazität von **PhosEx ultra** im Filter zu schonen und dessen Standzeit zu verlängern. In kleinen Aquarien, wo eine Anwendung von **PhosEx ultra** im Filter nicht möglich ist, ist **PhosEx rapid** das Mittel der Wahl.

Auf diese Weise lassen sich Phosphatgehalte in Aquarien zuverlässig auf Werte unter 0,5 mg/l (besser unter 0,1 mg/l) senken, die sich im Süßwasseraquarium als ausreichend niedrig erwiesen haben. Wurden Aquarien lange Zeit ohne Phosphat begrenzende Maßnah-

Mit dem Phosphat Test Set PO_4 sensitive bietet Ihnen JBL die Möglichkeit, den Phosphatgehalt im Aquarium und damit die Wirksamkeit von PhosEx ultra und PhosEx rapid einfach und bequem zu überwachen.

men betrieben, so kann sich mit der Zeit ein erhebliches Phosphatdepot im Boden angereichert haben. Die ist erkenntlich daran, dass nach Senkung des Phosphatgehalts durch **PhosEx rapid**, dieser sehr schnell, oft schon am nächsten Tag, wieder auf den alten Wert steigt. Wiederholte Anwendung von **PhosEx rapid** ist in einem solchen Fall die wirkungsvollste Maßnahme. Enthält das Leitungswasser Phosphat, so genügt in der Regel eine Anwendung **PhosEx rapid** in einem separaten Behälter. Wasser einen Tag abstehen lassen und dann ohne Bodensatz ins Aquarium überführen.

Zum Schluss gilt es noch zu bedenken, dass Algen Phosphat speichern können, wenn mehr da ist, als sie brauchen. Mit diesem Vorrat können sie noch lange weiter leben, auch wenn Phosphat im Wasser längst Mangelware ist. Deshalb kann der gewünschte Erfolg der Algenreduzierung unter Umständen erst lange nach Senkung des Phosphatgehaltes eintreten.

5.2 Siliziumverbindungen

Woher kommt Silizium (Silikat) im Aquarien- und Leitungswasser?

Silizium ist eines der häufigsten Elemente auf der Erde. Bei der Verwitterung von Silikatgesteinen gelangt Silizium in Form von Silikat in Oberflächen- und Grundwasser. Leitungswasser enthält deshalb je nach Beschaffenheit des Untergrundes der betreffenden Region verschieden hohe Gehalte an gelöstem Silikat. Gehalte bis 40 mg/l, selten auch mehr können im Leitungswasser gefunden werden.

Silikate sind ungiftig und es sind keine Grenzwerte in der Trinkwasserverordnung festgelegt. Offensichtlich verhütet Silikat im Wasser auch Kalkablagerungen in Wasserleitungen. Deshalb gehen Wasserversorger zunehmend dazu über statt Phosphat, dem Leitungswasser Silikat zuzusetzen. Dies ist aus aquaristischer Sicht als Fortschritt zu bezeichnen, da Silikat nicht die fatalen Wirkungen auf Algenwuchs hat wie Phosphat. Erhöhte Silikatgehalte im Leitungswasser müssen deshalb erwartet werden.

Welche Bedeutung hat Silikat für das Aquarium?

Von aquaristischer Bedeutung ist Silizium als Nährstoff für Kieselalgen (Diatomeen), einige Wasserpflanzen (z. B. Hornkraut) sowie Kieselschwämme und manche andere Invertebraten. Nach Neueinrichtung oder Teilwasserwechsel treten in Aquarien braune Beläge durch Kieselalgen auf. Durch das Skelett aus Silizium fühlen sich diese Algen beim Anfassen leicht rau an und sind dadurch deutlich von sog. Schmieralgen zu unterscheiden. Die Beläge durch Kieselalgen verschwinden dann, wenn das Aquarium eingefahren ist und genügend Konkurrenz durch andere Algen und Mikroorganismen entstanden ist. Dabei wird auch der Silikatgehalt im Wasser deutlich reduziert. Durch Filterung über **JBL SilicatEx** kann das Auftreten dieser Algen verhindert werden. Bereits vorhandene Kieselalgenbeläge verschwinden durch Filterung über **JBL SilicatEx** schnell.

Wir empfehlen folgende Werte:

Süßwasser:
um 1 mg/l, bis 2 mg/l können noch geduldet werden.
Meerwasser: maximal 1 mg/l

Wichtige Hinweise:
Tritt nach mehr als zwei Wochen Filterung über **JBL SilicatEx** keine Reduktion der Beläge ein, so handelt es sich ziemlich sicher nicht um Kieselalgen, sondern um Bakterien, die kein Silikat als Baustoff verarbeiten. Eine Entfernung dieser Bakterien (rötliche und bläuliche Beläge, die üblicherweise als Schmieralgen bezeichnet werden) mittels Silikat-Entzug ist daher aus wissenschaftlicher Sicht nicht möglich. Diese können durch Erhöhung des Redoxpotentials und Entzug organischer Nährstoffe (Mulm absaugen, weniger Füttern etc.) bekämpft werden.
Weiterhin sei erwähnt, dass Kieselalgen, wie alle anderen Algen auch Phosphat als Nährstoff benötigen. Deshalb kann es durchaus vorkommen, dass in Aquarien mit erheblichen Mengen an Silikat keine Kieselalgen vorkommen, weil der Gehalt an Phosphat zu gering ist. **JBL SilicatEx** bindet neben Silikat auch Phosphat und reduziert dadurch gleichzeitig beide lebenswichtige Nährstoffe für Kieselalgen. Gleichzeitig wird auch anderen Algen die Nahrungsgrundlage entzogen.

6. SCHWERMETALLE

Im Wasser gelöste Schwermetalle können katastrophale Auswirkungen auf alle Wasserlebewesen haben. Dank europaweiter strenger Vorschriften über Höchstgehalte gefährlicher Schwermetalle im Trinkwasser ist die "Gefahr aus der Leitung" sehr gering.
Moderne Wasseraufbereiter, wie z. B. **JBL Biotopol** sind spielend in der Lage, geringe Schwermetallmengen im Trinkwasser unschädlich zu machen und damit eine Gefahr für die Lebewesen im Aquarium zu bannen.

Auf zwei Schwermetalle wollen wir trotzdem näher eingehen, weil ihnen eine relativ große Bedeutung in der Aquaristik zukommt. Das eine ist Blei und das andere Kupfer.

Blei ist auch heute noch oft die Ursache für mysteriöses Fischsterben. Sicher erinnert sich der ein oder andere Leser an die praktischen, flexiblen Metallbänder, auf einer Seite oft mit Schaumstoff beschichtet, die auf einfache Weise in den Händleraquarien Stängelpflanzen davor bewahren, ständig "kieloben" zu schwimmen. So mancher Aquarianer findet dies sehr praktisch und setzt die Pflanzenbündel mitsamt dieser Bänder in sein heimisches Aquarium. Diese Bänder sind aus Blei und stellen eine tickende Zeitbombe für alles Leben im Aquarium dar! Bleibt der pH Wert über 7, so besteht kaum Gefahr, weil das Blei so schwer löslich ist. Sinkt der pH Wert jedoch unter 7, können freie Blei-Ionen im Wasser gelöst werden und es geht den Fischen langsam an den "Kragen"...

Dies ist ganz besonders dann gefährlich, wenn nach einigen Monaten oder Jahren Betrieb des Aquariums eine CO_2-Anlage angeschafft wird. Durch CO_2- Zufuhr können jahrelang gefahrlos vorhandene Bleidepots plötzlich in Lösung gehen mit allen genannten fatalen Folgen...

Im Gegensatz zu dem nachfolgend erwähten Kupfer kann Blei nicht mit einfachen Tests gemessen werden.
Deshalb entfernen Sie bitte immer alles, was irgendwie nach Metall aussieht von den Pflanzenwurzeln, bevor Sie die Pflanzen in Ihr Aquarium einsetzen.

Verwenden Sie zur Verankerung von Wasserpflanzen stattdessen **JBL Plantis**, speziell entwickelte Pflanzennadeln aus wasserneutralem Kunststoff.

Kupfer kann oft durch die Verwendung von Kupferrohren in Hausinstallationen oder durch Warmwasserboiler nachträglich ins Leitungswasser geraten. Dies gilt besonders für neu verlegte Rohre und neue Geräte. Mit der Zeit bildet sich eine isolierende Kalkschicht im Inneren der Rohre, die eine Lösung von Kupfer nahezu verhindert.

Empfindliche Fische wie die Roten Neonsalmler reagieren empfindlich auf Kupfer. Auch lassen sich viele Erkrankungen und Störungen im biologischen Gleichgewicht durch gelöste Schwermetallverbindungen erklären.

Mit dem **JBL Kupfer Test Set Cu** können gefährliche Kupferkonzentrationen im Leitungswasser leicht festgestellt werden. Ist dies der Fall, sollten Sie das Wasser vor Verwendung für das Aquarium einige Zeit ablaufen lassen. Vorheriges Duschen löst das Problem auf elegante Weise ohne unnötigen Wasserverlust.
Viele Medikamente, vor allem gegen Oodinium enthalten Kupfer als Wirkstoff. Da Kupferionen die unangenehme Eigenschaft haben, mit dem Carbonat der Wasserhärte unlösliche Verbindungen einzugehen und dann therapeutisch wirkungslos werden, sollte der erforderliche Gehalt an freiem Kupfer im Wasser ständig überwacht werden. Hier leistet das **JBL Kupfer Test Set Cu** wertvolle Hilfe.

Durch häufige Anwendung kupferhaltiger Mittel im Aquarium kann sich auf die erwähnte Weise ein erhebliches Depot an Kupfercarbonat ansammeln. Wird nun der pH-Wert gesenkt, z. B. durch Anwendung von CO_2, geschieht das Gleiche wie beim Blei erwähnt. Aus diesem Grunde sollten Behandlungen mit kupferhaltigen Medikamenten möglichst immer in einem Quarantänebecken erfolgen. Sei noch erwähnt, dass niedere Tiere sowohl im Meerwasser als auch im Süßwasser ganz besonders empfindlich auf Kupfer reagieren.

Niedere Tiere reagieren besonders empfindlich auf Kupfer.
Mit dem JBL Kupfer Test Set Cu können gefährliche Kupferkonzentrationen leicht festgestellt werden.

7. ZUSAMMENHÄNGE VERSCHIEDENER FAKTOREN

A. pH-Wert, CO_2 -Gehalt und Karbonathärte

Wie bereits im Kapitel über die Wasserhärte erwähnt, sind die Faktoren CO_2 und Karbonathärte im wesentlichen verantwortlich für das Zustandekommen des jeweiligen pH-Wertes im Wasser.

Nähere Einzelheiten darüber und über die bequeme und sinnvolle Einstellung des optimalen pH-Wertes im Aquarium erfahren Sie in der **JBL- Broschüre**:

„Was? - Wie? - Warum?" Aquarienpflanzen.

Weiterhin hat der pH-Wert direkten Einfluss auf die Giftigkeit der Ammoniumverbindungen im Wasser. Um pH 7 und darunter liegen sämtliche Ammoniumverbindungen als das für Fische weitgehend ungiftige Ammonium (NH_4 +) vor. Je höher der pH-Wert steigt, desto mehr entsteht aus Ammonium das für Fische hochgiftige Ammoniak (NH_3). In stark besetzten Aquarien können unter bestimmten Umständen (unterdimensionierter Filter, keine oder wenig CO_2- Versorgung u.a.) gefährlich hohe Ammoniakkonzentrationen erreicht werden. Als Sofortmaßnahme empfiehlt sich in einem solchen Fall eine drastische pH-Wert-Senkung auf Werte um 7 durch **JBL pH-Minus**. Danach sollte jedoch bei nächster Gelegenheit ein mindestens 50% iger Wasserwechsel erfolgen.

B. pH-Wert und Stickstoffkreislauf

Wie bereits in Abschnitt 3 beschrieben, leisten bestimmte Bakterien, die sog. Nitrifizierer, den biologischen Abbau organischer Abfallprodukte im Aquarium und verhindern so eine Vergiftung der Fische durch Ammonium oder Nitrit. Diese Bakterien finden im Süßwasser optimale Lebensbedingungen bei pH-Werten um den Neutralpunkt. Werte unter 7 und über 8 wirken sich nachteilig auf das Wachstum und damit die Reinigungsleistung dieser Bakterien aus.

In Anbetracht dessen, dass nitrifizierende Bakterien ohnehin schon sehr langsam wachsen, sollte man bestrebt sein, dies nicht auch noch durch ungünstige pH-Werte oder gar pH-Schwankungen zu beeinträchtigen. Dies gilt ganz besonders für neu eingerichtete Aquarien, in denen sich eine Bakterienkultur erst langsam aufbauen muss.

NH_4 mg/l (ppm)

pH-Wert	0,1	0,25	0,5	1,0	2,0	4,0	6,0	8,0
7,0							gelb	gelb
7,5					grün	gelb	gelb	gelb
8,0				grün	gelb	gelb	orange	orange
8,2			grün	gelb	gelb	orange	orange	orange
8,4		grün	grün	gelb	orange	orange	orange	rot
8,6		grün	gelb	gelb	orange	orange	rot	rot
8,8		grün	gelb	orange	orange	rot	rot	rot
9,0	grün	gelb	gelb	orange	orange	rot	rot	rot

- grün: Schädigungen möglich bei empfindlichen Fischen und Jungfischen.
- gelb: Schädigungen bei erwachsenen Fischen, schwere Schädigungen bei Jungfischen.
- orange: Schwere Schädigungen bei erwachsenen Fischen, für Jungfische tödlich.
- rot: Absolut tödlich für alle Fische

Langfristig muss die Ursache beseitigt werden, die zur Anhäufung von Ammoniak bzw. Ammonium geführt hat.

Ein optimaler Fischbestand (max. 1 cm Fisch pro 1 Liter Wasser) und guter Pflanzenwuchs vermeiden einen Anstieg giftiger Stickstoffverbindungen im Aquarium.

Dabei muss darauf geachtet werden, ein bakterienfreundliches Milieu zu schaffen. Das heißt: Der Beckengröße angepasster, moderater Fischbesatz (max. 1 cm Fisch pro Liter Wasser), angemessene nicht zu gut gemeinte Fütterung, ausreichende Sauerstoffversorgung durch gute Bepflanzung (kein Ausströmer!), möglichst gleichbleibende übrige Wasserwerte (pH, CO_2 etc.) in Verbindung mit einer leistungsfähigen biologischen Filterung, z.B. durch Außen- oder Innenfilter der **JBL CristalProfi-Reihe**.

Die Nitrifikation selbst, d.h. die bakterielle Oxidation von Ammonium zu Nitrat kann erheblichen Einfluß auf den pH-Wert haben, was sehr oft unterschätzt wird. Das Endprodukt Nitrat in Verbindung mit Wasser ist nichts anderes als eine Säure (Salpetersäure) und „verbraucht" deshalb Karbonathärte. In sehr schwach gepufferten Wässern mit niedriger Karbonathärte können schon Nitratgehalte von 20 - 50 mg/l den pH-Wert gefährlich stark absinken lassen. Zu regelrechten Katastrophen kann es kommen, wenn monate- oder gar jahrelang kein Teilwasserwechsel vorgenommen wird.
Der ständig steigende Nitratgehalt „knabbert" immer etwas mehr Karbonathärte ab, bis nichts mehr vorhanden ist, und ab geht der pH-Wert in den „Keller" und die Fische in den „Fischhimmel"!
Bei verantwortungsvoller Pflege mit Karbonathärtewerten nicht unter 4 - 5°d und regelmäßigem Teilwasserwechsel (alle 2 Wochen) werden solche Ereignisse allerdings nie vorkommen.

Ihr Aquarium unterliegt den gleichen Gesetzmäßigkeiten wie ein Ökosystem in der freien Natur. Aufgrund der extremen Kleinheit des Aquariums muß die Wasserqualität mit einer biologischen Filterung, z.B. mit der JBL CristalProfi-Reihe erhalten werden.

8. CALCIUM- UND MAGNESIUMGEHALT

Calcium und Magnesium gehören zu den sogenannten Erdalkali-Ionen und stellen zusammen mit Hydrogencarbonat und Sulfat den Hauptteil der Wasserhärte. Calcium wird von vielen Lebewesen als wichtiger Baustoff benötigt.

Fische benötigen es zum Skelettaufbau, Pflanzen als Nährstoff. Wirbellose Tiere (Schnecken, Krebse, niedere Tiere im Meerwasser) benötigen es zum Aufbau der Kalksubstanz in Schalen etc. Magnesium steht in enger Beziehung zum Calcium und spielt eine wichtige Rolle im Stoffwechsel, z. B. auch bei der Muskelkontraktion.

Im Süßwasseraquarium ist die Versorgung aller Lebewesen mit Calcium und Magnesium durch ausgewogene Ernährung und das Vorkommen im Wasser praktisch immer gewährleistet.

Im Meerwasseraquarium hingegen, vor allem wenn Korallen und andere kalkbildende Organismen (z.B. Kalkalgen) gepflegt werden, können Calcium und Magnesium durch das Wachstum dieser Organismen schnell in Mangel geraten.

Um die für die Verwertung des Ca erforderliche Menge an Hydrogenkarbonat zu bieten, sollte die Karbonathärte möglichst nicht unter 7°d liegen, wodurch gleichzeitig auch der pH-Wert beim erforderlichen Wert von 8,2 - 8,3 stabilisiert wird. Mit den **JBL Test Sets Calcium Ca**, **Magnesium/ Calcium Mg/ Ca**, **KH** und **pH 7,4 – 9** können die genannten, für das Gedeihen von niederen Tieren im Riffaquarium wichtigen Wasserwerte, bequem und sicher überwacht werden.

Sichere und schnelle Kontrolle mit den JBL-TestSets pH 7,4 - 9 und der Mg/Ca-Tests.

JBL MagnesiumMarin zur einfachen und bequemen Korrektur des Magnesiumgehaltes im Meerwasser

Die Gehalte im natürlichen Meerwasser liegen bei 400 – 440 mg/l Ca und 1200 – 1600 mg/l Mg. Diese Werte sollten auch im Aquarium gewährleistet sein, um die kalkbildenden Organismen optimal gedeihen zu lassen.

Für erforderliche Korrekturen der Meßwerte und zur optimalen Versorgung mit Calcium bietet Ihnen **JBL** das Produkt **JBL CalciuMarin** . Das Produkt enthält neben Calcium auch Hydrogenkarbonat und das für die Kalkbildung wichtige Spurenelement Strontium in aufeinander abgestimmtem Verhältnis. Sowohl Calcium- Gehalt als auch KH und pH-Wert werden dadurch auf dem erforderlichen Niveau eingestellt.

Korrekturen des Magnesiumgehaltes können einfach und bequem mit dem Produkt **JBL MagnesiuMarin** erfolgen. Es enthält eine aufeinander abgestimmte Kombination von Magnesiumverbindungen, die keine Ionenverschiebung im Aquarienwasser verursachen.

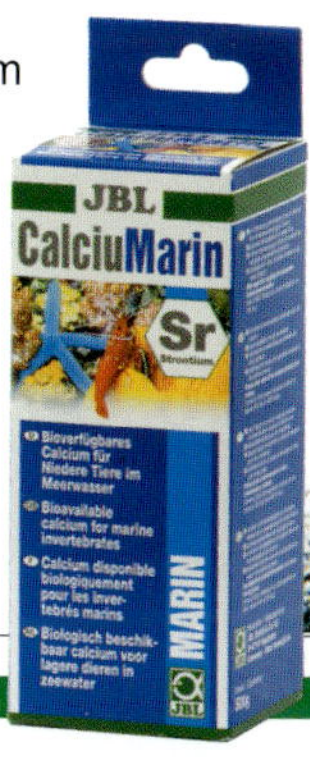

JBL CalciumMarin ist ein bioverfügbares Calcium für niedere Tiere im Meerwasseraquarium.

9. DIE JBL-TESTS

Nach dem angewendeten Testprinzip können die Test Sets in zwei Gruppen unterteilt werden:

A. Titrationstests

Bei diesen Tests werden bestimmte Wasserinhaltsstoffe gemessen, indem eine Meßlösung tropfenweise zur Wasserprobe zugegeben wird, bis zum Farbwechsel eines zugesetzten Indikators. Die Anzahl Tropfen der verbrauchten Meßlösung gibt Auskunft über die Menge der gesuchten Wasserinhaltsstoffe.

Folgende JBL Test Sets basieren auf der Titrationsmethode:

JBL Test Set GH
JBL Test Set KH
JBL Test Set Calcium Ca
JBL Test Set Magnesium/Calcium Mg/Ca

B. Tests auf der Basis von Farbreaktionen

Bestimmte Wasserinhaltsstoffe ergeben bei Zusatz bestimmter Chemikalien typische Farbreaktionen, deren Intensität in direktem Zusammenhang mit der Konzentration der gesuchten Stoffe steht. Durch Vergleich vorgegebener Farbfelder mit der Farbe der entsprechenden Probe kann die Konzentration der gesuchten Stoffe ermittelt werden.

Folgende JBL Test Sets basieren auf Farbreaktionen:

JBL pH Test Set 3,0 - 10
JBL pH Test Set 6,0 - 7,6
JBL pH Test Set 7,4 - 9,0
JBL Test Set Permanent CO_2 plus pH
JBL Ammonium Test Set NH_4
JBL Nitrit Test Set NO_2
JBL Nitrat Test Set NO_3
JBL Eisen Test Set Fe
JBL Phosphat Test Set PO_4 sensitive
JBL Silikat Test Set SIO_2
JBL Test Set Kupfer Cu
JBL Test Set Sauerstoff O_2

DAS TESTBESTECK

Um jedem interessierten Aquarianer besonders exakte und zuverlässige Meßergebnisse zu ermöglichen, präsentiert **JBL** die Test Sets **pH 6,0 - 7,6** und **7,4 - 9,0**, **Ammonium, Nitrit, Nitrat, Eisen, Phosphat sensitive und Silikat** in einer Ausstattung, die auch höchsten Ansprüchen gerecht wird.

Kernstück des Testbestecks ist der sogenannte Komparatorblock, ein graues Kunststoffteil mit zwei Aufnahmebohrungen für die Testgläser und einer Kerbe, in der der betreffende Meßwert abgelesen werden kann (Abb. 5).

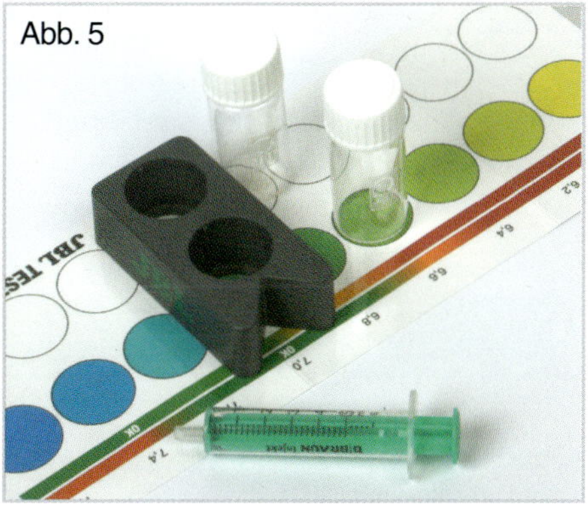
Abb. 5

Dazu gehören zwei Testgläser, sowie eine graduierte Kunststoffspritze und eine neu gestaltete informative Farbkarte. Ein Bewertungsbalken in den Ampelfarben grün, gelb rot ermöglicht eine sofortige ungefähre Beurteilung des gemessenen Wertes. Ein Piktogramm auf der Rückseite zeigt anschaulich die Vorgehensweise beim Test.

Beim Test werden immer beide beigefügten Testgläser mit einer definierten Menge Probewasser gefüllt.

Anschließend werden jedoch nur in eines der beiden Testgläser Reagenzien zugegeben, die eine Farbreaktion hervorrufen, (Abb. 6).

Abb. 6

Beide Testgläser werden nun so im Komparatorblock plaziert, dass das Glas mit reinem Probewasser, ohne Reagenzien (Blindprobe), sich in der Bohrung am eingekerbten Ende und das Glas mit Reagenzien in der Bohrung am glatten Ende des Komparatorblocks befindet.

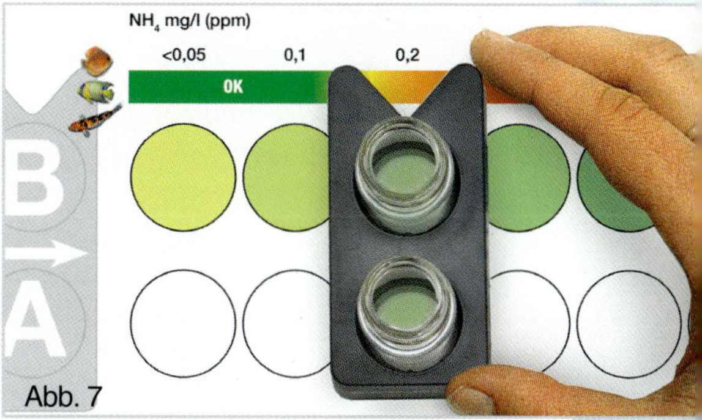

Abb. 7

Anschließend führt man den so bestückten Komparatorblock so über die Farbskala, dass die Farbfelder der Farbskala sich unter der Blindprobe und die weißen Felder sich unter der mit Reagenzien versetzten Probe befinden (Abb. 7).

Bei maximaler Übereinstimmung der Farben in beiden Testgläsern kann in der Kerbe des Komparatorblocks die Konzentration des gesuchten Stoffes abgelesen werden.

Dieses Farbvergleichsverfahren nennt man Kompensationsverfahren, da durch das Mitführen einer Blindprobe über den Farbfeldern der Farbkarte Eigenfärbungen des Wassers kompensiert werden können.
Ein weiterer wesentlicher Vorteil des Komparatorblocks besteht darin, dass seitliches Streulicht abgeschirmt wird und dadurch eine optimale Farbbewertung erfolgen kann. Die feinabgestuften Farbwerte der Farbkarten ermöglichen zusammen mit dem Komparatorblock eine bisher bei aquaristischen Tests kaum gekannte Genauigkeit und hohes Auflösevermögen.

Wir gehen der Sache auf den Grund:

JBL veranstaltet regelmäßig Expeditionen und Workshops in Heimatgebieten der Aquarienfische.
Die Biotope unserer Aquarienfische werden gründlich untersucht. Dabei leisten die **JBL-Test Sets** wertvolle Hilfe und werden auf Herz und Nieren geprüft.

DER JBL TEST ...

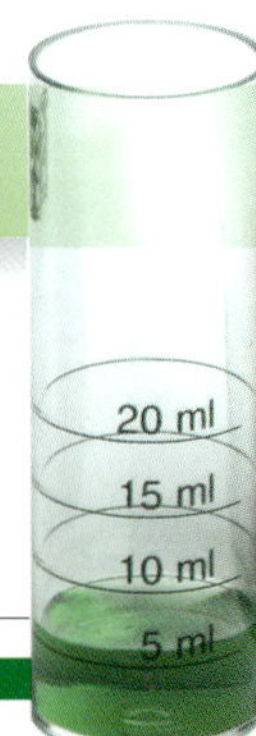

JBL Qualitäts-Tests für eines der schönsten Erlebnisse in einer wunderbaren Unterwasserwelt

JBL Test Set GH

Titrationstest zur Bestimmung der Gesamthärte des Wassers.
Ein Tropfen verbrauchte Meßlösung entspricht 1°d GH.
Farbumschlag von rot nach grün.
1 Testreagens.

JBL Test Set KH

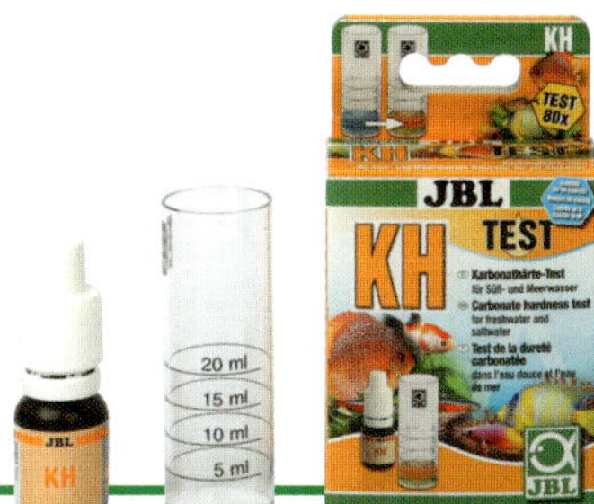

Titrationstest zur Bestimmung der Karbonathärte oder Säurebindungskapazität des Wassers.
Ein Tropfen verbrauchte Meßlösung entspricht 1°d KH.
Farbumschlag von hellblau nach gelb-orange.
1 Testreagens.

JBL Test Set Permanent CO_2 plus pH

Gerät zur Permanentanzeige des CO_2-Gehaltes oder des durch CO_2 verursachten pH-Wertes im Aquarium.
1 Reagens
1 Anzeigegerät
2 Farbskalen (CO_2 und pH).

JBL pH Test Set 3,0 - 10

Einfacher Farbtest zur
orientierungsmäßigen Bestimmung des
pH-Wertes im Wasser im Bereich
von pH 3,0 - 10 in Schritten von 0,5.
1 Testreagens.

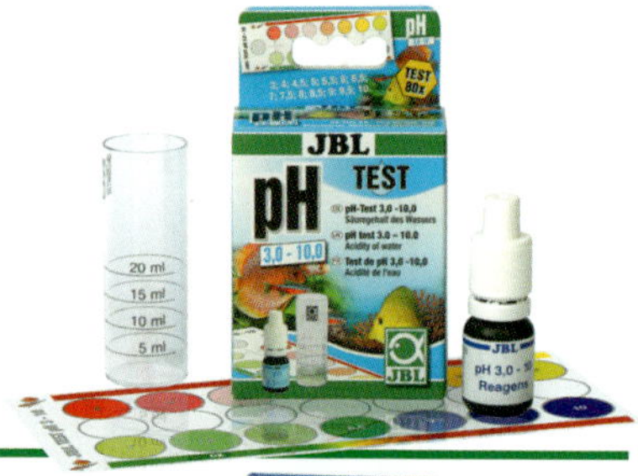

JBL pH Test Set 6,0 - 7,6

Hochempfindlicher Farbtest mit Komparator
zur exakten Bestimmung des pH-Wertes im Wasser
im Bereich von 6,0 - 7,6 in Schritten von 0,2.
Sehr gut geeignet auch zur Kontrolle der CO_2 -Düngung.
1 Testreagens.

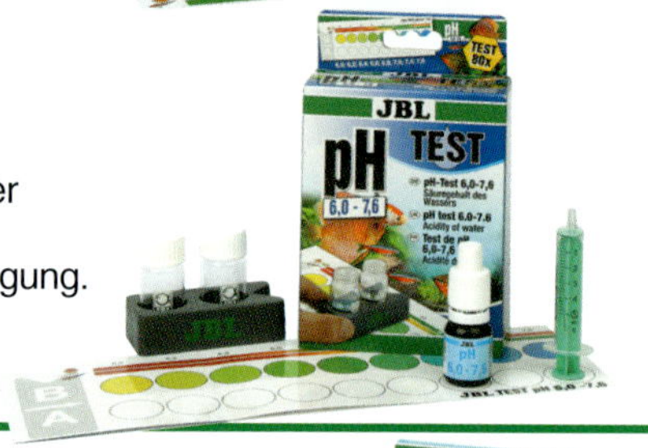

JBL pH Test Set 7,4 - 9,0

Hochempfindlicher Farbtest mit Komparator zur exakten Bestimmung
des pH-Wertes im Wasser im Bereich von 7,4 - 9,0 in Schritten
von 0,2. Besonders geeignet für Meerwasseraquarien und
Süßwasseraquarien mit hohen pH-Werten, wie z.B. bei der
Pflege von Malawicichliden. 1 Testreagens.

JBL Ammonium Test Set NH_4

Hochempfindlicher Farbtest mit Komparator zur
exakten Bestimmung des Ammoniumgehaltes
im Wasser. Abstufung des Meßbereichs:
0,05; 0,1; 0,2; 0,4; 0,6; 1,0; 1,5; 3; 5 mg/l .
3 Testreagenzien.

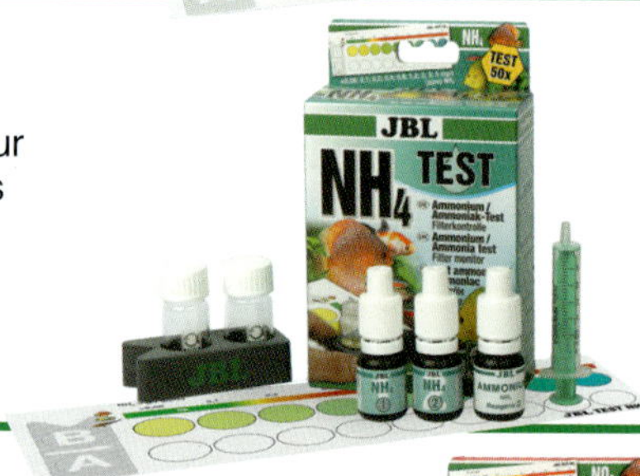

JBL Nitrit Test Set NO_2

Hochempfindlicher Farbtest mit Komparator zur
exakten Bestimmung des Nitritgehaltes im Wasser.
Abstufung des Meßbereichs: 0 ; 0,025 ; 0,05 ;
0,1 ; 0,2 ; 0,4 ; 0,6 ; 0,8 ; 1,0 mg / l .
2 Testreagenzien.

JBL Nitrat Test Set NO_3

Hochempfindlicher Farbtest mit Komparator zur exakten Bestimmung des Nitratgehaltes im Wasser. Abstufung des Messbereichs:
0,5; 1; 5; 10; 20; 40; 60; 80; 120; 160; 240 mg/l

JBL Test Set Kupfer Cu

Hochempfindlicher Farbtest mit Komparator zur exakten Bestimmung des Gehaltes an gelöstem Kupfer im Süß- und Meerwasser.
Messbereich: 0,15; 03; 0,45; 0,6; 0,8; 1,2; 1,6; 2,0 mg/l
(Die Erfassung von chelatisiertem Kupfer erfordert eine Wartezeit von ca. 12 Stunden) 2 Testreagenzien.

JBL Sauerstofftest O_2

Farbtest ohne Komparatorblock zur Messung des gelösten Sauerstoffs im Süß- und Meerwasser.
Messbereich : 1 – 10 mg/l
2 Testreagenzien.

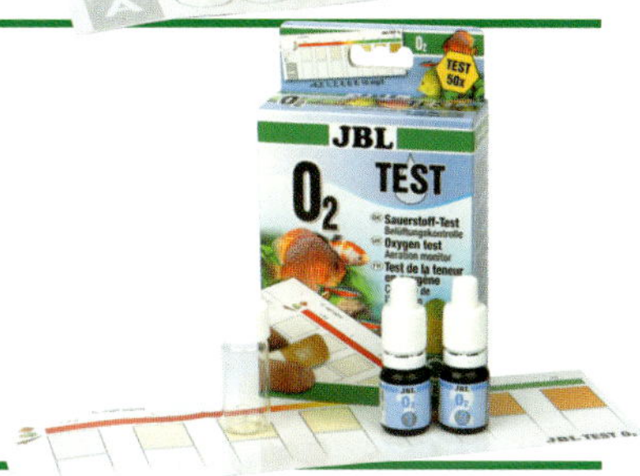

JBL Test Set Magnesium/Calcium Mg/Ca

Titrationstest zur kombinierten Messung von Magnesium und Calcium im Meerwasser. 1 Tropfen verbrauchte Reagens Mg 2 entspricht 100 mg/l Mg Farbumschlag von rot nach grün
2 Testreagenzien (Reagens 2 doppelt).
Eigenschaften Ca Test, wie dort angegeben.

JBL Calcium Test Ca

Titrationstest zur Bestimmung des Calciumgehaltes im Meerwasser.
1 Tropfen verbrauchte Meßlösung (Reagens 3)
entspricht 20 mg/l Ca.
Farbumschlag von weinrot nach blau.
3 Testreagenzien.

JBL Eisen Test Set Fe

Hochempfindlicher Farbtest mit Komparator zur exakten Bestimmung des Eisengehaltes im Wasser. An Komplexbildner gebundenes Eisen wird innerhalb der angegebenen Reaktionszeit zu 90% erfaßt. Abstufungen des Meßbereiches: 0 ; 0,05 ; 0,1 ; 0,2 ; 0,4 ; 0,6 ; 0,8 ; 1,0 ; 1,5 mg / l . 1 Testreagens.

JBL Phosphat Test Set PO_4 sensitive

Hochempfindlicher Farbtest mit Komparator zur exakten Bestimmung des Phosphatgehaltes im Wasser. Besonders empfehlenswert zur Kontrolle übermäßigen Algenwachstums.
Abstufung des Meßbereiches:
0,02; 0,05; 0,1; 0,2; 0,4; 0,6; 0,8; 1,2; 1,8 mg/l
5,0;10,0 mg/l. 2 Testreagenzien.

JBL Silikat Test Set SiO_2

Hochempfindlicher Farbtest mit Komparator zur exakten Bestimmung des Silikatgehaltes im Wasser. Besonders empfehlenswert zur Kontrolle des Kieselalgenwuchses. Abstufung des Messbereichs: <0,1; 0,2; 0,4; 0,8; 1,2; 2,0; 3,0; >6,0 mg/l

JBL Test Combi Set

Tests für die 5 wichtigsten Wasserwerte in einem praktischen Kunststoffkoffer:

pH 3,0 – 10; KH; Nitrit NO_2; Nitrat NO_3; Eisen Fe

Mit Protokollblättern zum Eintragen der Ergebnisse.

JBL TEST-LAB

Professioneller Testkoffer **für Süßwasseranalysen**

Enthält 9 verschiedene Tests für eine umfassende Wasseranalyse:

pH 3,0 – 10 (2x); pH 6,0 – 7,6; CO_2-Tabelle; GH (2x); KH (2x); Phosphat PO_4 sensitive; Ammonium NH_4; Nitrit NO_2 (2x); Nitrat NO_3; Eisen Fe.

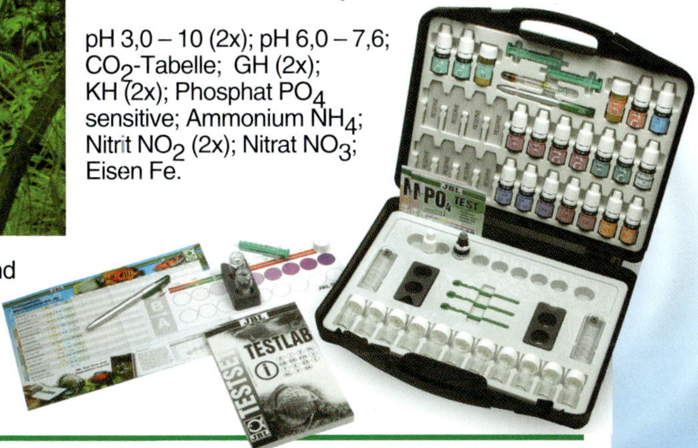

Mit Thermometer, Kugelschreiber und Protokollblättern zum Eintragen der Ergebnisse.

JBL TESTLAB MARIN

Professioneller Testkoffer **für Meerwasseranalysen**

Enthält 10 verschiedene Tests für eine umfassende Wasseranalyse:

pH 7,4 – 9 (2x); KH (2x); Kalzium Ca; Magnesium Mg; Kupfer Cu; Phosphat PO_4 sensitive; Silikat SiO_2; Ammonium NH_4; Nitrit NO_2 (2x); Nitrat NO_3.

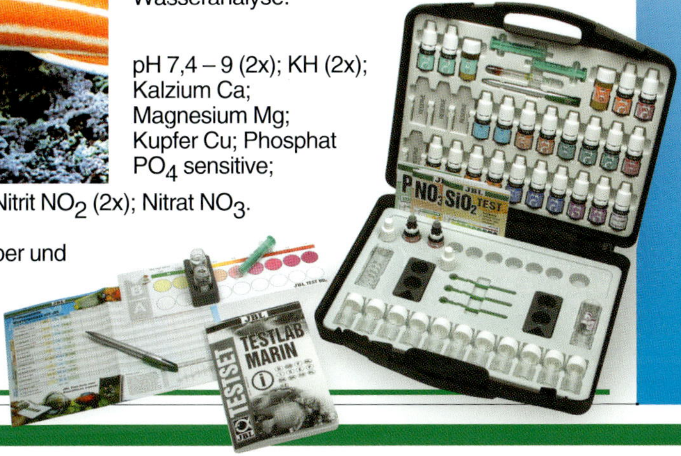

Mit Thermometer, Kugelschreiber und Protokollblättern zum Eintragen der Ergebnisse.

Werte erhöhen - Ihr Messwert lag unter den

Parameter	Süsswasser	Meerwasser
Temperatur	Regelheizer JBL ProTemp.	Regelheizer JBL ProTemp.
KH Karbonathärte	JBL AquaDur plus Malawi-/Tanganjika See: JBL AquaDur Malawi/Tanganjika.	JBL CalciuMarin, Kalkreaktor.
pH Säuregehalt	JBL pH-Plus, starke Wasseroberflächenbewegung, weniger CO_2-Zufuhr.	JBL pH-Plus, jedoch meist nur KH Erhöhung mit JBL CalciuMarin nö
GH Gesamthärte	JBL AquaDur plus, JBL MagnesiuMarin.	Unnötig.
NH_4 Ammonium	Unnötig. In reinen Pflanzenaquarien mit handelsüblichem Zimmerblumendünger.	Nicht sinnvoll.
NO_2 Nitrit	Nicht sinnvoll, da Nitrit ein Giftstoff ist!	Nicht sinnvoll, da Nitrit ein Giftsto
Cu Kupfer	JBL Oodinol, jedoch nur zur Krankheitsbekämpfung!	JBL Oodinol, jedoch nur zur Krankheitsbekämpfung.
O_2 Sauerstoff	Durchlüftung, Pflanzen, Oxidatoren, Filtersprührohre, Wasseroberflächenbewegung, JBL OxyTabs.	Durchlüftung, Eiweißabschäumer, O Reaktor, Wasseroberflächenbewegu Filtersprührohre, Makroalgen.
Leitfähigkeit	JBL AquaDur plus, JBL AquaDur Malawi/Tanganjika.	Meersalzzugabe.
NO_3 Nitrat	Unnötig. In reinen Pflanzenaquarien mit handelsüblichem Zimmerblumendünger.	Normalerweise nicht sinnvoll. Ggf durch Reduktion der Abschäumer leistung regulieren.
PO_4 Phosphat	Unnötig. In reinen Pflanzenaquarien mit handelsüblichem Zimmerblumendünger.	Nicht sinnvoll.
SiO_2 Silikat	Nicht sinnvoll.	Nicht sinnvoll.
Fe Eisen	JBL Ferropol oder JBL FerroTabs.	JBL TraceMarin 3.
CO_2 Kohlendioxid	JBL ProFlora CO_2-Düngesystem, geringere Wasseroberflächenbewegung.	JBL ProFlora CO_2 Anlage mit pH-Control Gerät.
Ca Calcium	Meist ist genügend Ca in Form von GH vorhanden. Ansonsten wie GH Erhöhung verfahren.	JBL CalciuMarin, Calciumreaktor, Kalkwasser.
Mg Magnesium	Meist ist genügend Mg in Form von GH vorhanden. Ansonsten wie GH Erhöhung verfahren.	JBL MagnesiuMarin

·lenen Sollwert	**Werte verringern** - Ihr Messwert lag über dem empfohlenen Sollwert		
tenteich	**Süsswasser**	**Meerwasser**	**Gartenteich**
·hheizer.	Kühlaggregate, Ventilator, Wasseroberflächenbewegung.	Kühlaggregate, Ventilator, Wasseroberflächenbewegung.	Schwimmpflanzen, Wasseroberflächenbewegung verstärken.
Alkalon Combi.	Schrittweise Zugabe von JBL pH-Minus, Mischung mit Umkehrosmose- oder entionisiertem Wasser.	Wasserwechsel, jedoch selten notwendig.	Mischung mit gereinigtem Regenwasser.
·en nötig. Meist nur Stabilisierung mit JBL Alkalon ·bi notwendig!	Schrittweise Zugabe von JBL pH-Minus, CO_2-Zugabe, Filterung über Torfgranulat (JBL Tormec).	CO_2-Zugabe und Einhaltung einer KH von 7-10° dKH!	JBL HumoPond activ.
Alkalon Combi.	Mischen mit Umkehrosmose- oder entionisiertem Wasser.	Unnötig.	Mischen mit gereinigtem Regenwasser.
·t nötig.	JBL AmmoEX. Sofortmassnahme bei Ammoniakvergiftung: pH-Wert auf 6,5 senken. Biologische Filteraktivität steigern. Filterbakterien (JBL FilterStart / Denitrol).	Drastischer Wasserwechsel und pH-Reduzierung auf 7, Eiweißabschäumer, Filterbakterien (JBL FilterStart / Denitrol).	JBL BactoPond zugeben.
·t sinnvoll, da Nitrit ein Giftstoff ist!	Wasserwechsel, JBL ClearMec plus, Biologische Filteraktivität steigern. Filterbakterien (JBL FilterStart / Denitrol).	Wasserwechsel, Filteraktivität steigern, Filterbakterien zugeben (JBL FilterStart / Denitrol). Eiweißabschäumer.	JBL BactoPond zugeben.
·ıt sinnvoll, da Mikroorganismen Wirbellose geschädigt werden.	Wasserwechsel, Wasseraufbereiter JBL Biotopol.	Wasserwechsel. Eine restlose Kupferentfernung ist aus dem Meerwasseraquarium praktisch nicht mehr möglich!	JBL CondiPond, Wasserwechsel.
·chlüftung, JBL Oxylon, Oxidatoren. ·sseroberflächenbewegung ·tärken.	Unnötig, da es nie zuviel Sauerstoff geben kann!	Unnötig, da es nie zuviel Sauerstoff geben kann!	Unnötig, da es nie zuviel Sauerstoff geben kann!
Alkalon Combi.	Mischen mit Umkehrosmose- bzw. entionisiertem Wasser.	Zugabe von Osmose- oder entionisiertem Wasser.	Zugabe von gereinigtem Regenwasser.
·ıt erforderlich.	Wasserwechsel, JBL Nitrat-EX, JBL BioNitrat EX, JBL ClearMec plus.	JBL BioNitrat EX mit nachgeschalteter Aktivkohle, Makroalgen-Kulturen. Eiweißabschäumer.	JBL PondClear.
·ıt sinnvoll.	JBL PhosEX ultra, JBL PhosEX rapid, JBL ClearMec plus, schnellwachsende Pflanzen, Wasserwechsel.	JBL PhosEX ultra, Wasserwechsel, Makroalgen-Kulturen, JBL BioNitrat EX mit nachgeschalteter Aktivkohle.	JBL PhosEX Pond, JBL PondClear, schnellwachsende Pflanzen, Wasserwechsel.
·ıt sinnvoll.	JBL SilicatEX, stark basisches Ionenaustauscherharz (MP 600).	JBL SilicatEX, stark basisches Ionenaustauscherharz (MP 600).	JBL SilicatEX.
	Wasserwechsel, JBL Biotopol.	Wasserwechsel.	Wasserwechsel, JBL CondiPond.
·ngere Wasseroberflächen- ·egung.	Belüftung, Wasseroberflächenbewegung verstärken.	Belüftung, Wasseroberflächenbewegung verstärken.	Belüftung, Wasseroberflächenbewegung verstärken.
·st ist genügend Ca in Form von vorhanden. Ansonsten wie GH ·hung verfahren.	Nicht erforderlich.	Wasserwechsel.	Nicht erforderlich.
·st ist genügend Mg in Form von vorhanden. Ansonsten wie GH ·hung verfahren.	Nicht erforderlich.	Wasserwechsel.	Nicht erforderlich.

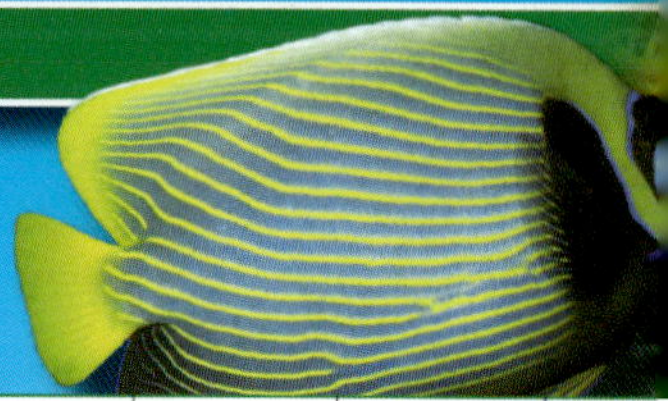

Professionelle Wasseranalyse mit JBL

Informationen im Internet unter www.JBL.de

Gruppe		Soll Süßwasser	Soll Meerwasser	Soll Teich	1. Messung	2. Messung	3. Messung	4. Mes
	Datum, Zeit							
	Ort / Aquarium / Leitung							
	Temperatur (°C)	24 - 28	24 - 28	4 - 25				
Basismessung immer durchführen	KH Karbonathärte (°dKH)	5 - 12	7 - 10	5 - 12				
Basismessung immer durchführen	pH Säuregehalt	6,5 - 7,5	7,9 - 8,5	7,0 - 8,0				
Basismessung immer durchführen	GH Gesamthärte (°dGH)	8 - 20	-	8 - 20				
Optionale Messungen bei Problemen – Fischsterben	NH_4 Ammonium (mg/l)	< 0,25	< 0,25	< 0,1				
Optionale Messungen bei Problemen – Fischsterben	NO_2 Nitrit (mg/l)	< 0,1	0	< 0,05				
Optionale Messungen bei Problemen – Fischsterben	Cu Kupfer (mg/l)	0 - 0,3*	0 - 0,3*	0				
Optionale Messungen bei Problemen – Fischsterben	O_2 Sauerstoff (mg/l)	5 - 8	5 - 8	5 - 10				
Optionale Messungen bei Problemen – Algen- u. Pflanzenwuchs	Leitfähigkeit (µS/cm)	250 - 800µS	49 - 52mS	250 - 800µS				
Optionale Messungen bei Problemen – Algen- u. Pflanzenwuchs	NO_3 Nitrat (mg/l)	< 50	0 -20	0 - 10				
Optionale Messungen bei Problemen – Algen- u. Pflanzenwuchs	PO_4 Phosphat (mg/l)	< 1,0	< 0,1	< 0,1				
Optionale Messungen bei Problemen – Algen- u. Pflanzenwuchs	SiO_2 Silikat (mg/l)	< 2,0 mg/l	< 1,0 mg/l	< 2,0 mg/l				
Optionale Messungen bei Problemen – Algen- u. Pflanzenwuchs	Fe Eisen (mg/l)	0,05 - 0,2	0,002 - 0,05	0,05 - 0,1				
Optionale Messungen bei Problemen – Algen- u. Pflanzenwuchs	CO_2 Kohlendioxid (mg/l)	15 - 60	0,4 - 2,5	5 - 10				
Nur bei Meerwasser	Ca Calcium (mg/l)	-	400 - 440	-				
Nur bei Meerwasser	Mg Magnesium (mg/l)	-	1200 - 1600	-				
Nur bei Meerwasser	Salinität bei 25°C	-	1,022-1,024	-				

* Nur bei Oodinium Bekämpfung

JBL Test-Sets sind expeditionserprobt

ssung	6. Messung	7. Messung	8.

Hinweis zu CO_2

Messen Sie zunächst Karbonathärt und pH-Wert. In der nebenstehende Tabelle suchen Sie dann die Zeile b Spalte mit dem gemessenen Karbo härte- bzw. pH-Wert. Am Schnittpu der entsprechenden Zeile und Spal finden Sie den Wert für den daraus resultierenden CO_2-Gehalt. Der Ber mit ausreichendem CO_2-Gehalt für optimalen Pflanzenwuchs und pH-V ohne nachteiligen Einfluß auf die Fi ist farblich besonders gekennzeich

BIOTOPGERECHTES AQUARIENWASSER

diesem hohen Anspruch können auch Sie gerecht werden durch Überwachung der Wasserqualität mit dem umfangreichen ***Testprogramm von JBL*** *und Aufbereitung Ihres Aquarienwassers mit* ***JBL Pflegeprodukten.***

Auf den vorangegangenen Seiten finden Sie einen Protokollbogen abgedruckt, in den Sie die mit ***JBL Tests*** *ermittelten Werte Ihres Aquariums eintragen können. Bei jedem Parameter sind die für eine erfolgreiche Pflege empfehlenswerten Bereiche angegeben.*

Für den Fall abweichender Messwerte (zu niedrig oder zu hoch), finden Sie außerdem eine Übersicht mit geeigneten Regulationsmaßnahmen durch ***JBL Pflegeprodukte****. Diesen Protokollbogen erhalten Sie auch kostenlos bei Ihrem Zoofachhändler oder können ihn unter* ***www.jbl.de*** *herunterladen.*

Ein Service von JBL*: Eine ausführliche Interpretation der Werte, die Sie in Ihrem Aquarium gemessen haben, erhalten Sie, wenn Sie die Werte im* ***JBL online Labor*** *eingeben. Das geht ganz einfach: website* ***www.jbl.de*** *aufrufen, auf der Menüleiste links* ***"online Labor"*** *anklicken und der Menüführung folgen.*

Ihr Aquaristik-Fachhändler

wird Sie gerne beraten und weiterführende
Literatur empfehlen können.
Dort erhalten Sie auch weitere

JBL-WWW-HEFTE

zu anderen Themen aus dem Bereich der Aquaristik.

IHR FACHHÄNDLER

FLUVAL
AQUARIENFIBEL
Mit leicht verständlicher „Schritt-für-Schritt-Anleitung“, wie Sie ein neues Aquarium einrichten und wie es auch danach stets großartig aussieht.
FLUVAL
NUTRAFIN
GLO
MARINA

Inhalt

Die Fischhaltung ist sowohl ein entspannendes als auch ein fesselndes Hobby und eine Quelle der endlosen Faszination für die gesamte Familie.

Die Schaffung und Pflege der perfekten Umgebung für Ihre Fische kann ganz einfach sein, solange Sie ein paar grundsätzlichen Regeln befolgen. Diese Aquarienfibel informiert Sie über alles, was Sie brauchen, um das Beste aus Ihrem neuen Aquarium herauszuholen.
Befolgen Sie einfach jeden Schritt und Sie werden mit glücklichen, gesunden Fischen und viele Jahre mit einem schönen und interessanten Aquarium belohnt. Vor allem sollten Sie alles in Ruhe durchgehen und nicht versuchen, einzelne Schritte auszulassen.

Welche Aquarienart?

Wie bei allen anderen Heimtieren auch bedarf auch die Fischhaltung ein wenig Planung, Geduld und Pflege. Lange bevor Sie Ihre ersten Fische erwerben, müssen Sie sich entscheiden, welche Aquarienart Sie haben möchten. Für Ihr erstes Aquarium stehen viele verschiedene Fischarten zur Auswahl; aber Sie müssen sich zuerst entscheiden, welche Art des Lebensraums sie schaffen wollen.

In dieser Aquarienfibel schauen wir uns zwei Aquarienarten an: Das KALTWASSERAQUARIUM und das TROPISCHE AQUARIUM.

DAS KALTWASSERAQUARIUM

Kaltwasserfische können in unbeheizten Becken leben. Es ist daher kostengünstiger, sie zu halten. Trotzdem bieten sie ein ebenso helles und attraktives Bild. Bei Experten sind Kaltwasserfische schon immer beliebt gewesen; aber sie sind ebenfalls ideal für Kinder und Anfänger.

DAS TROPISCHE AQUARIUM

Ein beheiztes tropisches Aquarium kann mit einem minimalen Aufwand und Kosten unterhalten werden. Eine Umgebung mit warmem Wasser bietet Ihnen die Möglichkeit, unter vielen verschiedenen farbenfrohen und exotischen Fischen zu wählen.

MEERWASSERAQUARIEN

Meerwasserfische benötigen eine besondere Pflege. Aus Platzgründen sind diese Informationen nicht in dieser Aquarienfibel enthalten. Wenn Sie an der Haltung dieser exotischen Fische interessiert sind, kontaktieren Sie Ihren örtlichen Zoofachhändler oder Ihren Aquaristiklieferanten und lassen Sie sich beraten.

SCHRITT 2

WICHTIGE AUSRÜSTUNG

Die grundlegende Ausrüstung, um beginnen zu können

Die Pracht und optische Schönheit eines gut gepflegten Aquariums wird von nichts übertroffen. Aber diese Pracht ist das Resultat von mehreren verschiedenen wichtigen Ausrüstungsteilen, ohne die Ihre Fische nicht gedeihen können und Ihr Aquarium immer glanzlos und düster sein würde. Vergessen Sie nie, dass Ihr Aquarium immer eine vollständige Umwelt für Ihre Fische darstellen muss – ein Umwelt, die stets gut gepflegt sein will.

AQUARIUM

Aquarien können aus Glas oder Acryl bestehen. Außerdem gibt es sie in allen erdenklichen Formen und Größen. Glas ist besser geeignet, da es kratzunempfindlicher ist. In der Regel sollten Sie das größt mögliche Aquarium wählen. So erhalten Sie eine stabilere Umwelt und können mehrere verschiedene Fische und Pflanzen einsetzen.

ABDECKUNG

Die Oberfläche des Wassers in Ihrem Aquarium spielt im Leben Ihrer Fische eine wichtige Rolle. Hier finden die meisten ihre Nahrung und ein Großteil des Sauerstoffes und Kohlenstoffdioxids wird hier ausgetauscht. Es ist unerlässlich, die Oberfläche gut zu schützen. Abdeckungen vermindern die Verdunstung. Außerdem bieten Sie ein sicheres und geeignetes Gehäuse für eine Beleuchtung, die zum Gedeihen natürlicher Pflanzen und Fische notwendig ist.

EINE STABILE FLÄCHE

Aquarien wiegen viel mehr, als Sie annehmen. Wasser ist extrem schwer – ungefähr 1 Kilo pro Liter – d.h. ein relativ bescheidenes 40-Liter-Becken wiegt fast 40 Kilo! Dazu müssen Sie aber noch das Gewicht des Beckens selbst und des restlichen Inhalts, wie den Kies, die Felsen und die Dekoration, rechnen. Es ist also ein Gegenstand, bei dem genau geplant werden muss, wo er im Raum stehen soll und auf welchem Möbelstück er stehen soll. Ein stabiler Untergrund ist unerlässlich, da ein unebener Untergrund katastrophale Folgen für das Becken haben kann. Styropor darf unter **Fluval** Aquarien **NICHT** benutzt werden.

FILTERSYSTEME

Nur durch die Filterung können Abfallstoffe aus dem Wasser Ihres Aquariums entfernt werden. Eine effiziente Filterung ist wichtig, um sicherzustellen, dass Ihr Aquarium sauber, rein und frei von Giftstoffen bleibt, ohne dass man ständig das Wasser wechseln muss.
Siehe Seite 8-13

FELSEN, KIES & DEKORATION

Es ist ratsam, Felsen, Dekoelemente und Kies zu kaufen, die speziell für den Gebrauch in Aquarien geeignet sind. Die Auswahl ist riesig und Sie können Ihr Aquarium wirklich einzigartig gestalten, indem Sie Strukturen, Formen, Farben und Arrangements ganz nach Ihren Wünschen kombinieren. Spülen Sie immer alles sorgfältig ab, bevor Sie es in Ihr Aquarium geben. **Benutzen Sie niemals kalkhaltigen Sand.**

Siehe Seite 18

HEIZER

Alle Fische sind kaltblütig – was bedeutet, dass ihre Körper dieselbe Temperatur haben, wie das Wasser um sie herum. Kaltwasserfische, wie Goldfische, benötigen keine beheizte Umgebung. Tropische Fische jedoch brauchen stets die korrekte Temperatur, die von einem unter Wasser tauchbaren Heizer geliefert wird. Dies ist wichtig, da plötzliche Veränderungen Stress und Krankheiten verursachen können.

Siehe Seite 15

THERMOMETER

Sie müssen die Temperatur Ihres Aquarienwassers genau im Auge behalten. Wählen Sie ein Thermometer, das gut zu erkennen ist und das zu Ihrem Aquarium passt.

Siehe Seite 15

WASSERAUFBEREITER

Stellen Sie mit den Nutrafin Wasseraufbereitern sicher, dass Ihr Wasser makellos ist. Nutrafin Wasseraufbereiter entfernen und neutralisieren im Leitungswasser vorhandene Chemikalien, die für Menschen harmlos sein, aber für Fische tödliche Folgen haben können. **Nutrafin Aqua Plus** wurde speziell darauf zugeschnitten, das Wasser aufzubereiten, wenn es in das Becken gegeben wird. **Nutrafin Cycle** hingegen hilft dabei, den Filter auf Ihre Fische vorzubereiten und das natürliche biologische Gleichgewicht im Aquarium beizubehalten. Der **biologische Wasseraufbereiter Nutrafin Waste Control** löst organische Abfallstoffe auf, damit sie leichter vom Filter aufgefangen werden können. Zu Beginn und auch danach sollten Sie das Aquarienwasser regelmäßig mit Test`s überprüfen.

Siehe Seite 23-27

PFLANZEN

Üppig wachsende, natürliche Pflanzen sind dynamisch, sehen großartig aus und verbessern die Qualität Ihres Wassers, sie helfen der Filterung, absorbieren Kohlenstoffdioxid und produzieren Sauerstoff. **Nutrafin** bietet verschiedene Zusätze, Pflanzendünger und ein natürliches CO2-System an, die alle dazu beitragen, dass die Pflege der lebenden Pflanzen einfach wird.

Siehe Seite 20-22

Filterung ist der Schlüssel zum Leben

Wenn Ihre Fische gedeihen und Ihr Aquarium ein eindrucksvolles optisches Bild abgeben soll, ist ein Filtersystem unerlässlich. In der freien Natur leben die meisten Fische und Pflanzen in einer Umgebung, in der sich der Wasserzulauf ständig ändert – fließende Gewässer, große Teiche, Seen und Flussmündungen. In der freien Natur könnte sich in einer solch kleinen isolierten Wassermenge die Konzentration und Vielfalt an Lebensarten, die selbst im bescheidensten Becken vorhanden ist, nicht halten. Der Schlüssel zum Leben in solch einer künstlichen Umgebung ist die Filterung. Die Filterung entfernt Abfallstoffe aus dem Wasser und lässt sauberes Wasser zurück in das Aquarium fließen. Wenn die Verunreinigungen nicht regelmäßig entfernt werden, könnte sich die Veränderung des chemischen Gleichgewichtes im Wasser tödlich auf die Fische auswirken. Es gibt drei Hauptfilterarten: **die mechanische, die biologische und die chemische Filterung.**

DIE MECHANISCHE FILTERUNG

Einfach gesagt, funktioniert diese wie ein Sieb. Wasser wird durch das feine „Filtermedium“ gepumpt, das Verunreinigungen auffängt. Nach einiger Zeit verstopft dieser Filter. Daher müssen die aufgefangenen Verunreinigungen regelmäßig entfernt werden. Mechanische Filter verbessern den Sauerstoffgehalt, sorgen für stabile Bedingungen und reduzieren die Bildung von gefährlichem Nitrat.

Jedes echte Aquarium braucht eine Form der Filterung und der Durchlüftung. Sogar Kaltwasserbecken profitieren von den hoch entwickelten und zugleich bezahlbaren elektronischen Geräten, die heutzutage erhältlich sind.

BIOLOGISCHE FILTERUNG

Der Filter ist ein nützliches Zuhause für nitrifizierende Nutzbakterien. Sie besiedeln hauptsächlich Schaumstoff und keramische Medien und neutralisieren zwei der giftigsten Verbindungen, die sich in einem Aquarium bilden können – Ammoniak und Nitrit – und hinterlassen sichereres Nitrat. Damit diese „freundlichen" Bakterienkolonien gedeihen können, sollten Sie den biologischen Aquarienzusatz **NUTRAFIN Cycle** benutzen, um Ihren Filter in Betrieb zu nehmen und ihn zu warten.

CHEMISCHE FILTERUNG

Die chemische Filterung ist eine Art der Feinabstimmung Ihres Wassers. Verschiedene chemisch aktive Filtermedien können benutzt werden, um spezielle Substanzen zu entfernen, die Härte und den pH-Wert anzupassen und Medikation nach einer Krankheitsbehandlung zu entfernen. Zusammen mit einem Wassertest ist ein chemischer Filter eine der besten Arten, um die Wasserqualität zu kontrollieren. Zum Beispiel filtert Aktivkohle schädliche Flüssigkeiten, Verfärbungen, Medikamente und extrem feine gelöste Partikel und Verunreinigungen.

SAUERSTOFFANREICHERUNG

Oft verlässt man sich auch auf das Filtersystem, um das Wasser mit Sauerstoff anzureichern. Fluval Filter sind äußerst energieeffizient. Sie filtern das Wasser und bringen es gleichzeitig genug in Bewegung, um den Sauerstoffgehalt zu verbessern. Sie arbeiten problemlos und erfordern nur einen geringen Wartungsaufwand.

FLUVAL
U-SERIE
INNENFILTER

Die Filter der Fluval U-Serie sind einfache Filtersysteme, die leicht zu installieren und einfach im Gebrauch sind. Für drei Filterebenen ist gesorgt: zuerst ein mechanischer, dann ein chemischer und danach ein biologischer Reinigungsprozess.
In der ersten Phase entfernt eine Schaumstoffpatrone größere Schmutzpartikel mechanisch. In der zweiten Phase reinigt ein Polyester-/Aktivkohle-Filtereinsatz das Wasser chemisch und in der dritten Phase führt das BIOMAX Keramikmedium eine biologische Filterung durch.

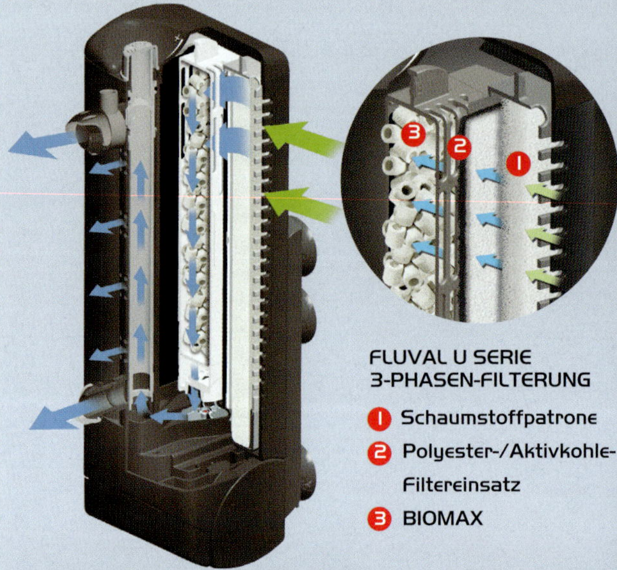

FLUVAL U SERIE
3-PHASEN-FILTERUNG

1 Schaumstoffpatrone
2 Polyester-/Aktivkohle-Filtereinsatz
3 BIOMAX

Top-Tipp
Verwenden Sie die nächst stärkere Fluval Filtereinheit, wenn Aquarien stark mit Fischen oder anderen Bewohnern besetzt sind.

Fluval Modelle	U1	U2	U3	U4
Aquarien bis zu	55 Liter	45-110 Liter	90-150 Liter	130-240 Liter
Pumpenleistung	250 l/Std.	400 l/Std.	600 l/Std.	1000 l/Std.

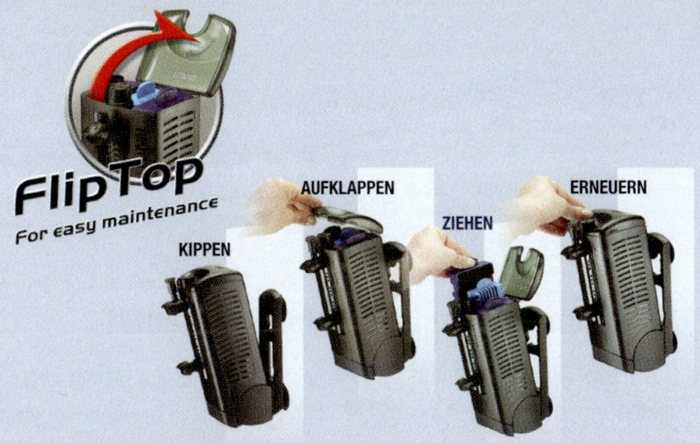

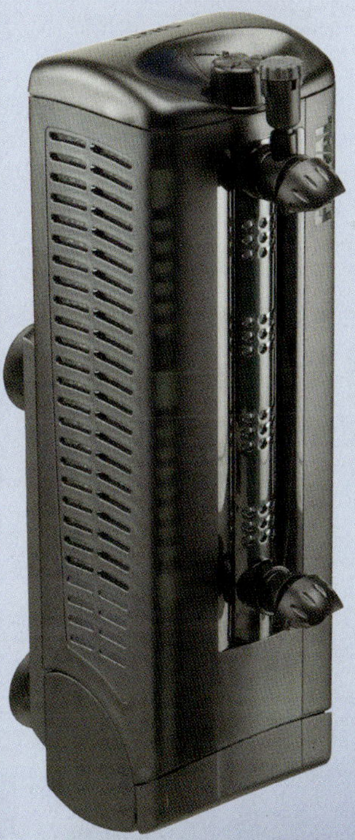

Auf alle individuellen Wünsche anpassbar

FLUVAL
Austauschmedien

SCHAUMSTOFFPATRONE
entfernt große Schmutzpartikel und maximiert den Oberflächenkontakt zwischen dem Wasser und dem Medium. Die große Filteroberfläche sorgt für eine effiziente Reinigung des Aquarienwassers und maximiert die Ansiedlung von Nutzbakterien. Alle 3-6 Monate erneuern; eine Patrone austauschen und niemals beide gleichzeitig.

POLYESTER-/AKTIVKOHLE-FILTEREINSATZ
filtert extrem feine, gelöste Partikel und Verunreinigungen heraus. Er fängt feine Ablagerungen auf, verbessert die Wasserreinheit und entfernt Gerüche. Alle 2-3 Wochen erneuern; eine Patrone austauschen und niemals beide gleichzeitig.

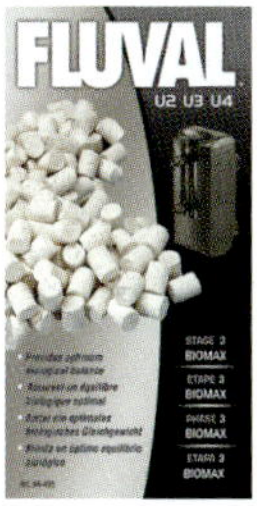

BIOMAX
inerte Keramikringe bieten eine massive Oberfläche für Nutzbakterien und ein optimales biologisches Gleichgewicht.

Die Fluval Filter sind sowohl für Kaltwasser- als auch für Warmwasserumgebungen ideal.

FLUVAL 05 SERIE

AUSSENFILTER

Bei dem System des Außenfilters – auch Kanisterfilter genannt – befinden sich die Pumpe, die Filtermedien und andere mechanische Elemente des Filters außerhalb des Aquariums – in der Regel in einem Kanister.

Wie funktionieren Außenfilter?

Wasser wird aus dem Aquarium in den Kanister gepumpt. Dort läuft es durch mehrere Filterstufen und kehrt dann sauber und mit Sauerstoff angereichert zurück in das Aquarium. Ein Außenfilter ist weniger invasiv: Ihnen steht mehr Platz im Becken zur Verfügung und es ist einfacher, Medien zu erneuern oder anzupassen. Viele arbeiten mit Mehrstufenfiltern, mit denen Sie Ihre Wasserqualität genau abstimmen können und in denen verschiedene Nutzbakterien gedeihen können. Die riesige Auswahl an Filtermedien gewährleistet abfallfreies Wasser, eine starke biologische Reinigung und gibt Ihnen die Kontrolle über die Wassereigenschaften.

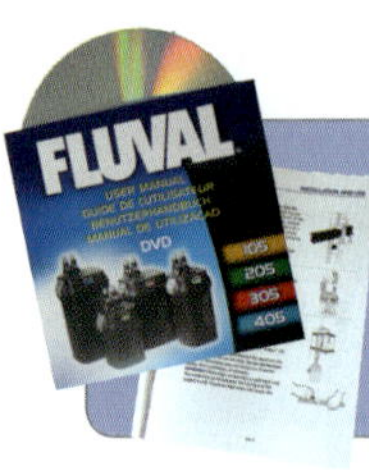

DVD mit Anleitungen zum einfachen Aufbau ist enthalten – kein Rätselraten und keine Verwirrungen mehr.

Unabhängige Module bieten Flexibilität

Das Fluval Mehrstufenfiltersystem nutzt das gesamte Kanistervolumen aus; somit wird die Effizienz des Wasserflusses radikal gesteigert. Die mechanische Filterebene arbeitet mit zwei vertikalen Schaumstoffpatronen zur Vorfilterung, um den Durchfluss zu steigern und Wartungen zu vermindern. Die chemische und die biologische Filterebene sind in unabhängigen Modulen untergebracht. Dies bedeutet, dass Sie die Filtermedien unabhängig voneinander wechseln und somit ein konstantes Niveau aller wichtigen nitrifizierenden Bakterien sicherstellen können.

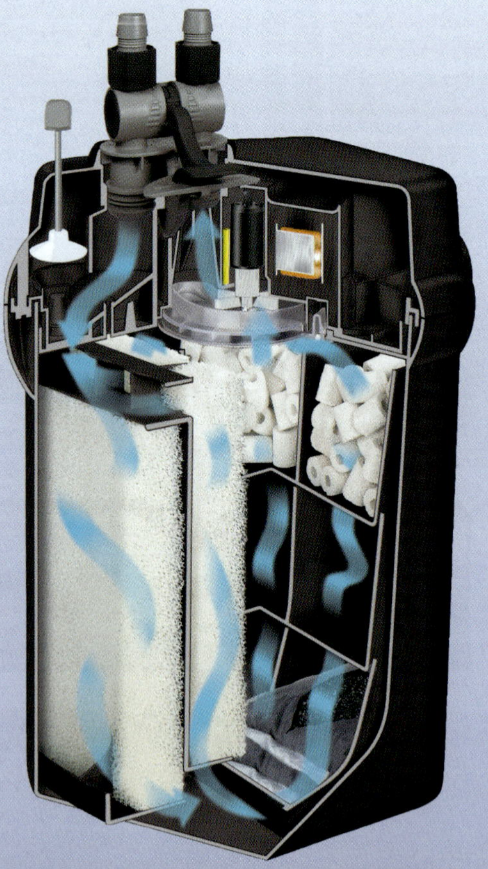

SELBSTANSAUGUNG
Für eine einfache, schnelle Inbetriebnahme des Filters. Ein Ansaugen von Hand ist nicht mehr nötig

HUB-VERSCHLUSS-KLEMMEN
Der Deckel bleibt sicher verschlossen. Zum Öffnen für eine problemlose Wartung einfach anheben.

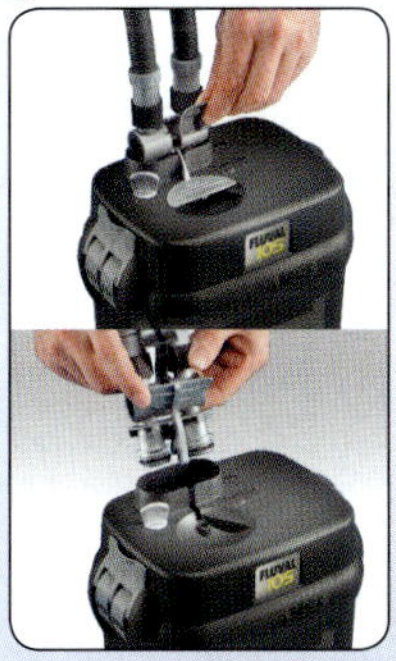

Aquastop
Stoppt den Wasserfluss problemlos und ohne Leckagen, ohne dass die Schläuche abgenommen werden müssen.

INNOVATIVE FILTERUNG MIT DER ULTIMATIVEN MEHRSTUFEN-FILTERUNG

Fluval Modelle	105	205	305	405
Aquarien bis zu	100 Liter	200 Liter	300 Liter	400 Liter
Pumpenleistung	480 l/Std.	680 l/Std.	1000 l/Std.	1300 l/Std.

FLUVAL FX5

HOCHLEISTUNGSAUSSENFILTER

Der FX5 Hochleistungsaußenfilter ist ein System, das dem eifrigen Enthusiasten ein professionelles Maß an Leistung und eine Menge an innovativen Merkmalen bietet.

- **Für Aquarien bis zu 1.500 Liter.**
- **Pumpenleistung 2.100 Liter 3.500 Liter max. Durchflussleistung**
- **5,9 Liter Filtervolumen**

SMART PUMP™ TECHNOLOGY

Die Smart PumpTM Technologie wurde für eine verlässliche Filterung in einer fein abgestimmten Aquarienumgebung entwickelt. Sie arbeitet mit einem Mikrochip, der konstant die Pumpe überwacht. Die Geschwindigkeit und die Effizienz des magnetischen Flügelrades werden ständig beobachtet, um einen leistungsstarken Wasserfluss und die höchste Energieeffizient zu gewährleisten.

FLUVAL Medien für Außenfilter

Viele verschiedene Filtermedien stehen Ihnen zur Verfügung, die Ihnen dabei helfen, die perfekte Balance in Ihrem Aquarium zu erzielen.

Diese Abbildung zeigt die empfohlene Platzierung der Medien in dem Modulstapel

MECHANISCHE FILTERUNG

Schaumstofffilterpatrone
Funktioniert wie ein Sieb, das verhindert, dass Abfälle die biologischen und mechanischen Medien verstopfen.

Filtervlies
Entfernt feine Partikel und Verunreinigungen, um trübes Wasser schnell zu reinigen.

Vorfilter
Kleine, inerte, feste Keramikringe entfernen Schmutzpartikel und Verunreinigungen und tragen dazu bei, die Zeit zwischen den Filterreinigungen zu verlängern.

BIOLOGISCHE FILTERUNG

BIOMAX
Poröse Keramikringe bieten eine riesige Oberfläche, um einen starken Bakterienwuchs zu fördern, der dazu beiträgt, schädliches Ammoniak und Nitrit zu kontrollieren.

Top-Tipp
Achten Sie darauf, dass Sie Ihre Filtermedien innerhalb der empfohlenen Zeitspannen erneuern, um das gesamte Potential auszuschöpfen.

Schaumstofffilterpatrone

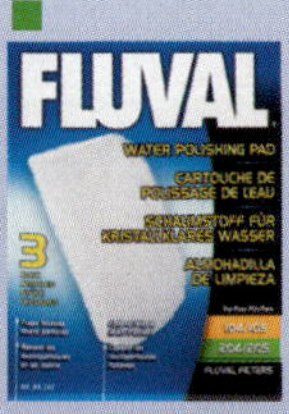

Filtervlies

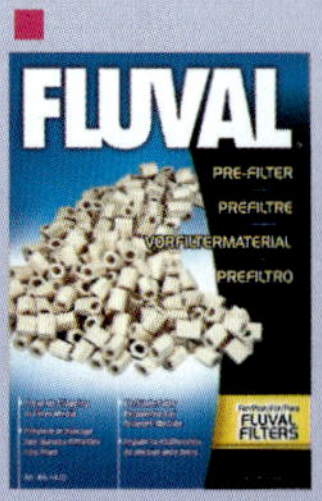

Vorfilter

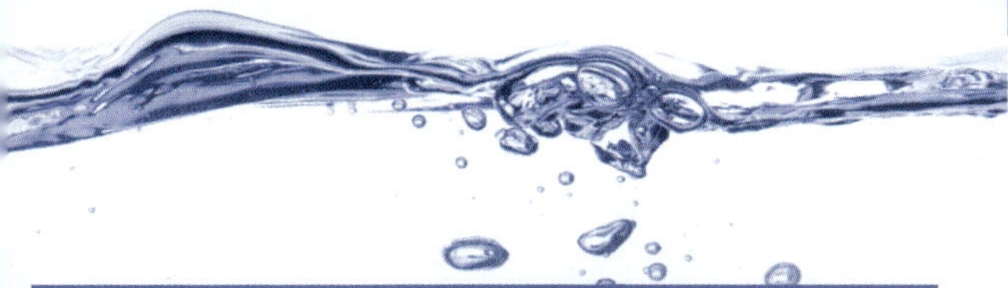

CHEMISCHE FILTERUNG

Aktivkohle
Aktivkohle ist ein natürliches Reinigungsmittel für sowohl Süß- als auch Meerwasser. Das Granulat erhöht die Oberfläche, fängt Verunreinigungen auf und entfernt Urin, Verfärbungen und andere unerwünschte Chemikalien.

Ammoniak-Entferner
Entfernt giftiges Ammoniak, bevor es den Fischen schaden kann. Der Ammoniak-Entferner wurde für den Gebrauch in Süßwasser entwickelt. Er trägt dazu bei, den Aufbau von Ammoniak in neu eingerichteten Aquarien oder Aquarien mit starkem Fischbesatz zu reduzieren.

Zeo-Carb
Diese Mischung aus Aktivkohle und Ammoniak-Entferner eliminiert gelöste Verunreinigungen und toxisches Ammoniak.

Clearmax
Fängt Phosphate, Nitrit und Nitrat, um den Algenwuchs zu reduzieren.

Fluval Lab Series

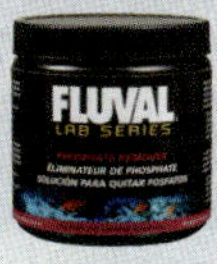

Phosphat-Entferner
Stark absorbierend und schnell reagierend

Nitrat-Entferner
Premium-Ionenaustauschharz

Opti-Carb
Entfernt Giftstoffe, Metalle und Proteine

GRÖSSERE PAKETE = GRÖSSERER MEHRWERT!

Chemische Medien in Großpackungen

900 g Aktivkohle

1600 g Ammoniak-Entferner

1200 g Zeo-Carb

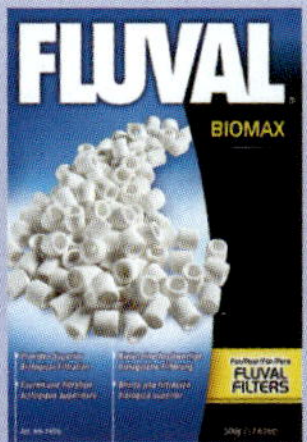

BIOMAX

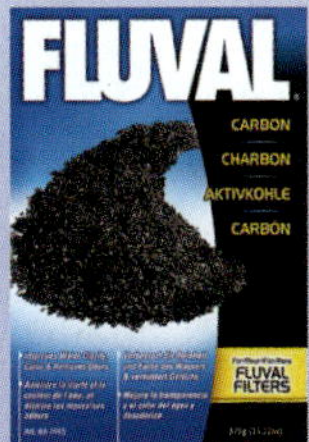

Aktivkohle

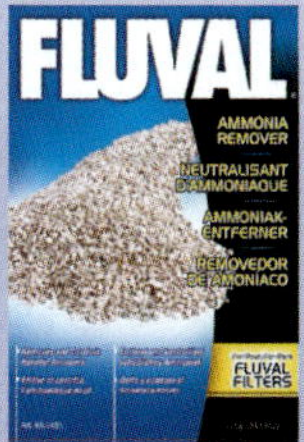

Ammoniak-Entferner

Zeo-Carb

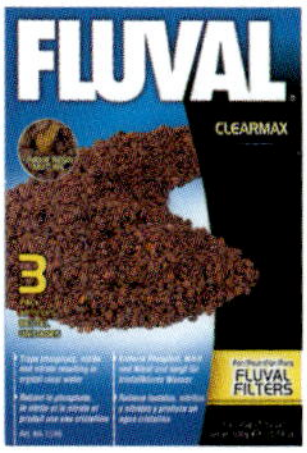

Clearmax

GLO

Aquarien-beleuchtung

Die Beleuchtung dient zwei Hauptzwecken: sie bietet Ihren Pflanzen und Fischen eine wichtige Stimulation und gibt Ihrem Aquarium gleichzeitig einen schönen optischen Effekt. Die richtige Beleuchtung kann sowohl das Aussehen Ihres Aquariums verschönern als auch die Veränderung der Sonnenlichtstruktur in der freien Natur nachstellen. Leuchtstoffröhren sind am besten. Sie sind effizient, passen über die gesamte Länge des Aquariums und man hat eine Auswahl, um seinem Aquarium das optimale Licht zu bieten.

Strahlen Sie mit den GLO T8 Leuchtstoffröhren. Für jeden Einsatzzweck gibt es eine bestimmte Röhre…

SUN-GLO
Aquarienbeleuchtung für allgemeine Zwecke

LIFE-GLO
Simuliert starkes Mittagslicht für ein beschleunigtes Wachstum der Pflanzen und Korallen

AQUA-GLO
Intensiviert die Fischfarben & fördert das Pflanzenwachstum

FLORA-GLO
Optimiert den Pflanzenwuchs

POWER-GLO
Fördert Korallen, Wirbellose und das Pflanzenwachstum

MARINE-GLO
Simuliert mit hohem Blauanteil die tiefe Meerwasserumgebung

- **Beleuchtung lässt natürliche Pflanzen wachsen**
- **Beleuchtung verstärkt die Farben Ihrer Fische**
- **Benutzen Sie nur Leuchtstoffröhren, die speziell für Aquarien konzipiert sind.**

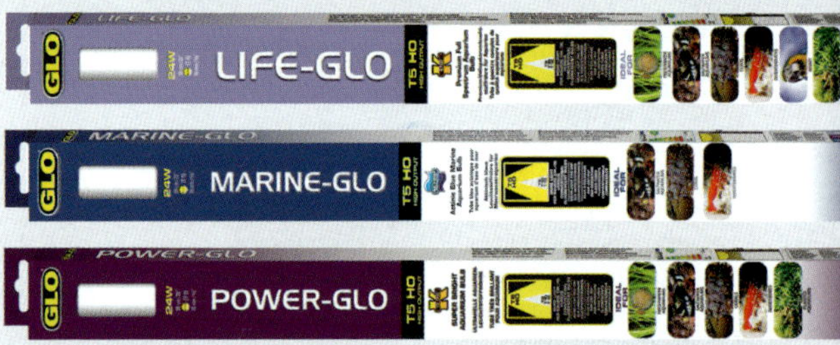

GLO T5 HOCHLEISTUNGSLEUCHTSTOFFRÖHREN sind in einigen Fluval Aquarien enthalten und bieten einen enormen Lichtausstoß. Da T5-Röhren in einem schlanken, kompakten und linearen Design das Licht gleichmäßig verteilen und eine Langlebigkeit des Spektrums und eine Energieeffizienz gewährleisten, sind sie ideal für tiefe Aquarien. Zwei T5-Röhren können denselben Platz einnehmen wie eine herkömmliche Röhre. Sie sind in 3 bewährten Spektren erhältlich – Life-Glo, Marine-Glo und Power-Glo – und in 3 Leistungsstärken: 24 W, 39 W und 54 W.

Top-Tipp
GLO Leuchtstoffröhren in einer Fluval Abdeckung bieten eine ausgezeichnete Effizienz und reduzieren die Wasserverdunstung.

DAS AQUARIUM MUSS FÜR 8 BIS 12 STUNDEN PRO TAG BELEUCHTET WERDEN:

8 bis 10 Stunden pro Tag
wenn das Aquarium keine Pflanzen oder nur künstliche Pflanzen hat. Würde es länger beleuchtet werden, wäre ein Auftreten von grünen Algen unumgänglich.

10 bis 12 Stunden pro Tag
wenn das Aquarium natürliche Pflanzen enthält. Wird das Aquarium länger beleuchtet, können Algen auftreten.

Schalten Sie die Beleuchtung des Aquariums zu festen Zeiten an, beziehungsweise aus. Um dieses zu gewährleisten, können Sie eine elektronische Zeitschaltuhr benutzen. Leuchtstoffröhren halten mindestens ein 1 Jahr. Sie leuchten auch noch länger, aber sie sind dann im Aquarium nicht mehr effektiv. **Deshalb müssen Sie daran denken, sie einmal im Jahr zu erneuern.**

- Fluval Heizer bieten akkurate Messerwerte und eine konstante Temperatur
- Fluval Heizer verteilen die Wärme gleichmäßig, um „Wärmestellen“ zu minimieren
- Wählen Sie die korrekte Größe für Ihr Aquarium

Beleuchtungs- und Beheizungstipps

1 Bevor Sie elektrische Geräte installieren, lesen Sie immer die Gebrauchsanleitungen des Herstellers.

2 Überprüfen Sie jeden Tag die Temperatur des Wassers und besonders, bevor Sie Fische in das Wasser setzen. Passen Sie die Temperatur an und warten Sie gegebenenfalls.

3 **Nehmen Sie NIEMALS Ihren Heizer aus dem Wasser, wenn er an ist.** Er kann kaputt gehen oder Verbrennungen verursachen.

4 Wenn Ihr Aquarium in einem kalten Raum steht, sollte die empfohlene Wattstärke verdoppelt werden. Wenn Sie sich nicht sicher sind, konsultieren Sie Ihren örtlichen Zoofachhändler.

5 Benutzen Sie immer ein Thermometer.

6 Fische haben keine Augenlider. Stellen Sie daher die Aquarienbeleuchtung nicht einfach so an – schalten Sie zuerst das Licht im Raum an oder öffnen Sie zuerst die Vorhänge. Geben Sie Ihren Fischen die Möglichkeit, sich an die Lichtveränderung zu gewöhnen.

FLUVAL Heizer

Fluval M-Serie

Mit dem speziell konstruierten Glasgehäuse, das die Farben und Formen um den Heizer herum reflektiert, passt sich der **Fluval Heizer der M-Serie** wunderbar in das natürliche Aussehen des Aquariums ein. Strenge Sicherheits- und Qualitätstests gewährleisten, dass dieser hochwertige Heizer sicher und verlässlich ist.

Fluval E-Serie

Der **Fluval Heizer der E-Serie** ist einer der höchstentwickelten Heizer, der derzeit auf dem Markt ist. Die integrierte VueTech® Technologie alarmiert Sie bei jeglichen Temperaturabweichungen, die von außen verursacht werden. Mit innovativen Sicherheitsmerkmalen ist die E-Serie akkurat und verlässlich und bietet Ihren Fischen eine sichere Umgebung.

Ein Heizer ist wichtig, um die ideale Wassertemperatur für Ihre Fische beizubehalten. Starke Schwankungen bedeuten für Fische Stress. Also beobachten Sie Ihren Heizer und benutzen Sie ein Thermometer für eine Kontrolle auf einen Blick.

Fluval Heizer der E-Serie

Watt	Kapazität
50 W	60 Liter
100 W	120 Liter
200 W	250 Liter
300 W	350 Liter

HINWEIS:
Viele Bedingungen von außen, wie z.B.

- *Schwankungen der Raumtemperatur*
- *Nichtvorhandensein einer Aquarienabdeckung*
- *Vorhandensein von Unterwasserpumpe und -filter*
- *Platzierung des Aquariums in der Nähe einer Wärme- oder Kühlungsquelle*

verlangen evtl. nach einem stärkeren Heizer, der bei individuellen Installationen nötig ist.

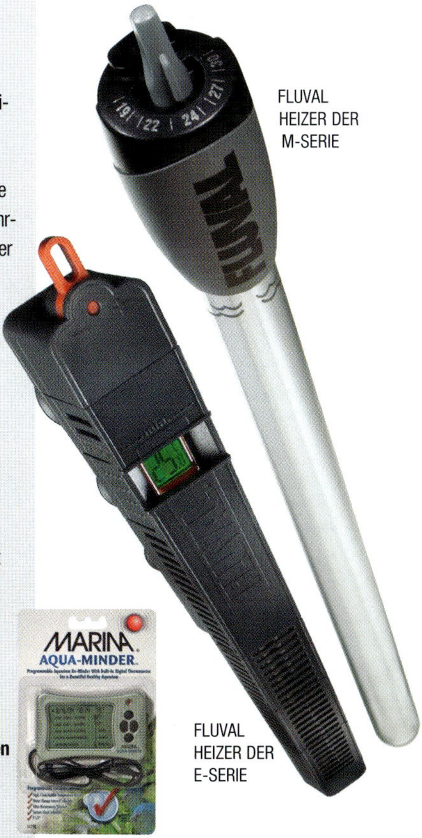

FLUVAL HEIZER DER M-SERIE

FLUVAL HEIZER DER E-SERIE

SCHRITT 3

AQUARIENSTANDORT

Wie finde ich den richtigen Standort?

Eine der Freuden an einem Aquarium ist der eindrucksvolle Effekt, den es auf den Raum hat: zart, graziös und faszinierend. Aus diesem Grund wollen Sie es an einem besonders schönen Ort aufstellen. Sie müssen bei der Platzierung Ihres Aquariums jedoch ein paar einfache Regeln befolgen, um das Beste daraus zu machen und um die Gesundheit und das Wohlergehen Ihrer Fische zu gewährleisten.

Sie haben sich entschieden, welche Fischarten Sie halten möchten. Sie haben alles gekauft, um es ihnen angenehm zu machen. Nun müssen Sie sich entscheiden, wo Ihre Fische leben sollen.

Achten Sie darauf, dass Ihr Aquarium:

- **nicht im direkten Sonnenlicht platziert wird.**
  Wenn ein Aquarium zu nahe an ein Fenster gestellt wird, können sich ernste Algenprobleme entwickeln.
- **nicht in der Nähe von Wärmequellen steht, wie offenem Feuer oder Heizkörpern.**
- **nicht in der Nähe von Geräuschquellen, Lautsprechern oder Fernsehern platziert wird.**
- **auf stabilen, geraden, ebenen Oberflächen steht.**

Top-Tipp

Stellen Sie Ihr Aquarium immer gut zugänglich auf. Lassen Sie hinter dem Aquarium für Kabel ca. 6 bis 7 cm Platz und achten Sie darauf, dass die Abdeckung von jeder Seite aus zugänglich ist.

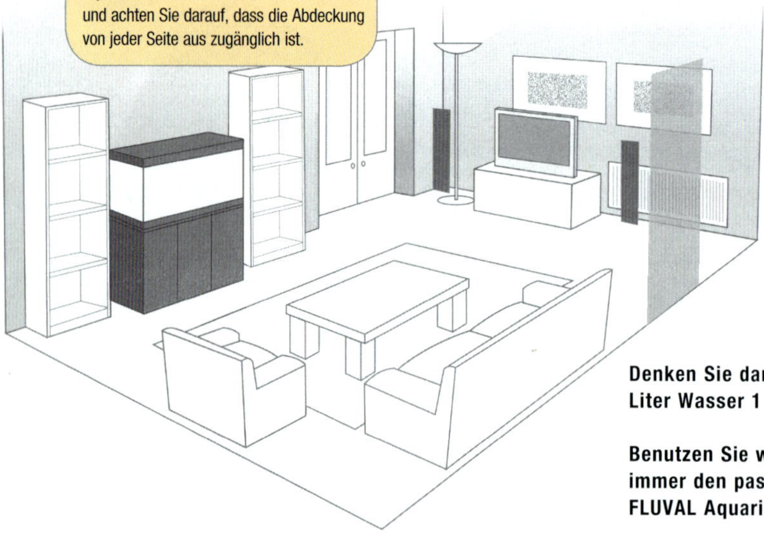

Denken Sie daran, dass 1 Liter Wasser 1 Kilo wiegt.

Benutzen Sie wenn möglich immer den passenden FLUVAL Aquarienschrank.

Entscheidungen über den Stil

Bevor Sie zum nächsten Schritt übergehen, sollten Sie darüber nachdenken, wie Ihr Aquarium aussehen soll. Vielleicht soll das Aquarium der Dekoration des Raumes, in dem es steht, angepasst werden? Oder wie ist es mit einem minimalistischen Aussehen? Oder ein üppig bepflanztes Becken? Allein die Veränderung der Kiesfarbe kann das Aussehen des Aquariums bereits enorm verändern. Zusammen mit einer Foto-Rückwand oder einer farbigen Rückwand können Sie ganz einfach große Effekte erzielen.

Rückwände können Ihrem Becken Atmosphäre verleihen und tragen dazu bei, unansehnliche Kabel, Drähte und Röhren zu verstecken. Mit den **Marina Foto-Rückwänden** können Sie verschiedene Stimmungen erzeugen. Mit den Bildern und Farben der Rückwände können Sie das Aussehen Ihres Aquariums im Nu ändern. Sie bestehen aus wasserfestem Plastik und können außen an der Rückwand des Beckens angebracht werden. Jeglicher Überstand kann einfach abgeschnitten werden.

Marina Felsenrückwände sind so geformt, dass die Rückwand wie eine Felsenwand wirkt, die keinen wertvollen Platz zum Schwimmen wegnimmt.

Top-Tipp
Entscheiden Sie sich bei Kaltwasseraquarien für künstliche Pflanzen, da Goldfische lebende Pflanzen fressen.

Kies ist gut!
Kies selbst ist bereits ein wichtiger Filter, da er über eine riesige Oberfläche verfügt, auf der Milliarden von Nutzbakterien leben können. Diese Nutzbakterien konsumieren die schädlichen Giftstoffe in den Schmutzpartikeln, die sich am Boden des Beckens ablagern.

Kies und Dekoration

Wenn Sie sich entschieden haben, wo die beste Position für Ihr Aquarium ist, können Sie es nun auf Ihre Fische vorbereiten. Dazu müssen Sie Ihr Aquarium bereits an den gewünschten Platz stellen, da es nicht ratsam ist, es noch zu bewegen, wenn es bereits mit Wasser gefüllt ist.

Achten Sie darauf, dass das Becken selbst sauber und trocken ist, bevor Sie beginnen.

Spülen Sie Kies, Felsen, Holz oder andere Gegenstände unter fließendem Wasser. Benutzen Sie niemals Haushaltsreiniger, um das Becken oder seinen Inhalt abzuspülen.

1 Stellen Sie ein paar Felsen gleichmäßig verteilt auf den Boden des Beckens.

2 Geben Sie den Kies hinzu. Schrägen Sie ihn von hinten nach vorne ab, damit eine Illusion der Tiefe entsteht. Gleichzeitig trägt diese Abschrägung dazu bei, Abfälle vorne im Aquarium zu sammeln.

3 Rückwände schaffen schnell eine schöne Atmosphäre im Aquarium und helfen, unansehnliche Schläuche, Kabel und Röhren zu verstecken. Es gibt viele verschiedene Arten und Designs – von waschbarem Plastik bis zu realistischen 3D-Felsen- oder Rindeneffekten.

Top-Tipp

Wenn Sie schwere Felsen oder Ornamente in Ihr Aquarium stellen, seien Sie vorsichtig und schlagen Sie nicht gegen das Glas.

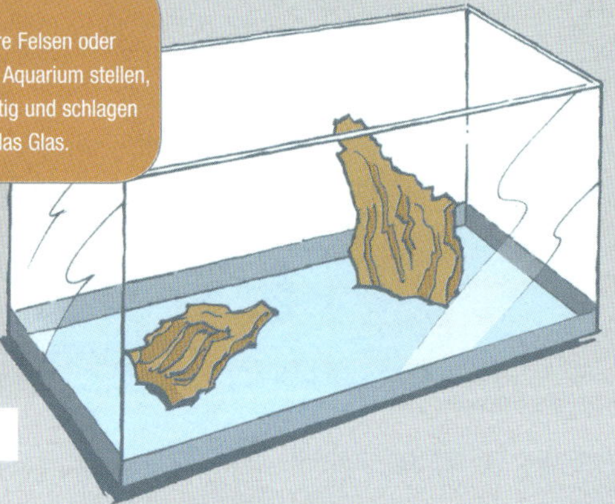

1

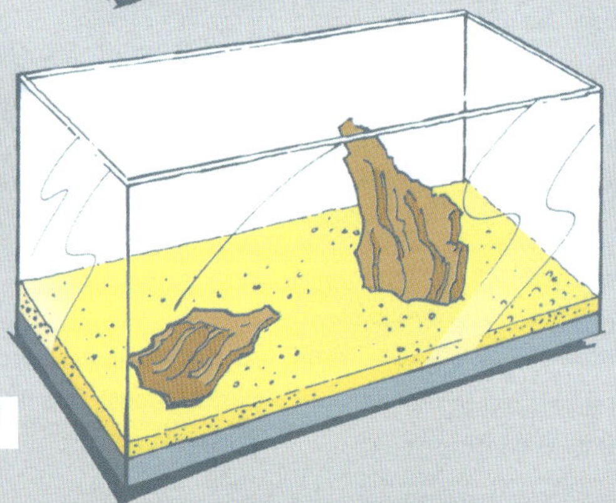

2

3

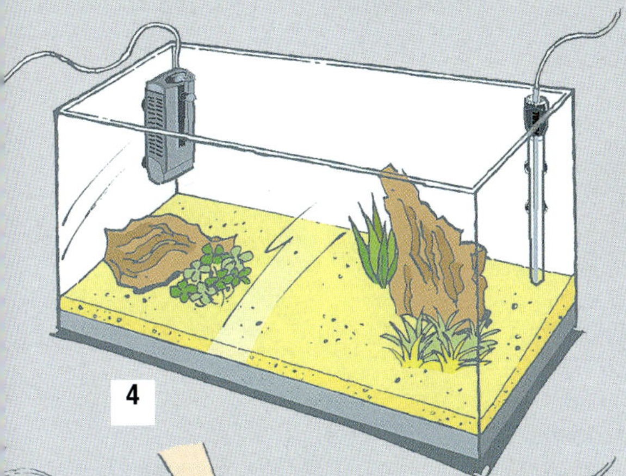

4

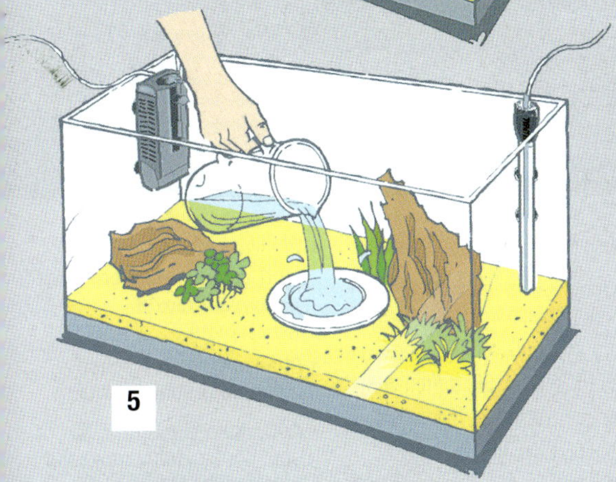

5

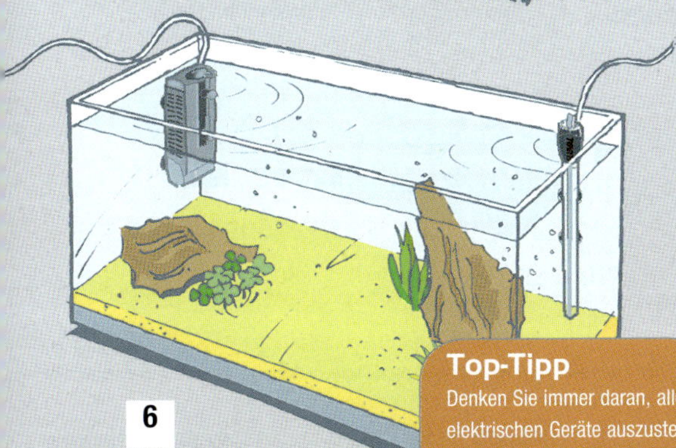

6

Top-Tipp
Denken Sie immer daran, alle elektrischen Geräte auszustellen, bevor Sie Ihre Hände ins Wasser tauchen.

Beziehen Sie sich auf die gesonderten Anleitungen zum Aufbau des Fluval Außenfilters.

Installation der elektrischen Geräte

4 Lesen Sie die Anleitungen zu jedem elektrischen Gerät, bevor Sie sie im Becken positionieren. Verbinden Sie noch nichts mit dem Stromnetz.

5 Befüllen Sie Ihr Aquarium zur Hälfte mit Wasser. Es ist eine gute Idee, beim Befüllen eine kleine Schale auf den Kies zu stellen. Damit verhindern Sie, dass der Kies weggespült wird. Nun ist der richtige Zeitpunkt, um Pflanzen in Ihr Aquarium zu setzen *(siehe Seite 20-22)*.

6 Wenn Ihr Aquarium ganz bepflanzt ist, nehmen Sie Ihre Hände aus dem Wasser und trocknen sie gut ab, bevor Sie die elektrischen Geräte mit dem Stromnetz verbinden und sie anstellen.

Top–Tipp
Achten Sie darauf, dass Sie ein ausreichend langes Kabel zur Verfügung haben. Bilden Sie eine „Tropfschleife", damit kein Wasser am Kabel entlang in die Steckdose oder auf ungeschützte Geräte tropfen kann.

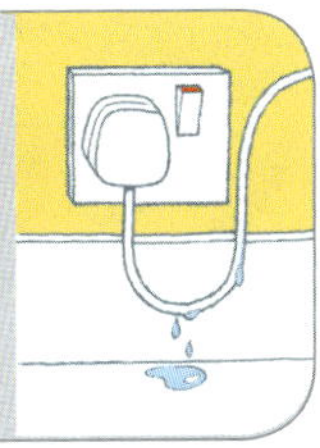

Wenn Ihr Aquarium eingerichtet ist, überprüfen Sie, ob die Geräte funktionieren. Passen Sie die Wassertemperatur und den Filterdurchfluss an und geben Sie Nutrafin Cycle und Nutrafin Aqua Plus in das Wasser. Die Zugabe einer kleinen Menge des Futters Nutrafin Max trägt dazu bei, „freundliche" Bakterien in Ihrem Filter entstehen zu lassen.

Bepflanzung Ihres Aquariums

Die von Ihnen für Ihr Aquarium gewählten Pflanzen sind entscheidend für die Art von Umwelt, die Sie für Ihre Fische schaffen. Es lohnt sich, Ihren Zoofachhändler um Rat zu bitten, ob einige Pflanzen für die Temperatur und die Härte Ihres Wassers geeignet sind und ob sie zu den Fischen passen, die Sie halten möchten.

Bei der Anordnung Ihrer Pflanzen und anderer dekorativer Gegenstände sollten Sie sie hinten und an den Seiten arrangieren, sodass vorne ein offener Raum entsteht. Stellen Sie Felsen nicht zu nah an das Glas.

Praktischer Hinweis: Künstliche Pflanzen sind sowohl für Anfänger als auch Experten eine exzellente Wahl. Künstliche Pflanzen bestehen aus Seide, Plastik oder anderen widerstandsfähigen Materialien und es gibt sie in vielen verschiedenen Formen und Größen. Sie bilden sofort eine wartungsfreie Umwelt für Ihre Fische. Außerdem sind sie ideal für Aquarien mit Goldfischen und Cichliden, da diese Arten natürliche Pflanzen fressen!

Die Auswahl an lebenden Pflanzen ist riesig. Sie sind nicht nur neben Ihren Fischen schön anzusehen, sondern sind außerdem ein praktisches Hilfsmittel. Sie tragen zum Filterungsprozess bei, indem Sie Ammoniak, Nitrit und Phosphate absorbieren.

- **Pflanzen erzeugen Sauerstoff und absorbieren Kohlenstoffdioxid** *(siehe Seite 22).*
- **Pflanzen bieten Fischen einen natürlichen Schutz.**
- **Außerdem sorgen Sie für eine dynamische, abwechslungsreiche Umwelt.**

Natürliche Pflanzen absorbieren Kohlenstoffdioxid und erzeugen Sauerstoff. Das gesamte Aquarium einschließlich der Nutzbakterien profitiert davon.

Die folgenden Arten sind ideal für Anfänger, da sie sowohl duldsam als auch widerstandsfähig sind.

Vallisneria spiralis
(Schrauben-Vallisnerien)
Für eine Platzierung im Hintergrund empfehlenswert; eine gute Wahl für neue Aquarien und für hartes Wasser; wachsen schnell.

Echinodorus osiris
(Osiris-Schwertpflanze)
Ausgezeichnet für die Platzierung im Vordergrund; hat rötliche Blätter; braucht viel Platz. Ideal für Becken mit 100 Litern oder mehr geeignet.

NATÜRLICHE PFLANZEN & KIES

1 Cabomba Caroliniana (Grüne Cabomba)
2 Chlorophytum Bichetii (Grünlilie)
3 Valisneria Spiralis (Schrauben-Vallisnerie)
4 Cabomba Australis (Rote Cabomba)
5 Echinodorus Paniiculatus (Gemeine Schwertpflanze)
6 Anubias Barteri Var. Nana (Kleines Zwergspeerblatt)
7 Geosystem natürlicher Kies – schwarzer Sand
8 Valisneria Torta (Kleine Schrauben-Vallisneria)
9 Marina 3D-Felsenrückwand

Schaffen Sie eine überwältigende Kulisse

Dieses oben abgebildete, schöne Aquarium hat eine natürlich bepflanzte Einrichtung, die eine überwältigende Kulisse für tropische Fische bietet. Benutzen Sie dieses Bild, um es bei Ihnen nachzustellen.

Hier ein paar allgemeine Tipps zur Hilfe:

- Platzieren Sie höhere Pflanzen hinten und kürzere Pflanzen vorne im Aquarium.
- Kombinieren Sie Pflanzen mit verschiedenen Blattformen.
- Pflanzen Sie in Gruppen; pflanzen Sie keine einzelne Pflanze ein.
- Ein Hintergrundmotiv oder eine Felsenrückwand verwandeln das allgemeine Aussehen Ihres Aquariums, ohne wertvollen Platz zum Schwimmen wegzunehmen.
- Spülen Sie Kies, Holz- oder Steinornamente immer gut ab, bevor Sie sie in das Becken stellen.
- Ergänzen Sie hier und da mit künstlichen Pflanzen; sie sehen erstaunlich natürlich aus.

Hygrophila difformis *(Indischer Wasserwedel)* Wächst schnell; für neue Aquarien empfehlenswert; absorbiert schnell Mikronährstoffe; ***Plant Gro Eisendünger*** ist äußerst empfehlenswert

Microsorium pteropus *(Javafarn)* Wächst auf Treibholz oder Felsen; gedeiht bei schwachem und starkem Licht und bei verschiedenen pH- und Härtewerten

Cryptocoryne wendtii *(Wasserkelch)* Sollte in Gruppen in der Mitte des Aquariums gepflanzt werden; wächst schnell; hat bräunliche Blätter

Pflege der Wasserpflanzen

Natürliche Pflanzen absorbieren Kohlenstoffdioxid und erzeugen Sauerstoff. Das gesamte Aquarium einschließlich der Nutzbakterien profitiert davon.

NUTRAFIN

Das Nutrafin CO2-System für natürliche Pflanzen bietet eine starke Kohlenstoffdioxidquelle, die dazu beiträgt, dass Pflanzen wachsen und gedeihen. Ihr Wassergarten nimmt eine ganz neue Ausstrahlung an – sogar bereits nach 15 Tagen!

- Sicher, sparsam, effizient
- Reduziert das Algenwachstum
- Hält Aquarienpflanzen gesund und fördert das Wachstum
- Sichtbare Ergebnisse in nur 15 Tagen
- Natürliche Fermentierung – keine Nachstellung notwendig
- Bietet die stärkste, in der Natur vorkommende Kohlenstoffdioxidquelle für Pflanzen
- Endlich ein System, das jeder benutzen und sich leisten kann

Nahrung für das Wachstum

Wasserpflanzen können die im Wasser natürlich vorkommenden Mineralstoffe aufbrauchen. Benutzen Sie **Nutrafin Plant Gro Eisendünger**, um sie wieder aufzufüllen. Dieser Eisendünger enthält ausgewogene Nährstoffe und Mineralstoffe, die zum Wachstum von gesunden und lebendigen Pflanzen beitragen.

Mit einem **Eisen-Test** können Sie die Eisenwerte beobachten.

Vorbereitung Ihres Aquariums auf die Fische

Nun da Ihr Aquarium an der richtigen Stelle steht, aufgebaut, befüllt und bepflanzt ist, möchten Sie wahrscheinlich so schnell wie möglich Ihre Fische kaufen. Sie sollten jedoch nichts übereilen. GEDULDEN SIE SICH!

Fische sollten langsam in das Becken gesetzt werden – nicht über einige Tage hinweg sondern viel mehr über einige Wochen. Und Sie sollten unbedingt sicherstellen, dass ihre Umgebung so perfekt wie möglich ist. Sonst könnte Ihre Freude nur von kurzer Dauer sein.

Ihr Aquarium mag den Eindruck erwecken, als sei es bereit; aber das Wasser ist der wichtigste Aspekt. Über einen Zeitraum hinweg von ungefähr 10 Tagen beginnt der „Reifungsprozess". Dann beginnen die für Fische nützlichen natürlichen Bakterien alle Oberflächen innerhalb des Aquariums zu beschichten, darunter den Kies, die Dekoelemente, die Filter, die Schaumstoffpatronen und die Beckenwände. Diesen Prozess können Sie mit **Nutrafin Cycle** beschleunigen.

Nutrafin Cycle

Dies ist eine stark konzentrierte Lösung mit guten Bakterien, die dem Aquarium dabei hilft, schneller „zu reifen". So können Sie sofort ein oder zwei robuste Fische ins Wasser geben. Es ist jedoch wichtig, dem Becken genug Zeit zu lassen, um sich einzulaufen. Es ist also nicht empfehlenswert, das Aquarium und die Fische gleichzeitig zu kaufen. Füttern Sie die Fische in den ersten 48 Stunden nicht. Wenn Sie kein **NUTRAFIN Cycle** ins Wasser geben, warten Sie mindestens 4 - 5 Tage, bevor Sie ein oder zwei robuste Fische einsetzen. Lassen Sie den Filter in der ganzen Zeit laufen.

Bevor Sie die Fische einsetzen, sollten Sie einen Wassertest benutzen, um den Gehalt an Giftstoffen wie Ammoniak im Wasser zu überprüfen, nur um sicherzugehen. Neue Aquarien sind für das **„Neue-Becken-Syndrom"** anfällig (siehe Abbildung unten und Diagramm auf Seite 24). Hierbei kann der Ammoniakgehalt plötzlich in die Höhe schnellen und die Nutzbakterien sind noch nicht ausreichend entwickelt, um dieses zu kontrollieren. Dieser instabile Zustand kann für Fische äußerst gefährlich sein.

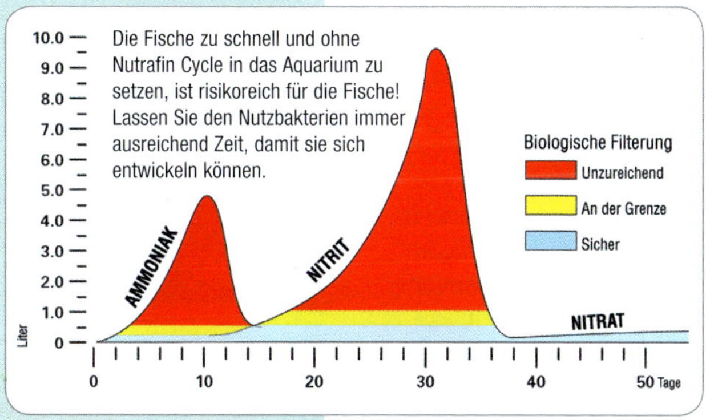

Top-Tipp

Wenn Sie **Nutrafin Cycle** verwenden, dosieren Sie vorher mit **Nutrafin Aqua Plus**, um zuerst das Chlor aus dem Wasser zu entfernen, das sonst die in Cycle enthaltenen Nutzbakterien töten würde.

Der Stickstoffkreislauf

Fluval Filter wurden konstruiert, um toxisches Ammoniak und Nitrit aus Ihrem Aquarienwasser zu entfernen. Dabei machen sie sich einen Prozess zueigen, der für ein gesundes Aquarium unerlässlich ist: den Stickstoffkreislauf.

Der Stickstoffkreislauf (siehe Abbildung)
Ammoniak und Nitrit kommen im Wasser naturgemäß vor, sind aber relativ schädliche Verbindungen. Nitrat ist relativ sicher. Wenn sich ein Aquarium in der Einlaufphase befindet, brauchen die Bakterien, die dazu beitragen, die schädlichen Verbindungen zu regulieren, einige Zeit sich zu entwickeln. Bevor sie sich entwickeln, muss das Wasser einen Stickstoffkreislauf durchlaufen.
Die Nitrosoma-Bakterien beginnen den Prozess. Sie vermehren sich alle acht Stunden und verwandeln Ammoniak in Nitrit. Dies dauert ungefähr 10 Tage. In dieser Zeit kann der Ammoniakgehalt hoch sein. Aus diesem Grund sollten Sie Ihr Aquarium nur mit ein paar wenigen der robusteren Fischarten beginnen, das Wasser oft wechseln und Nutrafin Cycle benutzen, um ideale „freundliche" Bakterienkolonien in das Wasser einzuführen.

Nach zehn Tagen beginnt die zweite Bakterienart, das Becken zu bevölkern – die Nitrobacter-Bakterien. Diese Bakterien wandeln das noch gefährliche Nitrit in relativ harmloses Nitrat um. Dies dauert ungefähr 21 bis 30 Tage. Danach sollte kein Nitrit mehr im Becken vorhanden sein. In dieser ersten Phase sollten Sie regelmäßig teilweise Wasserwechsel durchführen. 10% pro Woche sind empfehlenswert. Benutzen Sie dabei jedes Mal einen Kiesreiniger und Nutrafin Aqua Plus, Nutrafin Cycle und Nutrafin Waste Control.

Solange nichts passiert, was die Anzahl der Bakterien dramatisch vermindern würde, wird der Ammoniak- und Nitritgehalt auf natürliche Art und Weise kontrolliert, wenn die freundlichen Bakterien erst einmal vorhanden sind.

Top-Tipp

Denken Sie immer daran: Vorbeugung ist besser als Heilung. Also testen Sie Ihr Wasser wöchentlich auf Ammoniak, Nitrat und Nitrit, führen Sie wöchentlich Wasserwechsel durch und dosieren Sie **Nutrafin Cycle**, damit die „freundlichen" Bakterien gedeihen.

Der Stickstoffkreislauf

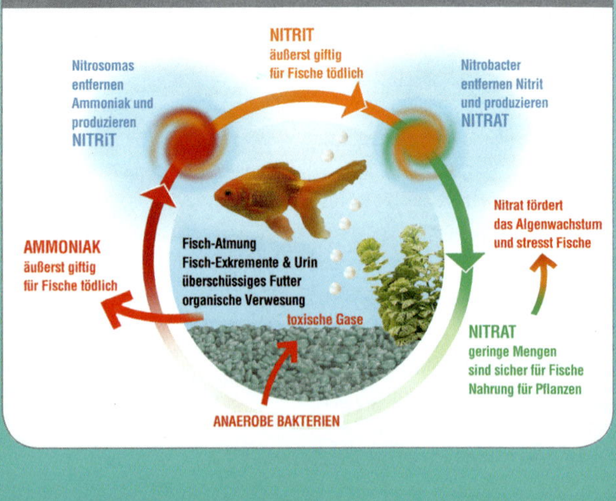

Wasserqualität: Die Wissenschaft

Die Wasserqualität ist der wichtigste Aspekt bei der Fischhaltung. Die Beibehaltung der optimalen Wasserqualität trägt dazu bei, dass Ihre Fische gesund und glücklich sind und dass Ihr Aquarium in Ihrem Zuhause schön und aufregend aussieht.

Wasser, das für Menschen gesund ist, ist für Fische besonders schlecht. Wir sind viel robustere Tiere, für die es nur wichtig ist, dass keine Bakterien im Trinkwasser enthalten sind. Fische sind empfindlich und brauchen Wasser, in dem keine aggressiven Chemikalien, wie Chlor und Chloramin, enthalten sind und das Nutzbakterien unterstützen kann.

Die Dosierung des Wassers mit **Nutrafin Aqua Plus** eliminiert Spuren von Chlor und Chloramin und neutralisiert toxische Schwermetalle, die im Leitungswasser enthalten sind.

Sobald das Becken befüllt ist, gibt es im Wasser gewisse messbare Aspekte, die regelmäßig überprüft und angepasst werden müssen, wenn Sie eine perfekte Umgebung für Ihre Fische beibehalten wollen. Zum Beispiel ist pH die relative Säure oder Alkalität des Wassers.

TESTEN SIE REGELMÄSSIG

Wenn Sie Ihr Aquarienwasser regelmäßig testen, trägt dies dazu bei, dass Sie immer über ein etwaiges gestörtes Gleichgewicht im Bilde sind und somit einen ernsthaften Aufbau von unerwünschten Chemikalien verhindern können. Überprüfen Sie regelmäßig die Karbonathärte und die Gesamthärte und den pH-Wert.

NUTRAFIN

Wasserparameter

pH, GH and KH

Die Wasserhärte und der pH-Wert sind zwei grundlegende Parameter, die einfach mit einem Testkit gemessen werden können und für eine optimale Aquarienumwelt wichtig sind.

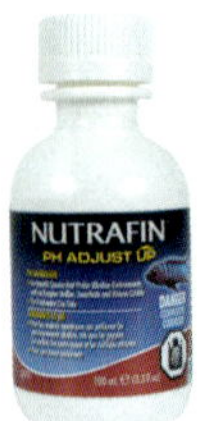

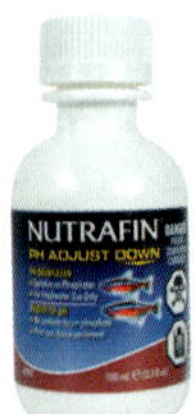

Es ist empfehlenswert, Leitungswasser regelmäßig zu überprüfen, um Schwankungen zu registrieren und das Wasser entsprechend anzupassen. Ihr Leitungswasser benötigt wahrscheinlich verschiedene Filtermedien, um vorteilhafte Bedingungen für Fische und Pflanzen in Ihrem Aquarium zu schaffen. Wenn Sie sich für einen **Fluval Außenfilter** entscheiden, ist Torf wahrscheinlich das hilfreichste Medium für stark alkalisches Leitungswasser, wenn Fische und/oder Pflanzen aus saurem, weichem Wasser gehalten werden.

Top-Tipp

Überprüfen Sie die Kompatibilität, die Temperatur-, die pH und die Härtebedürfnisse jeder Art.

Die folgenden Fischgruppen ziehen in der Regel die aufgelisteten pH-Bereiche vor:

Lebendgebärende
7,0 bis 7,6

Rasboras
6,2 bis 6,8

Tetras
6,2 bis 6,8

Südamerikanische Welse
(Corydoras, etc.)
5,8 bis 7,0

Regenbogenfische
7,0 bis 7,4

Afrikanische Cichliden
7,8 bis 8,5

Goldfische & Koi
7,0 bis 7,5

Südamerikanische Cichliden
6,2 bis 6,8

Wassertests einfach gemacht

Süßwasser ● (blau)
Meerwasser ● (rot)

	NH_3 / NH_4 Ammoniak	NO_2 Nitrit	NO_3 Nitrat	pH	PO_3 Phosphat	Fe Eisen	Karbonat & Härte KH	GH	Ca Kalzium
FISCHE:									
Nach Luft schnappen [1&2]	Süßwasser, Meerwasser	Süßwasser, Meerwasser							
Teilnahmslos am Boden [1&2]	Süßwasser, Meerwasser	Süßwasser, Meerwasser							
Ungleichmäßige Bewegung & Springen [2]	Meerwasser								
Stressbedingte Krankheiten (z.B. weiße Punkte, Pilze etc.)	Süßwasser, Meerwasser	Süßwasser, Meerwasser	Süßwasser, Meerwasser	Süßwasser, Meerwasser				Süßwasser, Meerwasser	
Neuen Fischen geht es nach dem Einsetzen in ein eingerichtetes Aquarium schlecht			Süßwasser, Meerwasser		Meerwasser				
WASSERQUALITÄT									
Grüne Algen			Süßwasser, Meerwasser		Süßwasser, Meerwasser				
Rote Algen			Süßwasser, Meerwasser		Süßwasser, Meerwasser				
Braune Algen [3]			Süßwasser, Meerwasser		Süßwasser, Meerwasser				
Schwarze Algen (Haaralgen)			Süßwasser		Süßwasser				
Trübes Wasser	Süßwasser, Meerwasser	Süßwasser, Meerwasser							
Gelbliches Wasser [4]			Süßwasser, Meerwasser						
Schlechter Geruch [5]	Süßwasser, Meerwasser		Süßwasser, Meerwasser						
PFLANZEN									
Schlechte Färbung						Süßwasser			
Gelbe Punkte						Süßwasser	Süßwasser		
Allgemein schlechtes Wachstum			Süßwasser	Süßwasser			Süßwasser		
Schlechtes Wachstum des Stammes			Süßwasser			Süßwasser	Süßwasser		
Abfallende Blätter						Süßwasser	Süßwasser		
LEBENDE KORALLEN									
Korallen öffnen sich nicht	Meerwasser		Meerwasser	Meerwasser			Meerwasser		Meerwasser
Schlechtes oder gar kein Korallenwachstum			Meerwasser	Meerwasser			Meerwasser	Meerwasser	Meerwasser
Korallen sterben [6]	Meerwasser	Meerwasser	Meerwasser	Meerwasser			Meerwasser	Meerwasser	Meerwasser

1 Ammoniaktoxizität
2 Nitrittoxizität – entzieht dem Blut den Sauerstoff
3 Evtl. aufgrund von Lichtmangel
4 Evtl. aufgrund von Aquariendekorationen
5 Führen Sie einen teilweisen Wasserwechsel durch
6 Kann aufgrund von schlechter oder unzureichender Beleuchtung entstehen

Der Kauf von neuen Fischen

Sobald Sie sich sicher sind, dass Sie ideale Wasserbedingungen haben, können Sie damit beginnen, einige Fische einzusetzen. Es ist eine gute Idee, alle zwei Wochen eine kleine Fischgruppe zu kaufen und sie nacheinander in Ihr Aquarium einzusetzen. So haben die Bakterien ausreichend Zeit, sich zu vermehren und die Fische können sich akklimatisieren, bevor weitere Fische eingesetzt werden.

Wie viele Fische kann ich halten?
Dies hängt von den Arten und Ihren Vorlieben ab; aber Sie sollten für jeden cm eines Kaltwasserfisches mindestens 3 Liter Wasser einrechnen; bei tropischen Fischen mindestens 2 Liter. Fische werden in der Regel als Jungtiere verkauft. Also sollten Sie immer noch zusätzlichen Platz miteinberechnen, da die Fische noch wachsen.

Fische, die in der Natur in Schwärmen leben, sollten in einem Aquarium in Gruppen gehalten werden, sonst geht es ihnen nicht gut – auch wenn das Aquarium sonst stark besetzt ist.

Arten, bei denen Sie vorsichtig sein müssen:

Wenn Sie ein Gemeinschaftsbecken einrichten wollen – ein Aquarium für mehrere verschiedene Arten – vermeiden Sie territoriale Cichliden, da sie eine spezielle felsige Umgebung und hartes Wasser brauchen und Pflanzen beschädigen.

Wählen Sie nur gesunde Fische
Beim Kauf Ihrer Fische ist es empfehlenswert, dass Sie sich jedes Tier genau anschauen und es auf Gesundheit und Vitalität überprüfen. Besondere Punkte, auf die Sie achten sollten, sind:

Klare Augen

Aufrechte, unbeschädigte Flossen.

Gesunde Schuppen; keine fehlenden oder beschädigten Teile – besonders keine roten Flecken oder hervorstehende Schuppen

Keine Löcher, Geschwüre, Knoten, weißen Flecken oder filziger Bewuchs auf den Flossen oder dem Körper

Transluzide Fische sollten keine Zeichen von weißen Verwischungen aufweisen

Regelmäßige Atmung

Die Kiemen sollten im Inneren rot sein und nicht geschwollen oder ausgedehnt sein

Die Fische sollten aktiv fressen

Wenn Sie Zeichen für eine Krankheit oder unnormales Verhalten ausmachen können, kaufen Sie gar keinen Fisch aus dem Becken.

Kaufen Sie Fische immer von einem namhaften Händler und lassen Sie sich beraten, welche Arten für Ihr Aquarium geeignet sind.

Einsetzen von neuen Fischen

Es ist wichtig, Ihren Fischen dabei zu helfen, sich an das Aquarium zu gewöhnen, wenn Ihre Fische über diese kritische Übergangsphase hinaus gesund bleiben sollen.

Fische mögen keine Überraschungen. Auf schnelle Änderungen der Temperatur, Anfassen oder schnelle Bewegungen reagieren sie nicht gut. Achten Sie darauf, dass Sie sie immer vorsichtig behandeln. Geben Sie ihnen genug Zeit, sich an ihre neue Umgebung zu gewöhnen.

Wenn dies die allerersten Fische in dem Aquarium sind, warten Sie ganze 48 Stunden, bevor Sie mit dem Füttern beginnen.

Die beste Art und Weise Ihre Fische in das Becken zu setzen, ist wie folgt:

1. Geben Sie eine Dosis **Nutrafin Aqua Plus** in das Aquarium. Neue Tiere werden von den patentierten, Stress reduzierenden Inhaltsstoffen profitieren. Stellen Sie die Beleuchtung des Aquariums während der Akklimatisierung aus. Lassen Sie den Beutel mit den Fischen ungefähr 20 Minuten im Aquarienwasser schwimmen, um die Wassertemperatur anzupassen.
2. Öffnen Sie den Beutel und geben Sie ein bisschen Wasser aus dem Aquarium hinzu – ungefähr 1/3 des Beutelvolumens.
3. Warten Sie 10 Minuten und wiederholen Sie diesen Schritt.
4. Nehmen Sie die Fische vorsichtig mit einem Netz heraus und setzen Sie sie in das Aquarium oder legen Sie den Beutel auf die Seite, damit die Fische heraus schwimmen können.

Fütterung Ihrer Fische

Fische müssen vorsichtig und regelmäßig mit einer Auswahl der richtigen Futtersorten gefüttert werden, damit sie gesund bleiben und gedeihen können.
Eine gute Ernährung gewährleistet, dass Ihre Fische farbenfroh, lebendig, gesund und fortpflanzungsfähig sind.

Wie viel sollte ich füttern?

Jede Fischart ist anders und Sie sollten sich über die richtige Fütterungsmenge für Ihre Fische informieren. Als eine Faustregel gilt jedoch, dass die meisten an der Oberfläche fressenden Tiere alles, was sie brauchen, zwei oder drei Mal pro Tag innerhalb von zwei Minuten fressen. Am Boden lebende Arten brauchen ein wenig länger – ungefähr 5 Minuten.

NICHT ÜBERFÜTTERN!
Nur eine Prise Futter ist nötig. Ein häufig gemachten Fehler ist, dass die Fische überfüttert werden. Überschüssiges Futter, das im Wasser übrig geblieben ist, zersetzt sich und verschmutzt das Aquarium. Dadurch entsteht ein schmutziges Becken und ernsthafte Probleme mit der Wasserqualität können entstehen. **Übriggebliebenes Futter sollten Sie immer mit einem Kescher entfernen.**

NUTRAFIN MAX FISCHFUTTER

NUTRAFIN MAX ist ein Sortiment aus ausgewogenem Komplettfutter für Fische, das speziell zusammengestellt wurde. Es enthält hochwertige Zutaten, wie Lachsöl, Knoblauch und Regenwurmmehl, die für alle Fische unwiderstehlich sind. Genießen Sie es, wie die Fische bei jeder Mahlzeit das Futter mit Begeisterung geradezu herunter schlingen! Alle Rezepturen sind reich an Omega 3- & 6-Fettsäuren und enthalten eine ausgewogene Mischung aus stabilisierten Vitaminen und Weizenkeimen. Diese Zutaten tragen dazu bei, Stress zu bekämpfen und die Fruchtbarkeit zu verbessern. Auch eine Quelle für gute Bakterien ist enthalten, die das Immunsystem fördert und zu einer Langzeitgesundheit der Fische beiträgt.

Das lebhafte Angebot
Im gesamten Nutrafin Sortiment werden ausschließlich natürliche Farbverstärker verwendet, die die natürliche Farbenpracht bei Fischen noch mehr hervorbringen. Sie sind besonders auf spezielle, häufig vorkommende Farbnuancen, wie Rot und Gelb, zugeschnitten.

Sie können sich auf Nutrafin Max verlassen. Nutrafin Max steht für einen großartigen Geschmack, eine hervorragende Gesundheit und prachtvolle Farben… 100% Zufriedenheit sind garantiert!

Top-Tipp
Weniger Algen durch optimalen Phosphat-Gehalt.

Fütterungstipps

1 Informieren Sie sich genau über die Futterbedürfnisse Ihrer Fische.
2 Nachdem Sie die Beleuchtung angestellt haben, warten Sie mindestens 30 Minuten mit der Fütterung.
3 Halten Sie Trockenfutter von Feuchtigkeit, besonders feuchten Händen, fern.
4 Benutzen Sie einen Futterautomaten, wie z.B. den **Nutramatic** oder **Nutramatic 2x**, um die Fütterung zu regulieren.
5 Benutzen Sie Futtertabletten, die auf den Boden fallen, für am Boden lebende Fische.
6 Benutzen Sie hochwertiges Futter, wie z.B. **Nutrafin Max**.
7 Bieten Sie den Fischen eine abwechslungsreiche, ausgewogene Nahrung – mindestens zwei verschiedene Futtersorten.
8 Schauen Sie auf die Tabelle auf der nächsten Seite, um die beste Mischung aus den **Nutrafin Max** Futtersorten für Ihre Fische zusammenzustellen.

Top-Tipp
Benutzen Sie Nutrafin Waste Control zum Abbau von überschüssigem Futter und Fischabfällen (benutzen Sie danach immer Nutrafin Cycle, um giftige Abfälle zu entfernen).

🔵 Ergänzungsfutter
🔴 Für diese Fische geeignet
⚪ Für diese Fische sehr gut geeignet

	Futterflocken für tropische Fische	Mikro-Granulat für kleine, tropische Fische	Sinkende Futtertabletten für Bodenfische	Spirulina-Futterflocken	Spirulina-Futtertabletten	Farbverstärkende Futterflocken	Salinenkrebs-Futterflocken + gefriergetrocknete Salinenkrebse	Schwebegarnelen-Futterflocken + gefriergetrocknete Schwebegarnelen	Regenwurm-Futterflocken + gefriergetrocknete Tubifexwürmer	Futter für Baby-Fische	Futterflocken + gefriergetrocknete Tubifexwürmer für Lebendgebärende	Granulat für Diskusfische	Sticks für Plecos
Kleine Tropische Fische: 1 cm - 4 cm													
Tetras: Neon, Kardinal, Gold, Rotmaulsalmler, Rote von Rio	⚪	⚪		🔵	🔵	⚪	⚪	⚪	⚪				
Rasboras: Keilfleckbärbling, Zwergbärbling	⚪	⚪		🔵	🔵	⚪	⚪	⚪	⚪				
Zwergguramis: Zwerg, Honig, Schokoladen	⚪	⚪	🔵	🔴	🔴	⚪	⚪	⚪	⚪				
Barben: Odessabarben, Bitterlingsbarben	⚪	⚪	🔵	⚪	⚪		🔴	🔴	🔴				
Zwergcichliden: Apistogramma sp., Schmetterlingsbuntbarsch, Schachbrettcichliden	⚪	⚪	🔴	🔴	🔴	⚪	⚪	⚪	⚪				
Kleine bis mittelgroße Tropische Fische: 4 cm - 8 cm													
Tetras: Fahnen-Kirschflecksalmler, Kongosalmler, Rotaugensalmler, Kaisersalmler	⚪	⚪		🔵	🔵	⚪	⚪	⚪	⚪				
Rasboras: Schönflossenbärbling, Rotschwanzbärbling, Roststreifenbärbling	⚪	⚪		🔵	🔵	⚪	⚪	⚪	⚪				
Guramis: Blauer Fadenfisch, Riesengurami, Mosaikfadenfisch, Mondschein-Gurami	⚪	⚪	🔵	🔴	🔴	⚪	🔴	🔴	🔴				
Barben: Schwarzbandbarbe, Sumatrabarbe, Prachtbarbe	⚪	⚪	🔵	⚪	⚪		🔴	🔴	🔴				
Mittelgroße Cichliden: Die meisten Julidochromis sp., Altolamprologus, Maroni-Buntbarsch, Zebrabuntbarsch, Pelvicachromis sp	⚪	⚪	🔴	🔴	🔴	⚪	🔴	🔴	🔴				
Große Tropische Fische 8 cm +													
Süd- und mittelamerikanische Cichliden: Skalar,	⚪			🔴		⚪	⚪	⚪	⚪				
Diskus,		⚪		🔴								⚪	
Schwarzgebänderter Buntbarsch, Geophagus, Pfauenaugenbuntbarsch, Hechtbuntbarsch, Augenfleckbuntbarsch, Goldsaumbuntbarsch, Smaragdbuntbarsch, Streifenbuntbarsch, Feuermaulbuntbarsch	⚪		⚪	🔴	🔴	🔴						⚪	
Pflanzenfresser (Pflanzen-/Algenfresser):													
Afrikanische Cichliden (Mbunas & Tropheus): Tropheus (ein Futter auf ausschl. Spirulinabasis ist empfehlenswert), Pseudotropheus, Melanochromis	🔵			⚪	⚪	🔴							
Epalzeorhynchus: Schönflossige Rüsselbarbe, Feuerschwanz-Fransenlipper	🔴	🔵	⚪	⚪	⚪	🔴							⚪
Saugmaulwelse: Otocinclus sp., Hypopoma sp., Sturisoma sp., Farlowella sp., Ancistrus sp			🔴	⚪	⚪								⚪
Bodenfische													
Zwergpanzerwelse: Stromlinienpanzerwels, Dreilinien-Panzerwels, Leopard-Panzerwels, Panda-Panzerwels	🔵	⚪	⚪	🔴	🔴								
Antennenwelse: Pimelodus sp., Pseudopimelodus sp.	🔵		⚪	🔴	🔴								
Afrikanische Raubwelse: Synodontis sp. (z.B. Schoutedeni, Angelicus, Nigriventris), Eutropiella, (z.B. Buffei)	🔵	🔴	⚪	🔴	⚪	🔵						🔴	🔴
Saugmaulwelse: Rineloricaria sp., Hypancistrus sp., Loricaria sp., Glyptoperichthys sp.	🔴				⚪		⚪						⚪
Lebendgebärende													
Guppy, Schwertträger, Molly, Platy, Limia sp.	🔴	⚪	🔴	⚪	⚪	⚪	🔴	🔴	🔴		⚪		
Meerwasserfische													
Jungfernfisch, Clownfisch, Doktofisch, Engelfisch, Büschelbarsch, Feenbarsch				⚪	⚪	🔴	🔴	🔴					
Kaltwasserarten													
Alle Goldfische, Koi, Goldelritze				🔴	🔴								
Baby-Fische		🔴			🔵					⚪			

SCHRITT 10

KRANKHEITSVORSORGE

Vorsorge ist besser als Heilung

Die meisten lebenden Organismen können von Zeit zu Zeit unter einer Krankheit leiden. Die wirksamste Art und Weise, wie man mit dieser Tatsache umgeht, ist es vorzubeugen und nicht auf etwaige Probleme zu warten. Die Medikation eines eingerichteten Aquariums kann anstrengende und schädliche Konsequenzen mit sich ziehen. Viele Pflanzen, Fische und Nutzbakterien können unter einer Medikation leiden.

Flossen- und Schwanzfäule
Eingerissene, ausgefranste Flossen; vielleicht auch zusammengeklebt

Scheuern
Weiße Punkte

SCHAUEN SIE NACH DIESEN SYMPTOMEN. SIE SIND ZEICHEN FÜR EINIGE KRANKHEITEN, DIE HÄUFIG BEI FISCHEN VORKOMMEN.

In der folgenden Liste finden Sie allgemeine Tipps für eine Vorsorge:

1 Wählen Sie nur gesunde Fische aus und vermeiden Sie den Kauf eines Fisches aus einem Aquarium, das kranke Fische enthält.

2 Kaufen Sie nur kleine Fischgruppen und bauen Sie die Fischpopulationen langsam auf.

3 Ziehen Sie ein Quarantäneaquarium in Betracht. So kann man die Tiere beobachten und vorbeugende Maßnahmen treffen, bevor man neue Fische in ein eingerichtetes Aquarium setzt.

4 Geben Sie neuen Fischen ausreichend Zeit, um sich zu akklimatisieren.

5 Bereiten Sie neues Wasser immer mit **Nutrafin Aqua Plus** auf, bevor Sie es in das Aquarium geben. Chlor, Chloramin und Metalle sind für die Aquarienbewohner schädlich.

6 Führen Sie grundlegende Wassertests durch und warten Sie das Aquarium regelmäßig.

7 Nach Stromausfällen müssen Sie darauf achten, dass alle elektrischen Geräte wieder ordnungsgemäß funktionieren. Beobachten Sie die Fische genau, da Temperaturschwankungen Stress für sie bedeuten können.

8 Regelmäßige Beleuchtungsphasen sind für Fische und Pflanzen wichtig. Schalten Sie die Beleuchtung jeden Tag zur selben Zeit an und aus oder benutzen Sie eine Zeitschaltuhr.

9 Nach einer medikamentösen Behandlung sollten Sie zusätzliche Wasserwechsel durchführen und einen **Fluval** Aktivkohlefilter benutzen, um die letzen Spuren zu entfernen. Testen Sie das Wasser und dosieren Sie es mit **Nutrafin Cycle** und **Nutrafin Aqua Plus**.

(Wohlgemerkt: Während einer medikamentösen Behandlung sollte die Aktivkohle immer aus dem Filter entfernt und erst nach Abschluss der Behandlung wieder benutzt werden.)

10 Füttern Sie regelmäßig mit verschiedenen, hochwertigen Futtersorten. **Nutrafin Max** bietet eine ausgewogene Ernährung mit hochentwickelten Hefeextrakten, die eine bessere Verdauung und Gesundheit fördern.

Augentrübung oder Glubschaugen
Hervorstehende oder trübe Augen

Körperschleim und Mundpilze
Weißer, dickflüssiger Film auf den Lippen und dem Maul

Pflege bei schwachen Fischen

Sie müssen Ihre Fische gut kennen lernen, wenn Sie in der Lage sein möchten, Krankheiten zu entdecken, bevor sie unbehandelbar werden. Nehmen Sie sich also die Zeit, Ihre Fische zu beobachten, wie sie sich bewegen und wie sie auf Ihre Umwelt eingehen.

Wenn Sie eine Veränderung bemerken, müssen Sie zuerst die Wasserqualität überprüfen, da dies ein Zeichen für eine Verunreinigung oder schlechte Wasserbedingungen sein kann. Wenn dies nicht das Problem ist, müssen Sie einen Experten für Fische zu Rate ziehen – z.B. Ihren örtlichen Zoofachhändler.

WIE BEI VIELEN KRANKHEITEN GILT AUCH HIER: JE SCHNELLER SIE BEHANDELT WERDEN, DESTO BESSER IST DIE PROGNOSE

Weißpünktchen-Krankheit Eine häufige Krankheit, die gut auf eine Behandlung anspricht. Dabei ist es am besten, das ganze Becken zu behandeln.

Schwanzfäule/Flossenfäule Schauen Sie nach eingerissenen, ausgefransten oder zusammengeklebten Flossen. Versuchen Sie dies so früh wie möglich zu behandeln – wenn sie erst den Körper erreicht, ist eine Heilung unwahrscheinlich.

Samtkrankheit Infizierte Fische sehen trüb aus. Die Behandlung ist ähnlich wie bei der Weiße-Punkte-Krankheit.

Juckende Haut/Kiemen Achten Sie auf Fische, die sich an Felsen oder Pflanzen scheuern. Dieser üble Parasit führt zu einem Verblassen der Farbe und Fische werden kraftlos. Sie halten sich wahrscheinlich in der Nähe der Oberfläche auf. Diese Krankheit spricht gut auf Behandlungen an.

Schleimige Haut Ein dünner, grauer Film, der den Körper bedeckt – normalerweise eine Reaktion auf Parasiten.

Pocken Viele weiße Punkte, die Flecken bilden. Die Fische wirken ausgemergelt und schwach. Diese Krankheit entsteht oft durch einen schlechten Zustand des Aquariums und schlechtes Futter.

Pilze Pilze befallen Fische in der Regel, wenn diese durch andere schlechte Zustände, Krankheiten oder Parasiten geschwächt sind. Gesunde Fische werden davon nicht befallen.

Maulpilze Anders als bei Pilzen am Körper braucht diese Krankheit eine spezielle Behandlung.

Augenentzündungen Trübe und hervorstehende Augen können ein Zeichen für einen Pilz, Bakterien, Parasiten oder sogar Fischtuberkulose sein.

Wassersucht Äußerst ansteckend und schwer zu heilen. Der Fischkörper kann sich so aufblähen, dass die Schuppen hervorstehen. **Kranke Fische müssen sofort aus dem Becken entfernt werden.**

Algen: gut oder schlecht?

Eine vollständige Eliminierung der Algen ist unmöglich und nicht wünschenswert. Ein paar Algen sind ein Zeichen für eine gute Gesundheit und ein gutes Gleichgewicht in Ihrem Aquarium. Einige sind jedoch giftig und wenn das Algenwachstum nicht effektiv kontrolliert wird, können die Algen sich negativ auf Fische und Pflanzen auswirken. Eine gute Aquarienpflege ist die beste Methode, um zu verhindern, dass Algen ein ernsthaftes Problem für das Aquarium werden.

Es gibt verschiedene, häufig auftretende Arten:

GRÜNE ALGEN
Treten als kleine grüne Flecken und Punkte auf dem Glas, den Felsen oder dem Kies oder auch als „grünes Wasser" auf. Unzureichende Beleuchtung oder zu viel und zu starkes natürliches Licht können die Ursache sein.

FADENALGEN
Dunkle, grüne „Haare" legen sich auf Kies oder Pflanzenstiele. Ein zu hoher Nitratgehalt kann die Ursache sein.

FEDERALGEN
Stark dunkelgrüne Büschel auf Dekorationen, Pumpen, Filtern etc. Ein zu hoher Phosphatgehalt kann die Ursache sein.

BRAUNE ALGEN
Eine dünne Schicht auf dem Glas und den Pflanzenblättern. Ein gestörtes Gleichgewicht von diversen Parametern kann die Ursache sein: Beleuchtung, Nitrit, pH, Wasserhärte und Ammoniak.

Top-Tipp
Wenn Ihr Aquarium in der Nähe eines Fensters steht, verwenden Sie Jalousien, um das Aquarium vor dem Sonnenlicht abzuschirmen.

Vermeiden Sie eine Algeninvasion durch folgendes:
Stellen Sie Ihr Aquarium nicht in direktes Sonnenlicht und benutzen Sie die Aquarienbeleuchtung ungefähr 10 Stunden am Tag (zu viel Licht verursacht grüne Algen und zu wenig Licht verursacht braune Algen).

Wechseln Sie das Wasser regelmäßig. Entfernen Sie dabei das Wasser aus den unteren Schichten des Aquariums, da sich dort das Nitrat versteckt.

Benutzen Sie ein Futter mit einem niedrigen Phosphatgehalt, wie **Nutrafin Max**.

Beobachten Sie alle 2-3 Tage den Zustand Ihres Wassers.

Testen Sie den Phosphatgehalt wöchentlich.

In extremen oder schwierigen Fällen bitten Sie einen Experten um Rat. Vielleicht brauchen Sie ein Algenvernichtungsmittel oder ein Eisenaustauschharz wie **Fluval Clearmax** oder den **Fluval Lab Series Phosphat-Entferner**.

Benutzen Sie wöchentlich **Nutrafin Waste Control.** Dies trägt dazu bei, Algen abzubauen und von der Dekoration und dem Kies zu entfernen. Gleichzeitig sollten Sie **Nutrafin Cycle** benutzen, um giftige Schadstoffe zu entfernen.

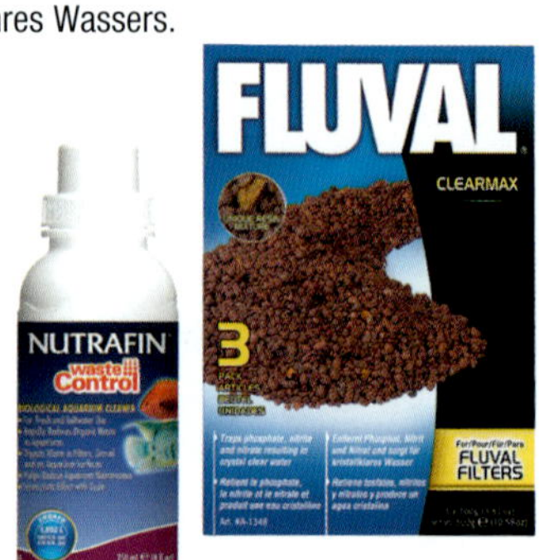

Effektive Wartung

Die Pflege Ihrer Fische bedeutet gleichzeitig die Pflege Ihres Aquariums. Nutzen Sie die folgenden Seiten, die Ihnen dabei helfen sollen, eine effektive Routinepflege zu entwickeln.

Die beste Maßnahme für eine effektive Wartung ist es, gewisse grundlegende Aufgaben regelmäßig durchzuführen – auf lange Sicht gesehen, sparen Sie so Zeit.

Regelmäßige Pflege ist wichtig

Sie müssen regelmäßig (abhängig von den Aquarienbedingungen einmal pro Woche oder einmal alle zwei Wochen) teilweise Wasserwechsel durchführen. Wechseln Sie jedoch nicht mehr als 40% des Wassers gleichzeitig.

Entleeren Sie Ihr Aquarium niemals vollständig, um es zu reinigen. Dies bedeutet Streß für Ihre Fische und stört das natürliche Gleichgewicht Ihres Aquariums.

Erneuern Sie Ihre Filtermedien nur zur Hälfte zu einer Zeit, um die Nutzbakterien zu erhalten. Benutzen Sie ausschließlich Aquarienwasser, um die Medien abzuspülen – **niemals Leitungswasser.**

Benutzen Sie niemals Seife oder Reinigungsmittel auf Materialien, die in direkten Kontakt mit Ihren Fischen oder dem Wasser kommen.

Passen Sie auf, wenn Sie das Aquarium in der Nähe des Kieses reinigen - der Kies kann das Glas zerkratzen.

Tauchen Sie Ihre Hände nur in das Becken, wenn dies absolut notwendig ist. Das Fett auf Ihren Händen kann für Ihre Fische schädlich sein. Benutzen Sie kein Parfum, Handcreme etc., bevor Sie Ihre Hände ins Wasser tauchen.

Wartungszubehör

Jeder, der plant, Fische zu halten, braucht ein paar grundlegende Gegenstände – erschwinglich und unerlässlich

Kiesreiniger
Zur Entfernung von Abfallpartikeln, Verunreinigungen, überschüssigem Futter und Schlamm
ODER
Multi-Vac Reiniger
Ein batteriebetriebener Kiesreiniger, Wasserabsauger und Algenreiniger in einem

Plastikeimer
Nur für Aquarienzwecke benutzen
Sie brauchen einen sauberen Plastikeimer, um das ablaufende Wasser während eines Wasserwechsels aufzufangen. Außerdem kann er frisches Leitungswasser und Wasseraufbereiter aufnehmen, wenn Sie das Aquarium auffüllen.

Fluval Medien
Halten Sie Austauschmedien für Ihren Fluval Innen- oder Außenfilter bereit. Aktivkohle und Polyester sind besonders sinnvoll. Extrafeiner Polyester filtert die besonders feinen Partikel und Verunreinigungen aus dem Wasser. Aktivkohle verbessert das Wasser, indem sie schädliche Flüssigkeiten, Verfärbungen, Medikamente und Verunreinigungen herausfiltert, ohne die Wassereigenschaften zu verändern. Verfügbar sind noch weitere Fluval Filtermedien. Weitere Informationen darüber erfahren Sie auf Seite 12-13.

Algen-Schrubber
Für eine effektive Algenreinigung, ohne das Becken zu zerkratzen.

Ein Kescher
Fische sind schön anzuschauen; aber sie sind auch empfindliche Kreaturen und mögen nicht gerne angefasst werden.

Marina Kescher

Marina Easy Clean Kiesreiniger

Marina Multi-Vac Reiniger

Fluval Schaumstoffpatronen für den Innenfilter

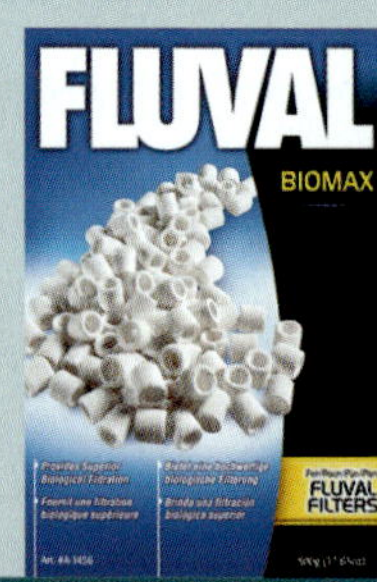

Fluval BIOMAX

Benutzen Sie deshalb immer einen speziellen Fischkescher, um sie anzuheben. Ein Fischkescher ist außerdem dazu geeignet, überschüssiges Futter aus dem Becken zu entfernen.

Benutzen Sie verschiedene Futtersorten für die verschiedenen Fische in Ihrem Aquarium. Futterflocken eignen sich für Arten, die an der Oberfläche fressen. Langsam sinkende Pellets oder Granulate eignen sich für Arten, die in der Mitte des Aquariums fressen. Und Tabletten eignen sich für Arten, die am Boden des Aquariums fressen. **Nutrafin Max** geht auf die Bedürfnisse verschiedener Arten ein.

Fahren Sie in den Urlaub?

Die **Nutrafin Profeed und Nutramatic 2x Futterautomaten** verteilen bis zu zweimal täglich die gewünschte Menge an Futter. Ideal für den täglichen Gebrauch oder die Ferienzeit.

Alternativ versorgt auch der **Nutrafin 7-Tage-Futterblock** Ihre Fische mit Nahrung, da er sich nur sehr langsam auflöst. Dieser Block neutralisiert auch den pH-Gehalt im Wasser und reinigt das Wasser.

Achten Sie außerdem darauf, immer genügend Wasseraufbereiter zur Verfügung zu haben, da diese einen wichtigen Einfluss auf die Wasserqualität haben. Ohne Wasseraufbereiter können sich die Bedingungen im Aquarium schnell verschlechtern.

Achten Sie auf Ihren Vorrat an: Nutrafin Aqua Plus, Nutrafin Cycle und Nutrafin Waste Control.

Langer Marina Algenschrubber

Nutrafin Max Fischfutter

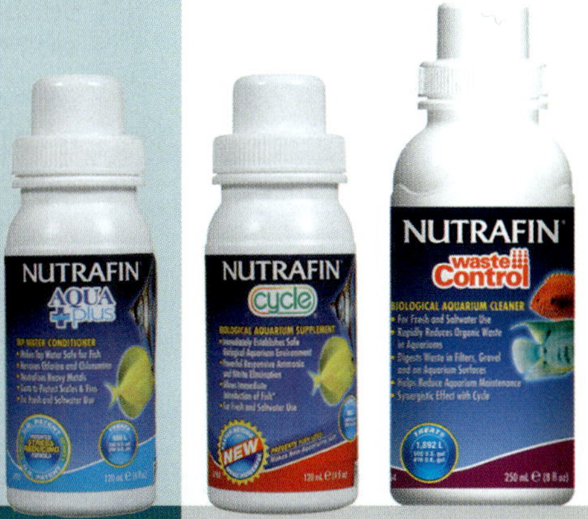

Nutrafin Max Wasseraufbereiter: Aqua Plus, Cycle und Waste Control

Wichtiger Zeitplan

Das beste Rezept für eine erfolgreiche Fischhaltung ist es, einen regelmäßigen Wartungszeitplan einzuhalten.

JEDEN TAG:

FISCHE FÜTTERN – nicht überfüttern. ✓

ALLE BEWOHNER auf Krankheiten, Lebendigkeit und normales Verhalten hin **ÜBERPRÜFEN** ✓

TEMPERATUR ÜBERPRÜFEN und darauf achten, dass Pumpen Filter und Beleuchtung ordnungsgemäß funktionieren. ✓

VERUNREINIGUNGEN ENTFERNEN abgestorbene Blätter, überschüssiges Futter etc. ✓

JEDE WOCHE:

TEILWEISE WASSERWECHSEL
Da sich die Abfallstoffe ständig anhäufen, ist ein teilweiser Wasserwechsel – ungefähr 10-20% - unerlässlich, um die Reinheit zu gewährleisten und den Aufbau von unerwünschten Chemikalien zu vermindern (die Häufigkeit der Wasserwechsel hängt von der Filterart und dem Aquarienaufbau ab). Achten Sie darauf, dass Sie neues Wasser immer mit **Nutrafin Aqua Plus** aufbereiten und es ungefähr dieselbe Temperatur hat, wie das Wasser im Aquarium. ✓

REINIGUNG INNEN UND AUSSEN
Benutzen Sie einen Kiesreiniger, um Abfallstoffe zu entfernen und Wasser abfließen zu lassen. ✓

Reinigen Sie Leuchtstoffröhren und die dazugehörigen Halterungen, um eine beständige Lichtquelle zu gewährleisten. ✓

Reinigen Sie die Glasflächen sowohl von innen als auch von außen mit dem speziell dafür vorgesehenen Algenschrubber. ✓

WASSERTESTS & AUFBEREITER
Testen Sie das Wasser. Dosieren Sie **Nutrafin Cycle** ✓

Spülen Sie die Schaumstoffmedien mit Aquarienwasser ab. ✓

Da der Kies bewegt wurde, sind feine Schmutzpartikel im Wasser vorhanden. Wenn Sie einen **Fluval Filter** benutzen, entfernt der Polyester-/Aktivkohle-Filtereinsatz diese feinen Schmutzpartikel aus dem Wasser.
Erneuern Sie den Polyester-/Aktivkohle-Filtereinsatz alle 2-3 Wochen. ✓

JEDEN MONAT:

WARTEN SIE DEN FILTER überprüfen Sie das Flügelrad und wechseln Sie die relevanten Filtermedien. ✓

ÜBERPRÜFEN SIE IHREN VORRAT an Futter, Wasseraufbereitern, Medien und anderen regelmäßig gebrauchten Gegenständen. ✓

JEDES JAHR:

ERNEUERUNG DER LAMPEN
Erneuern Sie Ihre **Glo Leuchtstoffröhren** ✓

Wenn Ihr Aquarienfilter einen UV-Reiniger enthält, dürfen Sie nicht vergessen, auch hier die Birne zu erneuern. ✓

Top-Tipp

Reinigen Sie die Filtermedien nie vollständig, da Sie sonst wichtige Bakterien zerstören würden. Dosieren Sie nach der Reinigung mit Nutrafin Cycle, um die Bakterienpopulationen wieder aufzufüllen.

10 GRUNDLEGENDE REGELN FÜR EIN ERFOLGREICHES AQUARIUM

1. Sorgen Sie für ein geeignetes, regelmäßiges, abwechslungsreiches Futter – *zwei- oder dreimal täglich.*
2. Halten Sie die Fischpopulation im angemessenen Rahmen.
3. Halten Sie Ihre täglichen, wöchentlichen, monatlichen und jährlichen Aufgaben ein.
4. Wählen Sie Fische aus, die sich vertragen und die verschiedene Ebenen im Aquarium bewohnen.
5. Wählen Sie Ihr Filtersystem sorgfältig aus.
6. Benutzen Sie, wenn möglich, lebende Pflanzen.
7. Wählen Sie das größte Aquarium, das Ihr Budget und Ihr Platz erlauben – dies trägt zu der Wasserstabilität bei und lässt Ihnen eine größere Wahl.
8. Halten Sie das Wasser stabil und gut aufbereitet.
9. Planen Sie Ihr Aquarium sorgfältig – hetzen Sie nicht durch die ersten Schritte.
10. Genießen Sie Ihr Aquarium – *es ist eine wahre Augenweide einer faszinierenden Unterwasserwelt.*

Wesentlich bequemer, aber teuer, ist die Messung mit einem Sauerstoffmessgerät. Auch diese Geräte erfordern, um einwandfrei zu messen, eine sorgfältige Pflege.
Wie der pH-Wert, so ist auch der Sauerstoffgehalt (zumindest in bepflanzten Aquarien) tageszeitlichen Schwankungen unterworfen – aufgrund der Assimilation der Wasserpflanzen. Bei 25 °C Wassertemperatur sollten abends um 8 mg/l und morgens noch mindestens 4 mg/l messbar sein. Unter normalen Bedingungen ist eine Messung pro Woche ausreichend. Die Messung sollte sinnvollerweise immer am Ende der Beleuchtungsperiode stattfinden, und der Wert sollte, wie erwähnt, mindestens um 8 mg/l liegen.

Ammonium, Nitrit und Nitrat messen

Mit diesen drei Messungen hat man den kompletten Abbauweg des „Abfalls" im Überblick. Die Tests bestehen in der Regel aus zwei bis drei Reagenzien (je nach Hersteller) und sind problemlos zu handhaben. In einem gut bepflanzten und eingefahrenen Aquarium sollten Ammonium und Nitrit nicht nachweisbar sein! Bis 0,5 mg/l Ammonium und 0,2 mg/l Nitrit können jedoch noch als normal angesehen werden, wobei eine regelmäßige Kontrolle zeigen muss, ob die Werte stabil sind oder sich erhöhen.
Vor allem nach Behandlungen gegen Fischkrankheiten sind häufigere Messungen empfehlenswert, da die Medikamente oft auch die nitrifizierenden Bakterien in Mitleidenschaft ziehen. Auf die pH-Wert-abhängige Giftigkeit des Ammoniums sei noch einmal verwiesen (Tabelle Seite 34). Nitratgehalte von über 20 mg/l können, wie bereits erwähnt, den Algenwuchs beschleunigen und sollten deshalb vermieden werden, obgleich die Fische auch wesentlich höhere Werte ohne Schaden tolerieren.
Die angebotenen Tests haben Reichweiten von etwa 50 Messungen bei Ammonium und Nitrit und 25 bis 50 bei Nitrat. Unter normalen Bedingungen genügt eine Messung pro Woche. Die Tageszeit spielt dabei keine Rolle. Was den Messbereich anbelangt, so sollte als untere Grenze bei Ammonium ein Gehalt von 0,2 mg/l noch gut nachweisbar sein. Die Obergrenze des Messbereichs sollte zwischen 5 und 10 mg/l liegen. Bei Nitrit sollte als untere Grenze 0,05 mg/l noch gut zu erkennen sein, wobei die Obergrenze etwa bei 1–1,5 mg/l liegen kann. Nitrattests gibt es mit relativ engem Messbereich von 0,1 bis etwa 10 mg/l und mit weiterem Messbereich von etwa 10 bis einige 100 mg/l. Tests mit engem Messbereich sind genauer, erfordern jedoch eine gezielte Verdünnung der Probe mit destilliertem Wasser, wenn man höhere Werte erfassen möchte. Dies entfällt bei den Tests mit höherem Messbereich, geht jedoch auf Kosten der Genauigkeit im unteren Bereich. Man wird sich also je nach Aufgabenstellung entscheiden müssen.

Bei gleichen Ansprüchen an die Wasserwerte können Fische und Zwergkrebse zusammen im Aquarium gepflegt werden.

Phosphat messen

Erfreulicherweise hat die Zubehörindustrie die Marktlücke erkannt, und zuverlässig funktionierende Phosphattests gehören heute zum Standardangebot des gut sortierten Zoofachhandels. Deshalb ist es nur noch in seltenen Spezialfällen nötig, auf Testsets aus dem Chemikalienfachhandel zurückzugreifen.

Bei optimalen Haltungsbedingungen zeigen die Fische, hier *Aulonocara jacobfreibergi*, ihre prächtigen Farben.

In der Natur gelten Phosphatgehalte von mehr als 0,1 mg/l bereits als hoch und deuten eine beginnende Überdüngung (Eutrophierung) der Gewässer an. Im Aquarium können Werte von 0,5–1 mg/l noch als normal betrachtet werden. Höher sollte der Phosphatgehalt jedoch auf Dauer nicht liegen. In manchen Aquarien konnten wir Gehalte von 10 mg/l und mehr messen!

TIPP

Für Leute mit Berührungsängsten gegenüber dem „Chemiekram" sei noch erwähnt, dass viele spezialisierte Zoofachhändler entweder als Serviceleistung oder gegen angemessenes Entgelt Wasseranalysen durchführen.

Den Eisengehalt messen

Über die Bedeutung des Eisens im Aquarium haben Sie bisher noch nichts erfahren, wir holen dies im Pflanzen-Kapitel nach. Eisentests werden eingesetzt, um die Dosierung eisenhaltiger Düngepräparate zu kontrollieren. Dabei ist es wichtig, dass der Test auch chelatgebundenes Eisen mit erfasst, da alle modernen Wasserpflanzendünger das Eisen in Form von Chelaten enthalten. Dies können Sie überprüfen, wenn Sie eine Wasserprobe mit Eisentestreagens mal für einige Stunden stehen lassen. Nimmt die Farbintensität der Probe während dieser Zeit langsam zu, so ist der Test für aquaristische Zwecke nicht geeignet.
Als Richtwerte für das Aquarium können Gehalte um 0,1 mg/l angesehen werden. Der Test sollte in der Lage sein, noch 0,05 mg/l nachzuweisen. Die Reichweite der aquaristisch gängigen Tests liegt bei etwa 50 Messungen pro Packung.

› Der Umgang mit Chemikalien

Wir möchten dieses Kapitel nicht abschließen, ohne noch ein Wort zum Umgang mit den verschiedenen Testsets gesagt zu haben. Sämtliche Testsets bestehen aus Chemikalien, die mehr oder weniger gesundheitsschädlich sein können. Deshalb gehören Tests nicht in Kinderhände und auch nicht in die Nähe von Lebensmitteln.
Vermeiden Sie Hautkontakt sowohl mit den Testflüssigkeiten als auch mit den behandelten Wasserproben; nicht nur, weil verschiedene Testsubstanzen möglicherweise Verätzungen verursachen können, sondern auch, weil durch den Kontakt mit der Haut die Messergebnisse verfälscht werden können.
Wählen Sie zur Durchführung der Tests einen Platz, der nicht mit Lebensmitteln in Berührung kommt, und schütten Sie behandelte, nicht mehr benötigte Wasserproben nicht in den Küchenausguss, sondern in die Toilette oder das Waschbecken im Bad und spülen Sie gut nach.
Die Haltbarkeit der Tests variiert je nach Art der verwendeten Chemikalien. In der Regel kann eine Mindesthaltbarkeit von zwei Jahren zugrunde gelegt werden. Da der Aquarianer jedoch beim Kauf eines Tests nicht weiß, welche Zeit dieser Test bereits in Lagern (Hersteller, Großhändler, Zoofachhandel) zugebracht hat, wäre es wünschenswert, wenn mehr Hersteller dazu übergingen, ein Haltbarkeitsdatum anzugeben.

Technik: Der Natur auf die Sprünge helfen

Technik: Der Natur auf die Sprünge helfen

Die Fortschritte in der modernen Aquaristik haben die Aquarienpflege wesentlich einfacher und sicherer gemacht. Denken wir doch daran, wie sich unsere Vorväter noch mit so mancherlei „erfinderischen Konstruktionen“ behelfen mussten, die wir uns heute kaum noch vorstellen können.

Schillerbärblinge

So wurde mit manchen sinnreichen Erfindungen versucht, den tropischen Fischen die erforderliche Haltungstemperatur zu bieten. Die einen machten es mit Petroleumfunzeln unter dem Aquarium, die anderen, schon etwas fortschrittlicher, mit Gasbrennern. Wichtig war, dass der damals aus Metall bestehende Boden der Aquarien über der Heizeinrichtung nicht mit Bodengrund bedeckt war, sondern eine sog. Heizkuppel aufgelötet war. Einen Fortschritt brachten dann die ersten elektrischen Heizer, wo in einem U-förmigen Glasrohr Strom durch eine Salzlösung geschickt wurde. Durch die Größe der angelegten Kohleelektroden und Konzentration der Salzlösung konnte die Heizleistung in gewissen Grenzen gesteuert werden.
Dass Fische und andere Wasserlebewesen Sauerstoff brauchen, war auch damals schon bekannt. Luftpumpen, wie wir sie heute kennen, gab es noch nicht, und so war mal wieder Erfindergeist gefragt. Gummischläuche von Fahrrädern wurden aufgepumpt und die enthaltene Luft dann über Quetschventile langsam in das Aquarium geleitet. Fleißiges Auf-

pumpen sorgte morgens und abends für eine durchaus gesunde Betätigung. Mit der Zeit kamen dann die ersten Druckkessel mit Pumpen und Manometern und später dann die uns bekannten Membranluftpumpen, die man einfach nur in die Steckdose zu stecken braucht. Heutzutage ist das Angebot an mehr oder weniger sinnreicher Aquarientechnik fast unüberschaubar und man hat eher die Qual der Wahl.
Trotzdem ist Technik nicht das allein Seligmachende. Ein gewisses Einfühlungsvermögen in die biologischen Vorgänge im Aquarium kann durch keinen noch so großen technischen Aufwand ersetzt werden. Betrachten Sie also die Technik als segensreiches Hilfsmittel, das, mit dem richtigen Augenmaß eingesetzt, der Natur im Aquarium durchaus „auf die Sprünge helfen" kann. Wir wollen versuchen, Ihnen im Laufe dieses Kapitels ein Gefühl für dieses richtige Augenmaß zu vermitteln.
Zuvor jedoch ein Hinweis: Die allermeisten der nachfolgend behandelten technischen Geräte werden mit der üblichen Netzspannung von 230 Volt betrieben. Gerade die Kombination von Wasser und Strom birgt erhebliche Gefahren. Verwenden Sie deshalb nur Geräte, die den geltenden VDE-Richtlinien entsprechen und mindestens ein CE-Zeichen und möglichst auch noch ein GS-Zeichen haben.
Unterlassen Sie alle Basteleien mit Strom am Aquarium! Wenn sich Eigenbauten nicht umgehen lassen, zum Beispiel bei Beleuchtungen für Aquarien, die von der üblichen Norm abweichen, verwenden Sie nur zugelassene Bauteile und lassen Sie das Ganze von einem Fachmann prüfen, bevor Sie es in Betrieb nehmen.

› Filter, die unsichtbaren Helfer

Sie werden sich vielleicht fragen, warum „unsichtbare" Helfer? Filter besitzen nun mal eine gewisse Größe und sind allenfalls nach geschickter Unterbringung oder Verkleidung unsichtbar. Die „unsichtbaren Helfer" sind nicht die Plastikgebilde selbst, die man im Handel erwirbt, sondern sie sitzen im Inneren des Filters, nach einer gewissen Einlaufzeit. Doch darüber später.

Was muss ein Filter leisten?

Ein Filter muss, wie bereits der Name sagt, etwas filtern, nämlich das Aquarienwasser – mit dem Ziel, es sauber zu halten, was auch immer darunter zu verstehen ist. Darüber hinaus muss er für eine gewisse Strömung im Aquarium sorgen, die gleich mehrere Aufgaben zu erfüllen hat: gleichmäßige Verteilung der Wärme im Aquarium, Zuführung von nährstoffhaltigem Wasser zu den Aquarienpflanzen, Abtransport von Ausscheidungsprodukten (wuchshemmende Stoffe etc.) und, in wenig bepflanzten Aquarien, Sauerstoffanreicherung des Wassers.
Die Pumpleistung des Filters richtet sich nach den Ansprüchen der zu pflegenden Fische und Pflanzen. Bei strömungsliebenden Arten darf die Stundenleistung dem zwei- bis dreifachen Beckenvolumen entsprechen. Bei weniger strömungsliebenden Arten genügt das halbe bis eineinhalbfache Beckenvolumen als Stundenleistung. Bedenken Sie bei der Auswahl, dass die Pumpenleistungen immer im Leerlauf des reinen Pumpenkopfes angegeben sind und sich beim Betrieb mit Schläuchen und Filtermasse nicht selten auf etwa die Hälfte reduzieren.
Verfallen Sie auch bitte nicht dem Irrglauben, der Filter solle jedes bisschen Dreck oder jeden auch noch so kleinen Mulmpartikel aus dem hintersten Eck des Aquariums ansaugen und in den Filterbehälter befördern. Das kann und soll kein Filter leisten! Dafür wären Pumpenleistungen erforderlich, die alle Fische platt an eine Aquarienscheibe drücken würden und die Pflanzen lägen flach am Boden.
Die im vorigen Abschnitt genannten Richtwerte für die Pumpenleistung haben sich in jahrelanger Erfahrung der Autoren bewährt und sorgen für ein biologisch ausgeglichenes Aquarienklima. Dabei kommt es mehr auf die biologische Reinigungsleistung des Filters an, die nachfolgend näher erklärt wird, als dass jedes bisschen Dreck mit eingesaugt wird.

Keilfleckbarben

Innenfilter und Heizer in einem Aquarium, Ansicht von oben.

Tipp
Wer absolut sichergehen möchte, kann die gesamte Elektrik für das Aquarium an einen so genannten FI-Schalter anschließen, der in Gefahrensituationen (Beleuchtung fällt ins Wasser etc.) abschaltet, bevor es zum Unfall kommen kann. In modernen Neubauten gehören FI-Schalter bereits zur Hausinstallation.

Mechanische oder biologische Filterung?

Nichts wird in Aquarianerkreisen heftiger und kontroverser diskutiert als die Art und Weise der Filterung. Die einen stehen auf dem Standpunkt, dass ein Filter nicht oft genug gereinigt werden kann, und sprechen ihm jede biologische Funktion ab. Der Dreck, der sich im Filter sammelt, macht ja nur eine Ortsverlagerung durch, befindet sich nach wie vor im System Aquarium und gammelt im Filter vor sich hin, mit allen erdenklich schlechten Folgen für das Aquarium.
Die anderen betrachten eine Filterreinigung so, als müsste eine heilige Kuh in Indien geschlachtet werden, und schwören auf die biologische Reinigungskraft. Die wertvollen nitrifizierenden Bakterien sollen ja so lange wie möglich ungestört ihre segensreiche Tätigkeit der Entgiftung (siehe Seite 34) durchführen können, wobei Filterreinigung nur unnötig stört.
Wir haben die beiden Extreme bewusst überspitzt dargestellt. Wie so oft im Leben, ist an beiden Einstellungen „was dran“ und der goldene Mittelweg ist mal wieder der richtige. Jeder Filter wird über kurz oder lang biologisch arbeiten, das heißt mit nitrifizierenden Bakterien besiedelt werden, daran gibt es nichts herumzudeuten. Nur sollte man diesen Bakterien ihren „Arbeitsplatz“ auch so optimal wie möglich gestalten! Dazu gehört nun einmal, dass man sie einerseits in Ruhe lässt (heilige Kuh) und ihnen andererseits aber auch unnötigen Dreck von der Pelle hält!
Im Klartext heißt das, ein Filter sollte so aufgebaut sein, dass das Wasser zuerst über eine leicht und bequem zu reinigende feine Vorfiltermasse laufen muss, die regelmäßig gereinigt wird, und anschließend über eine etwas gröbere Filtermasse mit möglichst großer innerer Oberfläche, die möglichst selten gereinigt wird und so den Bakterien einen optimalen Arbeitsplatz bietet. Leider lässt sich dieses Prinzip in vielen käuflichen Filtern nicht so einfach verwirklichen.

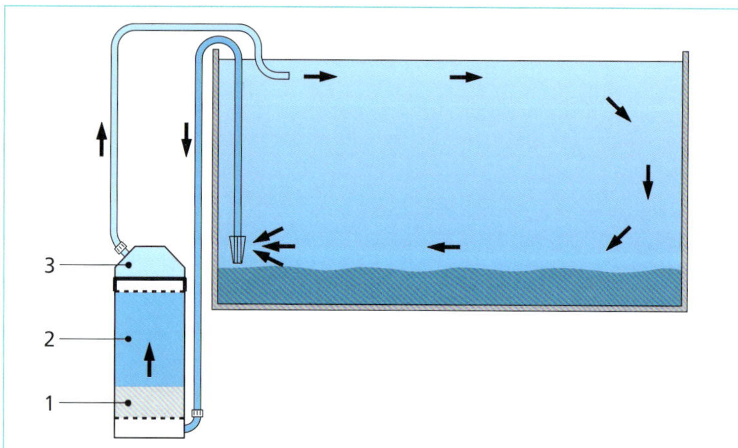

Das Arbeitsprinzip eines geschlossenen Außenfilters. 1 Vorfiltermasse, 2 Hauptfiltermasse, 3 Pumpenkopf.

INFO

Unzählige Gespräche mit Kunden in Zoofachgeschäften zeigen immer wieder die gleichen Probleme auf. Leute, die ihren Filter permanent (am liebsten mit Sagrotan) putzen oder jede Woche nagelneues Filtermaterial einsetzen, haben immer Probleme mit zu hohem Nitrit- und Ammoniumgehalt, weil die Nitrifikation nicht richtig in Gang kommen kann.
Andererseits hatten die „Nie-Reiniger“ immer Probleme mit schnell hoch ansteigendem Nitratgehalt, da der ganze „Dreck“ den Bakterien zum Aufarbeiten überlassen wurde.

Filterbauarten

Für welche Filterbauart Sie sich entscheiden, hängt von der Durchführbarkeit des gerade erläuterten Filterprinzips ab, vom zur Verfügung stehenden Platz und nicht zuletzt von Überlegungen, wie man einer versehentlichen Flutung des Wohnzimmers am besten vorbeugt.
Zunächst unterscheidet man Außen- und Innenfilter. Innenfilter haben den entscheidenden Vorteil, dass sie sich im Aquarium befinden, also keine wasserführenden Rohre oder Leitungen außerhalb des Aquariums verlegt werden müssen. Nachteil ist das relativ kleine Filtervolumen und der zusätzliche Fremdkörper im Aquarium, der entsprechend verkleidet werden muss. Wenn man ihn für die Reinigung entnimmt, wird man nass (sollte für Aquarianer kein Hinderungsgrund sein) und stört eventuell empfindliche Beckeninsassen. Besonders für kleine Aquarien sind genau ins Eck passende, motorbetriebene Innenfilter sehr beliebt. Da hier die Trennung in Vorfiltermasse und Langzeitfiltermasse nicht möglich ist, wird man einen Mittelweg im Reinigungsintervall suchen müssen.
Außenfilter gibt es in geschlossener und offener Bauweise. Geschlossene Außenfilter können bequem unter, neben oder hinter dem Aquarium, praktisch unsichtbar, untergebracht werden. Nachteil: Wasserführende Schläuche führen aus dem Aquarium in den Filter und wieder zurück. Die meisten Hersteller haben die Gefahrenquelle erkannt und liefern Filter mit Schlauchkupplungseinrichtungen und integrierten Absperrhähnen, die es

einerseits erlauben, die Schläuche abrutschsicher zu befestigen und andererseits zu Reinigungszwecken den Wasserfluss bequem abzustellen.
Die meisten dieser Topf-Außenfilter werden von unten nach oben durchströmt, sodass man zur Reinigung der Vorfiltermasse immer erst den gesamten Filterinhalt ausräumen muss. Das ist lästig.
Es gibt bereits einigermaßen brauchbare Vorfilter, die man auf das Ansaugrohr aufsteckt. Ihre Reinigung ist auch wieder nicht ganz das „Gelbe vom Ei", da sie sich meist an einer unzugänglichen Stelle im Aquarium befinden. Man will ja das Ansaugrohr mit Vorfilter nicht dauernd vor der Nase haben, wenn man ins Aquarium sieht. Auch das wird langsam von der Industrie erkannt und es gibt schon den ein oder anderen Außenfilter mit leicht zugänglicher Vorfiltermasse.
Offene Außenfilter sind oben offene Behälter, die entweder als „Rucksack" für kleinere Aquarien oder als abgetrennter Bereich in größeren Aquarien konzipiert sind. Während bei den „Rucksackfiltern" ein oft störungsanfälliges Überlaufrohr erforderlich ist, um das Wasser in den Filter zu befördern, geschieht dies bei den als Abteil im Aquarium konzipierten Filtern durch einfache Öffnungen in der Trennwand, wodurch das Wasser zwangsweise in den Filter gelangt. Dies ist übrigens der sicherste Weg, „nassen Füßen" im Wohnzimmer vorzubeugen. Bei beiden Filtertypen wird das Wasser nach Durchfluss der Filteranlage mit einer Pumpe (Unterwasserpumpe oder Tauchkreiselpumpe) wieder in das Aquarium zurückbefördert. Die Filter als Abteil in einem größeren Aquarium sind in Deutschland eher selten zu finden, bei unseren französischen und anderen europäischen Nachbarn aber weit verbreitet. Gegenüber dem Nachteil des nicht frei wählbaren Aufstellungsortes haben diese Filter den entscheidenden Vorteil des spielend leichten Zugriffs auf die Filtermasse zwecks Reinigung.

Filtermassen

Als Vorfiltermasse zum Zurückhalten von groben Verunreinigungen sind Perlonwatte und feinporiger Schaumstoff

Solche Keramikröhrchen sind als Vorfiltermasse weit verbreitet und beliebt.

aus dem spezialisierten Zoofachhandel hervorragend geeignet. Verwenden Sie keinen Schaumstoff aus Verpackungen unbekannter Herkunft, er könnte unerwünschte Stoffe an das Wasser abgeben oder von Bakterien aufgefressen werden.
Als Langzeitfiltermasse zur Besiedelung mit Bakterien bietet sich praktisch jedes offenporige, nicht reagierende Material an. Auf eine gewisse Porenweite bzw. Körnung des Materials ist zu achten. Klassisches und unserer Meinung nach optimales Material ist Schaumstoff mit einer Porenweite von ppi 10 bis 20. ppi ist die übliche Kenngröße für Porenweiten von Schaumstoff. Die Abkürzung stammt aus dem Englischen und bedeutet „pores per inch", Poren pro 2,5 cm. Weiterhin geeignet sind Formkörper aus Sinterglas, Lavabruch, Tongranulat und so genannte Raschig-Ringe aus Keramik, die gegenüber den anderen Materialien jedoch eine bereits deutlich verringerte Oberfläche besitzen.
Vergessen Sie alles, was sich zurzeit als Modeerscheinung an Plastikfüllkörpern mit Fantasienamen, wie z. B. „Turbo-Filterchips" etc., auf dem Markt herumtreibt. Diese Gebilde haben in der Klärtechnik und bei einigen Spezialaufgaben auch in der Aquaristik durchaus ihre Berechtigung. Als Filtermasse im untergetauchten Betrieb sind sie, auch mit noch so tollen Attributen, sehr schlecht geeignet. Die von Bakterien besiedelbare Oberfläche ist im Vergleich zu Schaumstoff bei gleichem Volumen geradezu kläglich.

Innenfilter in einem Aquarium, Ansicht von vorn mit Thermometer. Dieser Innenfilter ist allerdings zu hoch eingebaut oder der Wasserspiegel zu niedrig. Durch das Geplätscher beim Wasserauslauf wird unnötig wichtiges CO_2 ausgetrieben.

Motorbetriebener Außenfilter, der sich bequem unter dem Becken verstecken läßt und so nicht als Fremdkörper im Aquarium wirkt.

Spezielle Filtermassen

Torf und Aktivkohle, zwei Filtermassen mit wichtigen Sonderfunktionen, sollen nicht unerwähnt bleiben. Um eines gleich vorwegzunehmen: Die gleichzeitige Filterung über Torf und Aktivkohle ist Nonsens, geradeso als würden Sie mit Ihrem Auto gleichzeitig vorwärts und rückwärts fahren. Aktivkohle filtert nämlich genau die Bestandteile wieder heraus, die man mit Torf in das Wasser bringen möchte.

Aktivkohle ist eine Sonderfiltermasse, die aufgrund ihrer speziellen Eigenschaften und besonderer Herstellungsweise dazu in der Lage ist, hochmolekulare organische Verbindungen aus dem Wasser adsorptiv zu entfernen. Zu solchen hochmolekularen organischen Verbindungen zählen zum Beispiel Reste von Medikamenten, die nach erfolgter Behandlung aus dem Wasser entfernt werden sollen, aber auch solche erwünschte Stoffe wie zum Beispiel Huminstoffe, Schutzkolloide und Nährstoffträger (natürliche wie künstliche) mitsamt den gebundenen Nährstoffen, die man durch Wasseraufbereitungsmittel und besonders angepasste Dünger erst mühsam dem Wasser zugesetzt hat.

Aus diesem Grund hat eine Dauerfilterung über qualitativ hochwertige Aktivkohle im Süßwasseraquarium nichts zu suchen, leistet jedoch als „Feuerwehr" (Medikamentenreste etc.) gute Dienste. Die besten Adsorptionseigenschaften haben so genannte Formkohlen, das sind Presslinge verschiedener Größe aus Kohlenstaub. Zerkleinerte Kohle, der man noch die Holzstruktur ansieht, ist vergleichsweise weniger wirksam.

Bei der Zucht von Weichwasserfischen ist **Torf** das Mittel der Wahl, um das Zuchtwasser auf natürliche Weise anzusäuern. Gleichzeitig gibt der Torf wertvolle Huminstoffe an das Wasser ab, die durch ihre bakterienhemmende Wirkung die für diese Fische wichtige bakterienarme Umgebung schaffen. Ein bei unseren Vorvätern altbekanntes und heute fast vergessenes Naturmaterial für diesen Zweck sind getrocknete Erlenzapfen. Der pH-Wert muss öfter kontrolliert werden, um im weichen Wasser ein zu starkes Absinken zu verhindern. Der Zoohandel bietet verschiedene Torfarten an. Man kann jedoch auch normalen Ballentorf aus Hochmooren verwenden, der jedoch keine Düngezusätze enthalten sollte. Im Zweifelsfall eine Probe im Wasser einweichen und nach einigen Tagen auf Ammonium, Nitrat und Phosphat prüfen. Geringfügige Phosphat- und Nitratgehalte sind jedoch auch in ungedüngtem Torf durchaus als normal zu betrachten, da es sich um ein Naturmaterial aus Pflanzen handelt, die diese Bestandteile naturgemäß enthalten.

Darüber hinaus findet man heute im gut sortierten Zoofachhandel auch noch sehr zuverlässige Filtermassen zur Phosphatentfernung. Auch für die Nitratentfernung gibt es eine ganze Reihe von Produkten, die entweder als Ionenaustauscher arbeiten oder die biologische Denitrifikation fördern.

TIPP

Selbstverständlich dürfen Filtermassen, gleich welcher Art, nur unter kühlem (25 °C) Wasser ausgespült werden. Ersatz durch neue Filtermassen erfolgt erst, wenn die alte nach häufigem Ausspülen unbrauchbar geworden ist. Niemals die komplette Filtermasse durch neue ersetzen!

TIPP

Egal wie der Filter auch immer aussehen mag, den regelmäßigen Teilwasserwechsel kann er nicht ersetzen.

› Es werde Licht: Beleuchtung

Die Beleuchtung ist eines der wichtigsten technischen Hilfsmittel der modernen Aquaristik. Das Aquarium wird damit unabhängig vom schlecht zu kontrollierenden Tageslicht auf der Fensterbank. Dadurch kann eine den Bedürfnissen der Aquarieninsassen angepasste Beleuchtung geboten werden, die die Pflege wesentlich erleichtert.

Licht steuert sämtliche Lebensvorgänge bei Fischen, zum Beispiel Nacht- und Tagesaktivitäten verschiedener Arten, den Zeitpunkt des Ablaichens und vieles mehr.

Elegante Hängeleuchten mit Leuchtstoffröhren der neuen T-5-Bauart sind sehr gut auch zur Ausleuchtung größerer Aquarien geeignet.

Die wichtigste Funktion ist jedoch die Lieferung von Energie für jenen pflanzlichen Prozess, den man Assimilation oder Photosynthese nennt und dessen „Abfallprodukt", der Sauerstoff, tierisches Leben auf unserem Planeten erst ermöglicht. Genau dieser Funktion, nämlich Energielieferung für die Assimilation der Wasserpflanzen, muss die Beleuchtung durch geeignete Wahl der Leuchtmittel gerecht werden.

Wie viel Licht brauchen Wasserpflanzen?

Hier wäre zunächst einmal die Frage der Beleuchtungsdauer zu klären. Nehmen Sie dazu die Verhältnisse in der natürlichen tropischen Heimat unserer Aquarienfische zum Vorbild: Der Lichttag ist dort das ganze Jahr über annähernd gleich. Wechselnde Tageslängen wie in unseren Breiten gibt es nicht. Jahraus, jahrein sind 12 Stunden Tag und 12 Stunden Nacht.

Die Lichtbrechung im Wasser sorgt noch dafür, dass morgens und abends bei niedrig stehender Sonne kaum Licht unter Wasser gelangt. Im Endeffekt findet man unter Wasser eher nur 10 Stunden Tag und 14 Stunden Dunkelheit. Entsprechend sollte das Aquarium in der Regel 10 Stunden Licht am Tag erhalten.

Der Einsatz von Zeitschaltuhren sorgt nicht nur für regelmäßiges Ein- und Ausschalten, sondern bei entsprechender Einstellung auch dafür, dass Ihre Fische noch munter sind, wenn Sie es sich abends vor dem Aquarium gemütlich machen. Die Schaltfolge könnte zum Beispiel so aussehen: 11.30/12.00 Uhr an und 22.00/22.30 Uhr aus. Wenn Sie eine Beleuchtung mit mehreren Lampen installieren, dann empfiehlt es sich, diese so zu schalten, dass nur die Hälfte oder, wenn machbar, nur ein Drittel während 10 Stunden angeschaltet ist und die volle Kapazität nur während einer „Kernzeit" von 7 bis 8 Stunden leuchtet.

Was die Beleuchtungsintensität angeht, so gilt hier ausnahmsweise der Grundsatz „Viel hilft viel". Gerade die so begehrten rasenbildenden Vordergrundpflanzen sind meist sehr lichthungrig und haben das meiste lichtschluckende Wasser zwischen sich und der Beleuchtung. Die meisten Pflanzen können sich an stärkstes Licht gut anpassen, an zu schwaches jedoch kaum. Dazu kommt noch, dass das Licht oft durch Schwimmpflanzen oder an der Wasseroberfläche entlangwachsende Stängelpflanzen abgeschattet wird. Als allgemeine Faustregel für die Beleuchtung mit Leuchtstoffröhren kann folgender Wert gelten: 0,3 – 0,5 W pro Liter Aquarieninhalt. Dabei gilt der geringere Wert für weniger lichthungrige und der höhere für stark lichthungrige Pflanzen.

Die Lichtfarbe

Über die Lichtfarbe werden unter Aquarianern nach wie vor heiße, oft nächtelange Diskussionen geführt. Sehr lange galten die rot und blau betonten Lampen als das Non plus Ultra der Aquarienbeleuchtung und versetzten die Unterwasserwelt in ein unnatürliches, bonbonfarbenes Licht. Die Erkenntnis, dass das Aktivitätsmaximum der Photosynthese im blauen und roten Spektralbereich liegt, führte zu dieser Lichtfarbe.

Mittlerweile weiß man, dass die Pflanzen nicht so sehr auf eine starke Betonung des Rot- und Blauanteils angewiesen sind, vielmehr auf ein ausgeglichenes, so genanntes Vollspektrum, möglichst mit Tageslichtcharakter, jedoch mit ausreichender Intensität. Außerdem stehen die rot und blau betonten Lampen im Ruf, algenfördernd zu sein. Ob das besagte Vollspektrumlicht nun eine eher kältere Lichtfarbe (Farbtemperatur) mit Werten um 6 000 – 9 000 K aufweist oder eher warmtönig mit Lichtfarben um 4 000 K ist, spielt eine eher untergeordnete Rolle. Von den Pflanzen werden zwar Lichtfarben um 4 000 K bevorzugt, sie können

Bei guter Beleuchtung färben sich die Triebspitzen der Rundblättrigen Rotala rötlich.

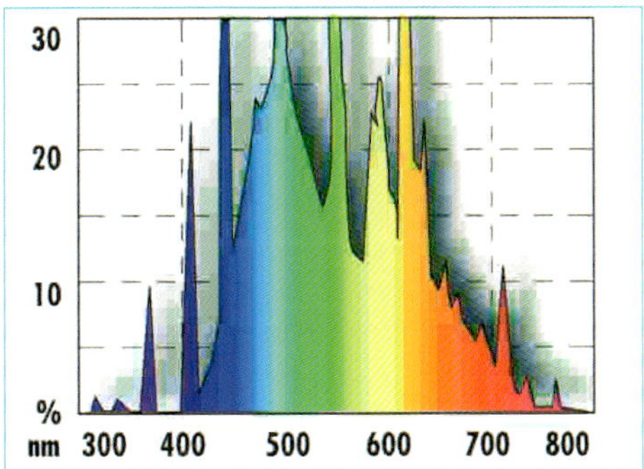

Typisches Spektrum einer sog. Fünfbanden- oder Vollspektrums-Leuchtstoffröhre, hier mit einer Farbtemperatur von ca. 6000 K.

sich jedoch erwiesenermaßen an fast jede Lichtfarbe anpassen, Hauptsache es handelt sich um ein Vollspektrum. Allerdings benötigen sie dazu Zeit und Ruhe. Deshalb ist die Auswahl der Lichtfarbe letzten Endes eine Frage des persönlichen Geschmacks und wie „natürlich" das Aquarium aussehen soll.

Die Lampentypen

Wohl am weitesten verbreitet sind heute **Leuchtstoffröhren** als Aquarienbeleuchtung. Sie haben eine wesentlich bessere Lichtausbeute als die früher verwendeten Glühlampen, „leben" länger und erwärmen sich weniger. Es vergeht kein Jahr, ohne dass nicht irgendeine „sensationelle" neue Röhre mit „nie da gewesenen Eigenschaften" für die Aquaristik auf den Markt kommt.

Mal davon abgesehen, dass die Farbe, wie bereits erwähnt, Geschmackssache ist, seien Sie kritisch! Nicht jede Röhre, die als ideale Röhre für Aquarien angepriesen wird, ist es auch. Achten Sie beim Kauf vor allem darauf, dass es sich wirklich um Vollspektrumröhren handelt. Sie erkennen das bei einem Blick auf das meist auf der Verpackung abgedruckte Spektrum. Weist das Spektrum drei deutliche Peaks mit Zwischenbereichen auf, die fast bis auf die Nullachse gehen, dann haben Sie es mit ziemlicher Sicherheit mit einer so genannten „Dreibandenröhre" zu tun, die zwar viel Licht erzeugt, das für unser Empfinden auch angenehm ist, jedoch vor allem für Pflanzen weniger geeignet ist. Finden Sie fünf Peaks im Spektrum, bei denen kein Zwischenbereich bis zur Nullachse geht, so haben sie einen Treffer gelandet und eine Vollspektrumröhre liegt vor Ihnen. Nun brauchen Sie nur noch zu entscheiden, ob Sie eine Röhre mit eher kaltem, weißlichem Lichteindruck oder eine solche mit wärmerem, eher gelblichem Lichteindruck wollen. Dies können Sie anhand der meist angegebenen „Farbtemperatur" in Kelvin (K) erkennen. Werte um 4 000 K stehen für wärmeres, eher gelbliches Licht, Werte darüber werden zunehmend „kälter" im Farbeindruck. Die zurzeit immer mehr Liebhaber findenden Landschaftsaquarien japanischer Art werden meist mit Farbtemperaturen um 9 000 K beleuchtet. Vollspektrumröhren haben außer dem unbestrittenen Vorteil für das Pflanzenwachstum noch einen angenehmen Nebeneffekt für den Betrachter: Alle beleuchteten Objekte, ob Fische oder Pflanzen, zeigen ihre volle natürliche Schönheit, weil Vollspektrumbeleuchtung alle vorhandenen Farbnuancen zur Geltung bringt. Umgekehrt werden Beleuchtungen, die nicht das volle Spektrum umfassen, die beleuchteten Objekte nur mit Farblücken zeigen, d.h. wesentliche Farbmerkmale kommen möglicherweise nicht zur Geltung.

Als Faustregel für eine akzeptable Beleuchtungsstärke kann, wie bereits erwähnt, gelten: 0,3 – 0,5 W pro Liter Aquarieninhalt bei Verwendung von Leuchtstoffröhren. Geeignete Reflektoren sollten die Lichtabstrahlung nach oben verhindern. Der Fachhandel bietet Reflektorbleche an, die auf die Röhre geklipst werden können. Die Leuchtkraft von Leuchtstoffröhren lässt mit der Zeit nach, deshalb sollten Sie spätestens nach einem Jahr (auch wenn sie noch brennen!) ausgetauscht werden. Schreiben Sie sich das Datum irgendwo in den Beleuchtungskasten! Mehrere Röhren im Turnus wechseln, damit die Pflanzen keinen Schock bekommen. Einige Hersteller liefern mit der Röhrenverpackung spezielle Aufkleber, die ähnlich einem TÜV-Aufkleber gestaltet sind, die man sich als Gedächtnisstütze einfach in die Nähe der betreffenden Röhre kleben kann.

Um genügend Licht in das Aquarium zu bekommen, sollten Leuchtstoffröhren möglichst nahe an der Wasseroberfläche liegen. Es versteht sich von selbst, dass nur VDE-gerechte, wasserdichte Fassungen verwendet werden dürfen. Lassen Sie, Ihrer Sicherheit zuliebe, die Finger von Eigenkonstruktionen! Es gibt im Zoofachhandel fertige, wasserdichte Einbauleuchten für den selbst gestylten Beleuchtungskasten zu kaufen. Trotz der geringen Wärmeentwicklung der Leuchtstoffröhren kann es bei sommerlichen Außentemperaturen in einem geschlossenen Beleuchtungskasten ganz schön warm werden. Für diesen Fall sollten Lüftungsöffnungen vorgesehen sein.

TIPP

Ständiger Wechsel der Lichtfarbe sollte unbedingt vermieden werden. Er stellt die Pflanzen oft vor erhebliche Probleme, da sie mit der Anpassung nicht nachkommen. Unsere speziellen „Freunde", die Algen, hätten dann die Nase vorn.

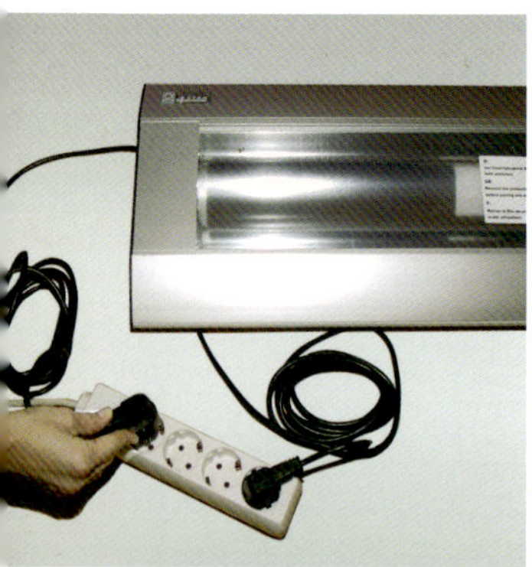

Bei Hängeleuchten mit mehreren Leuchtstoffröhren haben sich zwei Netzzuleitungen als vorteilhaft herausgestellt, zur getrennten Steuerung über Schaltuhren.

Die Einführung der **Quecksilberhochdrucklampen** eröffnete neue Perspektiven in der Aquaristik. Mussten Leuchtstofflampen in mehr oder weniger geschlossenen Kästen über dem Aquarium angebracht werden, so ermöglichen die über dem Aquarium angebrachten **HQL-Lampen** einen ungehinderten Blick auf die Wasseroberfläche. Pflanzen können aus dem Wasser herauswachsen und Blüten bilden. Das Hantieren am Aquarium ist leichter geworden. Durch die stark gebündelte Lichtmenge können auch Becken von mehr als 50 cm Höhe effektiv ausgeleuchtet werden, was mit Leuchtstoffröhren kaum möglich war.
Mittlerweile sind HQL-Beleuchtungen wieder fast ganz vom Markt verschwunden, weil man erkannt hat, dass es sich um eine beleuchtungstechnische Sackgasse gehandelt hat. Das Spektrum der HQL-Lampen war eher als kläglich zu bezeichnen im Vergleich zu dem, was die Pflanzen brauchen. Darüber hinaus hat das stark lückenhafte Spektrum für erhebliches farbliches Defizit bei den beleuchteten Objekten, vor allem den Fischen gesorgt, die eher wie „graue Nudeln“ aussahen.
Eine viel versprechende Neuentwicklung auf dem Beleuchtungssektor soll jedoch nicht unerwähnt bleiben. Die neuen, so genannten **T-5-Leuchtstoffröhren** mit nur 16 mm Röhrendurchmesser sind auf dem besten Weg, sich die Aquaristik zu erobern. Durch die kompakte Bauform und die hohe Lichtausbeute bringt man höhere Lichtinsitäten „auf den Punkt“ als mit herkömmlichen so genannten T-8-Leuchtstoffröhren. Renommierte Aquaristikfirmen bieten bereits T-5-Röhren in Vollspektrumversion an. Die mit dem Aussterben der HQL-Technologie verloren gegangenen Hängeleuchten kommen in Form von eleganten Hängeleuchten in T-5 Technologie wieder auf den Markt.

› CO_2: Auch Pflanzen brauchen Futter

Bis vor nicht allzu langer Zeit galt CO_2 als der Fischfeind Nummer eins in den Aquarien und man unternahm alles nur Erdenkliche, um CO_2 aus dem Wasser auszutreiben. Es wurden stark sprudelnde Ausströmersteine installiert, am Filtereinlauf von Motorfiltern wurden Lufteinzugsdüsen angebracht, und mit Strahlrohren und anderen sinnreichen Konstruktionen wurden wasserfallähnliche Einrichtungen geschaffen, deren Geräusch empfindsamere Naturen nach dem nächsten Weg zur Toilette suchen ließ.
Heute weiß man, dass CO_2 als mengenmäßig wichtigster Hauptnährstoff der Pflanzen auch ohne solche Wasserspiele im Aquarium eher Mangelware ist. Deshalb hat sich der Trend umgekehrt, und man ist bestrebt, das CO_2, das durch die Atmung der Fische und die Tätigkeit von Bakterien gebildet wird, möglichst wenig aus dem Wasser auszutreiben, ja man macht sogar erhebliche Anstrengungen, mehr CO_2 in das Wasser hineinzubekommen, um den Pflanzen ihr nötiges „Futter“ zukommen zu lassen.
Um so unverständlicher ist uns deshalb die Werbestrategie mancher Filterhersteller, die immer noch mit möglichst vielen „Wasserspielen“ dem Aquarienwasser auch das letzte bisschen CO_2 austreiben und damit den Pflanzen das Leben schwer machen. So können die Pflanzen natürlich auch nicht genügend Sauerstoff liefern und man muss durch Diffusoren und Strahlrohre den Sauerstoffgehalt erhöhen – die Katze beißt sich in den Schwanz.
Es ist natürlich auch möglich, erfolgreich Aquarien ohne CO_2-Zufuhr zu fahren, wenn man mit entsprechender Disziplin nur solche Pflanzen wählt, die langsam genug wachsen und so mit dem im Aquarium entstehenden CO_2 auskommen, ohne gegen Abend den pH-Wert in schwindelnde Höhen zu treiben.
Dabei muss man jedoch auf größere Pflanzenvielfalt verzichten. Würde man nämlich schnell wachsende Arten dazusetzen, so würden die in kurzer Zeit das frei verfügbare CO_2 aufbrauchen, den langsam wachsenden bleibt nichts übrig, und da die schnell wachsenden auch das im Karbonat gebundene CO_2 noch angreifen können, steigt der pH-Wert drastisch an und macht das Wassermilieu lebensfeindlich für Fische und Pflanzen.
Dies ist auch der Grund für die häufig

INFO
Metalldampf-Lampen (HQI) haben sich bisher fast nur in Seewasseraquaristik und bei sehr großen Süßwasserbecken etablieren können, wo enorme Lichtintensitäten gebraucht werden.

Inhalt eines professionellen Sets zur CO_2-Versorgung: Druckflasche mit Standfuß, Druckminderer mit Magnetventil 12 V zur Nachtabschaltung, CO_2-Zugabegerät (Reaktor) und CO_2-Dauertest.

geäußerte Meinung, dass sich bestimmte Pflanzen nicht „vertragen“. Einfache Erklärung: Die eine macht der anderen das CO_2 streitig. In Aquarien, in denen durch eine CO_2-Zufuhr von außen für ein gleichbleibendes Angebot gesorgt wird, wachsen die „Kontrahenten“ meist friedlich nebeneinander. Wir sehen also: Bei ausreichendem CO_2-Angebot lassen sich Pflanzen verschiedener Ansprüche im gleichen Aquarium pflegen. Dadurch erreicht man eine Pflanzenvielfalt, die im Aquarium ohne CO_2-Versorgung von außen nicht möglich ist.

Ist CO_2 für Fische gefährlich?

Um die Antwort gleich vorwegzunehmen: Unter „normalen“ Aquarienbedingungen, mit Karbonathärten zwischen 5 bis 15 °d und pH-Werten um den Neutralpunkt, kann CO_2 für Fische grundsätzlich nicht gefährlich werden. Es spielt dabei keine Rolle, ob der CO_2-Gehalt bei 20 oder 60 mg/l liegt – solange die Menge, die nötig ist, um die Karbonathärte in Lösung zu halten, nicht überschritten wird.

Erst wenn darüber hinaus noch mehr CO_2 zugegeben wird, können gefährliche Werte erreicht werden und der pH-Wert stark sinken. Da für ausreichendes Pflanzenwachstum eine gewisse Mindestmenge an CO_2 erforderlich ist, kann bei Karbonathärtewerten unter 4 bis 5 °d zu wenig Karbonat als Gleichgewichtspartner vorhanden sein und der pH-Wert zu stark absinken.

Umgekehrt würden bei sehr hohen Karbonathärtewerten unwirtschaftlich hohe Mengen an CO_2 gebraucht, um den pH-Wert auf Werte um 7 einzustellen. Das Zusammenspiel zwischen Karbonathärte, pH-Wert und CO_2-Gehalt ist in der Tabelle dargestellt.

CO_2-Gehalt (mg/l) aus pH-Wert und Härte ermitteln
(geändert nach Krause)

Karbonathärte (°d)	pH-Wert 6,6	6,8	7,0	7,2	7,4	7,6
2	16	10	7	4	3	2
4	32	20	13	8	5	3
6	50	30	20	12	8	5
8	65	40	25	16	10	6
10	80	50	32	20	13	8
12	100	60	40	24	15	10
14	115	70	45	28	18	11
16	130	80	50	32	20	12
18	145	90	58	36	23	14
20	160	100	65	40	25	16

- empfohlener Härtebereich
- empfohlener pH-Bereich
- Bereich mit optimalem CO_2-Gehalt

Methoden der CO_2-Versorgung

Es gibt verschiedene, mehr oder weniger wirksame Methoden, Aquarienwasser mit CO_2 anzureichern. Von vornherein vergessen sollten Sie Mineralwasser und so genannte CO_2-Düngetabletten als CO_2-Quelle. Dies entspricht dem berühmten Tropfen auf den heißen Stein. Durch die Reaktion von Salzsäure mit Marmor in einem Behälter CO_2 herzustellen ist zwar möglich, wegen des Umgangs mit Salzsäure jedoch zu gefährlich. Durch alkoholische Gärung von Hefe in Zuckerlösung ist es möglich, kleine Aquarien für eine Zeit lang einigermaßen mit CO_2 zu versorgen. Solche Sets sind von vielen Herstellern mittlerweile im gut sortierten Zoofachhandel zu finden. Sie enthalten statt der reinen Zuckerlösung meist auch noch ein Puffersystem, das verhindert, dass sich die Hefe vorzeitig durch den selbst produzierten pH-Abfall umbringt. Außerdem sind sie recht preiswert und selbst basteln lohnt sich deshalb kaum noch.

Die am weitesten verbreitete und effektivste Methode beruht auf der Verwendung von CO_2, das in Druckflaschen in flüssiger Form gespeichert ist. Über eine Druckreduziereinrichtung wird ein geringer, gleichmäßiger Strom ins Aquarium geleitet und dort in Diffusionseinrichtungen verschiedener Art möglichst lange mit Wasser in Kontakt gebracht. Dabei diffundiert das Gas nahezu vollständig in das Aquarienwasser. Durch die Verwendung von Druckflaschen ist es möglich, einen großen Vorrat an CO_2 auf kleinstem Raum bereitzuhalten, wodurch dieses Verfahren das rationellste ist.

Umgang mit Druckflaschen

Wie alle Druckflaschen, so unterliegen auch CO_2-Druckflaschen in Deutschland einer sehr strengen „Druckbehälterverordnung“. Jede Flasche muss mit einem TÜV-Stempel mit Datum versehen sein. Die Flasche darf sich von diesem Datum an gerechnet 10 Jahre im Verkehr befinden und muss dann erneut überprüft werden.

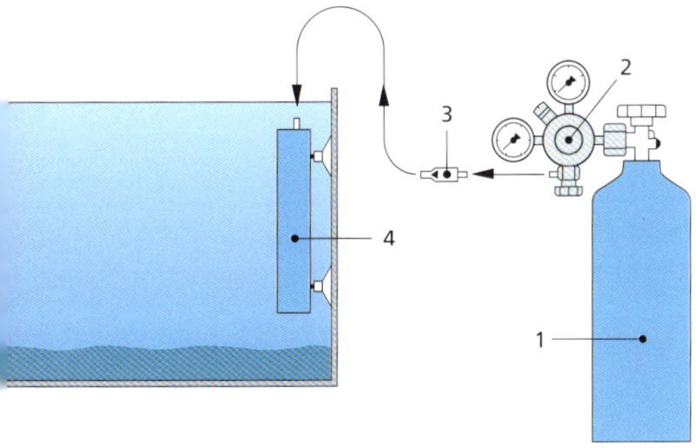

Prinzip einer CO_2-Düngeanlage. 1 CO_2-Druckflasche, 2 Druckminderer mit Arbeits- und Flaschendruck-Manometer, 3 Rücklaufsperre mit Markierung der Durchflussrichtung, 4 Diffusionseinrichtung.

Bei normaler Raumtemperatur beträgt der Innendruck ca. 60 bar. Bei steigender Temperatur nimmt auch der Innendruck schnell zu. Um Unfälle zu vermeiden, sind alle Flaschen mit so genannten Berstscheiben versehen, die bersten, wenn der Innendruck einen bestimmten Wert übersteigt, und das Gas kontrolliert austreten lassen (vergessene Flasche im überhitzten Auto). Defekte Berstscheiben dürfen nur von autorisiertem Fachpersonal gewechselt werden!

Unterlassen Sie in Ihrem eigenen Interesse alle Versuche, leere CO_2-Flaschen selbst zu füllen oder gar andere als die dafür zugelassenen Flaschen mit CO_2 zu befüllen! Obendrein ist es strafbar. Druckflaschen dürfen nur von autorisierten Betrieben (Hersteller oder Kohlensäuredienste) gefüllt werden.

Solange sich auch nur ein Tropfen flüssiges CO_2 in der Flasche befindet, herrscht ein Innendruck von 60 bar. Erst wenn kein flüssiges CO_2 mehr vorhanden, die Flasche also praktisch leer ist, beginnt der Druck zu fallen. Um ein Eindringen von Schmutz und Wasser in die Flasche zu verhindern, sollten „leere" Flaschen mit einem Restdruck von ca. 30 bar zum Wiederbefüllen gegeben werden.

Nadelventil oder Druckminderer?

Es gibt zwei Wege, einen einfachen und preiswerten und einen eleganten und kostspieligeren, um aus der unter Druck stehenden Flasche einen langsamen Strom an CO_2 herauszubekommen. Der einfache Weg ist ein so genanntes Nadelventil, das durch eine feine Nadel, die über eine Gewindespindel bewegt wird, mehr oder weniger CO_2 direkt aus der Flasche ins Aquarium lässt. Die Regulierung solcher Nadelventile erfordert (gleich bei welcher Marke) eine gewisse „liebevolle" Hand, da der volle Flaschendruck von 60 bar direkt geregelt wird, wodurch die kleinste Drehung an der Nadel bereits große Wirkung haben kann. Weiterhin können Schwankungen der Außentemperatur den Gasfluss ebenfalls verändern, da sich der Druck in der Flasche ändert. Solche Systeme, die nur mit einem Nadelventil arbeiten, sind wegen des mangelnden Einstellkomforts mittlerweile kaum noch im Handel zu finden.

Das wesentlich elegantere und mittlerweile auch am weitesten verbreitete Zugabegerät ist ein so genannter Druckminderer. Hier gelangt nur ein variabel einstellbarer „Arbeitsdruck" zum Dosierventil, das aufgrund des niederen Druckes wesentlich präziser einzustellen ist. Der eingestellte Arbeitsdruck wird durch ein automatisches Ventil im Inneren des Druckminderers annähernd konstant gehalten. An zwei Manometern kann der Flaschendruck und der Arbeitsdruck abgelesen werden.

Es gibt Druckminderer von verschiedenen Herstellern und in verschiedenen Preislagen. Achten Sie darauf, dass der Druckminderer ein Sicherheitsventil besitzt, das eine Überlastung des Arbeitsdruckmanometers verhindert. Dies tritt häufig auf, wenn eine neu gefüllte Flasche schnell aufgedreht wird. Je nach Hersteller kann das System noch durch Nachtabschaltung über ein Magnetventil oder durch pH-Wert-abhängige, vollautomatische Steuerung perfektioniert werden. Solche Steuerungen und Nachtabschaltungen dürfen grundsätzlich nur mit vorgeschaltetem Druckminderer betrieben werden.

Diffusionseinrichtungen

Der Markt bietet Diffusionseinrichtungen verschiedenster Art, die der „Philosophie" der jeweiligen Hersteller entsprechen. Hier gilt: „Es führen viele Wege nach Rom." Es gibt Geräte, die mit Pum-

TIPP

Wie voll oder leer eine Druckflasche ist, kann nur durch Wiegen ermittelt werden. Das Gewicht der leeren Flasche ist als Tara auf jeder Flasche eingestempelt, zusätzlich das zulässige Gasgewicht. Beide Gewichte addiert ergeben das Gewicht der gefüllten Flasche.

CO_2-Druckflasche: Detailansicht des Flaschenventils mit vorschriftsmäßigem Ventilschutz (Cage).

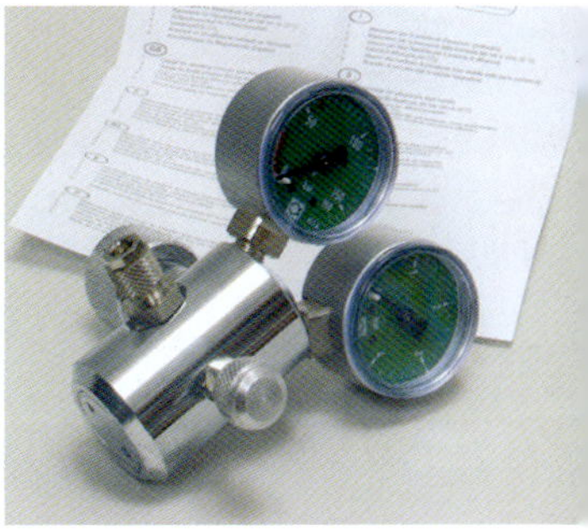

Druckminderer mit zwei Manometern zur sicheren Entnahme von CO_2 aus Druckflaschen.

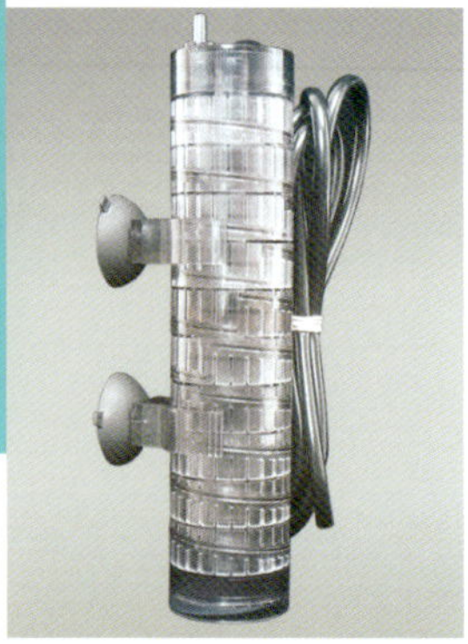

CO_2-Zugabegerät (Reaktor), das zum Betrieb keine Pumpe erfordert.

TIPP

Für eine optimale Versorgung der Wasserpflanzen sollten Sie bei einer Karbonathärte nicht unter 5 °d und nicht über 15 °d einen pH-Wert zwischen 6,8 und 7,4 einstellen, wobei der niedrigere pH-Wert für die niedrigere Härte und der höhere für die höhere Härte gilt.

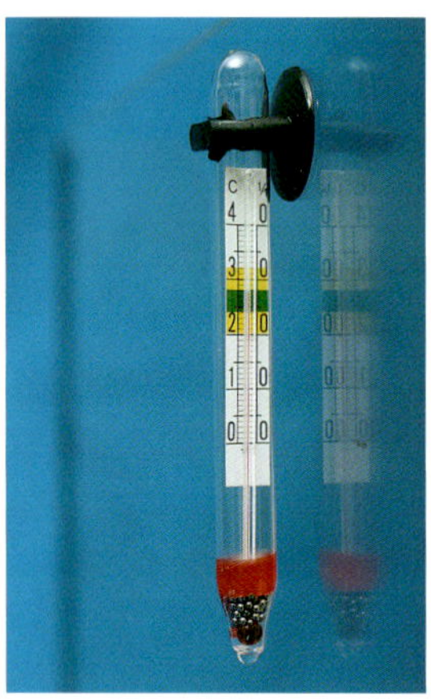

Klassisches Aquarienthermometer

pen betrieben werden müssen, solche, die ohne auskommen, solche, die im Aquarium anzubringen sind, und solche, die außerhalb angebracht werden. Lassen Sie sich von einem spezialisierten Fachhändler beraten und wählen Sie das für Ihren Bedarf geeignete Gerät.

› Das wohltemperierte Aquarium

Die Aquarienfische haben einen bestimmten Temperaturbereich, in dem sie sich wohl fühlen; die für die Zucht nötigen Temperaturen liegen meistens etwas darüber. Einzelheiten zu den Arten werden bei den Fischbeschreibungen genannt.
Hier geht es nun allgemein darum, welche technischen Möglichkeiten die moderne Aquaristik bietet, um den jeweils benötigten Temperaturrahmen zu schaffen und aufrechtzuerhalten. Da sich die meisten Fische bei einer Temperatur wohl fühlen, die höher als unsere übliche Zimmertemperatur liegt, braucht man eine Aquarienheizung und ein Thermometer, um die Temperatur zu überwachen. Beim Befüllen eines neuen Aquariums und beim Wasserwechsel verwenden Sie gleich erwärmtes Wasser. Der Heizer würde viel zu lange brauchen, um das Wasser zu temperieren, und außerdem vertragen die Aquarienbewohner Temperaturschwankungen schlecht.
Welche Heizmöglichkeiten gibt es nun? Je nach dem beheizten Bereich unterscheidet man Boden- und Wasserheizungen.

Bodenheizungen

Es gibt Heizmatten, die man unter das Becken legen kann. Von diesem Heiztyp kommt man aber immer mehr ab, da relativ viel Wärme verloren geht. Ohne dass es exakte Untersuchungen dazu gibt, erscheint es doch einleuchtend, dass die Unterlage, der Boden des Aquariums und ggf. auch der Rahmen einiges an Wärme schlucken, bevor sie den Insassen zugute kommt.
Direkter wirksam sind Heizkabel oder kabelartige Elemente im Aquarium. Sie werden bei der Ersteinrichtung unter oder im Bodengrund verlegt und mit Dekorationsmaterial gesichert und kaschiert. Es gibt auch Heizsysteme, die direkt auf dem Beckenboden unter Kunststoff-Gitterbausteinen platziert werden.
Bodenheizungen bewirken die gewünschte Wasserbewegung im Bodengrund, die die Nährstoffe verteilt und der Anhäufung von Abbauprodukten vorbeugt. Außerdem verschaffen sie den Pflanzen „warme Füße“, was diese mit gutem Wurzelwachstum quittieren.
Um das gesamte Aquarienwasser auf die nötige Temperatur zu erwärmen, sind Bodenheizungen nicht so praktisch: Da wird es den Pflanzen leicht von unten zu warm. Wir empfehlen, nur etwa ein Drittel der nötigen Heizleistung aus Bodenheizern zu beziehen und ansonsten das Wasser direkt zu erwärmen.
Dafür gibt es im Prinzip wieder zwei Möglichkeiten: Stabheizer und Thermofilter.

Stabheizer

Sie erwärmen das Wasser direkt. Die entstehende Wärmeströmung sorgt – zusammen mit der durch den Filter bewirkten Strömung – für eine Wasserumwälzung; dadurch wird die Wärme gleichmäßig im Aquarium verteilt.
Stabheizer sind Glasröhren, in denen Heizdrähte auf einem keramischen oder ebenfalls aus Glas bestehenden Stützkörper angebracht sind, und die ständig von ausreichend Wasser umspült sein müssen. Dank neuer gesetzlicher Regelungen sind Stabheizer heutzutage aus sehr stabilem Glas, das auch beim versehentlichen Trockenfallen des Heizers nicht platzt. Manche Fabrikate verfügen auch

Die Bodenheizung wird vor dem Einbringen des Bodengrundes auf der Bodenscheibe verlegt.

über einen so genannten Trockenlaufschutz, der bei fehlendem Wasser nach einer gewissen Zeit die Stromzufuhr unterbricht und bei Abkühlung wieder freigibt.

Thermofilter

Eine komfortable und technisch ausgereifte Heizmöglichkeit bieten Thermofilter. Das Heizelement befindet sich im Filtertopf, so dass stets temperiertes, gefiltertes Wasser in das Aquarium zurückfließt. Der Temperaturregler ist von außen zugänglich.
Wie leistungsfähig müssen die Heizgeräte sein? Da hilft eine Faustregel: Pro Liter Rauminhalt des Aquariums werden etwa 0,5 bis 1 Watt Heizleistung veranschlagt. In normal geheizten Räumen können 0,5 Watt/Liter Wasser ausreichen, in kühleren Räumen (z.B. Hobbykeller) wird eher 1 Watt/Liter Wasser benötigt. Auf den Verpackungen der gängigen Heizerfabrikate ist meist auch eine Tabelle abgedruckt, der man die erforderliche Heizerleistung in Abhängigkeit von der umgebenden Raumtemperatur entnehmen kann.
Außer in sehr kalten Räumen ist es prinzipiell empfehlenswert, die Heizung mit der Zeitschaltuhr für die Beleuchtung zu koppeln, sodass beides nachts ausgeschaltet wird (geht nicht bei Thermofiltern, da die Filterung ja weiterlaufen soll). Dann ergibt sich nachts eine um ca. 1 bis 2 °C niedrigere Wassertemperatur, was den Verhältnissen in der natürlichen Heimat der Fische entspricht.

› Nützliches Zubehör

Eimer, Schläuche und Kescher gehören zur Grundausstattung. Sie sollen nur für aquaristische Zwecke benutzt werden und für sonstige Putzaktivitäten im Haushalt absolut tabu sein. Wenn Sie mehrere Aquarien pflegen, empfiehlt es sich, für jedes Becken einen eigenen Kescher anzuschaffen und zu benutzen. So können keine Krankheitserreger verschleppt werden.
Flaschenbürsten machen sich bei der Reinigung von Schläuchen, Rohrverbindungen und Filterteilen nützlich.
Scheibenreiniger entfernen festsitzende Algenbeläge von den Glasscheiben (bei richtiger Wasserpflege sollte es allerdings gar nicht erst so weit kommen). Filz- und Kunststoffteile entfernen den Bewuchs auf die sanfte Tour, in hartnäckigeren Fällen nimmt man die Klingen (sie sind auswechselbar). Ob Sie Geräte mit einer Magnetführung von außen oder Schaber an langen Stäben wählen, bleibt Ihrem persönlichen Geschmack überlassen.
Magnetscheibenreiniger hatten bislang die unangenehme Eigenschaft, dass das im Wasser befindliche Teil „absäuft“, wenn die Magnetverbindung versehentlich unterbrochen wurde. Eine Neuentwicklung der letzten Jahre, die so genannten „schwimmenden“ Magnete, haben diesen Nachteil abgestellt. Das Innenteil treibt zur Wasseroberfläche, wenn die Magnetverbindung unterbrochen wird.
Schwimmende Futterringe mit einem siebartigen Einsatz sind bei der Verfütterung von lebenden Tubifex und Enchyträen nützlich. Die Tierchen werden gleich von den Fischen gefressen, sobald sie aus dem Sieb herauskrabbeln, und kommen nicht mehr dazu, sich im Bodengrund zu „verkrümeln“.
Um den Bodengrund von zu viel Mulm und Schlamm zu reinigen, kann man beim Absaugen eine Mulmglocke oder andere „staubsaugerähnliche“ Vorrichtungen auf das Schlauchende stecken. So lassen sich Kotreste und Schmutzpartikel entfernen, ohne dass Kies mit angesaugt wird.
In gut bepflanzten Aquarien kann auf eine Belüftung getrost verzichtet werden; beinahe schon unsinnig wird sprudelnde Druckluft in Becken, die über eine CO_2-Versorgung für die Pflanzen verfügen. Die gut gemeinten Luftblasen treiben nämlich das wertvolle CO_2-Gas rascher aus dem Wasser aus, als es sich dort lösen und von den Pflanzen aufgenommen werden kann! Nur in kaum bepflanzten Aquarien (z.B. Buntbarschbecken mit Stein- und Holzdekoration) und in kargen, hygienisch eingerichteten Zuchtbecken hat die künstliche Belüftung ihre Berechtigung.
Leistungsfähige Membran- oder Kolbenpumpen verdichten angesaugte Umge-

INFO
Für alle Heizsysteme gilt, dass die Geräte VDE-konform gebaut sein sollten und mindestens ein CE-Zeichen, besser auch ein GS-Prüfsiegel haben sollten. Regelmäßige Reinigung und sachgemäßer Betrieb gemäß der Gebrauchsanweisung erhöhen ihre Funktionstüchtigkeit und Lebensdauer. Bitte ziehen Sie beim geringsten Verdacht auf Defekte den Netzstecker und lassen Sie die Geräte nötigenfalls vom Fachhandel bzw. Hersteller reparieren.

Handelsüblicher Kescher zum Fangen von Fischen im Aquarium. Die Größe des Keschers sollte in der Regel der Aquariengröße, *nicht* der Fischgröße angepaßt sein.

TIPP
Aus eigener leidvoller Erfahrung möchten wir ausdrücklich davor warnen, Haushaltsschwämme mit Scheuerseite als Scheibenreiniger zu benutzen. Hässlich zerkratzte Scheiben sind das unausbleibliche Resultat!

bungsluft und geben sie über einen dünnen Schlauch und verschiedene Ausströmermodelle ins Wasser ab. Bei der Pumpe, die ja auch zum Betrieb eines kleinen Filters verwendet werden kann, rechnet sich ein gutes Markenfabrikat durch geräuscharmen Dauerbetrieb bei guter Förderleistung schnell. In unmittelbarer Nähe des Ansaugstutzens sollte aber auch tatsächlich frische Luft vorhanden sein, nicht etwa Tabakqualm oder Küchendünste. Schlauchklemmen zur Drosselung der Luftzufuhr und Abzweigstücke zur Versorgung mehrerer Leitungen aus einer Luftpumpe erhält man im Zoofachhandel.

Ein technisches Hilfsmittel zur Reduzierung des Keimgehaltes im Wasser wird wohl nur bei der Pflege von sehr empfindlichen Arten und in Zucht- und Aufzuchtanlagen benötigt und soll daher hier nur kurz erwähnt werden: die UV-Anlage. Das Aquarienwasser wird in einem Röhrensystem an UV-Brennern vorbeigeleitet, die so genannte UV-C-Strahlung liefern. Durch die ultraviolette Strahlung verringert sich die Zahl der Bakterien im Wasser deutlich. Sehr nützlich sind UV-C-Anlagen auch zur Bekämpfung von „grünem Wasser“, das durch Massenvermehrung einzelliger Algen entsteht.

TIPP

Eine Pflanzenzange ist für die anfallenden Pflegearbeiten im Unterwassergarten recht nützlich. Der Umgang mit einem derartigen Gerät ist etwas gewöhnungsbedürftig, doch lernt man den verlängerten Arm rasch zu schätzen und braucht nicht – zum Schrecken der Fische – bis zum Ellbogen ins Aquarium tauchen.

Pflegeplan

Vor allem der Anfänger wird, gerade weil er bemüht ist, alles möglichst gut zu machen, in der Regel zu viel am Aquarium „herumwerkeln“. Deshalb haben wir hier noch einmal die erforderlichen Pflegemaßnahmen zusammengestellt. Darüber hinaus sollte das Aquarium Ruhe haben!

Täglich

Ein- bis zweimal so viel füttern, wie in zwei bis drei Minuten aufgefressen wird. Ab und zu einen Fastentag einlegen. Jungfische öfter füttern, natürlich ohne Fastentag.

Fische beobachten: Fressen alle, gibt es Unverträglichkeiten oder Anzeichen von Krankheiten? Tote Fische unverzüglich entfernen.

Kontrollieren: Temperatur, Funktion der Technik.

Wöchentlich, spätestens alle zwei Wochen

Teilwasserwechsel von etwa $^1/_4$ bis $^1/_3$ des Beckenvolumens, verbunden mit Filterreinigung und, falls nötig, Korrektur des Pflanzenwuchses.

1. Erforderliche Korrekturen an Pflanzen vornehmen.
2. Frontscheibe innen reinigen.
3. Heizung und Filter abschalten.
4. Wasser ablassen, dabei übermäßige Mulmansammlungen im Sichtbereich mit absaugen.
5. Vorfiltermasse des Filters unter fließendem Wasser (kühl!) ausspülen. Falls erforderlich, Pumpengehäuse des Filters reinigen.
6. Falls vorhanden, Deckscheiben reinigen. Kalkablagerungen können mit Essigwasser entfernt werden, danach gut abspülen.
7. Aquarium mit temperiertem Leitungswasser wieder auffüllen.
8. Heizung und Filter wieder einschalten.

Urlaubsvorbereitungen

› Vor Urlaubsbeginn Wasserwechsel in gewohnter Weise.

› Bei Abwesenheit von ein bis zwei Wochen ist keine Fütterung der Fische erforderlich (Jungfische müssen weiter gefüttert werden).

› Bei längerer Abwesenheit ist eine sparsame Fütterung mit einem Futterautomaten der Fütterung durch Fremdpersonen vorzuziehen, es sei denn, diese Person ist Aquarianer. Legen Sie für alle Fälle die Telefonnummer eines befreundeten Aquarianers und Ihres Zoofachhändlers bereit.

Es grünt so grün: Pflanzen fürs Aquarium

Es grünt so grün: Pflanzen fürs Aquarium

In den letzten drei Jahrzehnten hat sich das Verständnis für die Bedeutung der Aquarienpflanzen zunehmend gewandelt. Die Pflanzen im Aquarium gelten heute nicht mehr als reine Dekorationsgegenstände, die nebenbei mehr oder weniger gut wachsen, sondern als vollwertige und segensreiche Partner der Fische und wesentliche Stabilisatoren des künstlichen Biotops Aquarium. Dies bringt jedoch auch ein Umdenken bezüglich der Pflege mit sich. Denn um ihre segensreiche Wirkung im Aquarium entfalten zu können, müssen Pflanzen gesund wachsen. Dafür müssen bestimmte Pflegeansprüche erfüllt werden.

› Der Urwald unter Wasser

Es gibt eine ganze Reihe von Gründen, die den „Urwald unter Wasser" zu einer unentbehrlichen Einrichtung für die Fische und das Biotop Aquarium werden lassen. Da wäre zunächst einmal die Lieferung von Sauerstoff als bedeutendste Leistung der Pflanzen zu nennen. Ähnlich wie die Wälder auf unserer Erde den Sauerstoff für alles tierische Leben liefern, sollte das Kleinbiotop Aquarium durch die Assimilation gut gepflegter Pflanzen mit diesem Lebenselixier versorgt werden.
Wenn Licht als Energiequelle und bestimmte Nährstoffe vorhanden sind, bauen die Pflanzen aus CO_2 und Wasser Kohlenhydrate (Zucker, Stärke) auf, die sie im eigenen Stoffwechsel benötigen, und geben, quasi als „Abfall", gelösten Sauerstoff an das Wasser ab. Diese Sauerstoffanreicherung geschieht so effektiv, wie sie mit keiner künstlichen Methode (Sprudelstein, Strömung) zu erreichen ist. Lediglich nachts müssen die Pflanzen auch Sauerstoff veratmen. Die dabei verbrauchte Menge ist jedoch ungleich geringer als die am Tag gebildete.
Ganz wichtig im Aquarium ist die Auf-

Tagsüber steigt die Sauerstoffkonzentration im Wasser, nachts sinkt sie ab, weil Fische und Pflanzen Sauerstoff verbrauchen.

nahme und Verarbeitung von Stickstoff- und Phosphatverbindungen, die durch den Stoffwechsel der Fische reichlich anfallen. Je besser und schneller die Pflanzen wachsen, desto mehr dieser Stoffe werden dem Wasser entzogen. Beim regelmäßig erforderlichen Auslichten der Pflanzen entnehmen Sie dann dem Aquarium Schadstoffe, die in Form von Pflanzenmasse gebunden wurden.
Pflanzen bieten auch eine hervorragende Ansiedlungsfläche für Bakterien und Kleinlebewesen verschiedenster Art, die einerseits zur Entgiftung des Wassers beitragen und andererseits Jungfischen als gesunde Erstnahrung dienen. Gesunder, dichter Pflanzenwuchs hat außerdem eine hemmende Wirkung auf Krankheitserreger und auch auf die unerwünschten Algen. Ein gut wachsender Pflanzenbestand ist damit die beste Versicherung gegen übermäßigen Algenwuchs.
Für Fische bietet ein dichter Pflanzenbestand ideale Versteckmöglichkeiten und Laichplätze zugleich. Die meisten Fische zeigen nur dann ihr volles Verhal-

Ausschnitt aus einem reinen Pflanzenaquarium. Pflanzen aus verschiedenen Erdteilen sind nach optisch-dekorativen Gesichtspunkten zusammengestellt.

Diese Fische sind für ein Aquarium, wie das hier abgebildete, absolut ungeeignet, da sie alles fressen, was irgendwie nach Pflanze aussieht!

tensrepertoir, wenn ihnen die Sicherheit von Pflanzenverstecken geboten wird. Manche Arten laichen nur in feinfiedrigen Pflanzen, andere wiederum bevorzugen breite Blätter von Cryptocorynen- oder *Echinodorus*-Arten. Für die Jungfische sind dichte Pflanzendickichte ideale Zufluchtsmöglichkeiten, um sich vor den Nachstellungen gefräßiger „Nachbarn" zu schützen.
Neben all diesen nützlichen Eigenschaften haben gesund wachsende Aquarienpflanzen einen wesentlich höheren Dekorationswert als dahinkümmernde. Ein guter Pflanzenwuchs kommt deshalb nicht nur den Fischen, sondern auch dem ästhetischen Gesamteindruck des Aquariums und der Zufriedenheit des Aquarianers zugute.

› Pflanzenpflege

Unter diesem Motto wollen wir nun versuchen, Ihnen die wichtigsten Grundregeln für ein gesundes Pflanzenwachstum näher zu bringen. Einige Faktoren haben wir in anderem Zusammenhang bereits behandelt oder angeschnitten, sodass wir uns in diesen Fällen kürzer fassen können.

Regelmäßiger Teilwasserwechsel

Dieses Thema zieht sich wie ein roter Faden durch die ganze Aquaristik und ist die wichtigste Pflegemaßnahme überhaupt, auch für gesunden Pflanzenwuchs. Schadstoffe, die das Pflanzenwachstum hemmen könnten (Stoffwechselprodukte der Fische), werden verdünnt. Ein eventuell durch einseitigen Verbrauch bestimmter Nährstoffe aus der Balance gebrachtes Nährstoffklima wird durch Teilwasserwechsel mit Nachdüngung wieder ausgeglichen.

Nährstoffe

Zum gesunden Wachstum brauchen Pflanzen ganz bestimmte Nährstoffe, die man in Hauptnährstoffe und Spurenelemente unterteilt. Bei Landpflanzen ist der Nährstoffbedarf aufgrund der Bedeutung für die menschliche Ernährung längst genauestens untersucht. Die Ergebnisse sind in Form einer breiten Palette von Düngemitteln sichtbar.
Prinzipiell brauchen Wasserpflanzen die gleichen Nährstoffe, nur liegt im Aquarium eine grundlegend andere Situation vor. Manche Nährstoffe fallen im Aquarium ohnehin an und brauchen deshalb nicht zugeführt werden, andere dagegen sind nur minimal oder überhaupt nicht vertreten und es kommt zu Mangelerscheinungen.
Kohlenstoff ist der mengenmäßig wichtigste Nährstoff überhaupt. Sowohl Land- als auch Wasserpflanzen beziehen ihn aus dem CO_2. Welche Bedeutung das CO_2 im Aquarium hat und wie Mangelsituationen zu beseitigen sind, haben wir bereits ausführlich besprochen (Seite 55).
Nitrat und **Phosphat**, die Hauptbestandteile von Düngern für Landpflanzen, werden im Aquarium von den Fischen im Übermaß produziert. Sie dürfen deshalb in einem Dünger für Wasserpflanzen keinesfalls enthalten sein!
Kalzium, Magnesium und **Sulfat** (Schwefel) sind im Leitungswasser ausreichend vorhanden, wenn nicht gerade sehr weiches Wasser verwendet wird, was aus Gründen der Stabilität der Wasserwerte nicht sinnvoll ist. **Kalium** ist im Leitungswasser in unterschiedlichen Mengen vorhanden, kann jedoch Mangelfaktor werden. Düngepräparate für Aquarien enthalten deshalb Kalium.
Eisen ist nicht, wie oft behauptet wird, ein Spurenelement, sondern ein Hauptnährstoff, dem eine Schlüsselrolle in der Pflanzenpflege zukommt. Eisen spielt eine wichtige Rolle beim Aufbau des Blattgrüns der Pflanzen. Entsteht Eisenmangel, so können die Pflanzen kein Chlorophyll bilden und auch nicht assimilieren. Glasige, gelbliche Jungblätter sind deutliche Anzeichen von Eisenmangel.
Eisen ist im Trinkwasser unerwünscht und wird deshalb von den Wasserwerken in speziellen Enteisenungsfiltern entfernt. Zur erfolgreichen Pflege von Wasserpflanzen muss deshalb Nähreisen in pflanzenverfügbarer Form dem Wasser zugeführt werden.
Was heißt nun pflanzenverfügbare Form? Viele schnell wachsende Wasserpflanzen nehmen ihre Nährstoffe, so

auch das Eisen, über die Blätter auf. Es kann jedoch nur das reduzierte, zweiwertige Eisenion aufgenommen werden. Im sauerstoffhaltigen Aquarienwasser würde zweiwertiges Eisen aber sofort zu dreiwertigem, für Pflanzen nicht verwertbarem Eisen oxidiert. Um dies zu verhindern, bedienen sich moderne Aquariendünger eines Tricks, nämlich der Bindung des Eisens an Nährstoffträger, so genannte Chelatoren, die eine Oxidation verhindern und damit das Eisen pflanzenverfügbar halten.

Sie haben in einem früheren Kapitel bereits erfahren, dass natürliche Gewässer einen gewissen Gehalt an organischen Substanzen aufweisen. Zu diesen organischen Substanzen gehören auch natürliche Chelatoren, die das Eisen pflanzenverfügbar halten. Solche natürlichen Chelatoren entstehen in begrenztem Umfang auch im Aquarium bei organischen Abbauprozessen und im Mulm. Auch verschiedene Algen können Chelatoren ans Wasser abgeben. Dies ist offenbar der Grund, weshalb Pflanzen in weniger peinlich gesäuberten Aquarien oft besser wachsen.

Die im Aquarium entstehenden natürlichen Chelatoren reichen jedoch nicht aus, um eine optimale Versorgung mit Nähreisen zu sichern. Deshalb ist die regelmäßige Zufuhr von Nähreisen nötig, das an künstliche Chelatoren gebunden ist.

Zu den wichtigsten **Spurenelementen** zählen Mangan, Molybdän, Kupfer und Bor. Auch Spurenelemente sind im Leitungswasser meist nicht oder zu wenig enthalten. Sie müssen, ebenfalls an Chelatoren gekoppelt, dem Aquarienwasser zugesetzt werden. Moderne Düngepräparate enthalten meist eine ausgewogene Kombination von Eisen und Spurenelementen.

Die erwähnten künstlichen Chelatoren sind nun keineswegs ein Freibrief für sorgloses „auf Vorrat düngen“. Chelatoren sind organische Verbindungen, die im Laborversuch hohe Stabilität zeigen. Im biologischen System Aquarium existieren jedoch verschiedene Bakterien, die die Chelatoren „knacken“ können, und damit sind die Nährstoffe für die Pflanzen erst einmal verloren. Anstelle des oft empfohlenen Verfahrens, beim Wasserwechsel nachzudüngen, sollte man lieber häufiger, dafür aber weniger nachdüngen und sorgt so für ein gleichmäßiges Nährstoffangebot. Die optimale Dosierung muss durch Kontrolle mit einem Eisentest „ertastet“ werden. Gehalte um 0,1 mg/l sind wünschenswert. Viele renommierte Hersteller trennen deshalb heute die Düngepräparate in so genannte Grund- oder Basisdünger und Tagesdünger. Die Grunddünger enthalten die weniger empfindlichen Nährstoffe, die in der Regel einmal beim regelmäßigen Teilwasserwechsel dosiert werden. Die Tagesdünger enthalten meist die empfindlichen Spurenelemente, die täglich nachdosiert werden sollten, da sie sonst sehr schnell unwirksam werden. Beim täglichen Fischefüttern „füttert“ man also gleich auch noch seine Pflanzen mit einem Tagesdünger.

Der Bodengrund

Der Bodengrund dient nicht nur der Verankerung der Pflanzen, sondern auch als Nährstoffdepot vor allem für solche Pflanzen, die aufgrund ihrer natürlichen Lebensweise als Sumpfpflanzen *(Cryptocoryne, Echinodorus)* an eine Nährstoffzufuhr aus dem Boden gewöhnt sind.

Der Vorteil eisenhaltiger Bodenbeimischungen ist heute unumstritten, entsprechende Produkte werden von ver-

Zwei Schwielenwelse über Bodengrund, wie er für die Pflege von Aquarienpflanzen empfehlenswert ist.

schiedenen Herstellern angeboten. Leider haben sie alle einen Nachteil: Ist man irgendwann einmal gezwungen, Pflanzen zu entfernen oder zu versetzen, geht dies nicht ohne eine unschöne Wassertrübung. Man kann auf solche Beimengungen verzichten, allerdings dauert dann die Anwachsphase wesentlich länger. Als Mittelweg könnte man nur solche Pflanzen, die auf Nährstoffe „von unten“ angewiesen sind, mit den zahlreichen im Handel angebotenen Düngekugeln aus Ton oder Laterit versorgen.

Ein wichtiges Kriterium, das der Bodengrund erfüllen muss, ist die Durchlässigkeit, um eine ausreichende Bodenwasserzirkulation zu gewährleisten. Am besten bewährt hat sich dafür feiner Kies mit einer Körnung von 2 bis 3 mm. Die Wasserzirkulation im Boden kann durch Verlegung eines Heizkabels auf der Bodenscheibe optimal gefördert werden. Dadurch werden faulende Stellen im Boden verhindert, den Pflanzen werden neue Nährstoffe zugeführt und es entsteht kein Temperaturgefälle zwischen Wasser und Bodengrund. Die Pflanzen bekommen so die so genannten „warmen Füße“.

TIPP

Sparen Sie am Anfang nicht am falschen Ende und bepflanzen Sie Ihr Aquarium von Anfang an dicht, umso schneller werden die Anfangsschwierigkeiten überwunden sein. Wenn Sie sich zum Einsatz einer CO_2-Düngung entschlossen haben, besorgen Sie sich als Erstbesatz möglichst viele schnell wachsende Stängelpflanzen. Damit machen Sie von Anfang an den Algen das Leben schwer. Später können einige schnell wachsende Pflanzen durch langsam wachsende ersetzt werden.

Gestalten mit Pflanzen

Den Fischen wäre die Anordnung und die Auswahl der Pflanzen ja gleichgültig, Hauptsache sie wachsen gut und leisten ihre wertvollen Dienste. Da wir Aquarianer und noch mehr die zu begeisternden (noch) Nichtaquarianer jedoch Wert auf Ästhetik legen, darf und soll das dekorative Potenzial, das in den zahlreichen verschiedenen Pflanzenarten liegt, auch ruhig ausgenutzt werden.

Eines sollten Sie dabei jedoch lassen: Pflanzen, die eigentlich ans Blumenfenster gehören, zu Wasserpflanzen zu vergewaltigen! Leider werden derartige Gewächse auch immer wieder im Zoofachhandel angeboten. Wie war das doch gleich mit Angebot und Nachfrage? Werden Sie misstrauisch, wenn eine „Wasserpflanze“ verdächtig bunt ist und Sie an Ihr Wohnzimmerfenster erinnert! Solche Pflanzen sind für die Biologie im Aquarium wertlos. Sie sterben nur mehr oder weniger langsam vor sich hin und verpesten das Wasser.

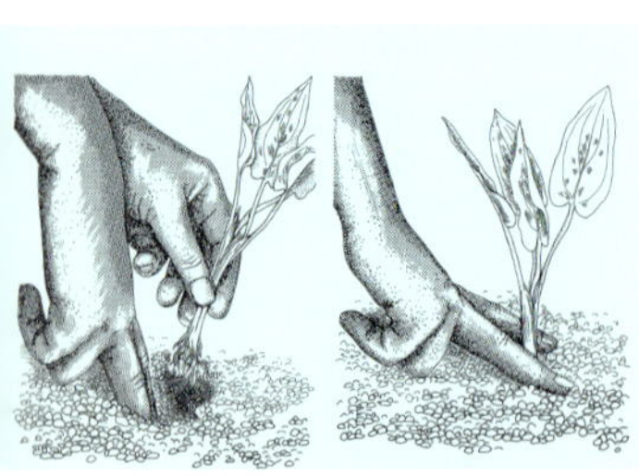

Ein Loch in den Bodengrund drücken, die Wurzeln hineinhalten, vorsichtig das Loch zuschieben und den Bodengrund andrücken. Nicht zu tief pflanzen: Der Wurzelhals muss immer sichtbar bleiben.

Aquarienpflanzen gibt es in verschiedenen Wuchsformen, Farben und Größen. Es gilt, aus diesen Möglichkeiten ein abwechslungsreiches, aber harmonisches Gesamtbild zu gestalten. Dazu einige Tipps: Hochwachsende Stängelpflanzen und Ausläufer bildende Rosettenpflanzen (zum Beispiel Vallisnerien) verwendet man für den Hintergrund und zum Verdecken von Geräten, wie Heizer, Filteransaugrohr und so weiter.

Mittel- und Vordergrund werden in absteigender Wuchshöhe mit mittelhohen und niedrigen Pflanzen besetzt. Große Einzelpflanzen dienen als Blickfang und sollten nicht genau in die Mitte gepflanzt werden. Stängelpflanzen und Ausläufer bildende Pflanzen immer in Gruppen, nie einzeln pflanzen. Schaffen Sie Farb- und Formkontraste: feinfiedrige Pflanzen neben breitblättrigen, rötliche neben grünen, dunkelgrüne neben hellgrünen und so weiter.

Für ein Aquarium ohne CO_2-Düngung dürfen, aus den bereits erwähnten Gründen, nur langsam wachsende Pflanzen verwendet werden. Deshalb muss hier besonders in der Anfangsphase verstärkt auf Algen geachtet werden und es darf nur vorsichtig gedüngt werden.

Pflanzen einsetzen

Befreien Sie die Pflanzen nach dem Kauf von allen mitgelieferten Töpfen, von Steinwolle, Schaumstoffstreifen und Bleidraht. Steinwolle und Schaumstoffstreifen enthalten oft noch Reste der Nährlösung, in der die Pflanzen in Gärtnereien gezüchtet wurden. Diese Nährlösung enthält Nitrat und Phosphat und darf nicht ins Aquarium gelangen.

Verletzte Blätter und Stängelteile werden sauber abgetrennt. Wurzeln von Rosettenpflanzen auf etwa 3 cm zurückstutzen. Stängelpflanzen werden vorsichtig einzeln in den Kies gedrückt, dabei den Stängel nicht quetschen. Für Rosettenpflanzen bohrt man mit dem Finger ein Loch und setzt die Pflanze tief hinein, deckt mit Kies ab und zieht die Pflanze dann bis zum Wurzelhals wieder heraus. Verschiedene Aufsitzerpflanzen, wie zum Beispiel der Javafarn *(Microsorium)* oder das Zwergspeerblatt *(Anubias barteri* var.

nana) dürfen nicht in den Boden eingepflanzt werden. Man bindet sie mit Nylonfaden auf Moorkienholz oder Steinen fest. Schwimmpflanzen lässt man auf der Wasseroberfläche treiben. Sie benötigen zum Wohlbefinden einen ausreichenden Luftraum über dem Wasser. Am besten gedeihen sie in Aquarien ohne Abdeckung, mit Hängeleuchten.
Wenn Sie Pflanzen umsetzen und vor allem beim Erwerb neuer Pflanzen aus dem Zoofachhandel sollten Sie folgendes bedenken: Jedes Umsetzen unterbricht den normalen Stoffwechsel der Pflanzen und sie müssen sich erst wieder innerhalb einer gewissen Zeit an die neue Situation anpassen. Während dieser Zeit verbrauchen die Pflanzen, wie bereits erwähnt, weniger oder sogar gar keine Nährstoffe, sodass die Gefahr für unerwünschtes Algenwachstum steigt. Dies gilt ganz besonders für neu erworbene Pflanzen. Daher während der ersten zwei Wochen nur sehr sparsam oder überhaupt nicht düngen. Da die meisten der sehr beliebten Aquarienpflanzen von Natur aus Sumpfpflanzen sind und sehr gut an ein Leben über Wasser angepasst sind, werden sie in speziellen Wasserpflanzengärtnereien in dieser so genannten emersen Form gezüchtet und vermehrt. Dies geht aus kommerzieller Hinsicht wesentlich einfacher und lohnender. Kommt nun eine solche Pflanze ins Aquarium, so kann sie mit den an das Leben an der Luft angepassten Blättern schlichtweg nichts anfangen und muss erst neue, an das Wasserleben angepasste Blätter bilden. Natürlich kann sie solange auch keine Nährstoffe verwerten. Die Luftblätter sterben dann langsam ab. Die Wasserblätter haben meist auch eine andere Gestalt als die mitgebrachten Luftblätter. Aus gestalterischer Hinsicht lohnt es sich auch durchaus, sich vor dem Kauf über das Aussehen der Wasserblätter einer ins Auge gefassten Pflanzenart zu informieren.

Pflanzen vermehren

Ausläufer Am einfachsten, weil ohne unser Zutun, geschieht die Vermehrung durch Ausläufer. Wenn die Pflanzen den Umpflanzschock überwunden haben und einige Zeit kräftig gewachsen sind, bilden sie Ausläufer, an deren Ende sich Jungpflanzen bilden. Dadurch verdichtet sich der Bestand. Wenn er zu dicht geworden ist oder die Pflanzen über den ihnen zugedachten Bereich hinausgewachsen sind, können Jungpflanzen abgetrennt und verpflanzt werden, wenn sie vier bis fünf Blätter haben.
Nach einer gewissen Zeit müssen Altpflanzen aus dem Bestand entfernt und durch junge ersetzt werden, um ein „Vergreisen" des Bestands zu verhindern. Die Ausläuferbildung geht je nach Pflanzenart verschieden schnell vor sich. Cryptocorynen lassen sich eher Zeit, während

TIPP

Versetzen Sie Ihre Pflanzen (Ausnahme: Stängelpflanzen) so selten wie möglich. Bei jedem Umsetzen bekommen sie einen Umpflanzschock, von dem sie sich erst wieder erholen müssen. Während dieser Erholungsphase verbrauchen die Pflanzen wesentlich weniger Nährstoffe als sonst und die Gefahr für unerwünschtes Algenwachstum aufgrund nicht verbrauchter Nährstoffe steigt.

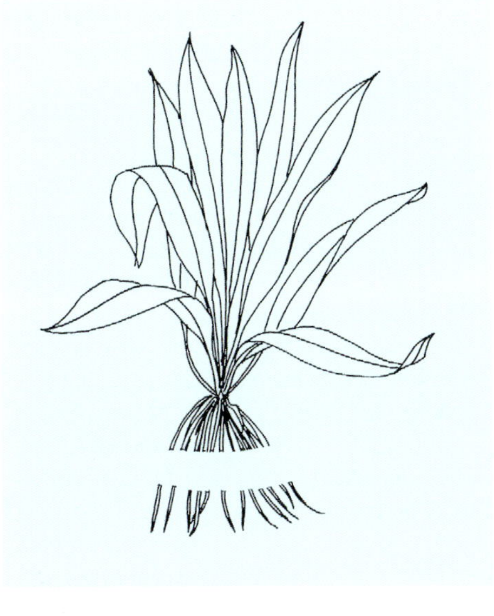

Ganz links: Vor dem Einsetzen neu erworbener Pflanzen sollten die Wurzeln auf ca. 3 cm gekürzt werden.

Links: Ausläuferbildung bei einem Wasserkelch

Vallisnerien in kurzer Zeit dichte Bestände bilden.

Pseudoviviparie Zahlreiche Amazonasschwertpflanzen bilden im Aquarium bereitwillig Blütentriebe. Wenn man diese Blütentriebe daran hindert, die Wasseroberfläche zu erreichen (Beschweren mit einem Stein), bilden sie als „Notlösung“ zahlreiche Jungpflanzen aus. Wenn diese kräftig genug sind, kann man sie vorsichtig abtrennen und einpflanzen.

Vermehrung durch Samen kommt im Aquarium relativ selten vor. Einige *Aponogeton*-Arten (Wasserähren) bilden regelmäßig Blütenstände aus, die teils spontan Samen ansetzen oder mit einem weichen Pinsel befruchtet werden können. Für die Aufzucht der Sämlinge finden sich Anweisungen in der einschlägigen Literatur.

Stecklinge Alle Stängelpflanzen werden mehr oder weniger schnell die Wasseroberfläche erreichen und entweder herauswachsen oder an der Wasseroberfläche entlangwachsen. Man kann auf zweierlei Weise vorgehen: Will man den Bestand vermehren, so trennt man die Stängel etwa in der Mitte durch und setzt die abgeschnittenen Triebspitzen wieder ein. Der verbleibende Stumpf wird zwei oder mehr Neutriebe bringen, die bei Erreichen der Wasseroberfläche ebenfalls abgetrennt und eingepflanzt werden können. Nach einiger Zeit treiben die unteren Stängelteile nicht mehr aus und müssen entfernt werden. Viele Stängelpflanzen bilden auch spontan Seitensprosse, die abgetrennt und eingepflanzt werden können.

Will man den Bestand nicht mehr weiter vermehren und immer einen schönen Anblick genießen, so muss man die Stängel regelmäßig herausziehen, unten einkürzen und das obere Teil wieder einpflanzen. Dabei verfährt man so, dass die Höhe der Pflanzen von vorn nach hinten stufenförmig ansteigt. Diese Methode ist allerdings mit relativ viel Arbeit verbunden.

INFO

Eine besondere Art der Vermehrung zeigt der Hornfarn oder Sumatrafarn (Ceratopteris). Ältere Schwimmblätter bilden am Rand viele kleine Jungpflänzchen, die nach einiger Zeit abgetrennt werden können. Ähnliche Jungpflanzen, jedoch wesentlich weniger, bildet der Javafarn (Microsorium).

› Natur kontra Plastik

Bevor wir Ihnen nun verschiedene Pflanzenarten vorstellen werden, zum Schluss noch ein Wort zu Plastikpflanzen. Die einzige Berechtigung haben Plastikpflanzen aus unserer Sicht in Aquarien, in denen Pflanzen fressende oder stark wühlende Fische gepflegt werden sollen. In solchen Aquarien können echte Pflanzen ganz einfach nicht ungestört gedeihen. Ansonsten erkauft man sich den geringen Vorteil der Plastikpflanzen, nämlich dass sie keine besondere Pflege, keinen Dünger etc. brauchen, mit ganz erheblichen Nachteilen. So können Plastikpflanzen keinen Sauerstoff produzieren, sie sehen oft unnatürlich aus, sie können keine Krankheitskeime reduzieren, sie können dem Wasser keine Schadstoffe entziehen und vieles mehr. Aus diesem Grunde raten wir im Interesse eines natürlich ausgewogenen Kleinbiotops Aquarium unbedingt, echte, lebende Pflanzen zu verwenden.

› Algen im Aquarium

Wer kennt sie nicht, die wohl am meisten gefürchteten Lebewesen im Süßwasseraquarium – die Algen? Sie sind es auch, die leider allzu oft dazu beitragen, dass ein mit Enthusiasmus begonnenes Hobby frühzeitig sein Ende findet. Zugegeben, ein Aquarium, in dem die Pflanzen mit allerlei fädigem oder bürsten- bis pinselartigem Gespinst überzogen sind, reizt uns nicht gerade zu

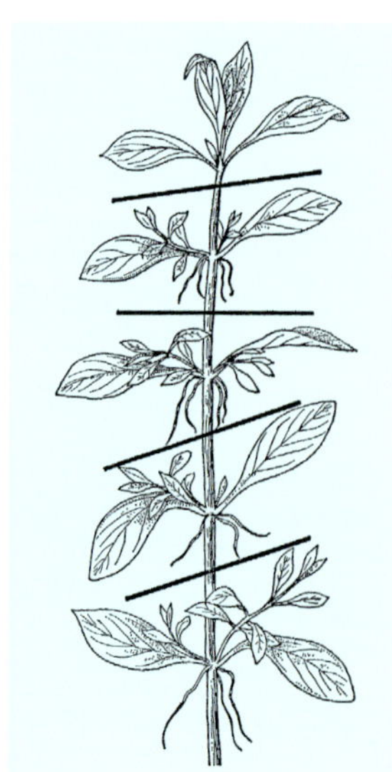

Unten: Pseudoviviparie bei einer Amazonas-Schwertpflanze
Daneben: Schnittlinien zur Stecklingsbildung bei Stängelpflanzen

Begeisterungsstürmen über den „ästhetischen“ Anblick. Sind dann auch noch so genannte Blaualgen dabei, die alles mit ihren schleimigen Überzügen versehen, dann ist die Geduld des leidgeprüften Aquarianers schon ziemlich strapaziert. Entfernt er dann die Blaualgen mit einem Netz oder saugt sie mit einem Schlauch ab, dann bescheren die ihm auch noch, quasi als „Dankeschön“, einen penetrant üblen Geruch.

Bevor man nun jedoch alles verteufelt, was Alge heißt, sollte man sich darüber im Klaren sein, dass – von den Blaualgen mal abgesehen, die eigentlich keine Algen sind – Algen zu einem Wasserbiotop ganz einfach dazugehören und durchaus auch positive Eigenschaften haben. So bieten sie z.B. Erstnahrung für Jungfische, sie liefern Sauerstoff, sie geben so genannte natürliche Chelatoren ans Wasser ab, die Pflanzennährstoffe verfügbar halten, und vieles mehr. Nur zu viele sollen es eben nicht werden. Durch gezielte Pflegemaßnahmen, zu denen vor allem die Schaffung guter Wachstumsbedingungen für höhere Pflanzen gehört, kann unerwünschtes Algenwachstum meist verhindert werden.

Erfolgreiche Gegenmaßnahmen

Was kann nun der Aquarianer tun, um den Algen das Leben schwer zu machen und nicht umgekehrt? Zunächst ist es einmal wichtig zu wissen, dass Algen Pflanzen sind, wenn auch primitive, und im Prinzip die gleichen Nährstoffe brauchen wie Aquarienpflanzen auch. Allerdings sind Algen geradezu verrückt auf Nitrat und Phosphat, während die so genannten höheren Pflanzen an geringe Phosphat- und Nitratangebote angepasst sind. Algen sind als weniger hoch entwickelte Lebensformen auch anspruchsloser und anpassungsfähiger als höhere Pflanzen.

Ganz allgemein kann gesagt werden, dass in einem Aquarium, das dicht mit gut wachsenden Pflanzen besetzt ist, die Algen kaum eine Chance haben, sich stark auszubreiten. Das bedeutet auch, dass die im Kapitel über die Wasserpflanzen beschriebenen Pflegemaßnahmen das beste Algenvorbeugungsmittel sind.

Gut wachsende höhere Pflanzen sorgen durch Nährstoffverbrauch dafür, dass für die Algen kaum noch etwas übrig bleibt. Als oberstes Gebot gilt auch hier: Kontinuität aller Bedingungen. An Veränderungen der Pflegebedingungen müssen sich die höheren Pflanzen erst langsam anpassen. Während dieser Zeit assimilieren sie nicht oder nur wenig. Dies ist

Black Mollys und andere Lebendgebärende zupfen unermüdlich an Algen.

dann die Stunde der anpassungsfähigeren Algen, die mit der neuen Situation schneller fertig werden und die von den höheren Pflanzen nicht verbrauchten Nährstoffe für eine starke Vermehrung nutzen.

So sollten zum Beispiel keine Experimente mit der Beleuchtung gemacht werden, wie etwa plötzlicher Wechsel der Lichtfarbe, der Beleuchtungsintensität oder -dauer. Von Leuchtstoffröhren mit rot und blau betontem Spektrum weiß man, dass sie Algen fördernd sind. Sie sollten deshalb nicht oder nur in Verbindung mit Vollspektrumröhren verwendet werden. Nitrat und Phospat, die Hauptnährstoffe der Algen, sollten möglichst gering gehalten werden. Dies geschieht am besten durch dichte Bepflanzung von Anfang an und durch regelmäßigen Teilwasserwechsel.

Wehret den Anfängen

In neu eingerichteten Aquarien ist die Gefahr einer Algenplage besonders groß, da die Pflanzen anfänglich nicht in vollem Maße assimilieren, bis das Aquarium „eingefahren" ist. Während dieser Zeit ist höchste Vorsicht geboten. Jeder sich bildende Algenansatz sollte sofort entfernt werden.
Algen fressende Fische sind eine wertvolle Hilfe im Kampf gegen unerwünschte Algen. Sie sollten gleich von Anfang an bei der Beckenbesetzung mit eingeplant werden. Zu nennen wären verschiedene Saugwelse, wie zum Beispiel *Otocinclus* (auch für kleine Aquarien geeignet), *Ancistrus* (vergreifen sich auch an Wasserpflanzen, wenn nicht genügend Algen vorhanden sind), *Loricaria*, *Farlowella* und viele andere.
Die Siamesische Rüsselbarbe (*Crossocheilus siamensis*) ist vor allem als Jungfisch ein fleißiger Algenfresser. Alle lebend gebärenden Zahnkarpfen zupfen unermüdlich an Algenbelägen. Der Einsatz von Schnecken zur Algenbekämpfung kann leicht zu einer Schneckenplage führen. In den letzten Jahren kommen auch immer häufiger kleine Garnelenarten in den Handel, die unermüdlich Algen abweiden. Sehr verbreitet sind mittlerweile Zwerggarnelen der Gattung *Caridina*, die es in verschiedenfarbigen Zuchtformen im Zoofachhandel gibt. Am bekanntesten davon dürfte die Form Crystal Red sein. Eine chemische Bekämpfung von Algen ist ebenfalls möglich, sollte jedoch nur im Notfall durchgeführt werden. Da Algen, wie bereits erwähnt, auch Pflanzen sind, wirken chemische Algenbekämpfungsmittel natürlich auch gegen Pflanzen. Es ist lediglich eine Frage der Dosis und wie weit die Empfindlichkeit der Algen und der höheren Pflanzen gegenüber dem entsprechenden Mittel auseinander liegt. Deshalb sind die Dosierungsangaben der Hersteller exakt einzuhalten. Überdosierung ist auf jeden Fall zu vermeiden.

Algen-Porträts

Die Einteilung der Algen in Grünalgen, Braunalgen, Blaualgen sowie Bart- und Pinselalgen ist wissenschaftlich nicht korrekt, soll jedoch hier beibehalten werden, da jeder Aquarianer sich etwas darunter vorstellen kann.
Grünalgen treten als Belag an den Aquarienscheiben oder als langfädige Gespinste zuweilen an Aquarienpflanzen auf. Sie sind harmlos und zeigen gute Wasserverhältnisse an. Von der Sichtscheibe des Aquariums entfernt man sie mit entsprechenden Reinigungsgeräten (Kapitel Technik, Seite 59). Die fädigen Gespinste lassen sich leicht von Hand oder mit einer dünnen Flaschenbürste beseitigen.
Braunalgen sind eigentlich Kieselalgen

Aquarium mit Blaualgenbefall im Vordergrund

Links: Die gefürchteten Bartalgen
Rechts: Grüne Punktalgen auf einem Pflanzenblatt

und haben mit den echten Braunalgen der Meere nichts zu tun. Kieselalgen sind in der Regel ein Zeichen von Lichtmangel. Zuweilen kann auch ein erhöhter Silikatgehalt im Wasser (je nach Herkunft verschieden) Ursache für das Auftreten von Kieselalgen sein.

Blaualgen sind eigentlich keine Algen, werden aber seit jeher von Aquarianern als solche bezeichnet. Genau genommen sind es Bakterien, die einen blaugrünen Farbstoff besitzen, mit dem sie in der Lage sind zu assimilieren. Zur chemischen Bekämpfung sind deshalb antibiotisch wirksame Mittel wesentlich effektiver als die landläufigen Algenmittel. Blaualgen sollen in der Regel in stark mit organischen Abfallstoffen belastetem Wasser auftreten. Regelmäßiges gründliches Absaugen der Algenherde mit einem Schlauch und damit verbundener Wasserwechsel lassen diese Algen mit der Zeit verschwinden. Kurz erwähnt sei noch, dass es auch Blaualgen gibt, die nur bei extrem niedrigem Nitratgehalt vorkommen. Hier hilft die Zugabe von etwas Nitrat zum Wasser.

Bart- und **Pinselalgen** gehören zu den **Rotalgen** und zählen zu den hartnäckigsten Algen im Aquarium. Sie wurden vermutlich in den sechziger Jahren mit Wasserpflanzen aus den Tropen eingeschleppt. Die Bartalgen bilden lange, blau- bis schwärzlich grüne Fäden, während die Pinselalgen als schwärzliche, bis etwa 10 mm lange pinselartige Büschel wachsen. Beide Algenarten besiedeln bevorzugt raue Substrate, wie die Blattränder zähblättriger Pflanzen oder auch Einrichtungsgegenstände.

› Ausgewählte Pflanzenarten

In diesen Abschnitt wollen wir Ihnen eine Auswahl gut zu pflegender Pflanzen für das Aquarium vorstellen, die normalerweise das ganze Jahr über zu bekommen sind. Es gibt selbstverständlich wesentlich mehr Arten, die für das Aquarium geeignet sind. Mit der Zeit werden Sie sicher auch Pflanzen finden, die hier nicht erwähnt sind.

Betrachten Sie die folgende Einteilung in Pflanzen für den Hintergrund, mittlere Beckenpartien, Vordergrund und Solitärpflanzen nicht als Evangelium. Ob eine Pflanze für den Hintergrund oder den mittleren Beckenbereich zu verwenden ist, hängt von der beabsichtigten Dekorationswirkung und der Beckengröße ab.

Die nachfolgend aufgeführten Pflanzen sind bei 5 bis 15 °d Karbonathärte, pH-Werten zwischen 6,8 und 7,5 und Temperaturen um 25 °C problemlos zu halten. Pflanzen mit der Angabe „CO_2-Düngung empfehlenswert" können auch ohne CO_2-Düngung wachsen. Dabei muss allerdings damit gerechnet werden, dass manche Pflanzen aufgrund der CO_2-Konkurrenz durch andere das Wachstum einstellen. Die Pflanzen werden meist auch weniger stattlich. Besonderheiten sind bei den jeweiligen Arten angegeben.

TIPP

Kalkablagerungen auf Pflanzenblättern, hervorgerufen durch CO_2-Mangel, bieten besonders gute Ansiedlungsmöglichkeiten für Bart- und Pinselalgen. Dabei ist meist auch der pH-Wert des Wassers erhöht. Die sicherste Bekämpfungsmethode ist die Entfernung befallener Blätter. CO_2-Düngung, verbunden mit einer Absenkung des pH-Wertes, kann eine erneute Ausbreitung verhindern.

› Pflanzen für Hintergrund und Seiten

Karolina-Haarnixe
Cabomba caroliniana
Schnell wachsend, hoher Lichtbedarf, CO_2-Düngung erforderlich, bildet bei Erreichen der Wasseroberfläche Seitentriebe, durch feinfiedrige Blätter guter Kontrast zu breitblättrigen Arten.
Höhe 45–60 cm.

Gemeines Hornblatt (Hornkraut)
Ceratophyllum demersum
Schnell wachsende, sehr empfehlenswerte Pflanze. Verträgt Temperaturen bis etwa 30 °C, mäßiger Lichtbedarf, bildet keine Wurzeln, kann sowohl an der Wasseroberfläche flutend als auch im Boden eingepflanzt kultiviert werden. Sehr gut geeignet als Nährstoffkonkurrent in veralgten Aquarien.
Höhe bis 100 cm.

Thailand Hakenlilie
Crinum thaianum
Sehr groß werdende Pflanze, die jedoch für Aquarien gut geeignet ist, mittlerer bis hoher Lichtbedarf, CO_2-Düngung empfehlenswert, in größeren Becken auch als Solitärpflanze, Blätter treiben an Wasseroberfläche, vertragen zeitweiligen Rückschnitt, Zwiebel braucht tiefen Bodengrund.
Höhe bis 200 cm.

Seegrasblättriges Trugkölbchen
Heteranthera zosterifolia
Mäßig schnell wachsend, hoher Lichtbedarf, bei Härte unter 10 °d Wachstum ohne CO_2-Düngung möglich, bei sehr starker Beleuchtung gedrungener Wuchs, dadurch auch für Mittelgrund geeignet.
Höhe bis 50 cm.

Indischer Wasserwedel
Hygrophila difformis
Schnell wachsend, hoher Lichtbedarf, CO_2-Düngung empfehlenswert, sehr dekorativ, bei zu wenig Licht weniger stark geschlitzte Blätter.
Höhe 50 cm.

Indischer Wasserfreund
Hygrophila polysperma
Schnell wachsend, mittlerer bis hoher Lichtbedarf, CO_2-Düngung empfehlenswert, hellgrüne Blätter, rötliche Blattfärbung nur bei starkem Licht, eine der populärsten Aquarienpflanzen.
Höhe 50 cm.

Sumpffreund
Limnophila sessiliflora
Schnell wachsend, hoher Lichtbedarf, CO_2-Düngung empfehlenswert, ähnliche Form wie *Cabomba*, jedoch leichter zu halten.
Höhe 60 cm.

Breitblättrige Bastard-Ludwigie
Ludwigia palustris x L. repens
Mäßig schnell wachsend, hoher Lichtbedarf, CO_2-Düngung empfehlenswert, rötliche Färbung nur bei genügend Licht, optimaler Temperaturbereich bei 23 – 28 °C.
Höhe 50 cm.

Schmalblättrige Bastard-Ludwigie
Ludwigia repens x L. arcuata
Etwas langsamer wachsend als *Ludwigia palustris* x *L. repens*. Bei ausreichendem Licht kräftig rote Blätter, die ein sehr dekoratives Bild ergeben. Nährstoffreicher Bodengrund erforderlich, CO_2-Düngung empfehlenswert, auch sehr empfehlenswert in einer Gruppe als Blickfang im mittleren Bereich.
Höhe 50 cm.

Rundblättrige Rotala
Rotala rotundifolia
Schnell wachsend, hoher Lichtbedarf, CO_2-Düngung empfehlenswert, rötliche Blattspitzen.
Höhe 50 cm.

Mexikanisches Eichenblatt
Shinnersia rivularis
Sehr schnell wachsend, hoher Lichtbedarf, starker CO_2-Verbrauch, Blattform erinnert an Eichenlaub, empfindlich gegen Temperaturen über 25 °C.
Höhe 60 cm.

Schraubenvallisnerie
Vallisneria americana var. *biwaensis*
Mäßig schnell wachsend, hoher Lichtbedarf, CO_2-Düngung empfehlenswert, in größeren Becken auch für den Mittelgrund geeignet, eng gedrehte Blätter, Ausläuferbildung.
Höhe 25–30 cm.

Gewöhnliche Sumpfschraube
Vallisneria spiralis
Schnell wachsend, mäßig hoher Lichtbedarf, starker CO_2-Verbrauch, sonst anspruchslos, Ausläuferbildung.
Höhe 40–60 cm.

› Pflanzen für den mittleren Bereich

Härtels Wasserkelch
Cryptocoryne affinis
Anspruchslos, langsam bis mäßig schnell wachsend, mäßiger Lichtbedarf, Blätter je nach Licht unterschiedlich gefärbt, Ausläufer.
Höhe um 20 cm, bei starkem Licht auch größer.

Papageienblatt
Alternanthera reineckii
Langsam wachsend, prächtig rot gefärbte Blätter, hoher Lichtbedarf, CO_2-Düngung, nicht durch andere Pflanzen beschatten, Wachstumsstopp bei CO_2-Mangel, hoher Dekorationswert in Gruppe mit nach hinten ansteigender Stängellänge. Höhe variabel, um 50 cm.

Große Kognakpflanze
Ammania gracilis
Mäßig schnell wachsend, hoher Lichtbedarf, CO_2-Düngung, rötlich-braune Blätter mit guter Kontrastwirkung zu anderen Pflanzen, keine Abschattung durch andere Pflanzen.
Ammania senegalensis: ähnlich, jedoch kleinere Blätter.
Höhe 50 cm

Genoppter Wasserkelch
Cryptocoryne crispatula
Langsam wachsend, hoher Lichtbedarf, CO_2-Düngung empfehlenswert, genoppte, schmale, dunkelgrüne Blätter, Ausläufer.
Höhe bis 40 cm.

Pontederiablättriger Wasserkelch
Cryptocoryne pontederiifolia
Anpassungsfähig, langsam wachsend, mäßiger Lichtbedarf, Blätter leuchtend grün, herzförmig, Ausläufer.
Höhe 20–30 cm.

Walkers Wasserkelch
Cryptocoryne walkeri
Anspruchslos, langsam wachsend, mäßiger Lichtbedarf, Blätter fast ausschließlich grün gefärbt mit bräunlichen Zonen nahe dem Mittelnerv, Ausläufer, in größeren Becken auch als Vordergrundpflanze geeignet.
Höhe 8–15 cm.

Kardinalslobelie
Lobelia cardinalis
Steife, langsam wachsende Stängelpflanze, hoher Lichtbedarf, erreicht mit CO_2-Düngung stattliche Größe, sonst zierlicher, Pflanzung in Gruppe mit aufsteigender Höhe.
Höhe bis 50 cm.

Javafarn
Microsorium pteropus
Langsam bis mäßig schnell wachsend, mäßiger Lichtbedarf, anpassungsfähig, Vermehrung durch Adventivpflanzen an den Blättern, Rhizom darf nicht in den Boden eingegraben werden, auf Steinen oder Wurzelholz befestigen, ältere Blätter können schwärzliche Flecken bekommen. Höhe um 20 cm.

Rotweiderich
Rotala macrandra
Mäßig schnell wachsend, hoher Lichtbedarf, CO_2-Düngung, herrlich rote, rundliche Blätter, gute Kontrastwirkung, ohne CO_2-Düngung schwer zu halten.
Höhe 50 cm.

Breitblättriges Pfeilkraut
Sagittaria graminea var. *platyphylla*
Mäßig schnell wachsend, hoher Lichtbedarf, CO_2-Düngung empfehlenswert, steife, breit bandförmige Blätter, die auch gegen robustere Fische unempfindlich sind, Ausläufer.
Höhe bis 30 cm.

Javamoos
Vesicularia dubyana
Mäßig schnell wachsend, mäßiger Lichtbedarf, anspruchslos, hervorragendes Versteck für Jungfische, auf Steinen oder Wurzelholz verankern.
Höhe variabel.

Pflanzen für den Vordergrund

Zwergspeerblatt
Anubias barteri var. *nana*
Langsam wachsend, hoher bis mäßiger Lichtbedarf, CO_2-Düngung empfehlenswert, Rhizom darf auf keinen Fall in den Boden eingegraben werden, wächst auch als Aufsitzer auf Steinen oder Wurzelholz, die steifen Blätter werden gern von Pinselalgen besiedelt. Höhe 10–15 cm.

Kleiner Wasserkelch
Cryptocoryne x willisii
Langsam wachsend, mäßiger Lichtbedarf, leicht zu pflegende Art, bildet durch Ausläufer dichte Polster.
Höhe um 10 cm.

Zwergschwertpflanze
Echinodorus quadricostatus var. *xinguensis*
Mäßig schnell wachsend, hoher Lichtbedarf, keine Abschattung, CO_2-Düngung empfehlenswert, sonst robust, Ausläufer.
Höhe 10 cm.

Samolusblättrige Schwertpflanze
Echinodorus parviflorus 'Tropica'
Langsam wachsend, mäßiger Lichtbedarf, CO_2-Düngung empfehlenswert, neue dekorative Zuchtform mit dichtstehenden, leicht genoppten Blättern, Adventivpflanzen an Blütenstängeln.
Höhe bis 10 cm.

Grasartige Schwertpflanze
Echinodorus tenellus
Mäßig schnell wachsend, hoher Lichtbedarf, CO_2-Düngung, anspruchsvoll, keine Abschattung, entwickelt durch Ausläufer niedrigen Rasen.
Höhe 5 cm.

Zierliches oder quirlblättriges Perlenkraut
Hemianthus micranthemoides
Lichthungrige, aber sehr empfehlenswerte und pflegeleichte Pflanze für den Vordergrund. Wichtig ist ein leicht saurer pH-Wert durch CO_2-Düngung, da sich sonst Kalkablagerungen auf den Blättern bilden, die zu Wachstumsstörungen führen. Vermehrung durch Seitensprosse. Höhe 10 cm.

Zwergpfeilkraut
Sagittaria subulata f. pusilla
Mäßig schnell wachsend, mäßiger Lichtbedarf, leicht zu pflegen, Rasenbildung durch Ausläufer.
Höhe 5–10 cm.

› Solitärpflanzen

Salatblättrige Wasserähre
Aponogeton ulvaceus
Sehr schnell wachsend, mäßiger bis hoher Lichtbedarf, CO_2-Düngung empfehlenswert, hellgrüne, dekorative, gewellte Blätter, Knolle nicht ganz eingraben, macht Ruheperiode durch.
Höhe 50 cm.

Langblättrige Barclaya
Barclaya longifolia
Langsam wachsend, hoher Lichtbedarf, keine Abschattung, CO_2-Düngung, eine der schönsten Aquarienpflanzen überhaupt, olivgrüne bis rötlich getönte, gewellte Blätter, keine „kalten Füße“.
Höhe bis 30 cm.

Sumatrafarn, Wasserhornfarn
Ceratopteris thalictroides
Schnell wachsend, anspruchslos, CO_2-Düngung empfehlenswert, Schwimmform möglich, kann leicht dominieren.
Höhe 40 cm.

Blass-Wasserkelch
Cryptocoryne cordata blassii
Langsam wachsend, geringer Lichtbedarf, evtl. durch Schwimmpflanzen abschatten, CO_2-Düngung, zwei verschieden hohe Wuchsformen im Handel, braunrote, große Blätter, möglichst wenig stören.
Höhe 30–40 cm.

Amazonasschwertpflanzen
Echinodorus
Mäßig schnell wachsend, mäßiger bis hoher Lichtbedarf, CO_2-Düngung empfehlenswert, anpassungsfähig, Jungpflanzen an Blütenstiel. Höhe 30–40 cm. Die Ursprungsform *Echinodorus amazonicus* ist kaum noch im Handel. Mittlerweile findet man viele sehr reizvoll gefärbte Formen (Rassen) im Handel. Im Bild *E. osiris*.

Thailändischer Wasserfreund
Hygrophila corymbosa
Schnell wachsend, hoher Lichtbedarf, CO_2-Düngung empfehlenswert, Stängelpflanze mit großen, hellgrünen, an Pfirsichlaub erinnernden Blättern, untere Teile verkahlen bei zu wenig Licht oder wenn die Pflanze über den Wasserspiegel wächst.
Höhe 50 cm.

Roter Tigerlotus
Nymphaea lotus
Mäßig schnell wachsend, hoher Lichtbedarf, keine Abschattung, CO_2-Düngung, herrliche, rote Unterwasserblätter mit dunklen Flecken, Schwimmblätter abtrennen.
Höhe 30–50 cm.

Kleinblütige Seerose
Nymphaea micrantha
Die wohl empfehlenswerteste aller kleiner bleibenden Seerosen für die Aquarienkultur. Sie neigt weniger stark zur Bildung von Schwimmblättern als der Tigerlotus. Bei einer Beleuchtungsdauer von 12 Stunden oder weniger werden in der Regel keine Schwimmblätter gebildet. Gute Vermehrung durch Adventivpflanzen. Nährstoffreicher Boden empfehlenswert.
Höhe ca. 30 cm

› Schwimmpflanzen

Schwimmpflanzen tragen durch ihre Saugwurzeln wesentlich zum Abbau von Schadstoffen im Wasser bei. Der CO_2-Bedarf wird, außer bei *Riccia*, aus der Luft gedeckt. Lichthungrige Unterwasserpflanzen dürfen nicht durch Schwimmpflanzen abgeschattet werden. Bei abgedeckten Aquarien auf genügend Luftraum zwischen Wasser und Abdeckung achten!

Schwimmender Wasserhornfarn
Ceratopteris cornuta
Sehr schnell wachsend, Vermehrung durch Adventivpflanzen an den Blatträndern, Jungfische finden gute Verstecke in den Wurzeln, Labyrinthfische bauen gern ihr Nest zwischen den Blättern. Durchmesser bis 40 cm. Die Pflanze kann auch untergetaucht kultiviert werden.

Flutendes Teichlebermoos
Riccia fluitans
Schnell wachsend, keine echte Schwimmpflanze, da unter dem Wasserspiegel treibend, bildet dichte undurchdringliche Polster, ideal für Jungfische.

Die Hauptdarsteller: Unsere Fische

Die Hauptdarsteller: Unsere Fische

Der Fisch, ein unbekanntes Wesen? Sicher nicht! Naturwissenschaftler, Systematiker und nicht zuletzt Aquarianer haben in den letzten Jahren und Jahrzehnten eine Fülle von Informationen über Fische im allgemeinen und die Aquarienfische im besonderen herausgefunden und zusammengetragen.

› Biologie

Fische gehören, ebenso wie Lurche (Amphibien), Kriechtiere (Reptilien), Vögel und Säugetiere, zu den Wirbeltieren. (Diesen fünf Tiergruppen ist die Wirbelsäule als zentraler und tragender Bestandteil des Skelettsystems gemeinsam.) Fische stellen die älteste, artenreichste

Korallenplaty, hier eine Zuchtform mit Pinselschwanz

Papageienplaty mit Simpson-Rückenflosse

und von der Individuenzahl häufigste Gruppe unter den Wirbeltieren dar. Ihre Systematik wurde und wird immer wieder diskutiert und abgeändert. Selbst die Gesamtzahl der Fischarten ist unsicher: Die Schätzungen schwanken zwischen 21 000 und 25 000. Da sicher noch nicht alle Arten entdeckt und beschrieben sind, könnten es sogar 30 000 sein.
Die größte und zugleich am besten erforschte Gruppe ist die der echten Knochenfische. Zwischen 5 000 und 8 000 Arten leben – zeitweise oder immer – im Süßwasser, davon könnten 4 000 Arten im Prinzip für eine Pflege im Aquarium geeignet sein. Wirkliche Bedeutung im internationalen Handel haben aber „nur" rund 300 Arten.

Die Körpertemperatur

Fische sind wechselwarm, das heißt, dass sie ihre Körpertemperatur nicht selbst regeln, also keine Körperwärme erzeugen können, sondern so warm bzw. kalt wie ihre Umgebung sind. (Amphibien und Reptilien sind ebenfalls wechselwarm,

Prachtbarben-Zuchtform mit Schleierflossen

Marmorierte Zuchtform des Blauen Fadenfischs

während Vögel und Säugetiere ihre Körpertemperatur aktiv regulieren.)
Dass Fische wechselwarm sind, bedeutet nun aber nicht, dass sie mit *jeder* Temperatur zurechtkommen. In Anpassung an ihre jeweiligen natürlichen Lebensräume haben die Fischarten bestimmte Temperaturbereiche, in denen sie sich wohl fühlen und wo ein Überleben möglich ist: Um ein „Temperatur-Optimum" herum liegt ein mehr oder weniger breiter Temperaturbereich, der für die Fische zuträglich ist. Ist es zu kalt oder zu warm, sterben die Tiere nicht unbedingt sofort, siechen aber dahin, werden krankheitsanfällig und pflanzen sich nicht mehr fort.

Die Flossen

Die Flossen sind ein typisches Fischmerkmal. Es handelt sich um Hautflächen, die von Teilen des Skeletts, den sog. Strahlen, gestützt werden und über Muskelstränge bewegt und auf- oder zusammengefaltet werden können.
Man unterscheidet paarige und unpaare Flossen. Meist sind es insgesamt sieben: Je ein Paar Brust- und Bauchflossen sowie die unpaare Rücken-, After- und Schwanzflosse.
Die Rückenflosse kann in mehrere Abschnitte unterteilt sein, die Bauchflossen können völlig zurückgebildet oder zu Haftorganen verwachsen sein (z.B. bei Welsen). Bei den Fadenfischen sind sie zu „Fäden" mit Geschmacks- und Tastsinneszellen umgebildet. Die Männchen der lebendgebärenden Zahnkarpfen haben als Begattungsorgan ein so genanntes Gonopodium, das aus der umgebildeten Afterflosse hervorgegangen ist.
Oft unterscheiden sich männliche und weibliche Tiere in der Form und Farbe bestimmter Flossen (siehe Artbeschreibungen).
Eine untypische Flosse ist die zwischen Rücken- und Schwanzflosse gelegene Fettflosse vieler Salmler: Sie hat keine stützenden Strahlen und trägt nicht zur Bewegung bei; ihre Funktion ist ungeklärt.

Der Bau der Knochenfische am Beispiel eines Barsches

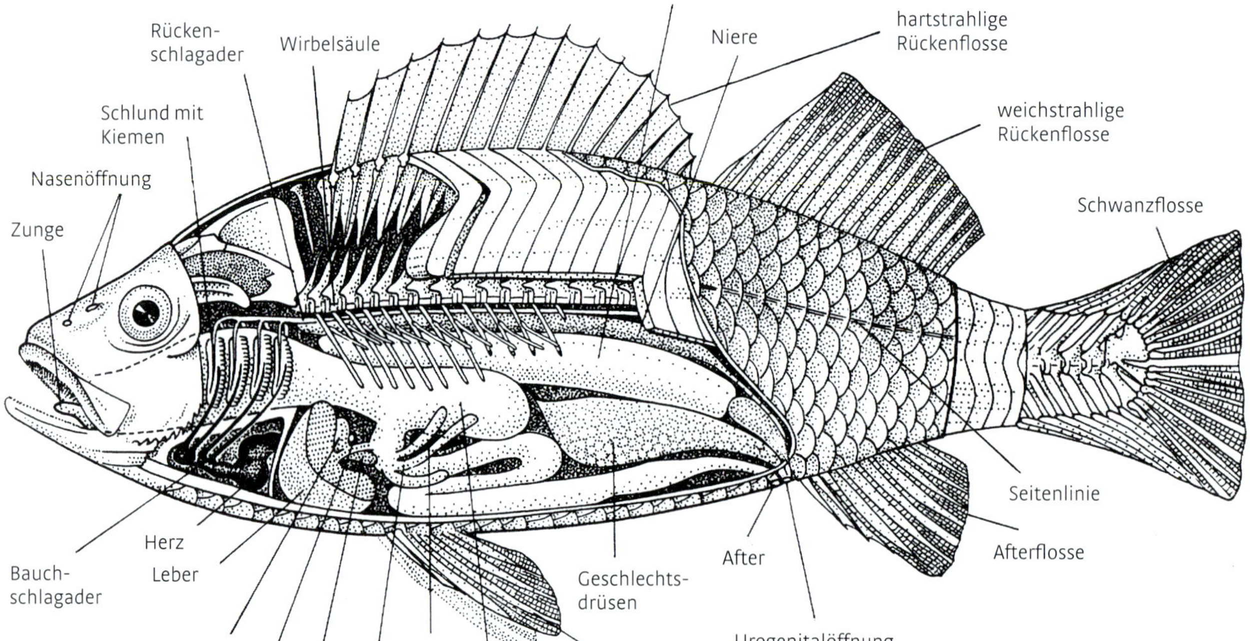

Die Flossen höherer Wirbeltiere, z.B. der Pinguine und Wale, weisen die gleiche Funktion wie die Fischflossen auf, sind aber anders gebaut (homolog).

Die Fortbewegung

Fische bewegen sich durch abwechselnden Zug der Seitenmuskeln praktisch „schlängelnd“ vorwärts. Rücken-, After- und Schwanzflosse machen diese Wellenbewegung mit oder unterstützen sie aktiv (insbesondere die Schwanzflosse mit ihrer kräftigen Muskulatur). Die Brust- und Bauchflossenpaare steuern, bremsen und halten das Gleichgewicht. Rückwärtsschwimmen ist mit Hilfe der Brustflossen möglich.

Haut und Schuppen

Die Fischhaut ist aus der Oberhaut (Epidermis) und der darunter liegenden Lederhaut aufgebaut. In der Epidermis liegen Drüsen, die den schleimigen „Schutzfilm“ absondern, der der Fischhaut einen gewissen Schutz gegen Fremdstoffe, Parasiten, Bakterien und Pilze gibt. Manche Krankheiten, schlechte Wasserqualität und Verletzungen (auch vom unsachgemäßen Hantieren) schädigen diese Schleimschicht, sodass Krankheitserreger leichteren Zutritt haben.
Männliche karpfenartige Fische zeigen während der Laichzeit, meist auf Kopf und Rücken, weiße punktförmige Verhornungen der Epidermis. Dieser sog. Laichausschlag kann leicht mit der Weißpünktchenkrankheit *(Ichthyophthirius)*, siehe im Krankheitskapitel (Seite 98) verwechselt werden.
Die Schuppen sind verknöcherte Strukturen, die in der Lederhaut gebildet und in Schuppentaschen bis dicht unter die Epidermis vorgeschoben werden. Nicht alle Fische haben Schuppen, so sind z.B. die Welse und einige Schmerlen „nackt“. Als Abwandlungen gibt es z.B. sehr kleine, tief liegende Schuppen, nur teilweise beschuppte Fische (Spiegelkarpfen) und flache Knochenplatten anstelle der Schuppen (Panzerwelse).

Die Farben

Die Färbung der Fische kommt durch die in der Lederhaut liegenden pigmenthaltigen Farbzellen zustande. Die ganze Farbenpracht entsteht durch nur vier Zelltypen, die unterschiedlich kombiniert sein können: Rot-, Gelb- und Schwarzzellen sowie Glanzzellen mit reflektierenden Kristallen. Blau kommt durch die Mischung von Schwarz- und Glanzzellenpigmenten zustande.
Farbwechsel, Aufhellungen und „Verdunkelungen“ entstehen durch Änderung der Lage und der Ausdehnung der Pigmente in den Farbzellen. Bei Albinos fehlen alle Farbpigmente.

Gräten oder Knochen?

Das Knochengerüst der Fische fungiert als Stütze und Muskelansatz. Da das Wasser die Fische trägt, ist ihr Skelett nicht so großen Beanspruchungen ausgesetzt wie das der Landtiere und kann daher relativ zart gebaut sein.
Zentrales Element ist die Wirbelsäule mit ihren Fortsätzen, die sich vom Kopf bis in den Schwanz erstreckt und im vorderen Bereich die Rippen trägt. Alle diese Elemente sind Knochen, nur Feinschmecker bezeichnen die Wirbelsäule als „Mittelgräte“. Echte Gräten sind nur die kleinen, frei in der Muskulatur liegenden Stützelemente (verknöcherte Sehnen), die keine Verbindung zu Kopf, Flossen oder Wirbelsäule haben.

Die inneren Organe

Den meisten Platz in der Leibeshöhle nimmt der Verdauungskanal ein. Über Maul und Speiseröhrenschlund gelangt die Nahrung in den Magen, bei einigen Arten direkt in den vordersten Darmteil. Fleischfresser haben einen kurzen, Pflanzenfresser einen stark geschlängelten, langen Darm. Speicheldrüsen haben Fische nicht, wohl aber Leber, Galle und Bauchspeicheldrüse.
In der Leibeshöhle liegen ferner die Milz, unterhalb der Wirbelsäule die Niere und die inneren Geschlechtsorgane, also Hoden oder Eierstöcke.
Nur bei den Fischen, und auch hier nicht bei allen Arten, findet sich eine Schwimmblase. Dieser dünnhäutige Sack enthält ein Gasgemisch aus Sauerstoff, Stickstoff und Kohlendioxid und dient als Schwebeorgan. Bei vielen bodenlebenden

Fischen wird die Schwimmblase nach dem Larvenstadium zurückgebildet. Ihre erste Füllung nach dem Schlupf der Jungfische erhält die Schwimmblase durch aktives Luftschlucken an der Wasseroberfläche; danach findet der Gasaustausch (z.B. zum Druckausgleich in wechselnder Wassertiefe) über den Blutkreislauf statt.

Die Kiemen

Kiemen sind ein typisches Fischmerkmal: Außer bei Amphibienlarven treten sie bei keiner anderen Tiergruppe auf. Einige Fischarten haben noch zusätzliche Atmungsorgane, die bei der Beschreibung der Fischgruppen im folgenden Kapitel vorgestellt werden.
Die Kiemen sind empfindliche, stark durchblutete Hautlamellen (Kiemenblättchen), die ständig von Atemwasser umströmt werden. Seitlich am Kopf gelegen, werden sie durch die Kiemendeckel geschützt. An der Bewegung der Kiemendeckel kann man die Atemfrequenz erkennen.
Das Blut strömt aus dem Körper zum Herzen, wird zu den Kiemen und dort in die feinsten Blutgefäße gepumpt, wodurch eine gewisse Aufenthaltsdauer gegeben ist. Hier gelangt aus dem umgebenden Wasser Sauerstoff ins Blut; gleichzeitig werden Kohlendioxid und „Abfallstoffe" ans Wasser abgegeben. (Die Niere scheidet viel Wasser, aber nur wenig darin gelöste Stoffwechselprodukte aus.)

Die Seitenlinie

Die Seitenlinie der Fische ist ein Ferntast-Sinnesorgan, das mit Hilfe von Sinneszellen Informationen über feine Wasserbewegungen aufnehmen kann.

Größe und Alter

Alle Fische wachsen zeit ihres Lebens, nach der Geschlechtsreife allerdings nur noch sehr langsam. Nur ungünstige Lebensbedingungen und der Alterstod beenden dieses potenzielle Dauerwachstum. Süßwasserfische erreichen Größen zwischen wenig mehr als einem Zentimeter und über vier Metern *(Arapaima)*. Die Lebensdauer von Fischen schwankt zwischen einem Jahr und mehreren Jahrzehnten. In der Obhut des Menschen ist meist eine höhere Lebenserwartung als in der freien Natur gegeben.

› Nachwuchs im Aquarium

Bei sachgerechter Pflege werden die Fische im Aquarium irgendwann einmal einen körperlichen Reifestatus erreicht haben, wo das Fortpflanzungsverhalten zu den ganz normalen Lebensäußerungen zählt. Andererseits kann die Fortpflanzungstätigkeit auch als Bestätigung dafür gesehen werden, dass man den Fischen zusagende Lebensbedingungen geschaffen hat.
Bei vielen Fischen findet die Fortpflanzung spontan im Haltungsbecken statt, andere benötigen dazu bestimmte Auslösereize. Wieder andere Fische werden im Haltungsaquarium zwar geschlechtsreif, laichen unter Umständen auch ab, jedoch sterben die Eier, weil für die Haltung der Fische härteres Wasser ausreicht, die Entwicklung der Eier und Jungfische aber weicheres Wasser erfordert. Solche Fische (viele Salmler und Barben) müssen in separat bereitgestellten Zuchtaquarien mit genau vorbereitetem Wasser gezüchtet werden. Uns sollen hier in erster Linie einmal die Fische interessieren, die sich auch im Haltungsbecken fortpflanzen.
Wesentliche Voraussetzung, damit eine Fortpflanzung überhaupt stattfinden kann, ist natürlich das Vorhandensein männlicher und weiblicher Tiere. Nur selten wird man beim Kauf der Tiere im Zoofachhandel bereits erkennen können, was Männlein und Weiblein ist. In der Regel werden Jungtiere verkauft, die sich auch besser in ihre neue Umgebung einleben können.
Wenn Ihnen der Zoohändler also empfiehlt, mehrere Tiere, am besten zehn oder mehr, einer Art zu kaufen, so hat das durchaus seinen Sinn. Bei mehreren Tieren ist die Chance natürlich größer, ein ausgewogenes Verhältnis an Geschlechtern zu erwerben. Außerdem sollten viele beliebte Aquarienfische sowieso nicht „paarweise" gepflegt werden, weil es sich oft um Schwarmtiere handelt, die sich nur unter ihresgleichen wohl fühlen.

INFO

Trinken Fische?

Meerwasserfische ja, Süßwasserfische im Prinzip nicht. Das Meerwasser ist salziger und enthält mehr gelöste Stoffe als „der Fisch selbst". Da ein Bestreben nach Konzentrationsausgleich besteht (Diffusion, Osmose), verliert der Fisch über seine Körperoberfläche Wasser. Dies gleicht er durch trinken wieder aus. Das dabei notgedrungen mit aufgenommene Salz wird über die Kiemen und sehr konzentrierten Urin wieder ausgeschieden.
Im Süßwasser ist es umgekehrt: Das „Fischinnere" ist konzentrierter als das umgebende Wasser, es tritt also durch die Körperoberfläche Wasser in den Fisch ein, das über die Nieren wieder ausgeschieden werden kann. Trinken brauchen Süßwasserfische also nicht; sie nehmen nur eher zufällig kleine Wassermengen auf.

Viele Arten sind auch recht wählerisch (zum Beispiel Buntbarsche), was die Wahl des Partners anbelangt. Wenn man mehrere Jungtiere kauft, erhöht sich natürlich die Chance, dass „zwei sich finden".
Tiere nur eines Geschlechts zu halten, aus welchen Gründen auch immer, ist nicht nur unnatürlich, sondern man bringt sich auch um den aufregendsten und interessantesten Teil, den die Aquaristik zu bieten hat, nämlich die Beobachtung der verschiedenen Fortpflanzungsweisen. Viele Fische zeigen auch erst „Farbe", wenn beide Geschlechter vorhanden sind.

Geschlechtsunterschiede

Nun müssen Sie noch wissen, wie man bei Fischen überhaupt Männlein und Weiblein unterscheidet. Das ist nicht immer ganz einfach und kann hier auch nicht bis ins Detail abgehandelt werden. Nähere Einzelheiten sind in der entsprechenden Fachliteratur zu finden. Die folgenden allgemeinen Hinweise können als Anhaltspunkt dienen.
Am sichersten ist die Unterscheidung bei lebendgebärenden Fischen. Die Afterflosse der Männchen ist zu einem typischen Begattungsorgan, dem Gonopodium, umgestaltet, während die Weibchen eine normale Afterflosse besitzen. Meist werden die Weibchen auch größer als die Männchen. Bei Guppies sind die Männchen außerdem farbenprächtiger und bei Schwertträgern zeigen nur die Männchen den schwertartigen Fortsatz der Schwanzflosse. Schwertträgerweibchen können sich übrigens in Männchen umwandeln, die dann kräftiger sind als Tiere, die von vornherein Männchen waren.
Bei vielen verschiedenen Fischfamilien sind die unpaaren Flossen (Rücken-, After- und Schwanzflosse) der Männchen länger oder spitzer auslaufend als die der Weibchen. Oft sind die Männchen auch farbiger als die Weibchen (viele Labyrinther und Buntbarsche). Bei vielen Zwergbuntbarschen zeigen die Weibchen während der Balz und Brutpflege ein typisches schwarzes Muster auf gelbem Grund, das den Männchen fehlt.

Auslösende Faktoren

Manche Fische vermehren sich spontan, wie bereits erwähnt, ohne dass man etwas dagegen tun könnte. Dazu gehören zum Beispiel fast alle lebendgebärenden Zahnkarpfen.

Männchen einer Kärpflingsart (*Neoheterandria*) versucht ein Weibchen zu begatten. Deutlich ist das nach vorn geklappte Gonopodium zu sehen, das aus der umgeformten Afterflosse entstanden ist.

TIPP
Außer diesen auslösenden Reizen benötigen die meisten Fische auch noch bestimmte Substrate, an die die Eier angeheftet werden. Viele Salmler und Barben brauchen kein direktes Laichsubstrat, bevorzugen aber bestimmte Pflanzen, zwischen denen abgelaicht wird.

Andere benötigen bestimmte auslösende Faktoren. Das sind in der Regel Reize aus der Umwelt, die dem Organismus das Signal zur Fortpflanzung geben. Bei vielen tropischen Fischen ist die Regenzeit das auslösende Signal. Durch häufigen Wasserwechsel in kurzen Zeitabständen kann Regenzeit simuliert werden. Wenn dabei die Härte noch etwas abgesenkt und das nachgefüllte Wasser etwas kühler ist, klappt es meistens.
Manche Fische, vor allem Wildfänge, sind noch an die zeitlichen Abläufe ihrer Heimat angepasst. Sie lassen sich meist nur dann zum Ablaichen stimulieren, wenn in ihrer Heimat auch Regenzeit ist. Bei Panzerwelsen genügt oft bereits eine Temperaturabsenkung, um die Fortpflanzung anzuregen. Bei Labyrinthfischen sind fallender Wasserstand und Temperaturerhöhung auf bis zu 30 °C der Auslöser.
Vielfach kann auch ein ganz bestimmtes Futter ausschlaggebend sein, dass Fische Laich ansetzen. Schwarze Mückenlarven wirken bei verschiedenen Fischen förderlich. Darüber hinaus gibt es viele Fische, z.B. die Prachtschmerle *(Botia macracantha)*, bei denen man die auslösenden Faktoren noch nicht genügend kennt oder nicht effektiv genug simulieren kann. Hier ist noch ein weites Betätigungsfeld für forschende Naturen. Es wäre nicht das erste Mal, dass Aquarianer ein solches Geheimnis lüften.

Fortpflanzungsstrategien

Fische haben im Laufe der Evolution die verschiedenartigsten Fortpflanzungsmethoden entwickelt. Die Palette reicht vom einfachen Abgeben der Geschlechtsprodukte in das umgebende Wasser bis zur hoch spezialisierten Brutpflege. Die meisten Fischarten legen Eier, deren Zahl sehr hoch sein kann, bei praktisch nicht vorhandener Brutpflege, oder es sind nur einige wenige Eier bei Arten mit extrem intensiver Brutpflege. Einige interessante Strategien der Fortpflanzung und Brutpflege wollen wir etwas näher vorstellen.
Eine ganz besondere Form der Brutpflege findet man bei den lebendgebärenden Fischen, wie zum Beispiel den lebendgebärenden Zahnkarpfen. Hier findet die ganze Eientwicklung von der Besamung bis zum fertig entwickelten Jungfisch im Mutterleib statt. Erfreulicherweise sind lebendgebärende Zahnkarpfen in der Regel recht leicht zu pflegen, und so haben gerade mit diesen Fischen viele Anfänger das erste Hochgefühl der eigenen Nachzucht.
Jede Fortpflanzungsaktivität beginnt auch bei den Fischen mit dem so genannten Balzverhalten. Durch bestimmte Verhaltensabläufe, Färbungen und Zeichnungsmuster wird die Abgabe der Geschlechtsprodukte bei beiden Partnern synchronisiert. Das heißt, es wird dafür gesorgt, dass beide zur gleichen Zeit und am gleichen Ort Eier und Spermien abgeben. Die Balz kann je nach Fischart eher unscheinbar und fast unauffällig erfolgen oder aber bei Arten mit ausgeprägter Brutpflege zum Schönsten überhaupt werden, was man sich bei der Pflege von Fischen vorstellen kann. Viele Buntbarsche zeigen über mehrere Tage intensive Färbungen und besondere Verhaltensweisen. Dazu gehört auch, dass ein bestimmter Platz zur Eiablage ausgesucht und intensiv geputzt wird. Eindringlinge werden heftig attackiert und nicht selten ernsthaft verletzt. Dieser Platz kann zum Beispiel ein Stein, eine Höhle, ein Pflanzenblatt oder eine selbst gegrabene Grube sein. Nach der Eiablage werden die Eier sorgsam bewacht und gepflegt. Je nach dem, wer diese Pflege übernimmt, spricht man von Mutter-, Vater- oder Elternfamilie. Nachdem die Jungfische aus den Eihüllen geschlüpft sind, können sie noch nicht schwimmen und werden weiterhin intensiv von ihren Eltern bewacht und gepflegt. Dies kann sich bis zu mehrere Wochen nach dem Schlüpfen hinziehen.
Ein weiteres sehr interessantes Fortpflanzungsverhalten kann bei den Labyrinthfischen (besser bekannt unter dem Namen Fadenfische) beobachtet werden. Diese Fische produzieren ihr eigenes so genanntes Schaumnest. Die Männchen nehmen von der Wasseroberfläche Luftblasen ins Maul, ummanteln sie mit einem zähen Schleim und spucken sie wieder aus, bis ein dickes Polster von Luftblasen entstanden ist, in das die

Ganz links: Ein Jungfisch eines lebendgebärenden Halbschnabelhechtlings erblickt das Licht der Welt.

Links: Ein Paar des Zebra- oder Grünflossenbuntbarschs bewacht sein Gelege.

Schneckenbuntbarsche beim Maulkampf um ein neues Schneckenhaus oder zur Bereinigung von „Meinungsverschiedenheiten" betreffend der Reviergrenzen.

Männlicher Mosaikfadenfisch beim Schaumnestbau

Weibchen dann die Eier abgeben. Sind alle Eier im Nest, vertreibt das Männchen das Weibchen und pflegt das Nest selbst. Bis die Jungfische selbstständig schwimmen können, hat nun das Männchen alle „Flossen voll“ zu tun, um das Nest auszubessern und gegen Fressfeinde zu verteidigen. Danach erlischt der Pflegeinstinkt und ein neues Nest kann gebaut werden.
Nun sollen noch die Maulbrüter erwähnt werden. Diese hoch spezialisierte Form der Brutpflege wurde bei verschiedenen Fischarten entwickelt. Am bekanntesten sind wohl die maulbrütenden Buntbarsche aus den afrikanischen Seen. Bei der höchst entwickelten Form der Maulbrutpflege werden die Eier sofort nach dem Ablaichen vom Weibchen ins Maul genommen. Die ganze Entwicklung der Eier und der Larven findet im schützenden Maul statt. Erst die fertig entwickelten, zur selbstständigen Nahrungsaufnahme fähigen Jungfische werden aus dem Maul entlassen, flüchten aber bei Gefahr immer noch in das schützende Maul, bis sie dafür zu groß sind.
Nun soll aber nicht der Eindruck erweckt werden, dass alle Fischarten solche aufregenden Fortpflanzungsverhalten zu bieten hätten. Es geht auch einfacher, zum Beispiel bei den meisten Salmlern und Barben: sie geben Eier und Spermien einfach ins Wasser ab, entweder zwischen Pflanzenbüscheln oder sogar im freien Wasser.

Jungfische im Haltungsaquarium

Wer nicht unbedingt Wert auf hohe Jungfischzahlen legt, kann durch geschickte Einrichtung des Haltungsaquariums dafür sorgen, dass immer einige Jungfische hochkommen. Dabei ist es noch nicht einmal erforderlich, spezielles Futter anzubieten. Mit feinfiedrigen Pflanzen dicht bepflanzte Ecken oder dichte Moospolster und ein mit Schwimmpflanzen bedeckter Teil des Aquariums bieten Jungfischen Schutz vor ihren gefräßigen Mitinsassen und gleichzeitig viele Kleinstlebewesen als ideale Erstnahrung. Viele anspruchslose Salmler werden in solcher Umgebung regelmäßig für „Verstärkung“ im Schwarm sorgen. Auch Regenbogenfische, Hechtlinge und viele andere werden auf diese Weise den Bestand ständig ergänzen oder vergrößern. Lebendgebärende werden Ihnen in einem solchen Aquarium sehr bald mehr Nachwuchs bringen, als Ihnen lieb ist. Trächtige Weibchen von Lebendgebärenden in Ablaichkästen zu sperren, um ihre Jungen zu gebären, ist unnatürlich und mit Stress für das Muttertier verbunden.

Zuchtbecken

Wer auf möglichst viele Fischkinder Wert legt, wird um die Einrichtung eines Zuchtbeckens nicht herumkommen. Sei es, um den gesamten Fortpflanzungsvorgang von vornherein in diesem Becken ablaufen zu lassen, sei es, um aus dem Haltungsaquarium entnommenen Laich oder Jungfische aufzuziehen. Alle nicht brutpflegenden, eierlegenden Fische (Salmler, Barben und andere) wird man bereits im Zuchtbecken ablaichen lassen, um möglichst zahlreichen Nachwuchs zu erhalten.
Als Zuchtbecken wählt man ein Glasaquarium, das je nach Größe der Fische 10 bis 30 l Fassungsvermögen hat. Das Becken erhält keinen Bodengrund und alle Einrichtungsgegenstände müssen vorher gründlich mit heißem Wasser gesäubert werden. Die Grundeinrichtung besteht aus: Heizung, schwach perlendem Ausströmer und je nach Fischart erforderlichem Laichsubstrat.
Für viele Fische geeignet und praktisch

TIPP

Panzer- und Harnischwelse laichen oft an der Glasscheibe. Man kann den Laich mit einer Rasierklinge vorsichtig entfernen und in das Zuchtbecken überführen. Bereits schwimmfähige Jungfische saugt man am besten mit einem Schlauch aus den Haltungsaquarien ab und bringt sie dann mit dem mit abgesaugten Wasser in das Zuchtbecken.

Der Störwels bewacht an der Scheibe abgelegte Eier.

Ein Schlangenkopffisch beim Luftholen – typisch für alle Fische, die atmosphärische Luft veratmen können.

Eine sehr hoch entwickelte Form der Brutpflege zeigt dieser Diskusfisch: Die Jungfische leben in den ersten Lebenswochen von einem speziellen Hautsekret, das die Elterntiere bilden.

(weil leicht zu reinigen und wiederverwendbar) ist ein Büschel aus zusammengebundenen Wollfäden (Kunstfaser), die man mit einem Sauger am oberen Rand befestigt oder an einem Kork hängend treiben lässt. Boden-, Rück- und Seitenscheiben werden abgedunkelt (dunkle Pappe oder Anstrich).

Da die meisten der in solchen Aquarien zu vermehrenden Fische ihren Laich als willkommene Nahrung ansehen, muss dies möglichst verhindert werden, zum Beispiel durch Auslegen von Glasmurmeln von etwa 20 mm Durchmesser. Die Eier fallen dazwischen und sind weitgehend sicher. Beim Einsetzen der Elterntiere und der Wahl des richtigen Zuchtwassers verfahren Sie nach den Angaben bei unseren Fischbeschreibungen und in der einschlägigen Literatur.

In der Regel werden die Zuchttiere abends eingesetzt, der Laichvorgang findet dann am nächsten Morgen statt. Anschließend müssen die Eltern sofort entfernt werden. Zur Überführung von Laich oder Jungfischen aus dem Haltungsaquarium wird das Zuchtbecken zunächst mit Wasser aus dem Haltungsaquarium gefüllt. Dann wird der Laich mitsamt der Unterlage (Stein, Pflanze etc.) aus dem Haltungsaquarium entnommen und in das Zuchtbecken gebracht.

Ei- und Jungfischentwicklung

Ob nun Fische direkt im Zuchtbecken abgelaicht haben oder ob Sie Laich aus dem Haltungsaquarium in das Zuchtbecken überführt haben (gleiche Wasserwerte beachten!), in beiden Fällen beginnt nun

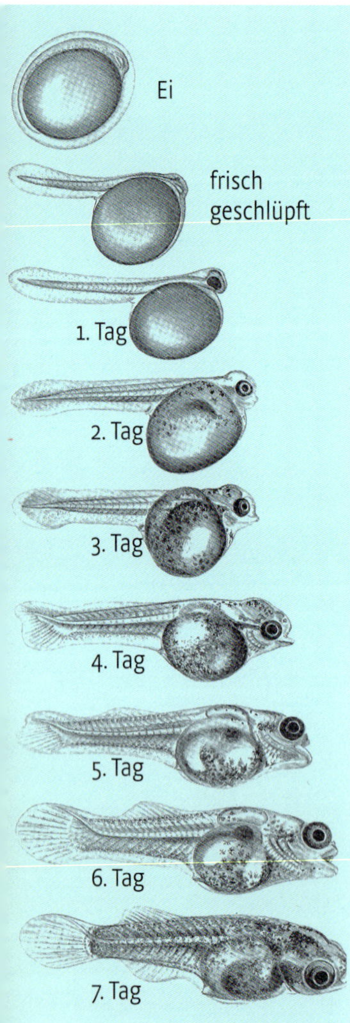

Die Jungfischentwicklung am Beispiel des Riesenguramis. Nach dem Schlüpfen zehren die Larven einige Tage vom Dottervorrat und wachsen heran. Am sechsten Tag beginnen sie umherzuschwimmen und Nahrung zu suchen.

die erste Phase im Leben der Fische. Innerhalb weniger Stunden bis mehrerer Tage (je nach Art) entwickelt sich im Ei eine kleine Larve. Bei entsprechend großen und transparenten Eiern kann man den Fortschritt der Entwicklung mit der Lupe beobachten.

Nach einer gewissen Zeit sprengen die Larven die Eihüllen. Sie sind zu diesem Zeitpunkt noch nicht in der Lage zu schwimmen oder zu fressen. Je nach Fischart hängen sie mit speziellen Haftorganen an Scheiben und Einrichtungsgegenständen oder liegen auf dem Boden. Einige Tage zehren sie nun von dem im Dottersack „mitgebrachten" Nahrungsvorrat und entwickeln sich weiter, bis sie eines Tages frei im Becken umherschwimmen und nach Nahrung suchen. Jetzt muss mit geeignetem Futter mehrmals täglich gefüttert werden. Wenn die Jungfische bereits groß genug sind, um frisch geschlüpfte Artemia-Nauplien bewältigen zu können, so ist die Aufzucht einfach. Dieses Futter kann man sich aus im Zoofachhandel erhältlichen Eiern selbst erbrüten. Das Verfahren ist einfach und jede Packung enthält eine Gebrauchsanleitung, weshalb wir uns die Erklärung hier sparen wollen.

Die Jungfische vieler Salmler und Barben sind jedoch so winzig klein, dass sie in den ersten Tagen mit Infusorien (Einzeller, meist Pantoffeltierchen) ernährt werden müssen. Pantoffeltierchen muss man selbst züchten. Wenn die Winzlinge genügend herangewachsen sind, kann mit Artemia-Nauplien weitergefüttert werden. Einige Zeit später können die Tiere dann langsam an andere Futtersorten (Flockenfutter, Mückenlarven, usw.) umgewöhnt werden.

Es versteht sich von selbst, dass das Aufzuchtbecken regelmäßig gereinigt werden muss und mit dem Heranwachsen der Jungfische öfter ein Teilwasserwechsel durchzuführen ist. Eine Filterung über einen luftbetriebenen Schaumstoffpatronenfilter ist ebenfalls ratsam. Statt mit Pantoffeltierchen oder Artemia-Nauplien können die Jungfische auch mit verschiedenen Ersatzfuttern, wie zum Beispiel feinst zermahlenem Flockenfutter oder homogenisiertem Flüssigfutter,

Ausgewachsene Salzkrebschen (Artemia). Die frisch geschlüpften Nauplius-Larven dieser Tiere sind ein ideales Futter für Jungfische.

ernährt werden. Der Aufzuchterfolg ist mit den genannten Lebendfuttern in der kritischen Anfangsphase jedoch besser.

› Fische richtig füttern

Zu einer verantwortungsvollen Aquarienhaltung gehört neben arttypisch gestalteter Umwelt auch eine Ernährung, die den Bedürfnissen der Fische gerecht wird. Da Aquarienfische wohl nur sehr selten die Gelegenheit haben werden, in ihrem Lebensraum das ihrer Gewohnheit entsprechende Futter vorzufinden, sind wir Aquarianer gehalten, es ihnen zu bieten. Welche Futteransprüche die einzelnen Arten stellen, entnehmen Sie bitte den Einzelbeschreibungen im nächsten Kapitel und der Fachliteratur.

Man unterscheidet im wesentlichen drei Ernährungstypen: Karnivore oder Fleischfresser, Omnivore oder Allesfresser und Herbivore oder Pflanzenfresser. Irgendwo zwischen den beiden letztgenannten sind noch die Limnivoren (Aufwuchsfresser) einzuordnen. Selbstverständlich lassen sich nicht alle Fische stur in eine dieser Gruppen pressen. Sehr oft gibt es Übergangsformen.

Das Verdauungssystem der Fische hat sich im Laufe der Entwicklungsgeschichte an die in ihrem speziellen Lebensraum vorkommende Nahrung angepasst. Das manifestiert sich unter anderem in der Darmlänge, die proportional zur Verdaulichkeit der Nahrung ist.

Rein karnivore Fische, die mehr oder weniger ausschließlich von Fischen und anderen Wassertieren als Beute leben, besitzen einen sehr kurzen Darm mit einem großen Magen, der vor allem der Aufnah-

An die Scheibe geklebte Futtertabletten ziehen die Fische an wie ein Magnet.

me der großen Beutestücke dient. Da diese Nahrung leicht verdaulich ist, ist kein langer Darm erforderlich. Bei Allesfressern wird der Darm bereits länger, weil schon in gewisser Menge schwerer verdauliche, pflanzliche Kost mitgefressen wird. Der Pflanzenfresserdarm schließlich ist extrem lang und auf schwer verdauliche Pflanzenkost eingestellt.
Dies muss bei der Wahl des Futters und bei der Herstellung von industriell gefertigtem Futter berücksichtigt werden, da sonst erhebliche Verdauungsstörungen auftreten können. Auch auf die richtige Art und Zusammenstellung der Rohstoffe für ein Futter kommt es an. Bei industriell gefertigten Markenfuttermitteln können Sie davon ausgehen, dass dem Rechnung getragen wird. Sie müssen lediglich aus dem breiten Angebot das Richtige auswählen.
Da trotzdem, vor allem bei selbst gefertigtem Futter, öfter (gut gemeinte) Fehler begangen werden, hier noch einige Hinweise auf mögliche Gefahren: Auf Proteine von Warmblütern, vor allem reines Muskelfleisch, sollte man als ausschließliche Proteinquelle verzichten. Proteine wasserlebender Organismen (insbesondere Fische) sind weitaus besser geeignet. Vor allem einseitige Ernährung mit Rinderherz oder anderem Muskelfleisch kann zu Mangelerscheinungen führen.
Fette können von Fischen nur verwertet werden, wenn sie bei der entsprechenden Haltungstemperatur flüssig bleiben, das heißt sehr viele so genannte ungesättigte Fettsäuren enthalten. Damit scheidet Fett von Warmblütern von vornherein aus, es wird nahezu unverdaut wieder ausgeschieden, verpestet das Wasser und führt zu Darmentzündungen.
Da Aquarienfische nicht die Bewegungsfreiheit haben wie in der freien Natur und auch eher zu viel als zu wenig gefüttert werden, sollte der Fettgehalt im Futter nicht allzu hoch sein. 3 bis 8 % können als Anhaltspunkt dienen.

TIPP

Finden Sie in Ihrem Aquarium Pflanzen, vor allem großblättrige Amazonas-Schwertpflanzen, mit Blättern, von denen nur noch das Gerüst der Blattnerven übrig ist, so hat sich mit Sicherheit ein Pflanzen fressender Harnischwels das geholt, was er von Ihnen als Pfleger nicht bekommen hat, nämlich Futter mit ausreichend Faserstoffen. Bei der genannten Fischgruppe sollten es mit Vorzug Holzfasern sein. Futter mit Holzfasern ist mittlerweile regelmäßig im Handel zu finden.

Kohlenhydrate (typische Vertreter sind Zucker und Stärke) stammen aus dem Pflanzenreich und sollten in Verbindung mit Ballaststoffen (pflanzliche Zellwände etc.) wesentlicher Bestandteil im Futter für Pflanzenfresser sein. Futter mit zu viel Protein und zu wenig Ballaststoffen hält den langen Darm der Pflanzenfresser zu wenig „in Schwung". Manche Fische, die auf pflanzliche Kost angewiesen sind und diese nicht in ausreichendem Maß erhalten, werden sich an Aquarienpflanzen bedienen. Prachtschmerlen können, vor allem als größere Tiere, großblättrige Pflanzen „herrlich perforieren".

Flockenfutter

Flockenfutter werden heutzutage nach komplizierten Rezepturen hergestellt und sind absolut kein minderwertiges Ersatzfutter, wie es allzu oft hingestellt wird. Ohne die professionell hergestellten Flockenfutter wäre die Aquaristik heute nicht das, was sie ist. Flockenfutter von Markenherstellern enthält alle für die Ernährung der Fische notwendigen Bestandteile. Durch Kombination unzähliger Rohstoffe und gezielte Vitaminisierung ist das Auftreten von Mangelerscheinungen ausgeschlossen.

Flockenfutter gibt es in vielen verschiedenen Formen und Zusammensetzungen, entsprechend den Ernährungsgewohnheiten der Fische. Lassen Sie sich bei Ihrem spezialisierten Zoofachhändler beraten. Zu erwähnen wären unter anderem Flocken verschiedener Größe für große und kleine Fische, unterschiedliche Proteingehalte für mehr „fleischlich" oder mehr „pflanzlich" orientierte Fische. Dann wären noch verschiedene Futtertabletten für bodenbewohnende Fische zu erwähnen. Neben dem Flockenfutter setzt sich heutzutage auch zunehmend Futter in Granulatform oder als Sticks durch. Solches Futter hat gegenüber dem Flockenfutter den Vorteil, dass es wesentlich komprimierter ist als Flockenfutter, das heißt in der gleichen Dose praktisch doppelt so viel oder noch mehr Futter ist als bei Flockenfutter. Damit bekommt man die Fische schneller satt.
Verschiedene Hersteller bieten Informationsbroschüren an, aus denen Sie mehr über das Futter erfahren, als auf eine kleine Dose gedruckt werden kann. Vor allem für die Analysendaten sollten Sie sich interessieren, die, weil es nicht vorgeschrieben ist, oft nicht auf den Dosen zu finden sind. So können Sie schnell feststellen, ob ein Pflanzenfresserfutter

Fische fressen Flockenfutter. Hier ist offensichtlich etwas zu viel davon ins Wasser geraten. Das richtige Maß ist wichtig!

Futteraufnahmetypen

Am Körperbau der Fische kann man erkennen, in welcher Wasserregion sie sich bevorzugt aufhalten. Das kann man nicht nur dafür nutzen, ein Aquarium ausgeglichen mit Fischen zu besetzen, sondern es lässt auch Rückschlüsse auf die Ernährungsweise zu.

So findet man Fische mit glatter Rückenlinie und nach unten gewölbtem Bauch, die sich an der Wasseroberfläche aufhalten. Das Maul dieser Fische ist schräg nach oben gerichtet. Solche Fische suchen ihre Nahrung überwiegend an der Wasseroberfläche. Man kann sie mit Flocken- und Granulatfutter ernähren, lieber fressen sie allerdings gefriergetrocknete Insektenlarven und ab und zu auch eine Fliege.
Fische, die sich in den mittleren Wasserschichten aufhalten, haben mehr oder weniger gleich stark gewölbte Rücken- und Bauchlinien. Das Maul steht ziemlich genau waagerecht. Solche Fische fressen bevorzugt alles, was sich in den mittleren Wasserschichten fin-

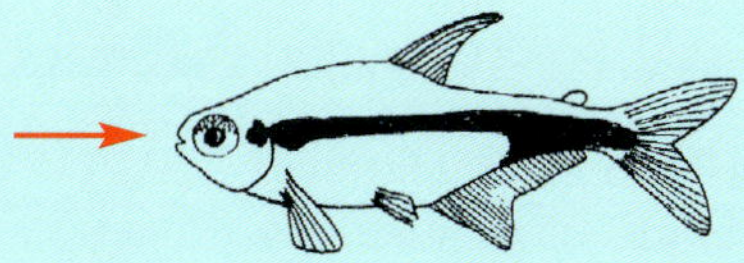

det, sei es herabsinkendes Flocken- oder Granulatfutter, Lebend- oder Frostfutter. Am Boden, sozusagen im Untergeschoss, sitzen Fische, die bei ziemlich geradlinigem Bauch eine mehr oder weniger stark gewölbte Rückenpartie haben. Das Maul ist nach unten gerichtet

und trägt Barteln, oder es ist zu einem Saugmaul umgebildet. Diese Fische suchen am Boden nach Nahrung, die man ihnen in Form von Futtertabletten extra zukommen lässt. Die „Bodenkinder" haben oft auch einen nicht zu unterschätzenden Appetit auf Pflanzliches. Zwischen diesen drei Typen gibt es natürlich auch Übergangsformen, die mehr nach oben oder nach unten orientiert sind. Reine Oberflächen- und reine Bodenfische verlassen ihr Reich allerdings nur sehr selten.

wirklich ein Pflanzenfresserfutter ist oder nur ein anders eingefärbtes Allesfresserfutter.
Noch ein Wort zu den Futterdosen: Flockenfutter besteht aus Naturprodukten, die verderblich sind. Markenhersteller unternehmen alles Erdenkliche, um durch geeignete Verpackung das Futter vor vorzeitigem Verderb zu schützen. Sie geben auch ein Mindesthaltbarkeitsdatum an, das selbstverständlich nur bei ungeöffneter Dose gilt. Vitamine und freie Fettsäuren sind sehr leicht verderblich. Kaufen Sie deshalb kein Futter, das in Klarsichtbehältnissen (Beutel, Dosen) oder unversiegelt angeboten wird. Futter in einer einmal geöffneten Dose verdirbt schneller. Kaufen Sie also nur solche Gebindegrößen, deren Inhalt Sie in zwei bis drei Monaten verfüttert haben, und lagern Sie das Futter möglichst kühl.

Lebendfutter

Trotz aller Vorteile des Flockenfutters – einen Nachteil hat es: Es bewegt sich nicht. Es gibt bestimmte Fische, die partout nicht an Flockenfutter gehen, sei es, weil es sich nicht bewegt, oder weil Geschmack und Form nicht dem gewohnten Futter entsprechen. Viele Importfische kennen gar kein Flockenfutter und müssen erst langsam umgewöhnt werden. Wer einmal gesehen hat, wie Fische hinter Lebendfutter herjagen, wird diesen

Anblick zumindest hin und wieder nicht missen wollen und seinen Fischen diese Abwechslung gönnen. Es gibt verschiedene Wege, an Lebendfutter zu kommen. Man kann es selbst züchten, verschiedene Zuchtansätze sind über den Versand zu beziehen (Adressen in Aquarienzeitschriften), man kann es fangen, oder man kann es (der bequemste Weg) im Zoofachgeschäft kaufen.
Die eigene Zucht von Lebendfutter (vor allem verschiedene Wurmarten und Fliegen) ist sicher nur für Fischzüchter interessant, da sie durchaus zeitaufwendig ist. Selbstfang von Lebendfutter kann eine interessante und gesunde (vor allem mit

Lebendfutter

Weiße Mückenlarven

Larven der Büschelmücke *Corethra*. Ausgezeichnetes, unbelastetes Lebendfutter, das nur in sauberen Gewässern vorkommt. Wegen des durchscheinenden Aussehens auch als Glasstäbchen bezeichnet. In feuchtes Zeitungspapier eingeschlagen im Kühlschrank monatelang haltbar. Fertige Mücken stechen nicht.

Rote Mückenlarven

Larven der Zuckmücke *Chironomus*. Rote Mückenlarven werden von allen Fischen gern genommen. Stammen aus belasteten Gewässern, deshalb nur geringe Mengen füttern. Aufbewahrung wie Weiße Mückenlarven, jedoch leicht penetranter Geruch. Fertige Mücken stechen nicht.

Schwarze Mückenlarven

Gibt es wegen der Stechmückengefahr nur gefroren zu kaufen. Lebende müssen Sie auf eigenes Risiko selbst fangen.

Kleinkrebse

Wasserflöhe *(Daphnia)* und Hüpferlinge *(Cyclops)* sind die gängigsten. Sehr kleinen Jungfischen können *Cyclops* gefährlich werden. Kleinkrebse sind ernährungsphysiologisch wertvoll, mit hohem Ballaststoffgehalt; alleinige Verfütterung kann jedoch zu Mangelerscheinungen führen. Aufbewahrung im Eimer mit kühlem Wasser; sehr sauerstoffbedürftig.

Schlammröhrenwürmer

Schlammröhrenwürmer oder *Tubifex* stammen aus belasteten Gewässern. Durch Wässern unter fließendem Wasser für mehrere Tage kann der Schadstoffgehalt gesenkt werden. Trotzdem nur sparsam füttern, da sehr fett und proteinreich. Nicht gefressene Würmer verkriechen sich schnell im Bodengrund, sterben dort ab und führen zu Fäulnis.

Rote Mückenlarven

Weiße Mückenlarven

Wasserflöhe

dem Fahrrad) Freizeitbeschäftigung sein. Aber Vorsicht! Lebendfutter aus Fischgewässern kann Krankheitserreger mit ins Aquarium bringen. Darüber hinaus werden Sie nur noch selten ein Gewässer finden, wo der Selbstfang von Lebendfutter nicht mit irgendwelchen Eigentums- oder Fischereirechten kollidiert. Wohl dem, der in einem Aquarienverein ist, der eigene Futterteiche hat.
Bleibt also der Gang zum Zoofachhändler als Hauptmöglichkeit, an Lebendfutter zu kommen. Halt, eines hätten wir fast vergessen: Im Sommer können Sie in Regentonnen oder sonstigen Wassergefäßen im Freien schwarze Mückenlarven fangen. Wenn im Aquarium nicht alle gefressen werden, haben Sie jedoch einige Tage später liebe, stechende Zimmergenossen! Die gängigsten Lebendfuttertiere zeigt der Kasten.

Frostfutter

Unter Frostfutter versteht man tiefgefrorene Lebendfuttertiere oder Teile davon. Außer den im Kasten aufgeführten Mückenlarven und Kleinkrebsen findet man noch eine Reihe weiterer Sorten. Für das Süßwasseraquarium kommen noch ausgewachsene *Artemia* (Salinenkrebschen), Fischfilet (für Raubfische) oder Rogen von Fischen (sehr fett!) in Frage.
Frostfutter muss vor Verfütterung komplett aufgetaut werden, um Verdauungsstörungen zu vermeiden. Für die Lagerung gelten die gleichen Regeln wie für tiefgefrorene Lebensmittel. Frostfutter hat, wenn es sachgerecht gelagert und beim Auftauen nicht zu lange gewässert wird, den gleichen Nährstoffgehalt wie Lebendfutter.

Gefriergetrocknetes Futter

Gefriergetrocknetes Futter ist tiefgefrorenes Lebendfutter, dem anschließend unter Vakuum die Feuchtigkeit entzogen wurde. Bei dieser Methode bleibt der volle Nährstoffgehalt erhalten, Krankheitserreger werden abgetötet und das Futter hat die Haltbarkeit von Flockenfutter. Die meisten Hersteller von Flockenfutter bieten als Sortimentsbereicherung auch gefriergetrocknetes Futter an. Oft wird der Ausdruck FD-Futter verwendet (FD = frozen dried). Mit gefriergetrocknetem Futter lassen sich viele Lebendfutterfresser an Flockenfutter gewöhnen. Außerdem dient es als Abwechslung auf dem Speiseplan.

Grünfutter

Manche Fische legen Wert auf frisches „Grün", auch wenn sie grünfutterhaltiges Flockenfutter in ausreichender Menge erhalten. Viele Harnischwelse, aber auch Schmerlen nehmen frisches Grünfutter als Abwechslung gern an. Was gefressen wird, hängt oft auch vom Geschmack der Tiere ab, hier gilt es zu experimentieren. Die einen mögen rohe Salatgurkenscheiben, die anderen gekochte Kartoffelstücke, Erbsen, überbrühten Spinat, Salat und was Haus und Garten sonst noch zu bieten haben. Der Auftrieb dieses Grünfutters im Wasser lässt sich durch Festklemmen an einem Stein umgehen.

Wie oft und wie viel füttern?

Für ausgewachsene oder nahezu ausgewachsene Fische genügen ein bis zwei Fütterungen am Tag. Für halbwüchsige Fische kann eventuell auch eine dritte Fütterung empfehlenswert sein. Kleine Jungfische müssen fünf- bis sechsmal am Tag gefüttert werden, damit sie möglichst schnell wachsen. Was sie in der Jugend versäumt haben, holen sie später nie wieder nach!
Füttern Sie nur so viel, wie die Fische in zwei bis drei Minuten restlos auffressen können. Es sind schon wesentlich mehr Fische zu Tode gefüttert worden als an Futtermangel gestorben. Nachtaktive Fische, vor allem Bodenbewohner, sollten abends nach Ausschalten der Beleuch-

TIPP

Geben Sie Frostfutter niemals gefroren direkt ins Aquarium! Sie fördern damit nur die eigene „Algenzucht", da durch den austretenden Zellsaft beim Auftauen im Aquarium eine wahre Phosphatflut ins Aquarium gelangt, die Algen lustig sprießen lässt.

Ein Futterautomat leistet vor allem bei Abwesenheit des Pflegers wertvolle Dienste.

Fische kaufen und einsetzen

Bevor Sie Fische kaufen, sollten Sie bereits eine zu Ihrem Aquarium passende Fischgesellschaft geplant haben. Bedenken Sie bei der Berechnung der Fischanzahl, dass die Jungfische auch später als erwachsene Fische noch genügend Platz im Aquarium haben müssen. Als Anhaltspunkt kann folgendes Schema gelten:
Fische mit 2–3 cm Gesamtlänge: 2 Liter Wasser pro Fisch,
3–5 cm Gesamtlänge: 5–6 Liter Wasser pro Fisch,
5–8 cm Gesamtlänge: 8–10 Liter Wasser pro Fisch,
über 8 cm Gesamtlänge: über 10 Liter Wasser pro Fisch.
Kaufen Sie nur gut genährte und äußerlich gesund aussehende Jungfische mit folgenden Merkmalen:

- gerundete, nicht eingefallene Bäuche
- Flossen ganzrandig, ohne Flecken und weißliche Punkte
- Flossen werden nicht geklemmt
- aktive, dem Temperament entsprechende Schwimmweise
- kein Scheuern an Gegenständen oder heftiges Atmen
- keine weißlichen Punkte auf dem Körper

Die Färbung braucht bei Jungfischen nicht voll ausgebildet zu sein.

Der Händler wird Ihnen die Fische in speziellen Fischtransportbeuteln verpacken. Bringen Sie diese möglichst schnell nach Hause (im Winter mit entsprechendem Schutz gegen Wärmeverlust). Zu Hause angekommen:

- Beleuchtung ausschalten.
- Fische im Beutel auf die Wasseroberfläche legen und 15 Minuten schwimmen lassen.
- Anschließend Beutel öffnen und portionsweise Wasser aus dem Aquarium in den Beutel schütten, bis sich der Wasserinhalt im Beutel verdoppelt hat.
- Fische vorsichtig über einem Eimer in ein Fangnetz schütten und ins Aquarium geben.
- Transportwasser wegschütten!
- Einige Stunden später kann die Beleuchtung wieder eingeschaltet werden.
- Erst am nächsten Tag füttern!

Frisch gekaufte Fische sollten zunächst im Beutel einige Zeit auf dem Wasser "schwimmen", um die Temperatur anzugleichen.

TIPP

Flockenfutter füttert man am besten nicht in einem Futterring. Das Futter kann sich so auf der Wasseroberfläche verteilen und auch scheue und kleinere Fische haben die Möglichkeit etwas zu erwischen.

tung eine angemessene Extraration Futtertabletten bekommen. Frisches Grünfutter (Gurken, Salat etc.) darf bis zu zwei Tagen im Wasser verbleiben; wenn dann noch Reste sind, diese entfernen.

› Gesund wie ein Fisch im Wasser?

Leider trifft dieses Sprichwort nicht immer zu. Denn auch im Aquarium können die Fische mitunter alles andere als „gesund wie der Fisch im Wasser“ sein. Bevor wir uns jedoch mit möglichen Krankheitserscheinungen bei Aquarienfischen beschäftigen, muss eines von vornherein klargestellt werden: Die meisten der in Aquarien auftretenden Krankheiten sind Folgen von nicht zusagenden Haltungsbedingungen.
Das bedeutet aber auch gleichzeitig, dass die beste Krankheitsvorbeugung durch eine den Bedürfnissen der Fische angepasste Haltung und Fütterung erreicht werden kann. Damit haben Sie als verantwortungsbewusster Aquarianer das beste Mittel in der Hand, Krankheiten erst gar nicht aufkommen zu lassen. Wie heißt doch ein anderes Sprichwort: „Vorbeugen ist besser als heilen“.
Eigentlich könnten Sie die Lektüre dieses Kapitels jetzt beenden, denn wenn Sie Ihr Aquarium so pflegen, wie wir bisher versucht haben, Ihnen näher zu bringen,

sollten Fischkrankheiten eigentlich ein Fremdwort für Sie sein. Trotzdem möchten wir Ihnen für den Fall des Falles hier einige Ratschläge geben und auch einige der häufigsten und vom Aquarianer leicht erkennbaren Krankheiten vorstellen und Hinweise zur Heilung geben.
Behandeln Sie Fische nicht auf Verdacht gegen Krankheiten! Jeder Behandlung muss eine einwandfreie Diagnose vorausgehen, der dann eine speziell auf die festgestellte Krankheit abgestimmte Behandlung folgen muss. Bedenken Sie bitte, dass alle Medikamente (auch die bei uns Menschen) nichts anderes als speziell wirksame Gifte sind, die in bestimmter Dosis Erreger abtöten oder lebensunfähig machen, den befallenen Organismus aber (noch) nicht schädigen.
Häufige, grundlose, vorbeugende Behandlung, möglicherweise noch mit reduzierter Dosis, schwächt letztendlich nur den Organismus, den man eigentlich schützen möchte, und macht ihn dadurch erst recht anfällig für Krankheitserreger. Sie nehmen ja auch nicht laufend vorbeugend Aspirin, nur weil Sie vielleicht nächste Woche Kopfschmerzen bekommen könnten. Ganz abgesehen davon, dass eine Behandlung mit reduzierter Dosis den Erreger oft überhaupt nicht „juckt", weil eine ganz bestimmte wirksame Dosis erforderlich ist, um Erreger zu schädigen. In vielen Fällen werden Erreger durch „Unterdosis" sogar resistent gegen das Medikament, das dann im Ernstfall überhaupt nicht mehr hilft.
Die sichere Diagnose einer Krankheit setzt eine eingehende und regelmäßige Beobachtung der Fische voraus. Man muss mit den täglichen Lebensäußerungen seiner Fische so weit vertraut sein, dass einem ungewöhnliche Aussehens- oder Verhaltensänderungen sofort auffallen.
Beachten Sie dabei auch, dass Fische eine gewisse Bandbreite an normalen Verhaltensweisen und Färbungen aufweisen, wozu auch das Balz- und Brutpflegeverhalten gehört. Vor allem Neuaquarianer sind allzu leicht geneigt, hinter jedem „Flossenzucken" eine Krankheit zu vermuten. In solchen Fällen empfiehlt es sich, Rat bei erfahrenen Aquarianern oder Zoofachhändlern zu suchen.
Erst wenn Sie einige Erfahrung im Beurteilen von Krankheitsbildern und Verhaltensweisen der Fische gewonnen haben, können Sie auch beginnen, sich mit einschlägiger Spezialliteratur über Fischkrankheiten zu beschäftigen.

Quarantänebecken für kranke Fische. Es wird dabei auf jede unnötige Einrichtung verzichtet. Nur die nötige Technik ist vorhanden.

Vergiftungen

Zunächst wollen wir auf Krankheitserscheinungen aufmerksam machen, die eigentlich gar keine sind, sondern durch äußere Einwirkungen, meist Vergiftungen, entstehen. Charakteristisch für solche Erscheinungen ist, dass plötzlich ausnahmslos alle Fische des Aquariums „befallen" sind, während bei Infektionskrankheiten zunächst einige Fische befallen werden und sich die Krankheit allmählich auf den gesamten Bestand ausbreitet. Typische Anzeichen für Vergiftungen sind ruckartiges Schwimmen, Springen über die Wasseroberfläche, heftige Atmung mit möglicherweise dunkel verfärbten Kiemen oder dunkler Körperfarbe.
Die Gegenmaßnahme ist ein sofortiger, möglichst umfassender Wasserwechsel. Zuvor entnimmt man ca. einen Liter Wasser, das man beiseite stellt und nach Beendigung des Wasserwechsels analysiert, um die mögliche Ursache herauszufinden. Selbstverständlich muss die Ursache dann beseitigt werden.
Häufige Ursache für Vergiftungen sind ein hoher Ammonium- oder Nitritgehalt in zu wenig eingefahrenen oder überbesetzten Aquarien. Auch nach einer Behandlung gegen Krankheiten kann der bakterielle Abbau gestört sein und zu einem Anstieg von Ammonium und Nitrit führen. Nitrit ist direkt giftig, während Ammonium nur bei hohen pH-Werten

INFO

Ein stark erhöhter oder stark erniedrigter pH-Wert verursacht die Laugen- oder Säurekrankheit. Unvorsichtiges Hantieren mit Insektiziden oder Pflanzenschutzmitteln im Wohnraum kann zu Vergiftungen führen.

in das hochgiftige Ammoniak übergeht. Beide Stoffe konkurrieren mit den Sauerstoffbindungsstellen im Blut und rufen praktisch Erstickungserscheinungen hervor.

Weißpünktchenkrankheit

Diese Krankheit, landläufig „Ichthyo" genannt, wird durch den einzelligen Erreger *Ichthyophthirius multifiliis* verursacht und ist die häufigste Fischkrankheit überhaupt. Leicht erkennbares Merkmal sind kleine, grieskornartige, weißliche Punkte auf Flossen und Körper der befallenen Fische. Die Krankheit ist mit Medikamenten aus dem Zoofachhandel erfolgreich zu behandeln. Haltungsbedingungen überprüfen!

Ganz oben: Fisch mit Weißpünktchen-Krankheit

Darunter: Fisch mit Pilzbefall

Pilzbefall

Wattebauschähnliche, weißliche, „haarige" Stellen am Fisch deuten auf einen Befall mit Wasserschimmel *(Saprolegnia)* hin. Befallen werden nur Fische, die bereits durch Verletzungen oder Parasiten vorgeschädigt sind. Der Pilzbefall kann mit Medikamenten aus dem Zoofachhandel leicht behandelt werden. Anschließend muss jedoch die Ursache herausgefunden und beseitigt werden.

Samtkrankheit oder Süßwasser-oodinium

Einzellige Erreger der Gattung *Oodinium* sind als kleine, meist gelbliche Pünktchen auf der Haut der Fische zu erkennen. Die Punkte sind wesentlich kleiner als bei *Ichthyophthirius* und rufen ein samtartiges Erscheinungsbild hervor, deshalb der Name Samtkrankheit. Die Krankheit kann mit Medikamenten aus dem Zoofachhandel bekämpft werden. Oft reicht auch eine mehrtägige Abdunkelung des Aquariums, da die Erreger Chlorophyll besitzen.

Hauttrüber

Milchig-bläulichweiße Hautstellen werden durch so genannte Hauttrüber *(Costia, Chilodonella)* verursacht. Der Zoofachhandel bietet Medikamente an, die üblicherweise auch gegen *Ichthyophthirius* helfen. Die Behandlung kann unter Umständen bis zu zehn Tagen dauern. Temperaturerhöhung ist förderlich.

Damit hätten wir die häufigsten und auch leicht erkennbaren Krankheiten abgehandelt. Alle anderen Krankheiten (es gibt unzählige) kommen im Aquarium relativ selten vor und erfordern meist fachmännische Hilfe zur Diagnose. Viele der selteneren Krankheiten können auch mit frei verkäuflichen Medikamenten nicht behandelt werden.
Überlassen Sie den Umgang mit den dafür erforderlichen, verschreibungspflichtigen Medikamenten dem Fachmann. Das ist sicherer, nicht zuletzt auch für Ihre eigene Gesundheit, und erspart Ihnen womöglich Ärger mit dem Arzneimittelgesetz. Ein Mittel gegen *Ichthyophthirius* sollten Sie aber auf alle Fälle zu Hause haben. Sie werden sehen, bei artgerechter Pflege Ihrer Fische werden Sie es selten brauchen!

Die Qual der Wahl: Die Fischarten

Die Qual der Wahl: Die Fischarten

Die nachfolgend beschriebenen Wasserbewohner sind nach ihrer Verwandtschaft in Gruppen zusammengefasst:

- Salmler und Verwandte
- Barben und Bärblinge
- Sonstige Karpfenähnliche
- Schmerlen und Dorngrundeln
- Welse
- Eierlegende Zahnkarpfen
- Lebendgebärende Zahnkarpfen
- Halbschnäbler
- Buntbarsche
- Labyrinthfische
- Ähren- und Regenbogenfische
- Grundeln
- Extra: Wirbellose

Innerhalb der Gruppen sind die Arten nach ihren wissenschaftlichen Namen alphabetisch geordnet. Jeder Gruppe ist eine allgemeine Beschreibung vorangestellt, in der gemeinsame Merkmale und allgemeine Pflegehinweise enthalten sind.
In den Artenbeschreibungen wird unter dem Stichwort **Herkunft** das ursprüngliche geographische Verbreitungsgebiet der Wildform genannt. In Zeiten des internationalen Handels und der Nachzucht ist damit also nichts über die tatsächliche Herkunft eines gerade erworbenen Aquarienfisches ausgesagt. So werden beispielsweise viele südamerikanische Fische in Asien gezüchtet.
Unter **Lebensraum** werden typische Biotope als bevorzugte Aufenthaltsorte der Wildtiere beschrieben. Doch gibt es unter den tropischen und subtropischen Fischen sehr anpassungsfähige Arten, die sich viele Lebensräume erschlossen haben.
Fische sind in ihrem Äußeren recht variabel, züchterische Veränderungen der Körper- und Flossenformen und der Farben kommen noch hinzu. Die **Fotos** können daher nicht die ganze „Bandbreite“ einer Fischart, wohl aber typische Vertreter zeigen.
Die **Größenangaben** sind in etwa maximale Längen ausgewachsener Tiere.
Vergesellschaftung heißt immer artfremd, also mit anderen Arten.
Gesellig heißt, dass mindestens 5 Tiere einer Fischart gemeinsam gehalten werden müssen, ein **Schwarm** umfasst mindestens 10 Tiere einer Art.
Mit **Aquariengröße** ist die Längsseite handelsüblicher Aquarien gemeint. Für eine dauerhafte Unterbringung sind dies Mindestangaben.

Ernährungstypen

C steht für den klassischen Begriff Carnivore, was übersetzt Fleischfresser bedeutet und neuerdings besser mit faunivor = Tier fressend gedeutet wird. Diese Arten benötigen ganz überwiegend Lebendfutter. Meist lassen sie sich nur schwer an andere Futterformen gewöhnen.
O markiert die gemeinhin immer noch Omnivore genannten Allesfresser. Moderne Ernährungswissenschaftler sprechen hierbei von Tieren, die sich mixtiovor, also gemischtfressend ernähren, d.h.

INFO

Die Namen der Fische

Eine offizielle, allgemein gültige Systematik zur Namensgebung bei Fischen gibt es nicht. Derartige Werke leben hinsichtlich der wissenschaftlichen Bezeichnungen von ständigen Bearbeitungen durch Fachwissenschaftler, deren Einschätzung und Meinung sie widerspiegeln. Erschwert wird die Nomenklatur (Namensgebung) durch landessprachliche Namen, Handelsbezeichnungen und regional verwendete Benennungen.
In diesem Buch haben wir uns an gängigen und „halboffiziellen“ Werken orientiert. Dabei werden strittige Fragen der Taxonomie (Einordnung der Fischarten in Verwandtschaftsgruppen) nicht berücksichtigt. Es erfolgen allenfalls Hinweise, um Doppelnamen oder schwer auffindbare Namen zu erklären. Ein Praxisbezug ist angestrebt, aber Listen des aquaristischen Fachhandels sind eben auch nicht immer aktuell. Das wäre auch nur schwerlich möglich, da z.B. in Internet-Dateien bisweilen mehrmals monatlich Änderungen auftreten.

Fünfgürtelbarben

Dicklippige Fadenfische unter dem Schaumnest, kurz nach der Eiabgabe

aus pflanzlichen und tierischen Bestandteilen zusammengesetzte gemischte Kost benötigen.

H umfasst den Ernährungstyp der Herbivoren. Gemeint sind damit die Pflanzenfresser, die pflanzliche Kost benötigen. Übersetzt heißt das zwar „Krautfresser", doch weiß jeder, was gemeint ist. Die moderne Interpretation dieses Ernährungstyps müsste plantivor heißen.

Die Begriffe und Abkürzungen sind so stark eingebürgert, dass wir sie hier noch einmal belassen möchten. Nach und nach wird sich die neuere Einteilung durchsetzen .

L steht für Limnivore, das sind Aufwuchs fressende Tiere. Aufwuchs fressen ist aber kein Ernährungstyp an sich, sondern benennt die Art und Weise, wie Nahrung erworben wird, nämlich durch Abweiden von Aufwuchs. Dabei wird entweder der pflanzliche Aufwuchs selbst gefressen oder es werden aus den Polstern von z.B. Algen die Kleinlebewesen herausgesucht.

Es gibt Mischformen und fließende Übergänge, dann sind zwei Abkürzungen genannt.

Futtersorten

LF steht für Lebendfutter, und zwar Lebendiges jeder Art, das größenmäßig bewältigt werden kann und in Maul und Schlund passt. Ersatzweise kann hier jeweils Frostfutter probiert werden.

TF meint Trockenfutter in jeder nur denkbaren Art der Zubereitung. Ob Flocken, Granulate, Pellets, Waffeln, Tabletten, Sticks, Extrudate oder sonstige Mischfuttermittel-Zubereitungen oder aber getrocknete bzw. gefriergetrocknete Futterorganismen, alles kann probiert werden, wenn auch die Herstellerhinweise dazu passen.

INFO

Zuchtbedingungen

Bei den unter Haltung genannten Wasserwerten stehen die Angaben für die Zucht in Klammern. Sie können keine Patentrezepte für einen garantierten Nachzucht-Erfolg sein – zu mannigfaltig sind die Faktoren, die im Aquarium zusammenwirken. Es sind aber nützliche Hinweise aus dem gesammelten Erfahrungsschatz vieler Aquarianer und Fischzüchter.

Abkürzungen

C = Carnivore, Fleischfresser
O = Omnivor, Allesfresser
H = Herbivore, Pflanzenfresser
L = Limnivore, Aufwuchsfresser
LF = Lebendfutter
TF = Trockenfutter

Salmler und Verwandte

Unter den Karpfenartigen im weiteren Sinne gibt es mehrere Familien der Salmler und salmlerähnlichen Fische. Man kennt über 1.000 Arten; die meisten kommen aus Südamerika, der Rest aus Afrika. Viele beliebte Aquarienfischarten gehören in diese Verwandtschaftsgruppe.
Die meist recht flinken Fische sind wendige Schwimmer, die in der Natur in großen, oft riesigen Schwärmen zusammenleben. Sie bewohnen fließende und stehende Gewässer, schätzen jedoch stets die Nähe von Pflanzen, in deren Dickicht sie sich zurückziehen können.
Die meisten Arten tragen zwischen der Rücken- und Afterflosse eine kleine Fettflosse.
Weiches Wasser bekommt den Salmlern gut; von einigen Arten werden auch höhere Härtewerte vertragen. Zudem sollte das Wasser sauerstoffreich sein.
Je nach Sozialverhalten (siehe Einzelbeschreibungen) sind mehrere Tiere einer Art gemeinsam zu pflegen, das Gruppen- oder Schwarmverhalten gibt den Fischen eine Art Geborgenheit. Die weitaus meisten Arten gründeln und wühlen nicht.

Marmorbeilbauch, Marmorierter Beilbauchfisch
Carnegiella strigata

Herkunft Südamerika; mittlerer und unterer Amazonas
Lebensraum Stehende bis leicht fließende Schwarzwässer, die beschattet werden
Beschreibung Die bis 4,5 cm langen, hübschen, etwas empfindlichen Schwarmfische mit der auffallend interessanten Körperform haben keine Fettflosse. Als Fische der oberen Wasserzone halten sie sich bevorzugt zwischen Pflanzen auf und springen gern, daher Aquarium gut abdecken und mindestens 10 cm zwischen Deckscheibe und Wasseroberfläche freilassen. Als schnelle Schwimmer „stehen“ sie auch oft im Filterstrom. Die empfehlenswerten Schwimmpflanzen sowie feinfiedrige, andere Pflanzen müssen vor allem an der Oberfläche des Aquariums genug freien Raum lassen. Nur mit Bodenbewohnern und kleinen, anderen Fischen sinnvoll zu vergesellschaften. Die Zucht gelang vereinzelt bei guter Lebendfutterverabreichung und stark abgedunkelt. Nur beim seltenen Laichansatz wird das Weibchen runder, und manchmal erblickt man durchscheinende Eier, ansonsten sind die Geschlechter nicht zu unterscheiden.
Haltung 24–28 °C (bis 30 °C), pH 6–7,5 (5,5–6,6), Härte bis 15 °dGH (weicher; bis 5 °KH), Torf in Form hoch dosierter Extrakte. Ernährung: C; kleines LF, Kleinstfliegen, TF. Aquariengröße: 80 cm.

Spritzsalmler
Copella arnoldi

Herkunft Südamerika; Guayana
Lebensraum Uferbereich kleiner Bäche
Beschreibung Die Männchen dieser interessanten Schwarmfischart erreichen ca. 8 cm Länge, sie sind farbiger, mit ausgeprägterer Flossenform als die kleineren Weibchen. Um letztere durch die ständige Paarungsbereitschaft der männlichen Spritzsalmler nicht allzu sehr zu stressen, pflege man einen Schwarm mit deutlicher Überzahl der Weibchen (bis zu drei pro Männchen). Laichvorgang und Brutpflege der Art sind biologisch „originell“: Im Sprung erfolgen Eiablage und Besamung an überhängenden Blättern oder der Deckscheibe außerhalb des Wassers. Allein für das Gelege verantwortlich (Vaterfamilie), bespritzt das Männchen die Eier durch fortlaufende Schläge mit der Schwanzflosse mit Wasser, um sie stets feucht zu halten (Name!). Die gut auch in Gesellschaft zu pflegende Art braucht große, gut abgedeckte, helle Aquarien, wo sie sich in den oberen Wasserschichten tummeln kann. Großblättrige Pflanzen, die über die Wasseroberfläche ragen, oder auch eine Schwimmpflanzenecke kombiniert mit einem abseits davon platzierten Pflanzendickicht imitieren den Lebensraum ideal. Für die Zucht ist abwechslungsreiches Lebendfutter unabdingbar.
Haltung 24–26 °C (bis 29 °C), pH 6,5–7,5 (unter 7), Härte bis 10 °dGH (weicher); Torf- oder Torfextraktzusatz. Ernährung: O, C: TF, kleines LF, Frucht- und Essigfliegen *(Drosophila)*. Aquariengröße: 60–80 cm.

Silberbeilbauch
Gasteropelecus sternicla

Herkunft Südamerika; Amazonas-Zuflüsse, Brasilien, Guayana, Peru
Lebensraum Kleine bis mittelgroße Bäche in der Nähe von Pflanzeninseln und unter überhängenden Uferpflanzen
Beschreibung Silberbeilbäuche tragen eine Fettflosse; von oben betrachtet wirken die Männchen schlanker. Zuchten sind noch nicht gelungen. Die 6 bis 7 cm langen Fische sind zunächst meist scheu. Sie brauchen Schwimmraum an der Wasseroberfläche, aber auch Schwimmpflanzen sind beliebt. Aquarium gut abdecken, da diese Schwarmfische gut springen (Raum zwischen Wasser und Abdeckscheibe lassen). Vergesellschaftung möglich, doch haben auch Artaquarien (halbhoher Wasserstand) oder Paludarien ihren Reiz. Als Fließgewässer-Bewohner sind Beilbauchfische sehr sauerstoffbedürftig.
Haltung 23–27 °C (Versuche bei 28–30 °C), pH leicht sauer, bis 8 aber nach Gewöhung möglich (um 6 probieren), Härte bis 10 °dGH (sehr weich?), Torf- oder Torfextraktzusatz. Ernährung: C; kleines LF, TF. Aquariengröße: 80 cm.

Trauermantelsalmler
Gymnocorymbus ternetzi

Herkunft Südamerika; Rio Paraguay, Südbrasilien, Bolivien
Lebensraum Schattige, ruhig fließende Gewässerbereiche
Beschreibung Revierbildender, aber friedfertiger Schwarmfisch, der bei max. 6 cm Länge durch seine Form auffällt: Die lang heruntergezogene Afterflosse verleiht ihm einen interessanten Umriss. Das kleinere, schlankere Männchen zeigt deutlicheres Weiß in der Schwanzflosse und meist eine spitzere Rückenflosse. Leider geht die schwarze Färbung im Alter zurück. Die ruhigen und anspruchslosen Fische sind überwiegend in der Aquarienmitte zu finden. Nicht zu helle Aquarien mit lockerer Bepflanzung und Wurzeln sind günstig. Vergesellschaftung mit Fischen bis 12 cm Körperlänge. Zucht möglich. Aquarium nicht zu grell beleuchten.
Haltung 18–24 °C (bis 28 °C), pH 6–8 (unter 7), Härte weich, aber bis über 20 °dGH gewöhnbar (bis 15 °dGH). Ernährung: O, TF, LF. Aquariengröße: 60 cm.

Kupfersalmler
Hasemania nana

Herkunft Südamerika; südliches und südöstliches Brasilien
Lebensraum Kleine und kleinste Fließgewässer mit strömungsbedingt hohem Sauerstoffgehalt
Beschreibung Die lebhaften, quirligen, um 5 cm langen Schwarmfische tragen keine Fettflosse. Sie halten sich in der mittleren bis oberen Wasserzone auf und sind gut zu vergesellschaften. Die Männchen bilden Territorien. Relativ dunkel in Beleuchtung und Boden, sollte das Aquarium vor allem am Rand bepflanzt sein, damit Freiraum für ausgiebiges Umherschwimmen bleibt. Die Art ist insgesamt farblich recht variabel, die Männchen sind farbiger als die größeren und dickeren Weibchen. Im Schwarm erscheinen männliche Kupfersalmler regelrecht strahlend, mit leuchtendem Flossenweiß.
Haltung 22–26 °C (26–28 °C), pH 6–7,5 (5–6,5), Härte weich, bis max. 20 °dGH (bis 15 °dGH); Torf- oder Torfextraktzusatz. Ernährung: C, O; kleines LF, TF. Aquariengröße: 60 cm.

Rotkopfsalmler
Hemigrammus bleheri

Herkunft Südamerika; unterer Amazonas, Rio Negro, Rio Vaupes, Nordbrasilien, Kolumbien
Lebensraum Stehende bis leicht fließende klare Schwarzwässer
Beschreibung Dieser schöne, schnelle Schwarmfisch wird bis zu 7 cm lang; bei großen und etwas dickeren Tieren dürfte es sich um Weibchen handeln. Die Männchen tragen feine Häkchen an der Afterflosse. Die lebhaften, fettflossentragenden Salmler bevorzugen den mittleren Aquarienbereich. In dunkel eingerichteten Aqurien fühlen sich diese Fische wohl und schreiten eventuell auch zur Zucht. Vergesellschaftung möglich.
Haltung 24–26 °C (bis 28 °C), pH 5–6,5 (um 5,5), Härte weich bis mittelhart, um 20 °dGH (sehr weich, KH unter 4°); öfters einmal Frischwasserzusatz, besonders aber auf Nitratwerte achten. Ernährung: O, H; TF, kleines LF, pflanzliche Zusatzkost. Aquariengröße: 60 cm.

Glühlichtsalmler
Hemigrammus erythrozonus

Herkunft Nordöstliches Südamerika; Guayana
Lebensraum Durch Uferpflanzen abgeschattete kleinere Gewässer
Beschreibung Die friedlichen, schwarm- und revierbildenden, um 4 cm langen Fische nutzen die mittlere und untere Wasserzone. Sie tragen eine Fettflosse. Die etwas größeren Weibchen wirken insgesamt rundlicher und füllig. Man sollte die Tiere bei gedämpftem Licht halten und mit ruhigen Schwarmfischen vergesellschaften. Die Bepflanzung soll viel freien Schwimmraum lassen. Zucht möglich.
Haltung 23–26 °C (26–29 °C), pH 6–7,5 (5,5–7), Härte bis 15 °dGH (weich, bis 10 °dGH); Torf- oder Torfextraktzusatz. Ernährung: O, H; TF, kleines LF, pflanzliche Zusatzkost. Aquariengröße: 60 cm.

Schmucksalmler
Hyphessobrycon bentosi bentosi

Herkunft Südamerika; Guayana, unterer Amazonas
Lebensraum Klare, besonnte Abschnitte sandiger bis kiesiger Fließgewässer
Beschreibung Rot, rötlich oder auch beinahe durchsichtig zeigen sich diese prächtigen, 4 bis 5 cm (selten bis 6 cm) langen „Kleinsegler“ am besten in Gruppen (mehrere Paare). Anstelle klassischer Schwärme bilden sich im unteren Aquarienbereich Balzreviere der sich dabei heftig umkreisenden Männchen. Weibchen sind dicker und ihnen fehlt die fahnenförmig ausgezogene Rückenflosse. Diese Salmler mit Fettflosse brauchen eine dichte, randständige Bepflanzung, die zum Zentrum hin lockerer und feinfiedriger wird. Leichte Strömung bei dunklem Boden sagt den Schmucksalmlern zu. Zucht und Vergesellschaftung möglich.
Haltung 24–26 °C (26–29 °C), pH 6–7,5 (5,5–7), Härte bis 20 °dGH (möglichst weich); Farbschwankungen je nach Herkunft und Zuchtstamm. Ernährung: C, O; kleines LF, TF, pflanzliche Zusatzkost. Aquariengröße: 60 cm.

Rotblauer Kolumbianer, Blauroter Kolumbiensalmler
Hyphessobrycon columbianus

Herkunft Südamerika; Kolumbien, Seitenbach des Rio Acandi
Lebensraum Bisher wohl nur aus diesem einen Fließgewässer beschrieben
Beschreibung Die geselligen und aktiven, dabei friedlichen Fische werden bis 4,5 cm groß. In Ergänzung zum Namen glänzt ihre Beschuppung auch noch in grünlich und silbern, die Farben kommen bei etwas schattiger Haltung besser zur Geltung als in grellem Licht. Bei männlichen Tieren kommt in der Rückenflosse noch ein gegenüber den Weibchen etwas deutlicheres Orange vor, zudem sind die Männchen schlanker und haben kleine Häkchen an den Afterflossen. Ihrer Schwimmfreude verleihen die kleinen Kolumbianer vor allem in mittleren Aquarienregionen Ausdruck. Eine Vergesellschaftung ist mit anderen Salmlern, Panzerwelsen, kleinen Bärblingen und Zwergbuntbarschen möglich.
Haltung 23–27 °C (ab 24 °C), pH 6–7,5 (5,5–6,5), Härte bis 20 °dGH (weich; bis 10 °dGH , zur Zucht paarweise ansetzen), Ernährung: O; kleines LF, TF. Aquariengröße: 60 cm.

Blutsalmler
Hyphessobrycon eques

Herkunft Südamerika; südliches Amazonasbecken, Paraguay, Mato Grosso
Lebensraum Schwarzwässer; ruhige, pflanzenreiche Zonen
Beschreibung Die schönen, bis 4 cm großen, lebhaften und nicht immer friedlichen Schwarmfische bevorzugen die Aquarienmitte und bilden kleine Reviere. Deshalb und weil sie als Flossenzupfer gelten, werden meist Artaquarien mit dichter Bepflanzung und freiem Schwimmraum empfohlen. Aber auch dort tritt in größeren Schwärmen und bei Fehlernährung das aggressive Flossenfressen auf. Ausreichend Lebendfutter vermeidet Raufereien zwischen den Artgenossen. Die Weibchen der Blutsalmler sind etwas größer und wirken höher als die Männchen.
Haltung 22–25 °C (25–28 °C), pH 6–7,5 (5,8–6,8), Härte bis 20 °dGH (weich; bis 10 °dGH); zur Zucht Torf- oder Torfextraktzusatz, dunkel halten. Ernährung: C, O; viel kleines LF, TF, pflanzliche Zusatzkost. Aquariengröße: 60 cm.

Fahnen-Kirschflecksalmler, Perezsalmler
Hyphessobrycon erythrostigma

Herkunft Südamerika; oberer Amazonas, Peru
Lebensraum Ruhige, teils pflanzenreiche Flussabschnitte
Beschreibung Ein Schwarmfisch der mittleren bis unteren Wasserzonen, der bei 6 cm Körperlänge (selten mehr) trotz Revierbildung als friedlich gilt. Die Männchen drohen sich durch Spreizen der verlängerten Rücken- und Afterflossen, kämpfen aber nicht miteinander. Die Weibchen sind größer als die Männchen und weniger farbig. Vergesellschaftung empfiehlt sich mit ruhigen Arten; die Zucht ist möglich.

Freier Schwimmraum und dichte Pflanzen sollten gleichermaßen vorhanden sein.
Haltung ab 23 °C (bis 28 °C), pH 6–7,2 (5,6–6,8), Härte bis 12 °dGH (weicher); Torfzusatz, häufige kleine Wasserwechsel. Ernährung: C, O, H; LF, TF, pflanzliche Beikost. Aquariengröße: 80 cm.

Roter von Rio, Roter Tetra, Feuersalmler
Hyphessobrycon flammeus

Herkunft Südamerika; Ostbrasilien (bei Rio de Janeiro)
Lebensraum Flache Gewässer
Beschreibung Zähe Schwarmfischchen der mittleren bis unteren Wasserbereiche, friedlich, ohne besondere Ansprüche. Die größeren Weibchen sind matter in der Farbe und zeigen oft schwarze Brustflossenspitzen und eine helle Afterflosse; die der Männchen ist kräftig rot, und die Ränder der Bauch- und Afterflossen sind tiefschwarz gesäumt. Becken mit dichter Bepflanzung der Ecken und Seiten lassen genügend Schwimm-Möglichkeiten. Die Balz ist gut zu beobachten, und in Artbecken ist die Zucht einfach. Am besten mit kleinen Fischarten zu vergesellschaften.
Haltung 20–27 °C (bis 28 °C), pH 6–7,5 (5,8–7), verträgt auch hartes Wasser bis 25 °dGH, in weicherem Wasser sind die Farben prächtiger (Zucht in weichem Wasser einfacher und produktiver), häufiger Wechsel kleiner Wassermengen, mit Torfzusatz, dunkler Boden und gedämpftes Licht. Ernährung: O; TF, kleines LF, pflanzliches Zusatzfutter. Aquariengröße: 60 cm.

Schwarzer Neon
Hyphessobrycon herbertaxelrodi

Herkunft Südamerika; Brasilien, Mato Grosso, Rio Taquary
Lebensraum Flachwasserzonen von Bächen und Flüssen
Beschreibung Die friedfertigen, auch Schwarze Flaggensalmler genannten Schwarmfische sind so lebhaft, dass sie fast ständig in den mittleren und oberen

Wasserzonen im Aquarium in Bewegung sind. Die bis zu 4,5 cm langen Fische zeigen bei guter Pflege einen starken Farbkontrast auf dem Körper, was einen schönen Gesamteindruck des (möglichst großen) Schwarms ergibt. Dunkler Boden und mattes Licht werden durch satte Färbung honoriert. Die Männchen sind sehr klein und schlank. Die Zucht gelingt vor allem in separaten Zuchtaquarien. Vergesellschaftung nur mit wirklich ruhigen Arten, von hektischen Schnellschwimmern werden die Schwarzen Neons geradezu verschreckt.
Haltung 24–26 °C (27–28 °C), pH 5–7 (bis 6,5), Härte weich, bis 15 °dGH (weich); strömungsliebend, Torf- oder Torfextraktzusatz. Ernährung: C, O; sehr abwechslungsreich mit kleinem LF, TF, Pflanzenkost. Aquariengröße: 60 cm.

Schwarzer Phantomsalmler
Hyphessobrycon megalopterus

Herkunft Südamerika; Zentralbrasilien
Lebensraum In Flüssen und Seen unter Schwimmpflanzen
Beschreibung Die Zucht dieser lebhaften, dabei friedlichen und ausdauernden Schwarmfische gelingt inzwischen regelmäßig. Die schlankeren, mit größeren Flossen (besonders Rückenflosse) versehenen

Männchen drohen einander mit gespreizten Flossen und führen Scheingefechte ohne Schäden durch. Nur bei störungsfreier, guter Haltung zeigen sie ihr schönes Schwarz auf kräftig grauem Körper. Dichte Randbepflanzung umgibt den freien Schwimmraum, den die Tiere von ihren Bodenrevieren aus bis in mittlere Wasserzonen durchstreifen. Nicht zu stark beleuchten und nur mit kleinen Arten vergesellschaften! Weibchen eher rötlich.
Haltung 23–26 °C (bis 28 °C), pH 6–7,5 (6–6,5), Härte bis 18 °dGH (bis 10 °dGH); Torf- oder Torfextraktzusatz, Schwimmpflanzen. Ernährung: C, O; kleines LF, TF. Aquariengröße: 60 cm.

Zitronensalmler, Schönflossensalmler
Hyphessobrycon pulchripinnis

Herkunft Südamerika; Mittelbrasilien, Amazonas
Lebensraum Kleine Fließgewässer mit krautigen Pflanzen
Beschreibung Ein schöner Schwarmfisch, bis 5 cm lang, der dichte Pflanzenbestände am Rand und freien Schwimmraum schätzt. In der Mitte und in Bodennähe stehen die Tiere gern an bestimmten Plätzen, von wo aus sie „Ausflüge" unternehmen. Immer friedlich und lebhaft wirkend, eignen sie sich auch für Gesellschaftsbecken. Der schwarze Saum der Afterflosse ist bei männlichen Tieren kräftiger, die Weibchen erscheinen hochrückiger als ihre Partner. Die Zucht ist möglich.
Haltung 23–25 °C (bis 28 °C), pH 5,5–8 (5,5–6), Härte bis 25 °dGH (möglichst weicher); Torfzusatz, häufige Wasserwechsel in nur kleinen Teilmengen bekommen dem Zitronensalmler gut. Ernährung: C, O; kleines LF, TF, Pflanzenkost. Aquariengröße: 60 cm.

Roter Phantomsalmler
Hyphessobrycon sweglesi

Herkunft Südamerika; Brasilien, Kolumbien
Lebensraum Kleingewässer kühlerer Quellgebiete
Beschreibung Bei optimaler Pflege der 4 cm langen, ruhigen Schwarmfische sind die Männchen (mit vergrößerter Rückenflosse) intensiv rötlich gefärbt. Die Weibchen haben zuweilen die Farbkombination rot, schwarz und weiß in der Rückenflosse. Die Zucht gelingt am ehesten in abgedunkelten, sauberen Aquarien. Die Art ist etwas empfindlicher als der schwarze Phantomsalmler, jedoch gleichfalls ausdauernd. Wie bei diesem wird durch Flossenspreizen gedroht, ohne dass ernsthafte Kämpfe entbrennen. Viel Platz zum Schwimmen im unteren und mittleren Aquarienraum ist günstig, eine Vergesellschaftung mit ruhigen und kleinen Arten ist möglich. Nicht stark beleuchten.
Haltung 22–24 °C (25–28 °C), pH leicht sauer bis neutral (5,5–6,5), Härte bis 10 °dGH (sehr weich); gute Wasserpflege, Torf- oder Torfextraktzusatz. Ernährung: C, O; kleines Lebendfutter, TF, häufig in kleinen Portionen verabreicht. Aquariengröße: 60 cm.

Königssalmler
Inpaichthys kerri

Herkunft Südamerika; Westbrasilien
Lebensraum Verschiedene Kleingewässer
Beschreibung In dunkel eingerichteten Aquarien fühlen sich die Königssalmler inmitten des Freiwassers wohl, daher bei gedämpftem Licht nur randständig locker bepflanzen. Bei schlechter Pflege sind diese maximal 4,5 cm langen, friedlichen und quirligen Schwarmfische unscheinbar und wenig farbenprächtig. Die Weibchen sind kleiner und blasser, ihre

Schwanzflosse ist schuppenlos und die Seitenlinie nicht durchgehend. Die männlichen Tiere verteidigen auch in Gesellschaft kleiner und friedlicher Fische anderer Arten ihre kleinen Balzreviere, doch gelingt die Zucht am ehesten in separaten, recht dunklen Kleinaquarien.
Haltung 24–27 °C (25–28 °C), pH 6,5–7,5 (um 6), Härte weich, bis 15 °dGH (weich, bis 8 °dGH); Torf- oder Torfextraktzusatz; zur Zucht feinfiedrige Pflanzen. Ernährung: O; alle Arten kleiner Futtersorten gemischt. Aquariengröße: 60 cm.

Rotaugen-Monkhausia
Moenkhausia sanctaefilomenae

Herkunft Zentrales Südamerika, Paraguay, Ostbolivien, Ostperu, Westbrasilien
Lebensraum Leicht fließende Gewässer
Beschreibung Anspruchsloser, lebhafter und dabei friedlicher Schwarmfisch, der als recht ausdauernd gilt und bis 7 cm lang wird. Bei Bevorzugung der mittleren bis oberen Wasserregionen lieben die Tiere leichte Strömung. In Gesellschaftsaquarien nicht mit ruhigen Oberflächenfischen zusammenbringen. Bei teilweise dichter Bepflanzung mit widerstandsfähigen Pflanzen soll viel freier Schwimmraum zur Verfügung stehen. Die Zucht ist möglich.
Haltung 22–25 °C (bis 28 °C), pH 5,5–8,5 (unter 7), Härte bis 25 °dGH (weich); Torf- oder Torfextraktzusatz. Ernährung: O; TF, kleines LF, kleinste Fliegen, Pflanzenkost. Aquariengröße: 80 cm.

Längsband-Ziersalmler
Nannostomus beckfordi

Herkunft Südamerika; Guayana, Parana, unterer Rio Negro, mittlerer und unterer Amazonas
Lebensraum Uferdickicht und zwischen im Wasser liegenden Zweigen in fließenden Gewässern
Beschreibung Die 4,5 bis 6,5 cm langen, überaus lebhaften Schwarmfische sind dämmerungsaktiv und leider nur kurzlebig. In den mittleren und oberen Wasserregionen bilden die Männchen Kleinreviere,

drohen einander und imponieren in Prachtfärbung. In relativ dunkel eingerichteten Gesellschaftsaquarien wird auch lebhaftere Gesellschaft akzeptiert. Die Zucht ist möglich. Die unteren Schwanzflossenlappen und die Afterflosse der Männchen sind rot; Weibchen wirken rundlicher. Die Art ist farblich sehr variabel und trägt keine Fettflosse. Bei besonders häufiger Fortpflanzung verkürzt sich die Lebenserwartung.
Haltung 23–25 °C (bis 30 °C), pH 6–7,5 (um 6), Härte bis 10 °dGH, langsam auch an bis zu 20 °dGH zu gewöhnen (weich, bis 10 °dGH); klares Wasser, Torf- oder Torfextraktzusatz. Ernährung: C, O; kleines LF, Frucht- und Essigfliegen *(Drosophila)*, TF. Aquariengröße: 60 cm.

Zwergziersalmler
Nannostomus marginatus

Herkunft Südamerika; Brasilien, Peru, Kolumbien, Guyana
Lebensraum Kleine Fließgewässer; in Ufernähe
Beschreibung Die nur bis etwa 3,5 cm lang werdenden, gesellig lebenden Mini-Salmler gelten als friedlich, aber Männchen in Laichstimmung neigen zum kräftigen Treiben der weiblichen Zwergziersalmler. Die Weibchen werden etwas größer als die Männchen, die dafür deutlicheres Rot in den Flossen zeigen und etwas Gelb in der Afterflosse tragen. Dichte Bepflanzung bietet Schutz und Rückzugsraum. Zur Vergesellschaftung eignen sich nur kleine Fische, z.B. Panzerwelse. Die Art gilt als Laichräuber.

Haltung 23–25 °C (bis 30 °C), pH 6–7,5 (um 6), Härte bis 10 °dGH, langsam auch an bis zu 15 °dGH zu gewöhnen (weich, bis 10 °dGH); klares Wasser, Torf- oder Torfextraktzusatz. Ernährung: C, O; kleines LF, Frucht- und Essigfliegen *(Drosophila)*, TF. Aquariengröße: 60 cm.

Kaisertetra, Kaisersalmler
Nematobrycon palmeri

Herkunft Südamerika; Westkolumbien
Lebensraum Mündungsbereich der Fluss-Systeme
Beschreibung Bis 6 cm lange, friedliche Schwarmfische, die ruhig bis zeitweilig lebhaft sind und aus Revieren im unteren Wasserraum bis in mittlere Wasserzonen streben. Bei der Ausbildung von Balzterritorien drohen die Männchen mit ihren spitzer als bei den Weibchen ausgezogenen Flossen, ohne zu kämpfen. Ältere Weibchen zeigen einen relativ hohen Rücken, die Zucht gelingt mit diesen Tieren gut. Bei dichter Bepflanzung und ausreichend Schwimmraum lässt sich der Kaisertetra auch mit nicht zu lebhaften Fischen vergesellschaften.
Haltung 23–26 °C (bis 29 °C), pH leicht sauer bis leicht alkalisch (5–7), Härte bis 10 °dGH ideal, gewöhnbar bis 20 °dGH (möglichst weicher); liebt Torf- oder Torfextraktzusatz, auf gute Qualität des Wassers bei dessen Wechsel ist zu achten. Ernährung: C, O; kleines LF, TF. Aquariengröße: 80 cm.

Roter Neon
Paracheirodon axelrodi

Herkunft Südamerika; Venezuela, Nordwestbrasilien, Westkolumbien
Lebensraum Schattige, klare Abschnitte von Schwarzwasserbächen
Beschreibung Die durch kräftiges, großflächiges Rot bestechenden, quicklebendigen Schwarmfische werden selten länger als 4 bis 5 cm. Für viele Liebhaber gehören Rote Neon zu den schönsten Aquarienfischen, die ausdauernd mittlere und untere Bereiche

besiedeln. Pflanzendickichte mit freiem Schwimmraum dazwischen und eine Vergesellschaftung mit kleinen bis mittelgroßen Fischen sorgen für artgerechte Bedingungen. Nach wie vor werden überwiegend Wildimporte gehandelt. Die Zucht ist erfolgreich möglich. Weibchen sind etwas voller. Zuchtversuche sollen unter starker Abdunklung erfolgen.
Haltung 23–25 °C (25–28 °C), pH 5–7 (4,5–6), Härte bis 10 °dGH (ganz weich); Torf- oder Torfextraktzusatz, gedämpftes Licht. Ernährung: C, O; kleines LF, TF. Aquariengröße: 60 cm.

Neonfisch, Neonsalmler
Paracheirodon innesi

Herkunft Südamerika; Amazonas-Oberlauf, Ostperu
Lebensraum Verschiedene Fluss-Systeme unterschiedlicher Breite
Beschreibung Die farbliche Betonung dieser Schwarmfischart, die von den gehandelten Stückzahlen (viele asiatische Nachzuchten!) weltweit als die Nr. 1 gilt, liegt auf dem wunderschön glänzenden, blau-türkisfarbenen Seitenstreifen. Eine schöne optische Wirkung erzielt nur ein großer Schwarm der um 4 cm kleinen Tiere, die nicht mit großen Arten vergesellschaftet werden dürfen. Geschlechtsunter-

schiede sind nicht einfach zu erkennen, doch achte man bei dicklicheren Tieren auf den seitlichen Leuchtstrich: Ist er etwas blasser und mit Knick, hat man ein Weibchen vor sich. Auch hier sind teils dichte Bepflanzungen und viel freier Raum gefragt, zur Zucht (schwer!) sollten feinfiedrige Wassergewächse verwendet werden. Dunkler Boden und abgedunkelte Aquarien fördern die Ausdauer der Neon, die bei geeigneten Verhältnissen sehr langlebig sind und über 10 Jahre alt werden können.
Haltung 20–24 °C (bis 28 °C), pH 5–7 (5–6), Härte weich bis 20 °dGH nach sorgfältiger Eingewöhnung (sehr weich, bis 2 °dGH); Torf- oder Torfextraktzusatz, Zuchtaquarien nur ganz matt beleuchten. Ernährung: C, L; kleines LF, TF, besonders Bodentabletten, pflanzliche Zusatzkost. Aquariengröße: 60 cm.

Rotmaulsalmler
Petitella georgiane

Herkunft Südamerika; oberer Amazonas, Kolumbien, Brasilien
Lebensraum Kleine Schwarzwasserbäche
Beschreibung Die lebhaft-friedlichen Schwarmfische tragen, wie viele Salmler, eine Fettflosse und sind leicht mit Rotkopfsalmlern zu verwechseln (den Rotmaulsalmlern fehlt die schwarze Zeichnung an den Schwanzstielrändern). Die Geschlechter sind schwer zu unterscheiden. Die männlichen Fische zeigen oft kräftigere Kontraste in der Streifenzeichnung der Schwanzflosse. Die Zucht ist bisher selten gelungen. Vergesellschaftung ist auch mit größeren Fischen möglich, sofern es sich um friedliche Arten handelt. In Becken mit dichten Pflanzenbeständen wird bei genügend freiem Raum die mittlere bis untere Wasserzone genutzt.
Haltung 23–25 °C (bis 29 °C?), pH 5,5–7 (um 5,5), Härte wohl bis max. 15 °dGH (sehr weich) Torffilter; nur sorgfältig aufbereitetes Wasser zum Wechseln benutzen. Ernährung: C, O; kleines LF, TF, Pflanzenkost. Aquariengröße: 80 cm.

Blauer Kongosalmler
Phenacogrammus interruptus

Herkunft Afrika
Lebensraum Flusssystem des Zaire (ehemals Kongo)
Beschreibung Eine schöne, nur mit ruhigen Fischen zu vergesellschaftende Art, deren „Flossenqualität" ganz wesentlich von der Wasserbeschaffenheit abhängt. In großen, dunkelbodigen Aquarien mit lockerer Randbepflanzung können die 8,5 bis 12 cm großen, geselligen Fische sich ausschwimmen. Abseits einer guten Strömung werden auch Schwimmpflanzen geschätzt und die durch erhöhte Beleuchtungsintensität auslösbaren Laichvorbereitungen bieten Zuchtchancen. Rücken-, Schwanz- und Afterflossen der größeren Männchen sind ausgezogen.
Haltung 23–26 °C (24–28 °C), pH 6–7 (6–6,5), Härte bis 10 °dGH, gewöhnbar bis max. 20 °dGH (sehr weich); Torf- oder Torfextraktzusatz, das Wasser darf dabei bräunlich werden; dunkler Boden; auf Nitrat und Einhaltung der Härte achten, wobei auch 18–20 °dGH toleriert werden, wenn alles andere stimmt. Ernährung: C, O; LF, große und kleine Fliegenarten, TF, pflanzliche Zusatzkost. Bei Mangel an vegetarischer Kost werden Pflanzentriebe verbissen! Aquariengröße: 100 cm.

Sternfleckensalmler, Stieglitzsalmler, Wasserstieglitz
Pristella maxiliaris

Herkunft Südamerika; Venezuela, Guayana, unterer Amazonas
Lebensraum Kleingewässer
Beschreibung Die um 5 cm kleinen Fische müsste man im Durchlicht betrachten, um eventuell das Geschlecht zu erkennen: Bei männlichen Tieren erscheint der Leibesinhalt besonders im Bereich der Schwimmblase spitz, bei Weibchen präsentiert sich diese Region abgerundet. Die Weibchen sind auch größer und plumper als die Männchen. Lebhaft im Schwarm durch das nur locker am Rand bepflanzte

Becken schwimmend, gilt die Art bei nicht zu heller Beleuchtung und dunklem Boden als ausdauernd. Züchtbar und für Gesellschaftsaquarien geeignet.
Haltung 22–27 °C (bis 29 °C), pH 6–8 (um 7), Härte bis 30 °dGH, volle Pracht nur in weichem Wasser, bevorzugt viele kleine Wasserwechsel. Ernährung: O; TF, kleines LF. Aquariengröße: 60 cm.

Schrägschwimmer, Schwarzstreifensalmler
Thayeria boehlkei

Herkunft Südamerika; Amazonasgebiet, Rio Araguaia, Peru
Lebensraum Zwischen Pflanzen, in ruhigen Gewässerbereichen
Beschreibung Um 7 cm lang wird dieser lebhafte Schwarmfisch. Er ist nicht immer ganz so ruhig und friedlich wie oft beschrieben, macht aber im mittleren und oberen Bereich eines Aquariums kaum ernsthafte Schwierigkeiten. Schwimmt schräg nach oben geneigt (Name!), trägt eine Fettflosse, und weibliche Tiere wirken etwas voller. Die lockere Bepflanzung mit einigen dichten Stellen sollte noch reichlich freien Schwimmraum im Aquarium übrig lassen. Die Zucht gelingt am ehesten bei paarweisem Ansatz.
Haltung 23–27 °C (25–29 °C), pH 6–7,5 (5,5–6,5), Härte bis 20 °dGH (eher weich). Ernährung: O, H; TF, kleine LF, auch Frucht- oder Essigfliegen, etwas Pflanzenkost. Aquariengröße: 60–80 cm.

Barben und Bärblinge

Diese Fische gehören zu den Karpfenfischen im engeren Sinne, die die größte Süßwasserfischgruppe bilden. Alle hier beschriebenen Arten sind Angehörige der Familie Cyprinidae (Karpfenfische), die insgesamt über 1.400 Vertreter umfasst. Die in Warmwasser-Aquarien gepflegten Karpfenfische stammen aus Asien und Afrika, aber auch in den mitteleuropäischen Flüssen und Seen gehören die meisten Arten in diese Verwandtschaft. Vertreter dieser Gruppe werden daher auch für den Besatz von Gartenteichen angeboten. Nordamerika hat ebenfalls seine (Kaltwasser-) Cypriniden, in Südamerika und Australien findet man diese Gruppe dagegen nicht.
Es ist geradezu selbstverständlich, dass eine so große Tiergruppe biologisch sehr verschiedene Arten in den unterschiedlichsten Lebensräumen entwickelt hat. Die Einzelbeschreibungen spiegeln dies wieder, und meist ging mit der Eroberung diverser Biotope auch eine gewisse Anpassungsfähigkeit einher.
Die hier behandelten Barben gelten als recht anspruchslos, Bärblinge dürfen als etwas empfindlicher eingestuft werden. Als gemeinsames Merkmal tragen sie am Körper meist Rundschuppen, während der Kopf unbeschuppt ist.
Barben und Bärblinge sind häufig Schwarmfische, die – wie Salmler – gruppenweise (im Schwarm oder gesellig) gehalten werden sollten.
Wegen des bei dieser Gruppe sehr verbreiteten Nahrungserwerbs durch Gründeln, verbunden mit dem Aufwirbeln von Bodenmulm, werden leistungsfähige Filter benötigt.

Zwergbärbling
Boraras macualtus (Rasbora maculata)

Herkunft Südostasien; südwestliches Malaysia, Singapur, Westsumatra
Lebensraum Stark pflanzenbewachsene Uferbereiche in stehenden oder sehr langsam fließenden Gewässern, Sümpfe
Beschreibung Mit etwa 2,5 cm Körperlänge ein echter Mini-Schwarmfisch, der fast zierlich-zerbrechlich

wirkt, aber durchaus als unempfindlich gelten kann, wenn die Wasserwerte eingehalten werden. Zwischen dichten, z.T. feinfiedrigen Pflanzen wird die Beckenmitte mit viel freiem Schwimmraum bevorzugt. Dunkler Boden und abgedunkelte Beleuchtung tragen wesentlich zum Wohlbefinden der Zwergbärblinge bei. Nur mit anderen Kleinstfischen ist eine Vergesellschaftung anzuraten. Die Weibchen sind gelber und voller, die Zucht ist möglich.
Haltung 23–25 °C (25–29 °C), pH leicht sauer, um 6,5 (5,8–6,3), Härte bis 10 °dGH (bis 3 °dGH); Torf- oder Torfextrakt-Zusatz. Ernährung: O; sehr kleines TF und LF. Aquariengröße: 60 cm.

Schillerbärbling

Danio albolineatus

Herkunft Südostasien; Hinterindien, Burma, Thailand, Malayische Halbinsel, Sumatra
Lebensraum Kleine Bäche und Flüsse
Beschreibung Die munteren, etwa 6–7 cm langen Schwarmfische mit zwei Bartelpaaren sind sehr schwimmfreudig. Friedlich durchziehen die hübschen Tiere die mittleren und oberen Aquarienregionen, weshalb man dort für freien Schwimmraum sorgen sollte. Ideal sind längliche Becken mit Kies und Steinen, die am Rand und im Hintergrund bepflanzt sind. Becken gut abdecken (Springer). Vergesellschaftung ist möglich, die Zucht darf als einfach gelten. Paare zeigen eine gewisse Partnertreue; die kleineren, schlankeren Männchen sind intensiver gefärbt.
Haltung 22–26 °C (26–30 °C), pH 6,5–7,5 (bis 7). Härte 10–30 °dGH (weich); besondere Lebendigkeit und Farbenpracht bei Sonnenlichteinfall, ideal von oben. Zuchtansatz in nur 20 cm hohem Frischwasser und kleinblättrigen/gefiederten Pflanzendickichten im Becken. Ernährung: C, O; kleines LF, TF, pflanzliche Beikost. Aquariengröße: 60–80 cm.

Zebrabärbling

Danio rerio

Herkunft Indien; vorderindische Ostküste; Pakistan, Nepal, Myanmar, Bangladesch
Lebensraum Schnelle, klare, kleine Fließgewässer
Beschreibung In der Aquarienmitte bis hin zur Oberfläche halten sich diese friedlich-munteren Schwarmfische besonders gerne auf. Die schönen und robusten, bis 6 cm langen Tiere tragen zwei Bartelpaare und sind in sehr hellen, gut durchströmten Aquarien bestens untergebracht. Die Aquarien, gut abgedeckt und normal bepflanzt, sollen reichlich Schwimmraum lassen. Als Gesellschaft für Zebrabärblinge kommen kleine bis mittelgroße Fische in Frage, die ebenfalls lebhaft sind, oder solche, die sich nicht so leicht aus der Ruhe bringen lassen. Die Weibchen sind etwas größer und dicker, ihre Farben blasser. Bei niedrigem Wasserstand nach Frischwassergabe gelingt die Zucht leicht.
Von dieser Art sind weltweit über 4000 Rassen bekannt, darunter Schleierschwanzformen und Farbvarianten. Lange als eigene Art geführt wurde z.B. der Leopardbärbling mit deutlichen Tupfen statt Längsstreifen.
Haltung 18–25 °C (24–27 °C), pH 6–8, Härte 10–30 °dGH; die Art liebt Sonnenlicht. Ernährung: O; kleines TF und LF, Abwechslung mit pflanzlicher Kost. Aquariengröße: 60 cm.

Perl-, Tüpfel-, Leopardbärbling

Danio (Brachydanio) rerio „frankei“

Herkunft Südostasien; Vorderindien
Lebensraum Rasch fließende Kleingewässer
Beschreibung Die auffällig getupften, 5 bis 6 cm langen, sehr lebhaften, aber friedlichen Schwarmfische mit zwei Paar Barteln werden entweder als natürlich auftretende Farbabweichung (Morphe) oder aber als Zuchtform des Zebrabärblings aufgefasst. Die endgültige Klärung steht noch aus, es dürfte sich aber

um eine inzwischen züchterisch gefestigte Rasse von *Danio rerio* handeln. Gut abgedeckte Aquarien, normal bepflanzt und mit Freiräumen zum Schwimmen (Mitte bis oben) bzw. ein Gesellschaftsbecken sind der richtige Aufenthaltsort für die das Sonnenlicht liebenden Fische.
Haltung 18–25 °C (24–27 °C), pH 6–8, Härte 10–30 °dGH; Zucht nach Frischwasserzusatz. Ernährung: O; alles kleine LF und TF, ab und zu auch Pflanzen. Aquariengröße 60 cm.

Malabarbärbling, Malabarkärpfling, Malabaricus
Devario aequipinnatus

Herkunft Asien; Sri Lanka, Westküste Vorderindiens
Lebensraum Eher in Fließgewässern, aber auch in stehenden Gewässern
Beschreibung Die meist 8 bis 10, aber auch bis 15 cm langen, aktiven Schwarmfische sind stets friedfertig. Als Oberflächenschwarm gehalten, eignen sie sich besonders zur Vergesellschaftung mit Bodenbewohnern oder – gern auch größeren – Fischen, die eher von der Mitte des Aquariums nach unten streben. Sandiger Boden und viel freier Schwimmraum werden benötigt, die Bepflanzung darf nicht zu weich sein, da sonst Fraß droht. Der blaue Mittelstreifen an der Schwanzflosse des dickeren Weibchens biegt nach oben ab, während er beim Männchen weiter gerade verläuft. Die Zucht gelingt in großen Zuchtbecken. Es gibt verschiedene Lokalrassen mit Farbunterschieden.
Haltung 22–24 °C (25–28 °C), pH 6,5–8 (bis 7), Härte 10–30 °dGH (weich, bis 12 °dGH); Zucht in hohem Frischwasseranteil; sonniger Standort. Ernährung: O, C; LF, auch *Drosophila* u.a. Fliegen, TF, Pflanzenkost. Aquariengröße: 100 cm.

Prachtbarbe
Puntius conchonius

Herkunft Vorderindien; Assam, Bengalen
Lebensraum Flüsse, Weiher und Tümpel. Bevorzugt etwas kühlere Gewässer als andere Barben
Beschreibung In der Aquarienhaltung bereits ab ca.

6 cm fortpflanzungsfähig, kann diese bartellose Barbe doch bis 10, selten bis 15 cm lang werden. Als gerne gründelnder Schwarm halten sich die Tiere überwiegend im unteren und mittleren Bereich auf. Sie sind deshalb besonders gut mit nicht so wärmebedürftigen Fischen der oberen Regionen zu vergesellschaften. Großzügige Schwimmflächen über weichem Boden mit Mulm und einzelne Robustpflanzen zusätzlich zur kompletten Randbepflanzung im Seiten- und Hintergrund gefallen den Prachtbarben. Die Zucht ist möglich, die Männchen sind farbiger als die etwas dickeren Weibchen.
Haltung 18–22 °C (22–30 °C), pH 6–8 (6–6,5), Härte weich bis mittelhart, ca. 10–20 °dGH (weicher). Ernährung: O; TF, LF, pflanzliche Zusatzkost. Aquariengröße: 80–100 cm.

Purpurkopfbarbe
Puntius nigrofasciatus

Herkunft Sri Lanka; südliche Teile des Landes
Lebensraum Gut bewachsene, langsam fließende Waldbäche
Beschreibung Ausdauer, Lebhaftigkeit und friedliches Verhalten sind die Merkmale dieser bis 6,5 cm langen Barben ohne Barteln. Als Schwarmfische ziehen sie gern in der Aquarienmitte umher, um bald

darauf intensiv den Boden nach Futter zu durchsuchen. Das Aquarium wird seitlich und im Hintergrund dicht bepflanzt und ansonsten nur mit einzelnen, robusten Pflanzen bestückt. Schwimmpflanzen sorgen für relativ dunkle Bereiche, dies mögen die Purpurkopfbarben neben viel Platz zum Schwimmen. Beachtet man die Wasserwerte, gelingt auch die Zucht. Die Männchen zeigen eine schwarze Rückenflosse und sind insgesamt farbiger als die Weibchen.
Haltung 21–25 °C (25–27 °C); eine mehrwöchige „Pseudo-Winterruhe" bei ca. 20 °C ist bei Zuchtbestrebungen empfehlenswert; pH 5,5–6,5; gewöhnbar bis ca. 8 (nur bis 6), Härte weich bis hart, bis 30 °dGH (weich, bis max. 12 °dGH). Ernährung: O; TF, LF, pflanzliche Zusatzkost. Aquariengröße: 60 cm.

Eilandbarbe
Puntius oligolepis

Herkunft Südostasien; Indonesien, Sumatra
Lebensraum Steh- und Fließgewässer des Hügellandes
Beschreibung Die bis zu 5 cm langen, manchmal auch Perlmutterbarbe genannten Tiere tragen ein Bartelpaar und sind ausdauernde Schwarmfische im unteren und mittleren Bereich. Da die Männchen (Rücken- und Afterflosse mit dunklem Rand) sich ohne ernsthafte Kampfesfolgen drohen, kann man von einer friedlichen Art sprechen. Als Bodenbelag eignet sich Sand. Locker am Rand und im Hintergrund mit robusten Wasserpflanzen versehen, bietet das Aquarium reichen Schwimmraum, den diese Barben brauchen. Die Beleuchtungsintensität bei Haltung ohne Vermehrungsabsichten scheint diesen Fischen „egal" zu sein und richtet sich daher nach den Pflanzen. Eine Vergesellschaftung, auch mit munteren Fischarten, sowie die Zucht sind gut möglich, vor allem, wenn die Tiere bei etwas intensiverer Beleuchtung gehalten werden.
Haltung 20–24 °C (24–27 °C), pH 6–7,5 (bis 7), Härte weich bis hart (bis 10 °dGH). Ernährung: O; TF, LF, pflanzliche Zusatzkost und Algen. Aquariengröße: 60–80 cm.

Fünfgürtelbarbe
Puntius pentazona

Herkunft Südostasien; Singapur, Malayische Halbinsel, Borneo
Lebensraum Uferregion ruhiger Tieflandgewässer; Schwarzwasser
Beschreibung Dass die 5 cm langen, schön gezeichneten Fische ruhig, ja fast scheu und nicht so schwimmfreudig sind, unterscheidet sie von anderen Barben. Sie sollten über Kies mit dicker Mulmschicht und nur in Gesellschaft anderer ruhiger Fische gehalten werden. Relativ dunkle Aquarien, locker bepflanzt und mit Wurzel- und Pflanzenverstecken (besonders am Rand) versehen, sind der richtige Aufenthaltsort für diese anspruchsvolle Art. Im unteren bis mittleren Beckenbereich umwerben die kleineren, stromlinienförmigeren Männchen ihre nicht so ausgeprägt gefärbten Partnerinnen, doch ist die Zucht nicht einfach.
Haltung 22–27 °C (27–30 °C), pH 5,5–7 (bis 6,5), Härte weich bis mittelhart (bis 10 °dGH); nur bei Torfzusatz ist das Orange wirklich schön; wöchentlicher Teilwasserwechsel von 1/5 bis 1/4 des Gesamtvolumens ist anzustreben. Ernährung: C; anspruchsvoll; vor allem LF, hochwertiges TF probieren; bei Zucht den Elterntieren zusätzlich Enchyträen reichen (ein Tipp für viele Barbenarten, doch hier wohl unabdingbar). Aquariengröße: 60–80 cm.

Brokatbarbe
Puntius semifasciolatus schuberti

Herkunft Die als Stammform vermutete Messingbarbe *(Puntius semifasciolatus)* kommt aus Südostchina
Lebensraum Brokatbarben kommen in der Natur nicht vor
Beschreibung Die Stammform erreicht bis 10 cm Länge, was einzelne Schläge der Zuchtform auch

erreichen können. Doch bleiben Brokatbarben mit ihren zwei Bartelpaaren eher um 7 cm groß. Es sind lebhafte, friedliche Schwarmfische, die sich in Beckenmitte und vor allem am Boden recht schwimmfreudig zeigen. Dies muss bei der Gestaltung des Aquariums berücksichtigt werden, sodass sich, außer bei wenigen Einzelexemplaren, die Bepflanzung auf die Randbereiche beschränkt. Dort darf sie teils auch dicht sein, und zumindest in Teilbereichen soll der Boden weich und mulmbedeckt sein. Brokatbarben lieben helle, sonnige Becken und sind gute Fresser. Besonders gilt dies für die einfache Zucht, die nicht zu warm erfolgen sollte. Die größeren Weibchen sind an den Seiten dunkel gefleckt.
Haltung 19–23 °C (24–27 °C), pH 6–7,5 (bis 6,5), Härte weich bis hart (bis 10 °dGH), häufige kleine Teilwasserwechsel. Ernährung: O; TF, LF, Pflanzenkost. Aquariengröße: 60–80 cm.

Sumatrabarbe
Puntius tetrazona

Herkunft Südostasien; Sumatra, Borneo, eventuell auch Thailand
Lebensraum Bodenbereiche stehender und langsam fließender Gewässer
Beschreibung 5 bis 7 cm lang werden diese sehr lebhaften Barben ohne Barteln, die man wegen ihrer typischen Zeichnung auch Viergürtelbarben nennt. Innerhalb des Schwarmes bildet sich eine sichtbare Rangordnung heraus. Die Fische durchziehen besonders die Aquarienmitte und gründeln in weichem, feinsandigem Boden. Nur an den Seiten und im Hintergrund braucht es einzelne und robuste Wasserpflanzen. Die Sumatrabarben, von denen viele Farbvarianten gezüchtet wurden, müssen viel schwimmen können. Zur Vergesellschaftung sind sie nur bedingt geeignet: nur schnelle, kräftige Fische bleiben unbehelligt. Langsame Arten werden ebenso „belästigt" wie alle mit länglichen Flossen, an denen Sumatrabarben leider allzu gerne zupfen. Die Weibchen wirken kräftiger als die Männchen, bei der Naturform spielt die Färbung der Männchen mehr ins rötliche.
Haltung 21–25 °C (26–28 °C), pH 6–7,5 (5,5–6,5), Härte weich bis hart, max. 30 °dGH (bis 10 °dGH). Ernährung: O; TF, LF, pflanzliche Zusatzkost. Aquariengröße: 60 cm.

Bitterlingsbarbe
Puntius titteya

Herkunft Sri Lanka
Lebensraum Dunkle, schattige Bereiche des schlammigen Bach- und Flussbodens
Beschreibung Die 4 bis 5 cm langen Fische haben ein Bartelpaar und gelten als lebhaft, dabei ruhig und friedlich. Sehr „schwarmfreudig" sind sie jedoch nicht, so kommt es häufig zu Streitereien unter den Männchen. Dennoch sind mindestens 5 Tiere gemeinsam zu halten. Bitterlingsbarben bevorzugen feinen, dunklen Boden bei insgesamt relativ dunkler Einrichtung. So sollte man durch überhängende Pflanzen oder Schwimmpflanzen für Abschattung sorgen und neben viel Schwimmplatz auch Verstecke schaffen. Zucht (Weibchen unscheinbarer und dicklicher) und Vergesellschaftung mit ruhigen Fischen sind möglich. Der Laich wird mit Ei-Fäden an feinfiedrige Pflanzen geheftet.
Haltung 23–26 °C (27–29 °C), pH 6–7,5 (unter 6,5), Härte bis 20 °dGH (bis 12 °dGH). Ernährung: O; TF, LF, pflanzliche Zusatzkost. Aquariengröße: 60 cm.

Glasbärbling, Glasrasbora, Dreilinienrasbora

Rasbora trilineata

Herkunft Südostasien; Sumatra und Borneo, Westmalaysia
Lebensraum Trübe Bereiche stehender und leicht fließender Gewässer
Beschreibung Trotz der Größe (bis 15 cm) ein relativ ruhiger und friedlicher Schwarmfisch. Strebt von der Beckenmitte aus auch nach oben und braucht reichlich Gelegenheit zum freien Schwimmen. Überhaupt sind große, lange Aquarien ideal für diesen Bärbling, der sich dunklen Boden und eine lockere Randbepflanzung wünscht. Im Hintergrund dürfen auch dichte Pflanzenbestände als Rückzugsmöglichkeit stehen. Nur andere lebhafte Fische, die zum Aquarienbereich „Mitte bis unten" tendieren, passen zum Glasbärbling. Die Zucht ist möglich.
Haltung 22–25 °C (25–28 °C), pH 6–7 (bis 6,5), Härte weich bis mittelhart (5–8 °dGH); Torfzugabe. Ernährung: O; TF und LF. Aquariengröße: 100 cm.

Hengels Keilfleckbärbling

Trigonostigma (Rasbora) hengeli

Herkunft Südostasien; Zentral-Sumatra, Thailand
Lebensraum Kleinere Gewässer mit Schwarzwasser
Beschreibung Nur etwa 3,5 cm lang werden diese schönen Bärblinge, deren Männchen ein leuchtenderes rost-violettes Rot zeigen und die eine größere Keilzeichnung als die Weibchen haben. Zur Aquarienmitte und nach oben orientiert, braucht dieser Schwarmfisch viel Schatten. Dunkle Einrichtung, wenig Licht und eine dichte Randbepflanzung sind angebracht. Für Zuchtversuche kann eine kleine *Cryptocoryne* als Ablaichpflanze dienen. Die Zucht ist nicht einfach, eine Vergesellschaftung mit anderen Kleinfischen möglich.
Haltung 23–27 °C (28 °C), pH 6–6,5 (5,3–5,7), Härte weich bis mittelhart, ca. bis 12 °dGH (sehr weich, 2 °dGH); Torf- oder Torfextrakt-Zusatz. Ernährung: O; alles kleine TF und LF. Aquariengröße: 60 cm.

Keilfleckbärbling

Trigonostigma (Rasbora) heteromorpha

Herkunft Südostasien; südöstliches Thailand, Westmalaysia, Sumatra, Java, Borneo
Lebensraum Uferbereiche klarer, stehender Gewässer mit dichten Pflanzenbeständen über und unter Wasser, Waldbäche
Beschreibung Die bis 5 cm langen Schwarmfische des oberen bis mittleren Bereichs sind munter und friedlich, wenn auch die Männchen immer wieder einmal imponieren. Dunkler Boden und eine Wurzeldekoration sind gemeinsam mit dichten und feinfiedrigen Pflanzengebüschen die richtige Aquarieneinrichtung. Zwischen den Pflanzen muss Schwimmraum bleiben bzw. für die nicht ganz einfache Zucht ein Platz für eine Ablaichpflanze, etwa eine kleine *Cryptocoryne*. Bei den Männchen ist der Keilfleck bis zur Bauchkante ausgedehnt und an seinem vorderen Rand gerundet. Die etwas fülligeren Weibchen haben einen geraden Keilfleck-Vorderrand. Der Zuchtansatz geschieht am besten paarweise, ein junges Weibchen ist mit einem größeren, älteren Männchen zusammenzubringen. Ei-Ablage an der Unterseite von Blättern. Vergesellschaftung mit etwa gleich großen und ruhigen Fischen ist zu empfehlen.
Haltung 24–26 °C (26–29 °C), pH 6–7 (5,3–5,7), Härte bis 12 °dGH, bis an 20 °dGH zu gewöhnen (sehr weich); Torf- oder Torfextraktzusatz. Ernährung: O; kleines TF und LF. Aquariengröße: 60 cm.

Sonstige Karpfenähnliche

Hierzu gehören Arten, die ebenfalls Karpfenartige (Cypriniformes), gar Karpfenfische im engeren Sinne, aber keine Barben oder Bärblinge sind. Von daher werden sie getrennt behandelt. Auch mit den im Anschluss vorgestellten Schmerlen und Dorngrundeln haben sie nicht viel gemeinsam. Unter den „sonstigen Karpfenähnlichen“ wird der Kardinalfisch verwandtschaftlich meist in die Nähe unserer einheimischen Weißfische gestellt. „Weißfische“ ist ein fischereibiologisches Kunstwort und ein umgangssprachlicher Begriff, der „unedle“ Klein-Cypriniden zusammenfassend von „edlen“ Speisefischen wie Karpfen oder Schleie trennt. Einige systematische Werke oder Lexika verstehen unter Weißfischen auch die gesamte Familie der Karpfenfische, die Cyprinidae.

Siamesische Rüsselbarbe, „Algenfresser“
Crossocheilus siamensis

Herkunft Südostasien; Thailand, Malayische Halbinsel
Lebensraum Mittlere bis große Flüsse in hügeligem Gelände
Beschreibung Bisher noch nicht gezüchtet wurden diese nützlichen Cypriniden, die ein Bartelpaar an der Oberlippe tragen und bis 16 cm lang werden. Äußere Geschlechtsunterschiede sind nicht erkennbar. Den Tieren muss man in sehr gepflegten Aquarien geradezu veralgte Steine und Wurzeln anbieten, damit sie ihrem Bedarf, Algen abzuschaben, nachkommen können. Vor allem untereinander sind diese Fische etwas aggressiv, es sollen dennoch mindestens 5 Tiere gemeinsam gepflegt werden. Sie halten sich entweder am Boden oder auf großen Blättern/Wurzeln „aufsitzend“ auf. Bei weichem Boden und dichter Bepflanzung sind sie gute und ausdauernde Gesellschaftsfische, lieben jedoch etwas Strömung und gelten als recht sauerstoffbedürftig. Diese Fische werden im Alter oft noch etwas aggressiver.
Haltung 22–28 °C, Vorzugsbereich bei 24–26 °C, pH 6–7,5, Härte weich bis mittelhart; nach langsamer und vorsichtiger Eingewöhnung im Fachhandel und daheim sind auch Werte bis pH 8,5 und 30 °dGH möglich. Leicht sauer und weich ist jedoch ideal. Ernährung: H (C), O; TF, besonders Tabletten, pflanzliche Kost ist unabdingbar, zur Abwechslung wird auch LF genommen. Aquariengröße: 100 cm.

Feuerschwanz
Epalzeorhynchos bicolor

Herkunft Südostasien; Malaysia, Thailand
Lebensraum Fließgewässer mit Stein- und Holzablagerungen am Grund
Beschreibung Ein imposanter, aggressiver Fisch der unteren Aquarienregionen, der mit zunehmendem Alter als Einzelgänger gilt und tatsächlich Reviere bildet, die er auch – besonders gegen seinesgleichen – verteidigt. Dabei gehen die 12–15 cm, vereinzelt auch bis 20 cm langen Tiere recht ruppig zur Sache, sodass sie nur bei vielen Verstecken aus Wurzeln oder Steinen zu mehreren gehalten werden sollten. Langlebig ist die Art nur, wenn die Verstecke so angeord-

net sind, dass Artgenossen sich darin nicht sehen können. In großen, sandigen Aquarien ist unter diesen Voraussetzungen auch eine Vergesellschaftung mit anderen robusten Arten denkbar. Das Weibchen ist kräftiger und blasser, die Rückenflosse des Männchens läuft spitz aus. Zuchten unter aquaristischen Bedingungen sind äußerst selten und als Zufall zu bezeichnen, gelaicht wird in kleinen Höhlen.
Haltung 22–26 °C (27–28 °C), pH 6–7,5, Härte bis 15 °dGH (weich); toleriert, vorsichtig eingewöhnt, auch härteres Wasser bis 20 °dGH; Torf- oder Torfextraktzusatz. Ernährung: C, O; LF, TF, Algen, pflanzliche Zusatzkost, z.B. Löwenzahn, Spinat. Aquariengröße: ab 120 cm.

Grüner Fransenlipper
Epalzeorhynchos frenatum

Herkunft Südostasien; Nordthailand
Lebensraum Fließgewässer
Beschreibung Die Körperlänge schwankt je nach Herkunft zwischen 8 und 12 cm, manchmal liegt sie auch darüber. Die lebhafte bis aggressive Art ist dämmerungsaktiv und trägt zwei Bartelpaare. Aus Versteckrevieren heraus verjagt der grüne Fransenlipper andere Aquarienbewohner, jedoch selten in wirklich gefährlicher Form. Er ist insgesamt etwas „umgänglicher" als sein Feuerschwanz-Verwandter und verhält sich mit wachsender Lebensraumgröße immer friedlicher. Verstecke aus Wurzeln oder Steinen und Sichtschutz durch Bepflanzung sind aber immer angebracht. Unter Profi-Bedingungen ist die Zucht möglich. Das männliche Tier zeigt einen schwarzen Saum an der Afterflosse, die Weibchen sind dicker. Vergesellschaftung unter den o.g. Bedingungen möglich.
Haltung 22–28 °C (oberer Bereich), pH 6–7,5, Härte bis 10 °dGH; anpassbar bis 20 °dGH; Torf- oder Torfextraktzusatz. Ernährung: O; TF, LF, Algen, Löwenzahn und andere pflanzliche Zusatzkost. Aquariengröße: 120 cm.

Kardinalfisch
Tanichthys albonubes

Herkunft Ostasien; Südchina, vor allem bei Kanton, auch Nord-Vietnam
Lebensraum Im Randbereich von klaren Bächen des Berglandes
Beschreibung Dieser friedliche und lebhafte Schwarmfisch von ca. 4 cm Länge wurde früher auch als „Arbeiter-Neon" bezeichnet, vermutlich weil er viel erschwinglicher war als „echte" Neon, die sich nicht jeder leisten konnte. Kardinalfische gehörten zu den ersten im Aquarium gepflegten Arten. Es gibt inzwischen viele unterschiedliche Körper- und Flossenfärbungen, auch Schleierformen wurden herausgezüchtet. Die ohnehin farbigeren, kleineren und schlanken Männchen zeigen ein besonders farbintensives Imponiergehabe. Die recht anspruchslosen Tiere schwimmen im Aquarium in der Mitte und oben; feinsandig-dunkler Grund wird bevorzugt. Dichte Pflanzen am Rand oder Dickichtgruppen bzw. eine geschlossene Hintergrundbepflanzung bilden den richtigen Lebensraum im Aquarium. Guter Gesellschaftsfisch und leicht im Daueransatz oder separat in Kleinaquarien züchtbar.
Haltung 18–24 °C (verträgt zeitweise 16–30 °C, sollte aber nicht dauerhaft über 24 °C gehalten werden, da die Tiere dabei blass werden), pH 6–8, Härte weich bis hart, auch bis 35 °dGH; häufige Wasserwechsel. Ernährung: O; TF, kleines LF. Aquariengröße: 60 cm.

Schmerlen und Dorngrundeln

Die „Cobitidae“ sind eine recht kleine Fischfamilie mit nur etwa 100 Arten, alle im Süßwasser der alten Welt beheimatet und Barteln tragend; als Tastorgane mit Geschmacksrezeptoren unterstützen sie den Nahrungserwerb. Alle Arten sind kleinschuppige oder „nackte“ Bodenbewohner mit unterständigem, zahnlosem Maul, manche mit einem ausklappbaren Dorn unterm Auge und mit der Möglichkeit, Geräusche in Form eines „Knackens“ von sich zu geben. Viele Schmerlen beherrschen die Darmatmung, d.h. dass atmosphärischer Sauerstoff nach Abschlucken von Luft (an der Wasseroberfläche geschnappt) in reich durchbluteten Darmabschnitten verwertet werden kann. Dem „forschenden“ Aquarianer tut sich mit der Fortpflanzungsbiologie dieser Fischgruppe ein weites Betätigungsfeld auf – allzu viel liegt da noch im Dunkeln. Die meisten Zuchten basieren auf Zufällen.

Horas Schmerle, Aalstrichschmerle, Mausschmerle
Botia (Yasuhikotakia) morleti

Herkunft Südostasien; Thailand, Hinterindien
Lebensraum Bäche und Flüsse, vor allem in ruhigen Bereichen über Sand
Beschreibung Die 7 bis fast 10 cm langen und damit recht klein bleibenden Schmerlen sind lebhaft, aber meist recht friedlich. Die gelegentlichen innerartlichen Aggressionen sind eher ungefährlich, da die Tiere nicht sehr gut schwimmen. Die Nacht- und Dämmerungsaktivität bedingt eine versteckte Lebensweise in der Nähe des Bodens, wo man dem Schwarm mindestens ein Versteck pro Tier anbieten sollte. Weicher Boden, auch feiner Sand, Steine und Wurzeln sind also die richtige Einrichtung. An Pflanzen eignen sich nur widerstandsfähige Arten in Pflanzschalen, wobei zusätzlich der Wurzelhalsbereich durch rings darum gelegte Steine geschützt wird. Das Licht darf durch Schwimmpflanzen etwas gedämpft werden. Vergesellschaftung nur in sehr großen Aquarien mit größeren Fischen, z.B. Barben oder Panzerwelsen, da sonst kein guter Gesellschaftsfisch. Äußere Geschlechtsunterschiede und Zuchterfolge sind nicht bekannt.
Haltung 26–30 °C, pH 6–7, Härte bis 5 °dGH ideal, bei Gewöhnung auch bis max. 20 °dGH möglich; öfter Frischwasserzusatz, etwa 10 % pro Woche. Ernährung: O, C; LF, TF, Algen. Aquariengröße: 100 cm.

Schachbrettschmerle, Zwergschmerle
Botia (Yasuhikotakia) sidthimunki

Herkunft Südostasien; nördliches Thailand, Hinterindien
Lebensraum Kleine, schlammhaltige, stehende oder langsam fließende Gewässer, Überschwemmungsgebiete
Beschreibung Diese reizende Schmerle mit drei Paar Barteln, im tagaktiven Schwarm äußerst schwimmfreudig, lebhaft und friedlich, wird jetzt in Thailand verstärkt nachgezüchtet. Die Schachbrettschmerlen werden 7 bis 9 cm lang, oft bleiben sie noch kleiner. Nur gesellige Haltung (ab 5 Tieren) ist artgerecht; dazu gebe man in Bodennähe viele (Höhlen-) Verstecke auf weichem, mulmigen Grund. Teilweise dichte Bepflanzung komplettiert die Beckenausstattung, freier Schwimmraum muss jedoch vorhanden sein. Kleinere, nicht revierbildende Arten oder ruhige größere Fische sind geeignete Partner für gut gepflegte Gesellschaftsbecken. Für Zuchtversuche eignen sich Artaquarien, die Balz wird durch sichtbare Blässe gezeigt. Wird unter Profi-Bedingungen vermehrt, damit auf Wildfänge verzichtet werden kann.
Haltung 25–28 °C, pH 6–7,5, Härte weich, bis

20 °dGH möglich; öfter Frischwasserzusatz. Ernährung: O, C; alle kleineren Sorten TF und LF, zusätzlich Algen. Aquariengröße: 80 cm.

Prachtschmerle
Chromobotia (Botia) macracanthus

Herkunft Südostasien; Indoaustralischer Archipel, Sumatra, Borneo
Lebensraum Seen sowie Überschwemmungsgebiete von Flüssen
Beschreibung Prachtschmerlen sind lebhafte Schwarmfische, die in Aquarien selten über 16 cm lang werden, in der Natur aber 30 cm groß anzutreffen sind. Sie tragen vier Paar Barteln und können knackende Laute von sich geben. Die schwimmfreudige und nicht ganz so versteckt wie andere Schmerlen lebende Art ist auch tags unterwegs, die Neigung zu Dämmerungsaktivität ist aber unverkennbar. Die langsam wachsenden Tiere gelten als gleichermaßen gesellig und aggressiv, sie sind empfindlich gegen Chemikalien und anfällig für *Ichthyophtirius* (Weißpünktchenkrankheit, siehe Seite 98) und andere Außenparasiten. In ihrer Heimat zählt man sie zu den wohlschmeckenden Speisefischen. Auf weichem Aquarienboden biete man Verstecke und Höhlen aus Wurzeln, Steinen oder Bambusröhren. Zucht durch Profis ist möglich, ältere Weibchen sind in der Aufsicht fülliger, d.h. sie wirken von oben betrachtet dicker. Alte Männchen werden hochrückig und gedrungen, beides sind jedoch sehr unzuverlässige Merkmale. Zum Ablaichen werden in der Natur vermutlich größere Wanderungen bis in die schäumenden, schnell fließenden Quellregionen unternommen. Diesen wohl auslösenden Reiz kann die Aquaristik nur schwerlich bieten.
Haltung 24–28 °C, pH 5–7, Härte nicht über 20 °dGH, möglichst eher darunter, nicht in kleinen Aquarien! Öfter Frischwasserzusatz. Ernährung: O, C; TF (auch Tabletten), LF mit Würmern, kleinen Schnecken, Algen u.a., Pflanzenkost. Aquariengröße: ab 150 cm.

Dornaugen
Pangio spec.

Herkunft Verschiedene Arten aus unterschiedlichen Ländern Südostasiens
Lebensraum Meist in Bächen, wo die Jungfische als Schwärme in Pflanzenverstecken hausen, um später eher einzelgängerisch zu werden
Beschreibung Die Dornaugen, deren Arten nur für Spezialisten auseinander zu halten sind, ähneln mit ihrer Schlangenform kleinen, etwa 12 cm langen Aalen, tragen aber 3 Paar Barteln. Sie haben keine Seitenlinie und halten sich überwiegend am Boden auf. Es gibt allenfalls Zufallszuchten im Aquarium, wobei sich das kräftigere Weibchen durch Laichansatz fast walzenförmig verdickt. Nachtaktiv (abends füttern) und langlebig, mögen Dornaugen keinerlei Störungen (dann springen sie aus dem Becken!). In dunklen Aquarien mit weichem, keinesfalls scharfkantigem Boden und vielen Pflanzen fühlen sich die Dornaugen wohl. Sie sollten zu mehreren gehalten und nur mit Fischen der oberen Wasserregionen vergesellschaftet werden. In feinkiesigen Gesellschaftsaquarien muss eine reine Sand-Ecke zum Eingraben angeboten werden.
Haltung 24–28 °C, pH 5,5–6,5, Härte bis 10 °dGH; gewöhnbar bis 20 °dGH; öfter kleine Frischwassergaben, Torffilterung. Ernährung: O, C; sinkendes LF, etwas Pflanzenkost, TF (Gewöhnung an Tabletten). Aquariengröße: 60–80 cm.

Welse

Aus der sehr vielfältigen Gruppe der weltweit überwiegend im Süßwasser verbreiteten Welsähnlichen (Siluroidei) wollen wir hier nur eine Auswahl der aquaristisch bedeutendsten Vertreter bieten: Von den mindestens 1000 Arten in etwa 15 Untergruppen stellen wir mehrere Arten aus drei verschiedenen Familien vor.
Im Vordergrund stehen die verschiedenen, von den Haltungsbedingungen sehr ähnlichen Panzerwelse, die systematisch zu den Schwielenwelsen (Callichthyidae) gerechnet werden. Harnischwelse (Loricariidae) finden sich in fünf Arten und dazu mit dem Glaswels noch ein Repräsentant der echten Welse (Siluridae). Zu letzteren gehört auch der in Europa heimische Wels (Waller), der mit über zwei Metern Länge (eine südamerikanische Welsart erreicht noch einen Meter mehr!) im Gegensatz zu den nur 2,5 cm „langen" Zwergpanzerwelsen die Variabilität der Welsartigen eindrucksvoll demonstriert.
Manche Welse können Luftsauerstoff verwerten: Wie die Schmerlen schnappen sie an der Oberfläche Luft, aus der dann im Körperinneren Sauerstoff aufgenommen wird (Darm- oder Schwimmblasen-Atmer). Schuppen fehlen den Welsen. Wenn der Körper nicht nackt ist, wird er durch einen Panzer aus Knochenplatten geschützt. Die teils auch in anderen Familien zu findenden Barteln sind bei Welsen oft zu längeren Bartfäden ausgezogen, die tastend und schmeckend einen größeren Umgebungsbereich erkunden können. Wer Welse hält, braucht sich über Futterreste am Boden nicht zu sorgen; sie jedoch ausschließlich als „Müllschlucker" zu halten, ist falsch, und nicht wenige Welse werden wohl zu knapp und „so nebenbei" gefüttert. Dämmerungs- und nachtaktive Arten sollen abends eine eigene Futterration erhalten, damit sie bei Kräften bleiben. Für Zuchtversuche, am besten in Artaquarien, werden bei allen nicht brutpflegenden Arten die Elterntiere nach der Eiablage herausgefangen, oder aber das Gelege wird entnommen und – in Wasser aus dem Ablaichaquarium – separat gepflegt.

Antennenwels
Ancistrus dolichopterus

Herkunft Südamerika, Amazonaszuflüsse
Lebensraum In fließenden Gewässern mit Wurzel- und Holzverstecken; klare Bäche
Beschreibung Mit 20 cm Länge fühlen sich diese bizarren Welse in großen, klaren Aquarien mit guter Filterströmung im unteren Bereich an Holzsubstraten wohl. Eine häufige deutsche Bezeichnung ist „Blauer" Antennenwels, und neben *A. dolichopterus* sind etliche verwandte Arten im Handel. Die Männchen tragen mehrere der namensgebenden, geweihartigen Gebilde auf dem Kopf. Diese „Antennen" sind bei den Weibchen ganz klein und dünn. Höhlen, Wurzeln und Hölzer bilden dunkle Rückzugsbereiche, wo große Teile des Tages verbracht werden. Die Art ist friedlich und verschont auch kleine Fische, daher gut zu vergesellschaften. Nach dem Laichakt in Höhlen betreiben die revierbildenden Männchen Brutpflege. Wegen seitlich ausstülpbarer Dornfortsätze zur Abwehr von Feinden (Hinterkopf-Brustflossen-Bereich) besteht bei Berührung Verletzungsgefahr, und beim Herausfangen mit Netzen verheddern sich die Fische leicht in den Maschen.
Haltung 23–27 °C (bis 29 °C), pH 5,5–8 (bis 6,5), Härte weich bis hart, nicht über 30 °dGH (4–10 °dGH); sauerstoffreiches Wasser. Ernährung: H; Algen, Pflanzenkost, auch gekochte Möhren und Erbsen, TF, LF, braucht Holz zum Abraspeln. Aquariengröße: 80 cm.

Harnischwelse, L-Arten
Baryancistrus spec.

Herkunft Südamerika, z.B. Amazonaszuflüsse
Lebensraum In Fließgewässern mit Verstecken; oft in Flachwasserbereichen
Beschreibung Systematisch geklärt ist bei den vielen

inzwischen beschriebenen L-Arten die Zugehörigkeit zur Familie Loricariidae (Harnischwelse), weshalb man ihnen bis zur endgültigen Beschreibung so genannte L-Nummern gibt. Bei einigen L-Welsen konnte die Gattung bestimmt werden, in unserem Beispiel die Bezeichnung Baryancistrus. Deren Vertreter werden oft über 30 cm lang, sind jedoch ruhig und wenig bewegungsfreudig. Es gibt auch kleiner bleibende L-Arten. Einige sind auch schon unter aquaristischen Bedingungen vermehrt worden.
Haltung 25–28 °C (bis 30 °C), pH 5,5–7 (bis 6,5), Härte weich, bis etwa 10 °dGH (sehr weich); sauerstoffreiches Wasser. Ernährung H; Algen, Pflanzenkost, TF, LF, Holzsubstrate. Aquariengröße: ab 80 cm, große Arten eher ab 120 cm.

Smaragd-Panzerwels, Grüner Panzerwels
Brochis splendens

Herkunft Südamerika; Amazonas, Peru, Brasilien, Bolivien, Ecuador
Lebensraum Langsam fließende Gewässer mit bewachsenen Uferbereichen
Beschreibung Wie bei vielen Panzerwelsen wird die kleine Fettflosse durch einen Dorn gestützt; die Gattung *Brochis* hat 10–12 Strahlen in der Rückenflosse, wo *Corydoras*-Vertreter nur 6–8 vorzuweisen haben. Die geselligen Smaragd-Panzerwelse haben 3 Paar Barteln, werden 8 cm lang und leben, auch tagsüber munter und gern schwimmend, im Schwarm im unteren Beckenbereich. Der Boden des gut bepflanzten Aquariums wird idealerweise mit feinkörnigem Kies oder grobem Sand (dunkel) bedeckt. Verstecke wie Steine, Wurzeln und große Blätter sollten nicht fehlen. Teilbereiche mit etwas Mulm werden neben freien Grundflächen ebenso geschätzt wie friedliche Mitbewohner. Große Buntbarsche sind keine gute Gesellschaft. Die Zucht ist möglich, wenn auch äußere Geschlechtsunterschiede bis auf die größere Körperfülle reifer Weibchen nicht erkennbar sind. Ein Teilwasserwechsel mit zunächst etwas kühlerem Wasser löst oft die Laichbereitschaft aus.
Haltung 20–25 °C (24–27 °C), pH: 5,8–7,5 (bis 6,5), Härte weich bis mittelhart (bis 4 °dGH); öfter kleine Teilmengen Frischwasser geben. Ernährung: O; TF (Tabletten), LF, Pflanzenkost. Aquariengröße: ab 100 cm, da sehr aktiv.

Stromlinien-Panzerwels
Corydoras arcuatus

Herkunft Südamerika; mittlerer Amazonas
Lebensraum Bäche und kleine Flüsse
Beschreibung Ein schöner Bodenfisch, der 5 cm lang wird und 2 Bartelpaare trägt. Auf mulmig-weichem, dunklem Boden und feinem Sand sollte ein Schwarm dieser netten Welse gepflegt werden. Normale Bepflanzung und einige rundliche Kiesel vervollständigen das Aquarium, das gern auch ein Gesellschaftsaquarium sein darf. Die Nachzucht ist möglich. *Corydoras*-Arten gehören zu den Darmatmern (siehe Gruppenbeschreibung Welse). Jeweils der erste Strahl von Rücken- und Brustflossen ist zur Abwehr von Fressfeinden mit einer kräftigen Spitze versehen. Bei Menschen kann diese lang anhaltend schmerzende Verletzungen verursachen.
Haltung 20–24 °C (24–26 °C), pH: 6–8 (bis 7), Härte bis 20 °dGH (bis 6 °dGH). Ernährung: O; LF, TF, pflanzliche Kost. Aquariengröße: 60 cm.

Sichelfleck-Zwergpanzerwels
Corydoras hastatus

Herkunft Südamerika; Brasilien, Amazonas, Mato Grosso
Lebensraum Ufernahe Freiwasser kleiner Bäche und Flüsse
Beschreibung Nur 3 bis 3,5 cm erreicht diese kleine und schwimmfreudige *Corydoras*-Art, die sich als friedlicher, tagaktiver Schwarmfisch gern auch in

mittleren Beckenzonen tummelt. Die dickeren Weibchen sind größer, Männchen werden nur etwa 2,5 cm lang. Die Zucht ist schon gelungen, wobei kühler Wasserwechsel als auslösend gelten darf. In leicht mulmigen und sandigen Aquarien, in denen sich Pflanzendickichte gebildet haben, ist eine Vergesellschaftung mit Kleinfischen gut möglich.
Haltung 20–26 °C (25–28 °C), pH 6–7,5 (bis 7), Härte weich bis mittelhart (bis 6 °dGH); öfter kleine Frischwassergaben statt seltener Großmengen-Teilwasserwechsel. Ernährung: O; kleines LF und TF, Pflanzen. Aquariengröße: 60 cm.

Leopard-Panzerwels
Corydoras leopardus

Herkunft Südamerika; Ost-Brasilien, nördlich von Belem; auch aus Ecuador und Peru beschrieben
Lebensraum Küstennahe Süß-Fließgewässer
Beschreibung Die bis zu 7 cm lang werdende Panzerwels-Art mit ansprechender, teils lineal angeordneter Kleinpunktierung gilt als relativ anspruchslos. Die gesellig lebenden Tiere passen im gemischten Aquarienbesatz nur zu ruhigen Mitbewohnern. Feinsandiger Boden und eine Bepflanzung, die vorne und im Zentrum des Aquariums Freiflächen belässt, sind zusammen mit einigen Rückzugsmöglichkeiten die richtige Aquarienausstattung.
Haltung 20–25 °C (25–28 °C), pH 6–7,5 (bis 6,5), Härte bis 20 °dGH (weich). Ernährung: O; feines LF und TF, pflanzliche Beikost. Aquariengröße: 80 cm.

Marmorierter Panzerwels
Corydoras paleatus

Herkunft Südamerika; Südostbrasilien, Argentinien
Lebensraum Kleine Fließgewässer
Beschreibung Weil sehr unempfindlich, war dieser friedliche und ausdauernde Panzerwels einer der ersten „Zierfisch-Pioniere" in Europa. Zwei Paar Barteln tragend, bewohnen die Tiere im Schwarm gerne den Aquarienboden. Der sollte mit rundkörnigem Sand

ausgestattet sein, damit es zu keinen Verletzungen im Maulbereich kommt. Bei Vorhandensein großblättriger Pflanzen können die ca. 6 cm großen Fische gut vergesellschaftet werden. Die Zucht hat eine der ersten albinotischen Formen der Gattung *Corydoras* hervorgebracht. Die Fische gründeln gern.
Haltung 18–25 °C (20–22 °C), pH 6,5–8 (bis 7), Härte bis 20 °dGH (bis 10 °dGH). Ernährung: O; kleines TF und LF, gern auch Tabletten, pflanzliches Futter. Aquariengröße: 60 cm.

Panda-Panzerwels
Corydoras panda

Herkunft Südamerika; Peru
Lebensraum Klare Fließgewässer, sandige Stellen
Beschreibung Die auffällige Zeichnung, die an die Gesichtsmaske der Pandabären erinnert, gab diesem bis maximal 5 cm langen Panzerwels den Namen. Lockere Bepflanzung, in Gruppen angeordnet, und Sandboden gefällt diesen sehr friedlichen, tagaktiven Fischen. Sie lieben etwas Strömung und gut gefiltertes, sauerstoffreiches Wasser. Eine Vergesellschaftung mit nicht zu großen Fischen bietet sich an. Inzwischen gibt es regelmäßige Nachzuchten. Leider erkennt man keine sicheren äußeren Geschlechtsunterschiede; ein kühler Wasserwechsel wirkt laichfördernd. Die Jungtiere wachsen langsam heran. Die Haltung in kleinen Gruppen entspricht der natürlichen Lebensweise.
Haltung 20–25 °C (22–25 °C), pH 6,5–7,5, Härte weich, bis ca. 15 °dGH, langsam gewöhnbar bis 20 °dGH; (bis 10 °dGH). Ernährung: O; LF und TF (Tabletten). Aquariengröße: 60 cm.

Netz-Panzerwels
Corydoras reticulatus

Herkunft Südamerika; Peru, Amazonas
Lebensraum Kleingewässer
Beschreibung Friedlicher und ausdauernder Schwarmfisch mit zwei Paar Barteln, der sich lebhaft über den Boden bewegt, aber auch frei schwimmend in mittleren oder gar oberen Aquarienregionen angetroffen wird. Mulm und Sand als Bodenbelag werden mit einigen größeren Steinen kombiniert, die von Netz-Panzerwelsen als Ruhestandorte aufgesucht werden. Bei normaler Bepflanzung ist auch eine Haltung im Gesellschaftsbecken möglich. Die Zucht (Weibchen sind dicker) ist schon gelungen. Die Tiere werden etwa 7 cm lang.
Haltung 20–26 °C (oberer Bereich davon), pH 6–8 (bis 7), Härte bis 20 °dGH (um 6 °dGH); ab und zu kleine Frischwassermengen als Wasserwechselmethode wählen. Ernährung: O; TF, LF, Pflanzen. Aquariengröße: ab 60 cm.

Dreilinien-Panzerwels
Corydoras trilineatus

Herkunft Südamerika; Peru
Lebensraum Weichgründige Flüsse und Seen
Beschreibung In Gruppenhaltung auf teils weichem Boden fühlen sich die 6 cm langen geselligen „Dreilinierten“ wohl. Auch tags aktiv, werden Aquarien mit Wurzelverstecken oder entsprechend gestaltete Gesellschaftsbecken mit normaler Bepflanzung überwiegend im unteren Bereich gern bewohnt. Die Zucht mit Laichauslösung durch kühleres Wasser gelingt auch hier. Dreilinien-Panzerwelse brauchen etwas höhere Wassertemperaturen als viele andere Corydoras-Arten.
Die Art wird oft mit *Corydoras julii* verwechselt und wie diese bisweilen auch als Leopard-Panzerwels bezeichnet. Die korrekten deutschen Bezeichnungen sollten sich jedoch an den wissenschaftlichen Namen orientieren: *C. trilineatus* = Dreilinien-, *C. leopardus* = Leopard- und *C. julii* = Juli-Panzerwels.
Haltung 24–26 °C (25–28 °C), pH 6–7,5 (bis 7), Härte bis 20 °dGH (6 °dGH); häufige kleine Teilwasserwechsel. Ernährung: O; TF, LF. Aquariengröße: 60 cm.

Gebänderter Zwergschilderwels, Zierbinden-Harnischwels
Dekeyseria pulcher

Herkunft Südamerika; Rio Negro und Nebengewässer
Lebensraum Flüsse und Bäche
Beschreibung Friedlich und gut zu vergesellschaften, ist die widerstandsfähige, 6 bis 8, selten auch einmal bis 10 cm große Art überall dort zu Hause, wo Holz ins Wasser ragt. Dem muss im Aquarium Rechnung getragen werden. Ohne Algen im Aquarium kümmern die Tiere, die ansonsten mit Verstecken aus Wurzeln oder unter Steinen zufrieden sind. Die Zucht gelang noch nicht. Zeitweilig werden, vermutlich von den Männchen, harte, borstige Hautbereiche an Kopf und Schwanz gebildet.
Haltung 24–28 °C, pH 6–8, Härte: weich bis hart, in der Natur bis 20 °dGH; wegen Algenwachstum besser nur bis 10 °dGH. Ernährung: L, H; TF, Holz zum „Abnagen“, Pflanzenkost, LF. Aquariengröße: 100 cm.

Punktierter Harnisch- oder Schilderwels
Hypostomus punctatus

Herkunft Südamerika; Süd- und Südostbrasilien
Lebensraum Jungtiere in schnell, Erwachsene in langsam fließenden Flussbereichen
Beschreibung Bei 30 cm Körperlänge und mehr trägt dieser stattliche Wels eine Fettflosse, die Art wächst recht langsam. Als Einzelgänger des Bodenbereichs

ist der punktierte Loricariide scheu und nachtaktiv. Dann wühlt er allerdings stark, weshalb Pflanzen in Schalen gesetzt und durch Steine geschützt werden müssen. In der Natur findet die Fortpflanzung in Erdhöhlen steiler Uferböschungen statt. Zu äußeren Geschlechtsunterschieden ist nichts bekannt. Schwimmpflanzen sorgen für gedämpftes Licht, darunter werden Wurzeln und Steine als Verstecke geboten. Weiches, leicht saures Wasser wird bevorzugt, eine Vergesellschaftung ist möglich.
Haltung 22–26 °C, pH 5–8, Härte weich bis hart, bis 30 °dGH möglich; nur für große Aquarien. Ernährung: H; Algen, Pflanzenkost, TF, LF; benötigt Holz. Aquariengröße: ab 120 cm.

Indischer Glaswels
Kryptopterus bicirrhis

Herkunft Südostasien; Hinterindien, Malaysia, Thailand, Java, Sumatra, Borneo
Lebensraum Im hellen Freiwasser leicht fließender Gewässer
Beschreibung Bei diesen max. 15 cm langen Welsen mit zwei dünnen, langen Bartelfäden hat die Rückenflosse nur eine kleine Strahlstütze, die Afterflosse reicht bis dicht an die Schwanzflosse heran. Die etwas empfindliche, friedliche Art wirkt wegen der Durchsichtigkeit recht interessant. Als tagaktive Schwarmfische stehen die Glaswelse im Filterstrom gern zwischen lichten Pflanzenbeständen, die am Rand des Aquariums auch zu Dickichten werden dürfen. Teilbedeckung mit Schwimmpflanzen, leichte Strömung und Platz zum Schwimmen sind die weiteren Erfordernisse. Mit friedlichen Fischen, auch anderen Welsen und Schwarmfischen, kann vergesellschaftet werden. Allenfalls Zufallszuchten erfolgten im Aquarium, wobei sich Glaswelse als Freilaicher oberhalb von Pflanzen nach der Nachahmung einer „Regenzeit" erwiesen.
Ursprünglich nur in West-Borneo beheimatet ist die mit max. 7 cm Länge deutlich kleiner bleibende Art *Kryptopterus minor*, die ebenfalls verstärkt im Handel auftaucht und wohl auch für Verwechslungen sorgt.
Haltung 23–28 °C (in der Natur auch bis hinab zu 21 °C beschrieben), pH 5–7,5, Härte bis 15 °dGH; auf besonders gute Wasserqualität achten. Ernährung: C, O; LF, TF nur nach Gewöhnung und wenn es von der Strömung bewegt wird. Aquariengröße: 100 cm.

Gefleckter Schwielenwels
Megalechis thoracata (Hoplosternum thoracatum)

Herkunft Südamerika; Amazonas und Orinoco-Becken; Guyana, nördliches Brasilien (Küstenflüsse)
Lebensraum Teils stark strömende Flüsse; Überflutungszonen-Tümpel, schlammige Teiche
Beschreibung Bei bis etwas über 15 cm Körperlänge gelten die Schwielenwelse als recht ruhig und friedfertig. Man sollte eine kleine Gruppe dieser interessanten Tiere gemeinsam pflegen, sie sind auch gute Gesellschaftsfische in größeren Aquarien. Pflege und Ernährung sind als beinahe anspruchslos zu bezeichnen. In den Herkunftsgebieten wird die Trockenzeit von den dort begehrten Speisefischen im Schlamm vergraben zugebracht, dabei hilft die bestens ausgeprägte Darmatmung bei der Verwertung von Restsauerstoff. Bei den männlichen Tieren sollen die Brustflossenstacheln länger und der erste Strahl auch breiter sein als bei den Weibchen. Zur Brutpflege wird vom Männchen in der Natur im seichten Morast ein Nest aus Pflanzenteilen und Schaum gebaut. Im Aquarium wird dieses Fortpflanzungsverhalten an der bepflanzten Wasseroberfläche nachgeahmt, die Bewachung der Eier erfolgt bis zum Schlupf der raschwüchsigen Larven und Jungfische.

Die Art wird auch Gemalter Schwielenwels genannt und ähnelt *Megalechis personata*, der etwas kleiner bleibt und ebenfalls als *Hoplosternum thoracatum* (manchmal mit zusätzlicher Unterart-Nennung) beschrieben worden ist.
Haltung 20–25 °C (oberer Bereich, in der Natur bis 28 °C), pH 6–8 (leicht sauer bis neutral), Härte bis 19 °dGH (bis 10 °dGH). Ernährung: O, C; TF, LF. Aquariengröße: ab 100 cm.

Kleiner Saugwels, Gestreifter Otocinclus
Otocinclus affinis

Herkunft Südamerika; Südostbrasilien
Lebensraum Klare, schnell fließende, pflanzenreiche Gewässer
Beschreibung Es gibt mindestens 16 *Otocinclus*-Arten und viele deutsche Bezeichnungen über die oben genannten hinaus; Schwanzfleck- und/oder Ohrgitter-Saug- oder Harnischwels sind dabei die geläufigsten. Der mit 4–5 cm recht kleine, gesellig zu haltende Wels *(O. macrospilus* und *O. hoppei* bleiben noch etwas kleiner) lebt tagsüber versteckt und trägt keine Fettflosse. Nachts wird er aktiv und „beweidet" verschiedene Substrate. Naturgemäß braucht er klares Wasser mit deutlicher Strömung und bevorzugt veralgte Steine und Wurzeln. Eine dichte Bepflanzung vervollständigt sein Aquarium, in dem er mit bis zu mittelgroßen Fischen (keine räuberischen Arten!) vergesellschaftet werden kann. Die Weibchen sind – wohl durch Laichansatz – zeitweise dicker, ansonsten existieren keine äußeren Geschlechtsmerkmale. Die Zucht dieser Haftlaicher ohne Brutpflege ist ab und zu schon gelungen.
Haltung 22–28 °C, pH 5–7,5, Härte weich bis hart; jedoch max. 20 °dGH; sauerstoffbedürftiger als viele anderen Welse. Ernährung: L, H; TF (Tabletten), Algen, LF, pflanzliche Zusatzkost, Holz. Aquariengröße: 60 cm.

Eierlegende Zahnkarpfen

Man kennt über 450 Arten dieser auch als „Killifische" bezeichneten Gruppe in mehreren Familien. Eine frühere Systematik fasste alle zur Familie Cyprinodontidae mit 5 Unterfamilien zusammen, die inzwischen Familienstatus bekommen haben. Die Größenvariabilität der Eierlegenden Zahnkarpfen liegt zwischen 2 und 30 cm Länge. Das Seitenlinienorgan findet sich meist nur am Kopf, das Maul trägt gebogene, spitze Zähnchen.
Je nach Ablageort der Eier unterscheidet man Haftlaicher, die ihre Eier an Pflanzen legen, und Bodenlaicher. Bei Bewohnern zeitweilig austrocknender Gewässer sterben die Alttiere nach dem Laichakt, die Embryonen überdauern innerhalb der Eihülle die Trockenzeit. Man spricht dann von Saisonfischen, wenn die Eier, unabhängig vom Ablageort, eine derartige Ruheperiode („Diapause") brauchen. Da sich der gesamte Lebenszyklus vom Schlupf aus dem Dauer-Ei über das rasche Heranwachsen zur Geschlechtsreife, die Paarung bis zur Eiablage und Diapause der Eier innerhalb eines Jahres abspielt, nennt man diese Arten auch anuelle Fische.

Bunter Prachtkärpfling, Kap Lopez
Aphyosemion australe

Herkunft Afrika; Angola, Gabun, Kamerun, Kongo
Lebensraum Bäche des Regenwaldes
Beschreibung Im männlichen Geschlecht sehr schön gefärbt und mit längeren Flossenstrahlen als die grau-braun-unscheinbareren Weibchen, gehört diese Prachtkärpflingsart zu den Killifisch-Pionieren der Aquaristik. Mit „Gold" und „Schokolade" sind zwei Farbvarianten der bis zu 6 cm langen Fische im Handel. Idealerweise hält man ein Männchen mit zwei bis drei Weibchen, es kann auch mit nicht zu kleinen Fischen ruhiger Arten vergesellschaftet werden. Der

Kap Lopez ist kein Saisonfisch. Recht dunkle Aquarien mit zahlreichen Verstecken und dichter Bepflanzung sind gute Voraussetzungen für eine optimale Unterbringung.
Haltung 22–24 °C (24–26 °C), pH 5–7,5 (bis 6,5), Härte bis 15 °dGH, auch an max. 20 °dGH gewöhnbar, besser jedoch in weichem Wasser halten (sehr weich); Torf- oder Torfextraktzusatz. Ernährung: C; LF, Würmer, TF. Aquariengröße: 60 cm.

Streifenhechtling, Piku
Aplocheilus lineatus

Herkunft Asien; Vorderindien, Malabar und Madras, Sri Lanka
Lebensraum Kleinere, stehende Gewässer
Beschreibung Ausdauernder und robuster Oberflächenfisch, der ca. 10 cm lang wird und seine Reviere bis in die Beckenmitte ausdehnt. Aggressiv gegen Artgenossen und gleich geformte Fische, springt der Piku gern, daher auf gute Abdeckung achten! Zur Vergesellschaftung mit größeren Fischen geeignet, die ebenfalls dichte, feinblättrige Pflanzen mit Schwimmplatz dazwischen mögen. Wurzeln und Schwimmpflanzen gehören zusätzlich zur Aquarieneinrichtung. Die kleineren, matter gefärbten Weibchen legen ihre Eier an Pflanzen oder Kunststoffgespinst ab, wenn der Wasserstand auf etwa 20 cm gesenkt wurde. Die Eier bringt man in flachen Gefäßen zur Erbrütung.
Haltung 22–25 °C (25–29 °C), pH 6–7,5 (6–6,8), Härte nicht zu hart, wohl bis 20 °dGH gewöhnbar (bis 12 °dGH); Sand- oder Feinkiesboden. Ernährung: C; LF, auch *Drosophila* und größere Fliegen, Regenwürmer, Fische, TF. Aquariengröße: 80 cm.

Gemeiner Hechtling, Panchax
Aplocheilus panchax

Herkunft Asien; Indien, Burma, Thailand, Malayische Halbinsel und Indo-australischer Archipel sowie Sunda-Inseln

Lebensraum Reisfelder, Sümpfe; Flachbereiche von Kleingewässern, verlandende, bewachsene Stellen
Beschreibung Anspruchslose Killis, manchmal auch „Gefleckte Reiskärpflinge“ genannt, die mit 7 bis 8 cm, selten auch 9 cm Länge je nach Herkunft verschieden gefärbt sein können und die Oberflächenregion bevorzugen. Mehrere Unterarten sind beschrieben. Gute Abdeckung, dichte Bepflanzung und freier Schwimmraum, Schwimmpflanzen und Wurzelverstecke bilden die Aquarienausstattung. Mit größeren Fischen vergesellschaftbar; äußere Geschlechtsunterschiede sind schwer zu erkennen. Die Beflossung der etwas kräftiger wirkenden Weibchen ist kleiner und sie können blasser sein. Die Zucht gilt als nicht allzu schwer und erfolgt wie bei *A. lineatus* beschrieben.
Haltung 20–25 °C (23–28 °C), pH 6–7,5 (6–6,8), Härte weich bis mittel, max. 20 °dGH (bis 12 °dGH); Kunststoffgespinst als Laichsubstrat möglich. Ernährung: C; LF, *Drosophila*, andere Fliegen und Kleininsekten, Regenwürmer, Fische, TF. Aquariengröße: 60 cm.

Querbandhechtling
Epiplatys dageti

Herkunft Afrika; Sierra Leone, Liberia, Elfenbeinküste, Ghana

Lebensraum Kleine Fließgewässer des Regenwaldes
Beschreibung 6 bis 7 cm lang (die Weibchen etwas kleiner mit schwächer ausgebildeter Beflossung) werden diese zunächst friedlich-lebhaften Fische. Im Alter zunehmend aggressiv und räuberisch, sollte man sie allenfalls mit gleich großen Fischen vergesellschaften (z.B. Schwarmfische des Mittelwassers, Welse oder kleine Buntbarsche). Dichte Bepflanzung der Aquarienseiten, viele Schwimmpflanzen zur dämmrigen Haltung und dunkler Sand sind zur artgerechten Pflege angesagt. Wegen der Springfreudigkeit unbedingt für dichte Abdeckung des Aquariums sorgen. Die Zucht dieses Haftlaichers ist möglich. Die Eier werden an Pflanzen abgelegt, die nach der Eiablage zu entnehmen sind. Die Afterflosse der Männchen ist spitz auslaufend.
Haltung 22–24 °C (24–26 °C), pH 6–7 (bis 6,5), Härte max. 15 °dGH, besser darunter (bis 10 °dGH); Torfzusatz, eher kleine, etwas häufigere Wasserwechsel. Ernährung: C, O; LF plus *Drosophila*, später auch kleine Fische, TF. Aquariengröße: 60 cm.

Gardners, Nigeria-, Blauer- oder Stahlblauer Prachtkärpfling

Fundulopanchax gardneri gardneri (Aphyosemion gardneri)

Herkunft Afrika; Nigeria, Westkamerun
Lebensraum Klein- und Kleinstgewässer der Savannen und Urwälder
Beschreibung Sehr schön, aber etwas streitbar (vor allem die Männchen untereinander) ist dieser 6 bis 8 cm lange Killi. Mehrere Unterarten, aber auch herkunftsbedingte Farbabweichungen machen diese Fische sehr variabel im Erscheinungsbild. Die kleineren Weibchen sind schlichter gefärbt. Ein Artaquarium mit dunklem Boden samt einer Mulm- und Torfschicht und dichter, auch Schwimmbepflanzung, ist ideal, vielleicht noch eine Gesellschaft mit *Aphyosemion*-Arten der Oberfläche, da Gardners Prachtkärpfling die mittleren bis unteren Aquarienzonen nutzt. Wurzelverstecke werden gern aufgesucht. Zur Zucht dieser Bodenlaicher gibt man den Eiern eine vierwöchige Ruhezeit, wobei sie im Bodensubstrat austrocknen sollten. Licht durch Schwimmpflanzen etwas abdunkeln.
Haltung 22–24 °C (24–28 °C), pH 6–7 (bis 6,5), Härte bis 10 °dGH (sehr weich); Torf- oder Torfextraktzusatz; bitte kein Salz zugeben. Ernährung: C; LF, Würmer, TF. Aquariengröße: 60 cm.

Reisfische

Oryzias spec.

Herkunft Ostasien; Indonesien
Lebensraum Kleingewässer
Beschreibung Es gibt über 20 verschiedene Arten in dieser Gattung, deren Vertreter zwischen 4 und 5,5 cm lang werden. Bei männlichen Tieren sind Rücken- und Afterflosse größer als bei den Weibchen. Als eine der wenigen Gruppen unter den Eierlegenden Zahnkarpfen sind *Oryzias*-Arten zeitlebens Schwarmfische. Sie halten sich bevorzugt in der Nähe der Wasseroberfläche auf, wo einige Schwimmpflanzen noch freien Raum lassen sollten. Bei leichter Strömung, feinblättriger Bepflanzung und sonnigem Standort bzw. heller Beleuchtung fühlen sich Reisfische wohl. Die Zucht gelingt, doch ist die Aufzucht nicht einfach. Eine Vergesellschaftung empfiehlt sich mit etwa gleich großen Fischen der unteren und mittleren Wasserbereiche. Genmanipulierte Reisfische mit einem bakteriellen Leucht-Gen gelten als Qualzucht, da das Leuchten (Biolumineszenz) nur bei zu dunkler, keinesfalls artgemäßer Haltung zur Geltung kommt. Tierfreunde verzichten auf solche Anschaffungen.
Haltung 23–29 °C (oberer Bereich), pH 7–8,5, Härte 10–15 °dGH; das früher empfohlene „Aufsalzen“ des Wassers sollte unterbleiben. Ernährung: C, O; kleines LF, Drosophila, TF. Aquariengröße: 60 cm.

Lebendgebärende Zahnkarpfen

Vor etwa 30 bis 40 Millionen Jahren entwickelte die Natur ein Fortpflanzungssystem bei Fischen, das die ständig bedrohten Fischeier zumindest bis zum Schlupf der Außenwelt vorenthält und so einen Schutz vor Laichräubern bietet: Die Weibchen der lebendgebärenden Zahnkarpfen bringen seit dieser Zeit weit entwickelte, sofort fress- und schwimmfähige Jungtiere zur Welt. Je nach Gattung sind dies schwimmfähige Larven oder bereits kleine Jungfische.
Die Wurfgröße schwankt je nach Art, aber auch abhängig von der individuellen Kondition, zwischen 20 und über 100 Jungfischen, die alsbald nach der Geburt ein Pflanzendickicht oder andere Rückzugsräume suchen, wo sie sich bevorzugt aufhalten und bei der geringsten Gefahr sofort Deckung nehmen. Gegenüber eierlegenden Fischen (Hunderte bis Hunderttausende Eier) erreichen Lebendgebärende mit relativ „wenigen" jungen Fischen letztlich den gleichen Fortpflanzungserfolg.
Kennzeichen aller männlichen Lebendgebärenden Zahnkarpfen ist die zu einem Begattungsorgan umgewandelte Afterflosse, das Gonopodium. Als deutlich erkennbares äußeres Merkmal ermöglicht es die Unterscheidung der Geschlechter, Spezialisten können dies selbst bei kleinen Arten schon im Alter von drei Wochen erkennen. Eine einmalige Samenübergabe an ein weibliches Tier ermöglicht mehrere Befruchtungen, d.h. einmal besamte Weibchen können Spermienpakete speichern und so mehrere Würfe ohne weitere Anwesenheit von männlichen Artgenossen bekommen. Das heftige und fast dauernde „Bedrängen" der Weibchen in stürmischem Balzverhalten ist typisch für die Männchen der meisten Arten dieser Gruppe. Eine stellenweise dichte Bepflanzung der Aquarien sorgt für Rückzugsmöglichkeiten für allzu stark umworbene Weibchen und für die kleinen Jungfische.
Anpassungsfähig und leicht züchtbar, sind Lebendgebärende Zahnkarpfen zu überaus beliebten Aquarienfischen geworden. Die Ausstattung des Aquariums mit Sand oder Kies und eine Einrichtung mit harten Robustpflanzen, die die Wasserbedingungen gut vertragen (Sagittaria, Vallisneria sowie Javamoos und -farn) ist für die hier vorgestellten Arten identisch.
Zur Zucht in Art- oder Gesellschaftsaquarien werden gute Pflanzenverstecke gebraucht, damit immer einige Jungtiere hochkommen. Es sei denn, man bevorzugt die „geregelte Methode", bei der die sichtbar trächtigen Weibchen in geräumige Ablaichkästen, Netzgehege oder separate Zuchtaquarien gebracht werden. Aufzucht mit Artemia salina, feinem Zooplankton, auch Trockeneigelb (aus gekochten Eiern) und hochwertigem Trocken-Staubfutter.

Zwergkärpfling
Heterandria formosa

Herkunft Nordamerika: Süd-USA; Florida, South Carolina
Lebensraum Pflanzenreiche Klein- und Kleinstgewässer, verkrautete Sümpfe
Beschreibung Einer der kleinsten Aquarienfische, die Männchen werden nur 2 cm, die Weibchen bis max. 4,5 cm groß. Lebhaft durchziehen die Zwergkärpflinge vor allem die mittleren Beckenregionen selbst kleinster Aquarien. Die Männchen kämpfen ohne Schäden, was durch dichte Bepflanzung, auch mit Schwimmpflanzen, gemildert wird. Vergesellschaftung nur mit friedlichen Kleinfischen. Die Zucht ist leicht.
Haltung 20–23 °C (bis 26 °C), pH 7–8, Härte mittel, nach Eingewöhnung ist auch hartes Wasser zuträglich. Ernährung: O, C; LF und *Artemia*, kleines TF, Algen, feine Grünkost. Aquariengröße: 60 cm.

Guppy, Millionenfisch
Poecilia reticulata

Herkunft Ursprung wohl im nördlichen Südamerika, „wilde" Bestände auch in Mittelamerika und der Karibik

Lebensraum Stehende bis leicht fließende Gewässer; besiedelt sehr unterschiedliche Gewässertypen
Beschreibung Anspruchslos, lebhaft und in unzähligen Spielarten werden die gesellig lebenden Guppies weltweit von zahllosen Aquarianern gepflegt und gezüchtet. Etwa 5,5 cm Körperlänge werden erreicht. Aufgrund der Vermehrungsfreudigkeit kommt man um die alte Bezeichnung „Millionenfisch" wohl nicht herum. Weniger die Anzahl der Jungen pro Wurf als vielmehr die rasche Wurffolge und die frühe Geschlechtsreife bedingen dieses Fortpflanzungspotenzial. In gut bepflanzten Becken mit etwas freiem Schwimmraum kommen immer ein paar Junge durch. Echte Guppy-Hochzucht ist allerdings eine kleine Wissenschaft für sich. Guppies sind sehr gute Gesellschaftsfische, schleierflossige Formen hält man jedoch lieber für sich. Sie schwimmen nicht sehr behende und ihre Flossen werden gern von anderen Fischen oder flinkeren Artgenossen beknabbert.
Haltung 20–30 °C (optimal im Bereich 25–27 °C), pH 6–8,5 (besser ab 7), Härte nicht zu weich, mittleres bis hartes Wasser (20–30 °dGH); gute Wasserpflege wird mit hoher Fruchtbarkeit belohnt. Ernährung: O; TF, LF, Algen, zarte Pflanzenkost. Aquariengröße: 60 cm.

Molly, Black Molly
Poecilia sphenops

Herkunft Mittel- bis Südamerika; Mexiko, Venezuela
Lebensraum Die Wildform (Spitzmaulkärpfling) lebt vornehmlich in kleinen Fließgewässern und geht auch ins Brackwasser.
Beschreibung Auch in der Natur gibt es ab und zu Schwärzlinge des Spitzmaulkärpflings, die „echten" Black Mollies sind jedoch eine (leider oft anfällige, kurzlebige und empfindliche) Zuchtform. Die Wildform wird nur bis 6 cm groß, während Zuchtmollies um 8, teils auch bis 12 cm erreichen können. Sie sind wärmebedürftiger als die „Naturburschen", denen auch 20 °C genügen würden. In Aquarien mit harten Pflanzen, Wurzeln und Steinen und mit genug freiem Schwimmraum werden die mittleren und oberen Schichten bewohnt. Schwimmpflanzen stellen einen geeigneten Jungfischschutz dar, auch in Gesellschaftsbecken ergibt sich so eine erfolgreiche Kleinzucht. Die Art ist ein guter Algenvertilger. Der Wildform kann man Seesalz (bis 0,1%) zugeben, bei Zuchtformen hängt dies von der Gewöhnung und den Zuchtbedingungen ab, also bitte danach fragen. Durch Salzzugaben könnte das Pflanzenwachstum beeinträchtigt werden, ideal ist, wenn darauf verzichtet werden kann.
Haltung 25–27 °C (bis 29 °C), pH 6–8,5 (ab 7), Härte mittel bis hart (20–30 °dGH); häufig Kleinmengen-Teilwasserwechsel. Ernährung: O, H; TF, Grünkost, Algen, LF. Aquariengröße: ab 60 cm; groß werdende Zuchtformen mindestens in 80-cm-Aquarien.

Segelkärpfling
Poecilia velifera

Herkunft Mittelamerika; Mexiko (Halbinsel Yucatan)
Lebensraum Küstennahe Gewässer, wird in Brack- und Süßwasser gefunden
Beschreibung Eindrucksvolle 15 cm lang, manche Exemplare gar bis 20 cm, erreichen die schönen und in wirklich guter Züchter-Qualität nicht häufigen Segelkärpflinge. An der sehr hohen Rückenflosse mit 18 bis 19 Strahlen erkennt man die Männchen, auch ohne Blick auf das Gonopodium. Das Imponieren durch Aufrichten der Rückenflosse ist prächtig anzusehen, die Männchen sind untereinander recht zänkisch, sie bilden Rangordnungen und Reviere. Harte Pflanzen, Dekoration mit Wurzeln und Steinen und viel freier Schwimmraum sind die richtige Umgebung für einen Schwarm dieser nicht ganz einfach zu züchtenden Art. Auch hier nach dem Salzbedarf fragen, oft werden 2 bis 3 g/l zugegeben. An Brackwasser gewöhnte Tiere sind naturgemäß nicht einfach zu vergesellschaften.

Haltung 25–30 °C (oberer Bereich), pH 7–9 (7,5–8,5), Härte hart (25–35 °dGH); öfter kleine Teilwasserwechsel. Ernährung: H, O; TF, Algen, vegetarische Kost, Pflanzenflocken, LF. Aquariengröße: ab 100 cm.

Schwertträger
Xiphophorus helleri

Herkunft Mittelamerika; Mexiko, Guatemala
Lebensraum Flüsse und Bäche der Ebenen, aber auch in Hochland-Gewässern anzutreffen
Beschreibung Von diesen 12 bis 15 cm langen (vereinzelt noch größer werdenden) Lebendgebärenden Zahnkarpfen wurden sehr viele Varianten und Farbschläge mit speziellen Namen herausgezüchtet. Als sehr lebhafte Gruppentiere sind manche Männchen etwas streitsüchtig, einzelne regelrecht aggressiv. Bei dichter Bepflanzung mit freiem Schwimmraum und etwas Strömung gedeihen Schwertträger ausgezeichnet und sind mit Fischen ähnlicher Größe auch gute Vergesellschaftungspartner. Die Aquarienmitte wird bevorzugt. Eine Zucht ist einfach. Zuchtformen ohne natürliche Begattungsfähigkeit (manche Flossenformen und überlange Gonopodien) sind Qualzuchten, und verantwortungsvolle Aquarianer verzichten auf die Anschaffung.
Haltung 22–26 °C (bis 28 °C), pH 6–8,5 (ab 7), Härte mittel bis hart (12–30 °dGH); auf Salzzugaben möglichst verzichten. Ernährung: O; LF, TF, Algen, pflanzliche Beikost. Aquariengröße: ab 80 cm; groß werdende Zuchtformen mindestens in 100-cm-Aquarien.

Platy
Xiphophorus maculatus

Herkunft Mittelamerika (auf der Atlantikseite); ursprünglich wohl nur Mexiko
Lebensraum Tieflandflüsse und -bäche
Beschreibung Die Männchen dieser schon beim Wildtyp sehr variablen Art werden nur ca. 3,5 cm, die Weibchen bis 6 cm groß. Friedlich und ausdauernd bevölkern Platies die mittleren Aquarienbezirke und fühlen sich unter Schwimmpflanzen (Jungfisch-Schutz!), zwischen lockeren, teils auch dichten Pflanzenbeständen wohl. Freier Schwimmraum für ausreichend Bewegung muss aber ebenfalls gegeben sein. Gut zur Vergesellschaftung geeignet, die roten Farbvarianten bringen schöne Kontraste zu anderen Fischarten.
Haltung 20–25 °C (25–28 °C), pH 6–8,5 (besser ab 7), Härte mittel bis hart (10–25 °dGH); weder aufsalzen noch in zu weichem Wasser halten. Ernährung: O; TF, LF, Algen, Grünfutter. Aquariengröße: 60 cm.

Papageienplaty
Xiphophorus variatus

Herkunft Mittelamerika; südliches Mexiko
Lebensraum Flachwasser; ruhige Bach- und Flusszonen
Beschreibung Auch diese Art ist friedlich, ausdauernd und lebhaft und wurde in vielen variablen Farbschlägen gezüchtet. Bei 6 bis 7 cm Länge ist der Papageienplaty recht schwimmfreudig, weshalb man ihm zwischen dichten Pflanzenbeständen auch genügend Freiraum lassen sollte. Die Zucht ist einfach, und die Fische sind sowohl gute Algenvertilger als auch geeignete Vergesellschaftungspartner. Die Aquarienmitte bis hinauf in obere Regionen ist ihr Reich.

Haltung 20/22–25 °C, verträgt entgegen einer weit verbreiteten Meinung durchaus auch „kühleres" Wasser, auch etwas unter 20 °C (25–28 °C), pH 6–8,5 (ab 7), Härte mittel bis hart (15–30 °dGH); bei langsamer Gewöhnung auch unterhalb des o.g. Temperaturbereichs in ungeheizten Zimmeraquarien zu halten, wenn die Raumtemperatur nicht unter 18 °C absinkt. Ernährung: O, H; Algen, Grünkost, TF, LF. Aquariengröße: 60 cm.

Halbschnäbler

Die Familie der Hemirhamphidae, auch Halbschnabelhechte genannt, ist ebenfalls lebendgebärend, jedoch nicht mit den entsprechenden Zahnkarpfen, sondern mit den Hornhechten des Meeres verwandt. Halbschnäbler kommen nur in Südostasien vor, wo sie meist dicht unter der Oberfläche kleiner Gewässer angetroffen werden. Ihr Kennzeichen ist der „Halbschnabel", eine Maulform, bei der der Unterkiefer den kurzen Oberkiefer weit überragt. Das Maul ist also extrem oberständig und ermöglicht das Ergreifen von Mückenlarven und Anflugnahrung in ausgezeichneter Weise.

Auch bei dieser Gruppe ist die Afterflosse der Männchen zu einem Begattungsorgan umgebildet, das eine innere Besamung ermöglicht und bei den Halbschnäblern „Andropodium" heißt.

Zur artgerechten Ernährung und erfolgreichen Zucht wird man u.a. auf eine eigene Drosophila-Futterfliegenzucht angewiesen sein, da nur vielseitig ernährte kleine Futterinsekten ausreichend Nährstoffe für das Heranreifen gesunder, lebenstüchtiger Jungfische bieten. Selbst hochwertige gefriergetrocknete Mückenlarven sollen nur ein Ersatz sein. Nach einigen Autoren liegt das „Geheimnis" in der Gabe ungesättigter Fettsäuren über pflanzliche Öle, in die man die Futterinsekten vor der Verabreichung eintaucht. Ein leichter Ölfilm auf der Wasseroberfläche ist dabei kaum zu vermeiden.

Halbschnäbler

Dermogenys spec.

Herkunft Südostasien; Hinterindien, Malayischer Archipel, Thailand, Singapur, Indonesien

Lebensraum Flache, langsam fließende Gewässer in Küstennähe, Teiche und Kanäle, viele Arten gehen auch ins Brackwasser

Beschreibung Allgemein recht aggressiv gegenüber Artgenossen, die Männchen der um 7 cm langen Fische kämpfen recht erbittert mit teils bösen Folgen. In großen Aquarien mit Schwimmpflanzen und bodenständigem, bis zur Oberfläche ragendem Grün hält man Halbschnäbler eventuell auch bei 20 cm Niedrigwasser über Kies oder Sand. Besonders anfangs sind die Tiere schreckhaft, und durch unkontrolliert-hektisches „Umherschießen" besteht erhebliche „Schnabel"-Verletzungsgefahr. Das Aquarium verhängt man daher in der Eingewöhnungsphase mit Stofftüchern oder lässt die Scheiben vor der Anschaffung veralgen. Gegen die gekonnten Sprünge der Halbschnäbler hilft nur eine gute Abdeckung, wenn man sich nicht für die Niedrigwassermethode entschieden hat. Wie eingangs zu dieser Gruppe beschrieben, ist die Zucht nicht leicht. Es wäre wünschenswert, wenn sich mehr Liebhaber um die Vermehrung in menschlicher Obhut kümmern würden und den Lebendfutteraufwand nicht scheuten. Interessante Pfleglinge sind Halbschnäbler allemal und auch eine Vergesellschaftung ist möglich.

Haltung 22–28 °C (24–29 °C), pH 7–8, Härte unter 20 °dGH (bis 10 °dGH); zumindest zur Eingewöhnung können 2–3 Teelöffel Seesalz auf 10 l Wasser gegeben werden. Ernährung: C; LF plus *Drosophila* u.a. Kleinfliegen sowie andere kleine Insekten, auch an TF zu gewöhnen. Ab und zu Futtertiere mit Vitaminpräparaten in öliger Lösung oder Pflanzenölen mit mehrfach ungesättigten Fettsäuren präparieren. Aquariengröße: ab 80 cm.

Buntbarsche

Die Familie der Cichlidae ist mit über 160 Gattungen und mehr als 900 Arten eine der größten und zugleich vielfältigsten Fischfamilien. Bei sehr vielen Gattungen gibt es nur eine Art als Vertreter, die Gattung heißt dann „monotypisch". In Asien findet man nur eine Gattung von Buntbarschen, die Schwerpunkte der Verbreitung liegen in Afrika sowie Mittel- und Südamerika.
Die Körpergestalten sind mit langgestreckten Formen bis hin zum hohen, flachen Körper recht variabel, die weitaus meisten Cichliden sind jedoch von der landläufig als „typisch" angesehenen Fischform. Die Rückenflosse besteht aus zwei Teilen, der vordere wird von Hart-, der hintere von Weichstrahlen gestützt.
Die unterschiedlichsten Lebensräume werden von dieser entwicklungsbiologisch anpassungsfähigen Fischgruppe besiedelt, auch in extremen Lebensräumen kommen Buntbarsche vor. Einzelheiten hierzu finden sich in der Spezialliteratur.
Körpergrößen zwischen 4 und 80 cm hat die Natur hervorgebracht, auch ganz verschiedene Ernährungsweisen wurden von Cichliden, erschlossen und zusammen mit der Vielfalt des Verhaltens sind davon die Aquarianer in aller Welt fasziniert. Die Systematik ist ständig in Überarbeitung.
Zum Verständnis der Einzelbeschreibungen sei hier noch die Vielfalt der Fortpflanzungsmöglichkeiten skizziert. Man unterscheidet zwischen folgenden ***Brutpflegeformen:*** *Offenbrüter, die ihre kleinen, ovalen, an der Längsseite haftenden Eier in großer Zahl an verschiedenen Unterlagen unversteckt ablegen. Versteckbrüter dagegen verbergen ihre Eier, entweder in Höhlen (Höhlenbrüter) oder im Maul. Dort reifen entweder bereits die Eier oder die gerade geschlüpften bzw. kurz vor dem Schlupf stehenden Larven geschützt heran (larvophile bzw. ovophile Maulbrüter). Höhlenbrüter haben bei mittlerer Eigröße Gelege mit weniger Eiern als Offenbrüter. Bei Maulbrütern sind noch größere und weniger Eier gegeben als bei den Höhlen-Versteckbrütern. Die Natur reduziert also mit wachsendem Schutz durch die Elterntiere die Nachkommenzahl.*
Weiterhin kennt man bei den Buntbarschen fünf ***Familienformen:*** *Bei der Elternfamilie teilen sich Männchen und Weibchen die Aufgaben der Brutpflege, beide Elternteile führen die Jungen nach dem Freischwimmen. In der Vater-Mutter-Familie obliegt der Mutter die Pflege, der Vater besorgt die Revierverteidigung, ist also indirekt am Versorgen seiner Nachkommen beteiligt.*
Man kann davon bei polygamen Arten, also dort, wo die Männchen stets mehrere Weibchen mit Nachwuchs haben, noch die Mann-Mutter-Familie abtrennen: Hier hat das männliche Tier ein Großrevier zu verteidigen, innerhalb dessen alle Brutreviere der Weibchen liegen.
Die Mutterfamilie wird nur durch Arten maulbrütender Cichliden gebildet. Dort hat das Männchen weder als Revierverteidiger noch von der Pflege her etwas mit der Nachkommenschaft zu tun.
Schließlich gibt es – vermutlich nur bei einer hier nicht erwähnten Buntbarsch-Art – noch das Extrem der Vaterfamilie, wo nach der Eiablage dem Männchen allein die Maulbrutpflege obliegt.

Thomas-Prachtbarsch, Afrikanischer Schmetterlingsbuntbarsch
Anomalochromis thomasi

Herkunft Afrika; Sierra Leone, Liberia, Guinea
Lebensraum Kleine, klare Fließgewässer in Wald und Savanne
Beschreibung Diese sehr friedlichen und ausdauernden Cichliden des mittleren bis unteren Aquarienbereichs werden bis etwa 8 cm lang; die Weibchen sind etwas intensiver gefärbt mit mehr abgerundeten Flossen. Das relativ dunkel gehaltene Aquarium sollte neben offenen Kiesflächen dichte Pflanzenbestände und Höhlen aus Steinen und Wurzeln enthalten. Freier Schwimmraum muss aber auch gegeben sein, dann gelingt auch die Zucht dieser Offenbrüter mit Elternfamilie. Mit Oberflächen-Schwarmfischen zu vergesellschaften.
Haltung 23–25 °C (bis 27 °C), pH 6–7,5 (bis 6,5), Härte weich bis mittelhart, max. 20 °dGH (weich). Ernährung: O, C; LF, TF. Aquariengröße: 60 cm.

Agassiz-Zwergbuntbarsch
Apistogramma agassizii

Herkunft Südamerika; Paraguay, Parana, Amazonas-Gebiet

Lebensraum Kaum durchströmte Flachwasserbereiche, wo der Boden mit Laub und Ästen bedeckt ist
Beschreibung Ein schöner, friedlicher, 8 bis 10 cm langer Cichlide, der als etwas empfindlich – vor allem gegen Chemikalien – gilt. In dicht bepflanzten Aquarien mit reichlich Wurzel- und Steinverstecken in der Nähe freien Schwimmraums werden Reviere im Bodenbereich gebildet. Der Schwanz des Männchens ist spitz-lanzettförmig ausgezogen, der der kleineren (ca. 5 cm) Weibchen abgerundet. Die Haltung hat im „Harem" zu erfolgen, d.h. man pflegt ein Männchen mit mehreren Weibchen. Man unterscheidet mehrere Zuchtformen, so z.B. eine blau-weiße, eine gelbe und eine rote dieser schon von Natur aus sehr variablen Buntbarsche. Bei dunklem Boden in abgedunkelten Aquarien schreitet die Art als Höhlenbrüter zur Fortpflanzung. Drei Weibchen pro Männchen gelten dafür als ideal. Die Jungtiere werden in der Mann-Mutter-Familie betreut. Mit Schwarmfischen des Oberwassers gut zu vergesellschaften.
Haltung 22–25 °C (um 27 °C), pH 5–7 (bis 6), Härte bis 10 °dGH (sehr weich); öfters Frischwasserzusatz mittels kleiner häufigerer Teil-Wasserwechsel, Torf- oder Torfextrakt. Ernährung: C, O; LF, TF. Aquariengröße: 60 cm.

Borells Zwergbuntbarsch
Apistogramma borellii

Herkunft Südamerika; mittleres bis oberes Einzugsgebiet des Rio Paraguay in Argentinien bis Brasilien
Lebensraum Kleine bis kleinste, sehr ruhige Nebenflussarme
Beschreibung Die Männchen dieser friedlichen Art erreichen etwa 6, die Weibchen nur ca. 4 cm Körperlänge. Kleine Friedfische sind mögliche Vergesellschaftungspartner in reichlich und dicht bepflanzten Aquarien mit vielen Versteckmöglichkeiten.
Borells Zwergbuntbarsch ist paarweise oder in einem kleinen Harem zu halten. Schreiten die Höhlenbrüter zur Fortpflanzung, ist das Weibchen alleine für die Bewachung des Geleges zuständig, die Jungfische wachsen recht langsam heran. Die Verteilung der Gelb- und Blautöne der Haut ist von Natur aus variantenreich und auch Zuchtformen sind im Handel erhältlich.
Haltung 20–24 °C (25–27 °C), pH 5–7,5 (bis 6), Härte bis 10 °dGH, gewöhnbar bis max. 20 °dGH (sehr weich); öfters Frischwassergaben durch kleine Teil-Wasserwechsel, Torf- oder Torfextrakt. Ernährung: C, O; LF, TF. Aquariengröße: 60 cm.

Kakadu-Zwergbuntbarsch
Apistogramma cacatuoides

Herkunft Südamerika; Peru, Amazonasbecken
Lebensraum Flache Klar- und Weißwässer in Flussnebenarmen
Beschreibung Hübscher Kleincichlide, dessen Männchen 8 bis 9 cm, die Weibchen nur ca. 5 cm Körperlänge erreichen. Letztere haben auch keine verlängerten Rückenflossen-Membranen, die die männlichen Tiere schmücken. In mehreren Farbvarianten gezüchtet, zeigen die „Kakadu-Männer" z.T. feuerrote, schwarz geränderte Flecken in Rücken- und Schwanzflosse. In Becken mit gruppenweise dicht gesetzten Pflanzen auf dunklem Feinkies oder Sand, dekoriert mit Hölzer- oder Steinverstecken, fühlt sich die Art wohl. Bei einem Männchen mit mehreren Weibchen bleibt der Nachwuchs dieser Höhlenbrüter nicht aus. Dazu werden die Eier an der Höhlendecke abgelegt und in der Elternfamilie mit mütterlicher Brutpflege betreut.
Haltung 24–26 °C (bis 29 °C), pH sauer bis neutral (besser in leicht sauerem Wasser unter pH 7), Härte weich bis mittelhart (bis 10 °dGH); auf sehr gute

Wasserqualität achten. Ernährung: C; LF, TF bei Gewöhnung und wenn bewegt. Aquariengröße: 60 cm.

Zebrabuntbarsch, Grünflossenbuntbarsch
Archocentrus nigrofasciatus

Herkunft Mittelamerika; Panama bis Mexiko
Lebensraum Unterschiedliche Biotope, weit verbreitet
Beschreibung Als bissiger, unverträglicher, pflanzenfressender Cichlide von 10 bis 15 cm Länge ist dieser Buntbarsch, paarweise gehalten, ein Fall für das Artaquarium. In großen Aquarien baue man aus schweren Steinen Höhlen und Verstecke, die, unter Schwimmpflanzen und neben einigen Wurzeln gelegen, als Rückzugsgebiete und zum Höhlenbrüten genutzt werden. Normalerweise in Vater-Mutter-Familie die Jungtiere pflegend, traten zuchtbedingt leider immer mehr Störungen dieses Verhaltens auf, ebenso Farb- und Größenabweichungen. Die weniger bunten, größeren Männchen haben stärker ausgezogene Flossen und eine steilere Stirn.
Haltung 20–25 °C (bis 29 °C), pH 6–8, Härte mittel bis sehr hart; anspruchslose Art. Ernährung: O; TF, LF, auch Würmer, Fische, Fisch- und Muschelfleischbrocken, Pflanzenkost. Aquariengröße: ab 80 cm.

Kaiserbuntbarsche
Aulonocara spp.

Herkunft Afrika; Ostafrika, Malawi-See
Lebensraum Übergangsbereich von Felsen und Sand
Beschreibung Mehrere Arten in der Größe 10–12 cm, häufig ist z.B. *A. hansbaenschi*, die Import-Pionierart aus den siebziger Jahren. Alle Kaiserbuntbarsche weisen im Kopfbereich vergrößerte Seitenlinien-Öffnungen (Sinnesporen) auf, mit denen sie kleine versteckte Beutetiere aufzuspüren vermögen. Es sind recht ruhige Cichliden und daher nicht mit aggressiven Arten aus der Malawi-Felsenbarsch-Gruppe zu vergesellschaften. Ideal ist Haremshaltung, da unterdrückte Männchen sich kaum ausfärben. Sandboden mit Steinaufbauten, wie sie als typisch für Malawisee-Aquarien gelten, stellen die Aquarienausstattung dar. Die Zucht gilt als sehr gut möglich, wobei die Muttertiere die Maulbrutpflege übernehmen.
Haltung 24–26 °C (27–29 °C), pH 7–9 (ab 8), Härte mittelhart bis hart (10–15 °dGH). Ernährung: O; LF, TF. Aquariengröße: 100 cm.

Schachbrett-Schlankcichlide
Julidochromis marlieri

Herkunft Afrika; Tanganjikasee
Lebensraum Felsige Uferzone, nie an der Oberfläche, oft recht tief stehend
Beschreibung Mit bis zu 15 cm Länge (Freiland-Maximum bei 13 cm) der größte Schlankcichlide. Die Zeichnung bildet ein schönes Netzmuster auf den paarweise zu haltenden, oft gegen Artgenossen aggressiven Fischen. Wie auch für *J. ornatus* gilt die Regel, unverträgliche Paare wegen drohender Verluste zu trennen. Ebenfalls beiden Arten ist die Schwierigkeit der Geschlechterunterscheidung gemeinsam, da man die meist etwas größeren Weibchen nur bei Laichbereitschaft an der Genitalpapille sicher erkennt. Auf durchaus mögliche Kreuzungen beider Arten sollte man verzichten. Als Höhlenbrüter mit Elternfamilie sind Schachbrettcichliden am besten in Aquarien mit Steinaufbauten untergebracht, die zahlreiche Höhlen und Unterstände haben.
Haltung 22–25 °C (24–27 °C), pH 7,5–9 (ab 8), Härte mittelhart (um 12 °dGH); Bepflanzung nicht erforderlich. Ernährung: C, O; LF, TF. Aquariengröße: 80 cm.

Gestreifter oder Gelber Schlankcichlide
Julidochromis ornatus

Herkunft Afrika; Tanganjikasee
Lebensraum Flach abfallende Felsküstenbereiche, überwiegend im nördlichen Teil des Sees
Beschreibung Revierbildend und gegen Artgenossen oft unverträglich, bevorzugen diese Cichliden untere und mittlere Aquarienbezirke. Paarweise in Felsenbecken gehalten, kann die Art auch vergesellschaftet werden. Freier Schwimmraum zwischen teils dichten Pflanzungen mit harten Arten und Stein- sowie Wurzelhöhlen kennzeichnen die optimale Einrichtung. Die Elternfamilie dieser höhlenbrütenden Fische schützt die sich lang bei der Laich- und Bruthöhle aufhaltenden Jungtiere eher indirekt durch starkes Revierverhalten. Die Art wird max. 9 cm lang, bleibt aber meist kleiner. Durch Zuchtintensivierung ist es zu verschiedenen Degenerationserscheinungen in Farbe und Verhalten gekommen.
Haltung 22–25 °C (25–28 °C), pH 7,5–9 (8–9), Härte mittel bis hart (11–20 °dGH); Wurzeln fehlen im natürlichen Biotop. Ernährung: C, O; LF, kleine Würmer, TF, etwas Grünkost. Aquariengröße: 60 cm.

Yellow
Labidochromis caeruleus, L. yellow

Herkunft Afrika; Malawi-See
Lebensraum Felsengebiete bis 30 m Tiefe, an der Nordwestküste
Beschreibung Friedliche Art, deren systematische Zuordnung immer wieder umstritten ist. So neigen manche Autoren zu naher Verwandtschaft des „Yellow“ zur Art *L. caeruleus*, die eigentlich weiß gefärbt ist, andere Systematiker sagen, es sei eindeutig die genannte Art und lediglich eine Farbform. Wie auch immer, dieser Malawi-Cichlide zeigt kein eindeutiges, festes Territorialverhalten; die etwa 8–10 cm lang werdenden Cichliden sollen im Harem gepflegt werden. Bei der Fortpflanzung erweisen sie sich als Maulbrüter (Muttertier) mit sehr kleinen Gelegen. Geht kaum an Pflanzen, weshalb das sandige Aqua-

rium mit Felsversteck-Aufbauten mit harten Pflanzenarten bestückt werden kann.
Haltung 23–26 °C (26–29 °C), pH 7,5–9, Härte weich bis hart (um 20 °dGH). Ernährung: C, O; LF, TF. Aquariengröße: ab 80 cm, bei Vergesellschaftung mit anderen Felsbuntbarschen besser viel größere Aquarien.

Tüpfelbuntbarsch
Laetacara curviceps

Herkunft Südamerika; Brasilien, Zuflüsse des Atlantik nordwärts der Amazonasmündung und Amazonas-Unterlauf-Einzugsgebiet
Lebensraum Flache Klarwasser-Bereiche mit starkem Pflanzenwuchs
Beschreibung Ein friedfertiger, relativ kleiner amerikanischer Buntbarsch. Paarweise zu halten, bei reichlich Versteckmöglichkeiten und teils sehr dichter Bepflanzung auch zu vergesellschaften. Die Weibchen bleiben kleiner als die Männchen, die 8–10 cm Körperlänge erreichen können. Bei diesen Offenbrütern verteidigt das Weibchen das Revier, und das männliche Tier bewacht und betreut den Laich und nach dem Schlupf die Larven bzw. Jungfische. Die Eiablage erfolgt auf einem Blatt oder einem Stein.
Haltung 24–29 °C (oberer Bereich), pH 5–7,5 (unter

7), Härte weich bis mittelhart, max. 20 °dGH (weicher als 15 °dGH). Ernährung: C, O; LF, TF. Aquariengröße: 60 cm, mehrere Paare nur in sehr großen Aquarien.

Rotbrustbuntbarsch
Laetacara dorsigera

Herkunft Südamerika; Grenzgebiet von Bolivien und Brasilien
Lebensraum Schwach durchströmte Buchten und Uferzonen des Amazonasgebietes
Beschreibung Nicht nur friedlich, sondern fast schon zurückhaltend und etwas scheu kann man diese kleinen (8 cm, Weibchen nur 6 cm) Cichliden nennen. Die Art ist stark farbwechselnd, bis hin zu intensivem rot-schwarz. Der als Männchen-Merkmal geltende dunkle Rückenflossen-Fleck kommt bisweilen bei beiden Geschlechtern vor, die Männchen haben aber längere Brustflossen. Die Aquarienausstattung mit dunklem, feinkörnigem Kies-Sand-Gemisch muss neben Stein-, Wurzel- und Pflanzenverstecken auch noch Freiraum zum Schwimmen bieten. Mit anderen kleinen Buntbarschen (z.B. *Apistogramma*-Arten), wenigen Salmlern oder Lebendgebärenden kann der Rotbrustbuntbarsch vergesellschaftet werden. Die angegebenen Zucht-Wasserwerte sorgen zusammen mit einer flachen Laichunterlage (etwa einem glatten Stein) für gute Fortpflanzungsbedingungen (Offenbrüter mit Elternfamilie). Der geschlüpfte Nachwuchs wird häufig umgebettet.
Haltung um 24 °C (bis 29 °C), pH 5–7 (sauer), Härte bis 15 °dGH (weicher); regelmäßige Teil-Wasserwechsel. Ernährung: C, O; LF, TF. Aquariengröße: 60 cm.

Zebrabuntbarsch
Maylandia zebra

Herkunft Afrika; Malawisee, Teile der Ostküste, eher Nordosten
Lebensraum Sandig-steinige Zonen
Beschreibung Sehr lebhaft, mäßig aggressiv und et-

was unverträglich, die Männchen dieser bis zu 11 cm langen Cichlidenart bilden Reviere. Im Haremsverbund zu halten, ideal ist ein Männchen mit 2–3 Weibchen. Zur Vergesellschaftung und den Möglichkeiten des Aggressionsabbaus gilt das bei *Pseudotropheus lombardoi* gesagte. Es gibt blaue Varianten mit dunkler Streifung und gescheckte Tiere, die Weibchen sind in jedem Fall blasser. Stein- und Felsaufbauten auf hellem Sand, eventuell bestückt mit harten Pflanzenarten, sind eine geeignete Einrichtung.
Haltung 23–26 °C (25–29 °C), pH 7–9 (ab 8), Härte mittel bis hart (10–15 °dGH). Ernährung: O; TF, LF, pflanzliche Beikost. Aquariengröße: ab 120 cm.

Türkisgold(bunt)barsch
Melanochromis auratus

Herkunft Afrika; Malawisee, mittlere bis südliche Westküste
Lebensraum Felsenküste an den Rändern von Bodenablagerungen flacherer Zonen
Beschreibung Die Männchen dieser eindrucksvoll gefärbten Art werden 12, die Weibchen nur etwa 9 cm lang. Männliche Tiere haben einen schwarzen Bauch, bei den Weibchen ist er gelb-weiß. Von diesen sehr lebhaften aggressiv-unverträglichen Buntbarschen (auch und gerade innerartlich!) pflegt man ein Männchen mit mehreren Weibchen in einem Artenbecken. Es wird als Felsenaquarium eingerichtet, Steinhöhlen und steinige Aufbauten hinter einigen groben Pflanzen sollen viele Verstecke und felsige Sichtblenden bilden. Diese Maulbrüter mit Mutterfamilie führen die Jungfische ca. eine Woche nach der Freigabe aus dem Maul noch weiter.

Haltung 23–26 °C (25–29 °C), pH 7–9 (ab 8), Härte mittel bis hart (10–15 °dGH); kein guter Gesellschaftsfisch, allenfalls in sehr großen Aquarien mit anderen robusten Fels-Buntbarschen. Ernährung: L, O; LF, Würmer, Algen (auch Blaualgen), Pflanzenkost, TF bei Nachzuchten mit Gewöhnung daran. Aquariengröße: ab 100 cm für einen Kleinharem, Vergesellschaftung nur ab ca. 400-Liter-Aquarium.

Bolivianischer Schmetterlingsbuntbarsch

Mikrogeophagus altispinosus

Herkunft Südamerika; Brasilien, Bolivien; Fluss-Systeme von Guapore, Mamore (Amazonas-Einzug)
Lebensraum Kleine Nebengewässer
Beschreibung Um 6 cm groß, Nachzuchten auch bis 10 cm erreichend, gilt diese Schmetterlingsbuntbarschart als friedlich und revierbildend. Die Haltung ist paarweise oder im Kleinharem mit 2 Weibchen pro Männchen möglich. Eine gute Bepflanzung auf dunklem Feinsand, etwas Moorkienholz und einige Steine vervollständigen die Grundausstattung, die zwecks teilweiser Abschattung mit Schwimmpflanzen ergänzt wird.
Offenbrüter, die die Eier zum Teil mit Sand bedecken sollen. Das Weibchen bewacht das Gelege, beide Eltern führen die Jungen.
Haltung 22–26 °C (27–28 °C), pH unter 7,5 (5–6,5), Härte bis 20 °dGH gewöhnbar (deutlich weicher); Torf- oder Torfextraktzusatz. Ernährung: C, O: kleines LF, TF. Aquariengröße: 80 cm.

Schmetterlingsbuntbarsch

Mikrogeophagus ramirezi

Herkunft Südamerika; Norden Venezuelas, im Osten von Kolumbien
Lebensraum Kleine, klare, sauer-weiche Bäche mit see-artigen Erweiterungen in „Oasen" der Steppen- und Savannengebiete (Llanos)
Beschreibung Die Wildtiere dieser bunten Art werden nur 5 bis 6 cm lang, asiatische Nachzuchten auch größer. Von dort kommen auch viele farbenprächtige Zuchtformen, bei denen leider das Brutpflegeverhal-

ten stark gestört oder ganz abhanden gekommen ist. Die Geschlechter sind nicht einfach zu unterscheiden, bei Männchen ist der erste Rückenflossenstrahl länger ausgezogen und die Flossenhäute sind insgesamt größer als bei den etwas kleineren Weibchen. Letztere zeigen bei sexueller Reife einen rosa Bauch. Paarweise hält man die Tiere in dicht bepflanzten, abgeschatteten Aquarien mit Steinhöhlenverstecken, die das Becken in Ruhe- und Schutzzonen mit dazwischen liegendem Schwimmraum gliedern. Empfindlich gegen Chemikalien, verträgt der Schmetterlingsbuntbarsch auch das Umsetzen schlecht und nimmt jeglichen Stress und schlechte Aufteilung des Aquariums übel. Leider ist die Art recht kurzlebig. Offenbrüter mit Elternfamilie. In der Natur in sehr warmem Wasser anzutreffen, im Aquarium aber nach langsamer Gewöhnung auch etwas kühler zu halten.
Haltung 22–26 °C (27–30 °C), pH unter 7 (5–6), Härte bis 10 °dGH (sehr weich, in der Natur unter 1 °dGH und KH); mag kein belastetes Wasser, also häufig größere Mengen (1/3 des Volumens) wechseln; Torf- oder Torfextraktzusatz. Ernährung: C, O: kleines LF, TF. Aquariengröße: 60 cm.

Gestreifter oder Glänzender Zwergbuntbarsch

Nannacara anomala

Herkunft Südamerika; Westguayana
Lebensraum Kleine Bäche oder Alt- und Restwasser großer Fluss- und Sumpfgebiete küstennaher Niederungen
Beschreibung Diese 8 bis 10 cm langen Cichliden, deren Weibchen nur etwa 5–6 cm Körperlänge errei-

chen und je nach „Gemütszustand" einen Farbwechsel zu kontrastreicher Längs- und Querstreifung zeigen, halten sich friedlich in unteren und mittleren Aquarienbezirken auf. Als recht unempfindliche Art kann man einen Harem mit nicht zu großen und aggressiven Fischen vergesellschaften, wenn teilweise dichte Bepflanzung, freier Schwimmraum, einige größere Steine und Verstecke gegeben sind. Oft versteckt laichende Höhlenbrüter; das Weibchen übernimmt die Brutpflege samt Revierverteidigung (Mutterfamilie) und vertreibt sogar das Vatertier.
Haltung 23–27 °C (26–29 °C), pH 6–7,5 (unter 7), Härte weich, bis 15 °dGH (bis 10 °dGH); wühlt nicht. Ernährung: C; LF, geht schwer an TF. Aquariengröße: 80 cm.

Kleiner Schneckenbuntbarsch
Neolamprologus brevis

Herkunft Afrika; Tanganjikasee, dort überall anzutreffen
Lebensraum Sandflächen bis über 30 m Tiefe, überall, wo Schnecken der Gattung *Neothauma* vorkommen
Beschreibung Die Schneckenbuntbarsche (es gibt einige Arten oder geographische Rassen, und die hier beispielhaft genannte wurde auch als *Lamprologus ocellatus* bezeichnet) haben ihren Namen von der ausschließlichen Nutzung leerer Schneckenhäuser zum Höhlenbrüten. In freier Wildbahn werden dazu Gehäuse von toten *Neothauma*-Schnecken benutzt, die inzwischen auch importiert werden (die Schnecken selbst scheinen schwer zu vermehren zu sein), ersatzweise funktionieren auch Apfelschnecken- oder Landschneckenhäuser von ca. 4 cm Durchmesser. Der kleine Schneckenbuntbarsch wird im männlichen Geschlecht bis 6 cm groß, Weibchen erreichen nur ca. 4 cm Länge. Sie leben paarweise zusammen. Sandboden und die genannten Schneckenhäuser sind die Minimalausstattung.
Haltung 23–28 °C (bis 30 °C), pH 7,5–9 (8–9), Härte mittel bis hart (10–20 °dGH). Ernährung: O; LF, TF. Aquariengröße: 60 cm für ein Paar; für mehrere Paare ab 150-Liter-Aquarien, da leichte innerartliche Aggressionen vorkommen.

Prinzessin von Burundi, Gabelschwanzbunt- oder Feenbarsch
Neolamprologus brichardi

Herkunft Afrika; Tanganjikasee
Lebensraum Felsen mit Sedimenten mit 2 bis 3 m Freiwasser darüber
Beschreibung Die Gruppe der Gabelschwanzbuntbarsche enthält einige ähnlich aussehende Arten mit gleichen Ansprüchen. Die etwa 8 cm langen „Prinzessinnen" und ihre bis 10 cm großen „Prinzen von Burundi" hält man am besten paarweise in versteckreichen Felsaquarien. Die Höhlen und Steinaufbauten sollen eher im Hintergrund plaztiert sein, damit vorne genug Schwimmraum bleibt. Die Geschlechter der Fische sind schwer zu unterscheiden, die Rückenflosse der Männchen ist oft spitzer ausgezogen. Die Höhlenbrüter mit Elternfamilie laichen in Spalten zwischen Felsbrocken. Kommen die Eltern erneut in Brutstimmung, lassen sie die heranwachsenden Jungen in Ruhe. Die Art zeigt dann eine sehr komplexe Sozialstruktur, teils auch sog. kooperative Brutpflege durch ältere Geschwister.
Haltung 24–28 °C (bis 30 °C), pH 7,5–9 (8–9), Härte mittel bis hart (10–20 °dGH); Aquarium kann auch bepflanzt werden. Ernährung: O, C; LF, TF. Aquariengröße: 80 cm.

Purpurprachtbuntbarsch, Königscichlide
Pelvicachromis pulcher

Herkunft Afrika; Westafrika: südliches Nigeria, Benin, Kamerun
Lebensraum Geht angeblich auch ins Brackwasser, sonst flache Zonen langsam fließender Gewässer, auch kleine Bäche
Beschreibung Recht verträglich besiedeln die ansprechenden Cichliden mit bis zu 10 cm Größe, paarweise gehalten, eher die Boden- als die Mittelregion des Aquariums. Die kleineren, besonders bei der Balz oft farbigeren Weibchen haben nicht so spitz auslaufende Rücken- und Afterflossen wie männliche Königsclichiden. Höhlenbrüter mit Vater-Mutter-Familie.

Die Tiere wühlen gerne in grobem Kies, jedoch ohne die dichte Bepflanzung neben freiem Schwimmraum zu schädigen. Unterstände und Höhlen aus Steinen und Wurzelholz brauchen diese Buntbarsche, die man auch mit Schwarmfischen der oberen Beckenzonen vergesellschaften kann. Oft glänzt die Rückenflosse der Weibchen prächtig.
Haltung 23–25 °C (bis 28 °C), pH 6–7 (bis 6,5), Härte weich bis mittelhart, max. 20 °dGH (8–12 °dGH); laicht meist an der Höhlendecke. Ernährung: O, C; LF, TF. Aquariengröße: 80 cm.

Streifenpracht(bunt)barsch, Smaragdpracht(bunt)barsch
Pelvicachromis taeniatus

Herkunft Afrika; südöstliches Nigeria, Kamerun, Benin
Lebensraum Uferzonen klarer Flüsse des Regenwaldes, vereinzelt bis ins Brackwasser vordringend
Beschreibung Nur etwa 7 cm Länge erreichen die schöneren Weibchen dieser Cichliden, die Männchen mit eckigerer Schwanz- und spitz zulaufender Rücken- und Afterflosse werden 8–9 cm lang. Obwohl friedlich auch gegen Artgenossen, hält man die Fische am besten paarweise. Sie bilden ihre Reviere im unteren und mittleren Aquarienbereich und werden zur Laichzeit etwas aggressiver. In recht dunkel eingerichteten Becken mit dichter Bepflanzung, Höhlen und anderen Versteck- und Rückzugsmöglichkeiten aus Wurzeln, Holz und Steinen lasse man freien Schwimmplatz über feinem Sand als Bodengrund. Dort wird gern gewühlt, ohne dass dabei die Pflanzen beschädigt werden. Eine Vergesellschaftung ist gut mit Oberflächen-Schwarmfischen möglich. Die Zucht dieser Höhlenbrüter mit Vater-Mutter-Familie ist in unbelastetem Wasser gut möglich. Es gibt natürliche und züchterisch bedingte unterschiedliche Farbschläge.
Haltung 23–26 °C (26–28 °C), pH 5–7 (sauer), Härte 5–10 °dGH; bis max. 15 °dGH gewöhnbar (sehr weich); leichte Strömung bieten. Ernährung: O,C; LF, TF. Aquariengröße: 80 cm.

(Hellblauer) Malawibarsch
Pseudotropheus lombardoi

Herkunft Afrika; Malawisee, um Inseln der mittleren Westküste
Lebensraum Geröll-, Felsenregionen
Beschreibung Strahlend zitronengelbe Männchen mit Eiflecken auf der Afterflosse und himmelblaue Weibchen mit sechs dunkelblauen bis schwarzen, vertikalen Binden bilden diese 15 cm lange Cichlidenart. Auch die Jungtiere sind hellblau gefärbt. Innerartlich (auch die Weibchen) recht aggressiv, besiedeln diese Buntbarsche revierbildend alle Beckenregionen. In großen Aquarien ist eine Vergesellschaftung günstig, wenn genügend Fluchtraum für die Gesellschaftsfische (z.B. robuste andere Felsbuntbarsch-Arten) bleibt. Dann wird die Aggression unter den Artgenossen „umgelenkt“. Die Einrichtung besteht aus einer Felsrückwand mit vielen Spaltenverstecken; Steinaufbauten davor bilden weitere Höhlen, die diese Maulbrüter mit Mutterfamilie gern benutzen. Die Art neigt zum Beknabbern von Pflanzen, weshalb allenfalls harte Arten verwendet werden können. Man pflegt stets ein Männchen mit mehreren Weibchen im Haremsverbund.
Haltung 23–26 °C (25–29 °C), pH 7–9 (ab 8), Härte mittel bis hart (10–15 °dGH); Verzicht auf Pflanzen ist möglich und artgemäß. Ernährung: L, O; TF, LF, Fisch-, Muschel- und Krebsfleisch. Aquariengröße: ab 120 cm.

Segelflosser, Skalar
Pterophyllum scalare

Herkunft Südamerika; Peru, Franz. Guyana, Guyana; Amazonas, Unterer Rio Negro, brasilianische Atlantik-Zuflüsse
Lebensraum Tiefe, stehende oder ruhig strömende Flussgebiete
Beschreibung Die friedlichen, gesellig lebenden Fische, die während der Laichzeit Reviere bilden, wirken in zahlreichen Farb- und Formspielarten durch ihr außergewöhnliches Erscheinungsbild recht attraktiv. Außerhalb der Brutperiode zeigen sich keine sicheren äußeren Geschlechtsunterschiede, ältere Männchen wirken wuchtiger und kräftiger als Weibchen. Viele Zuchtformen sind degeneriert und zeigen nicht mehr die arttypische Brutpflege in der Elternfamilie. Eine Vergesellschaftung mit ruhigen, nicht zu kleinen Fischen (Neons werden gefressen) ist möglich, wenn große Aquarien mit mindestens 50 cm Höhe verwendet werden. Immerhin werden diese Buntbarsche selbst bis zu 25 cm hoch! Viel Schwimmraum über dunklem Boden soll von Vallisnerien oder großblättrigen Pflanzen umgeben sein. Holzwurzeln und gedämpfte Beleuchtung ergänzen die Einrichtung. Auch die Zucht dieser bis 15 cm großen Offenbrüter, die dazu idealerweise in Paaren separat angesetzt werden, ist möglich.
Haltung 24–28 °C (26–29 °C), pH 5–7,5, besser nur bis max. 7 (bis 6,5), Härte weich bis mittelhart, max. 20 °dGH (um 5 °dGH); kümmert bei zu kühler Haltung. Ernährung: C, O; LF, TF, pflanzliche Beikost; neigt zum Überfressen. Aquariengröße: 100 cm.

Buckelkopfcichlide
Steatocranus casuarius

Herkunft Afrika; Unterlauf des Kongo
Lebensraum Stromschnellen-Zonen
Beschreibung Die Angaben zur maximalen Körperlänge dieser mäßig aggressiven Art schwanken in der

Literatur erheblich: von 6–8 cm über 10 cm bis hin zu sicher seltenen 15 cm Gesamtlänge finden sich. Die selbst als kleine Exemplare recht imposant wirkenden Buntbarsche sind paarweise zu halten, keinesfalls mit anderen Bodenbewohnern zu vergesellschaften, groß werdende Barben oder Salmler sind jedoch in größeren Gesellschaftsaquarien mögliche Partner. Männliche Buckelkopfbuntbarsche zeigen größere Flossen, sind insgesamt bulliger und mit höherem Stirnbuckel als die Weibchen ausgestattet. Starke Filterung mit guter Strömung ist nötig. Die etwas ruckartige Schwimmweise wird auch als „hüpfend“ beschrieben. Die Zucht dieser Höhlenbrüter ist möglich.
Haltung 23–28 °C (ab 26 °C), pH bis 8 (bis 7), Härte weich bis mittelhart, bis 25 °dGH. Ernährung: O; LF, TF. Aquariengröße: ab 80 cm, besser mehr; Gesellschaftsaquarien ab 200 Litern Inhalt.

Diskus, Diskusbuntbarsch
Symphysodon aequifasciatus

Herkunft Südamerika; Amazonas und Zufluss-Unterläufe
Lebensraum Ruhige, tiefe Klar- und Weißwässer
Beschreibung Ein majestätischer Cichlide, der durch die außergewöhnliche Form besticht und außerhalb der Fortpflanzungsperiode gesellig lebend gepflegt werden muss. Er ist bei idealer Haltung ausdauernd (mit Ausnahme einiger Herkünfte aus Massenzuchten), aber aufgrund der Ansprüche kein Anfänger-

fisch. Bei 18–20 cm Größe werden mindestens 50 cm hohe Aquarien gebraucht, um bei dichter Randbepflanzung mit großblättrigen Arten, viel Schwimm-Möglichkeiten, Wurzeldekoration und freistehenden Großpflanzen eine artgemäße Haltung zu ermöglichen. Ein Artenbecken ist die richtige Unterbringung, wo auch eine Zucht dieser Offenbrüter (meist auf senkrechten Flächen) mit Elternfamilie versucht werden kann, idealerweise im Paar-Ansatz. Als „Säugefisch" ernährt der Diskus seinen Nachwuchs mit einem hauptsächlich im Rückenbereich gebildeten, schleimigen Hautsekret, das die Jungtiere abweiden und bis mindestens 10 Tage nach dem Schlupf bekommen sollen. Bereits in der Natur farblich recht variabel, hinzu kommen verschiedenste Farb-Zuchtschläge.

Haltung 26–29 °C (28–31 °C), pH 5–7,5 (5,5–6,5), Härte bis 10 °dGH (sehr weich, 1–3 °dGH); Torf- oder Torfextrakt-Zusatz; oft und regelmäßig Teilwasserwechsel. Ernährung: C; abwechslungsreich füttern; LF, Spezial-TF, etwas feine Grünkost ab und zu anbieten. Aquariengröße: ab 120 cm, zur Vermehrung paarweise in etwas kleineren Aquarien.

Feuermaul-Buntbarsch

Thorichthys meeki

Herkunft Mittel- und Südamerika; Yukatan-Halbinsel Mexikos, Guatemala

Lebensraum Flussufer-Flachwassergebiete, teils auch in stehenden Gewässern, zwischen Hölzern und Felsbrocken

Beschreibung Vorwiegend im unteren Beckenbereich halten sich diese 14–16 cm langen Cichliden, am besten paarweise gehalten, auf. Nur in sehr großen Aquarien sind mehrere Paare gemeinsam zu pflegen. Die meist kleineren Weibchen sind weniger kräftig leuchtend in der Farbe. Die ausdauernden Fische gehören wohl zu den schönsten amerikanischen Buntbarschen, ihre Zucht (Offenbrüter auf Laich-Stein; Elternfamilie) gilt als leicht. Aquarien mit dichter, sauberer Sandschicht, Verstecke aus Steinen und Wurzeln sowie eine harte Randbepflanzung (Wurzeln mit Steinen gegen Wühltätigkeit schützen) sind der ideale Aufenthaltsort. Mit robusten und nicht zu kleinen Arten können die revierbildenden Feuermaulbuntbarsche in großen Aquarien auch vergesellschaftet werden. Wirklich gefährliche Attacken auf andere Aquarieninsassen sind selten, kleinere Artgenossen werden dagegen angegriffen.

Haltung 23–25 °C (bis 29 °C), pH 5,5–8,5 (um 7), Härte weich bis sehr hart (bis 10 °dGH); reichlich freien Schwimmraum lassen. Ernährung: C, O; LF, Würmer, TF. Aquariengröße: ab 100 cm.

Weißpunkt-Brabantbarsch

Tropheus duboisi

Herkunft Afrika; Tanganjikasee, Küstenstreifen im Nordwesten sowie zentrale Ostküste

Lebensraum Sedimentfreie Felsenzone in 3 bis 15 m Tiefe

Beschreibung Diese 12 cm langen Buntbarsche weisen kaum äußere Geschlechtsunterschiede auf, die Männchen sind etwas größer und haben längere Bauchflossen als weibliche Tiere. Letztere zeigen als Erwachsene am Rücken oft weiße Flecken. Im Felsen-Artenaquarium, ohne Pflanzen, aber mit vielen Durchgangshöhlen, sind diese Cichliden bestens untergebracht. Sehr gute Beleuchtung, damit die Steine für diese Aufwuchsfresser veralgen können. Man hält sie wegen der innerartlichen Aggressivität paarweise (andere Brabantbarsch-Arten „funktionieren" auch im Harem), in Großaquarien auch in Gruppenhaltung über mittelgrobem Sand, dann schreiten die Maulbrüter mit Mutterfamilie auch zur Fortpflanzung. Interessant ist der altersbedingte Farbwechsel: Nur Jungtiere haben weiße Punkte auf dunklem Grund, die später verschwinden. Dann wird ein vertikales Körperband als Zeichnung ausgebildet. Nahe verwandt soll die *T.-moorii*-Gruppe sein, doch wird für den Weißpunkt-Cichliden auch eine eigenständige Gattung diskutiert.

Haltung 24–26 °C (25–28 °C), pH 7,5–9 (8,5–9), Härte mittel bis hart (10–12 °dGH). Ernährung: L, O; LF und ballaststoffreiche Kost wie Algen und sonstige vegetarische Nahrung ist wichtig; *Tubifex* nur ab und zu als Leckerbissen. Aquariengröße: ab 150 cm.

Labyrinthfische

Als entwicklungsgeschichtlich relativ junge Gruppe entstanden vor etwa 50 Millionen Jahren die Labyrinth- oder Kletterfische. Man rechnet sie zu den weiteren Barschverwandten und die Systematiker kennen vier Familien. Verbreitet sind die Anabantoidei in Afrika und Asien. Hier werden nur asiatische Vertreter vorgestellt.
Biologisch höchst interessant an diesen Fischen ist ein zusätzlich zu den Kiemen vorhandenes Atmungsorgan, das namensgebend für die ganze Sippe wurde: das Labyrinth. Dabei handelt es sich um eine Ansammlung reich durchbluteter, stark gefalteter Hautschichten und -lamellen, die über den Kiemen im Kopf liegen. Dem Labyrinth wird durch aktive Aufnahme an der Wasseroberfläche Luft zugeführt, und es ermöglicht den Labyrinthern, den atmosphärischen Sauerstoff zu verwerten. So konnten auch Lebensräume mit kaum im Wasser gelöstem Sauerstoff besiedelt werden, ja das Labyrinth ermöglicht seinen Trägern sogar einen längeren Aufenthalt außerhalb des nassen Elements, wenn sie nur feucht gehalten werden. Extreme Lebensräume wie Kleinstgewässer, sumpfige Tümpel und überschwemmte Reisfelder, auch in flachsten Bereichen, wurden so durch diese Fischgruppe erobert.
Die Anpassung an diese Art des „Luftschnappens“ geht so weit, dass man den Tieren den Zugang zur Wasseroberfläche nicht verwehren darf. Sie würden, allein auf die Kiemenatmung angewiesen, sicher ersticken.
Und eine weitere Gefahr birgt diese in der Natur so sinnvolle Methode der Luftverwertung, die der Aquarianer kennen muss: Ist die über dem Wasser stehende Atemluft nicht wohltemperiert, d.h. entspricht ihre Temperatur nicht in etwa der des Wassers, können sich Labyrinthfische schwere Erkältungen zuziehen! Achtet man auf eine gute Abdeckung, dann erwärmt sich die Luft über dem Wasserspiegel schnell und die Gefahr ist gebannt. Damit es nicht stickig wird, sollten einige Luftschlitze in der Beckenabdeckung sein.
Viele Labyrinther treiben intensive Brutpflege, die meisten bauen dazu aus schleimumkleideten Luftblasen ein so genanntes Schaumnest, das an der Oberfläche schwimmt. Nach Eintrocknen des Schleimes ergibt sich ein recht stabiles Gebilde, das oft durch eingebaute Schwimmpflanzen oder Wasserpflanzenstücke zusätzliche Festigkeit erhält. Dort hinein werden die Eier verbracht und bis zum Schlupf der Larven umsorgt. Auch die Larven werden noch eine Zeitlang im Schaum verborgen.
Andere Brutpflege-Typen oder das Fehlen jeder Aufmerksamkeit für den Nachwuchs sind auch vertreten. Der mit über 70 cm Körperlänge für die private Aquaristik zu große Speisegurami, Osphronemus gorami, *baut z.B. kein Schaumnest, sondern formt aus Pflanzenteilen ein großes, kuppelartiges Gebilde an der Wasseroberfläche, das einem überdimensionalen umgedrehten Vogelnest gleicht. Darunter wachsen aus aufschwimmenden Eiern die Larven heran.*

Siamesischer Kampffisch
Betta splendens

Herkunft Asien; von Mittel- und Westthailand aus über große Teile Südost-Asiens weit verbreitet; im Handel sind ganz überwiegend die Schleierformen und Farbvarianten des kurzflossigen, eher unscheinbaren Wildkampffisches
Lebensraum Reisfelder, Gräben, Sümpfe, stehende Kleinstgewässer, Kanalsysteme und Überschwemmungsgebiete langsamer Fließgewässer
Beschreibung Nur ein Männchen (erkennbar an prächtiger Farbe und ausgeprägter Beflossung) pro Aquarium halten! Die Tiere kämpfen sonst nach interessantem Imponiergehabe heftig und oft bis zum Tod miteinander. Nach der Drohphase mit gespreizten Kiemendeckeln und Zeigen der aufgefalteten Flossen folgen Körper- und Flossenschläge bis zum Übergang in die Nahkampfphase. Beißen und Reißen bis zur völligen Erschöpfung und schwere Verletzungen sind die Folge. Die unscheinbaren Weibchen zeigen bei Laichreife eine Genitalpapille. Mehrere, teils dichte Gruppenpflanzungen am Boden und Schwimmpflanzen zur Oberflächenabdeckung kennzeichnen das Kampffischaquarium. Bei Beachtung der o.g. Grundregel ist der Kampffisch, dessen Körper etwa 7 cm lang wird, ein guter Vergesellschaftungspartner für friedliche, nicht flossenzupfende Arten. Eine Zucht der Schaumnestbauer mit Vaterfamilie ist gut möglich. Ist nur ein weibliches Tier vorhanden, wird es meist zu stark bedrängt und selbst in reichlich geschaffenen Versteckplätzen immer wieder vom Kampffisch-Mann aufgespürt. Besser ist daher eine Haremshaltung. „Einzelhaft“ der Männchen in Kleinstgefäßen unter einem Liter Inhalt ist Tierquälerei!

Haltung 25–27 °C (bis 30 °C), pH 5,5, bis 8,5 (6–7,5), Härte weich bis hart (bis 20 °dGH); bei Zucht jegliche Wasserbewegung vermeiden, da Schaumnest sehr empfindlich. Ernährung: C, O; LF, TF. Aquariengröße: 60 cm.

Dick- oder Wulstlippiger Fadenfisch
Colisa labiosus

Herkunft Asien; Myanmar (Birma, Burma), Bangladesch
Lebensraum Klein- und Kleinstgewässer
Beschreibung Diese friedlichen, ruhigen Labyrinther werden 9 bis 10 cm lang und sind für Gesellschaftsaquarien geeignet. Die Zucht der Schaumnestbauer (Vaterfamilie) erfolgt jedoch besser in einem Artaquarium. In beiden Fällen sind Schwimmpflanzen über dunklem Boden, eine insgesamt dunkle Einrichtung mit schwacher Beleuchtung und einige niedrige Pflanzengruppen die richtige Ausstattung. Diese Fadenfische bevorzugen obere und mittlere Wasserregionen. Männchen farbiger, mit spitz ausgezogener Rückenflosse.
Haltung 23–25 °C (28 °C), pH 6–7,5 (leicht sauer), Härte bis 15 °dGH, bei Gewöhnung auch max. 20 °dGH möglich (4–10 °dGH). Ernährung O; TF, LF. Aquariengröße: 100 cm.

Zwergfadenfisch
Colisa lalia

Herkunft Asien; Nordostindien, Pakistan, Bangladesch
Lebensraum Flüsse, auch im Mündungsbereich, und Überschwemmungsgebiete; langsam fließende Bäche, Kanäle mit Pflanzen, kleine stehende Gewässer
Beschreibung Wunderschön und friedlich sind diese kleinen, im männlichen Geschlecht bis fast 9 cm (Weibchen unter 6 cm) langen Kletterfische. Die bunten Männchen haben spitz auslaufende Rücken- und Afterflossen, die Weibchen sind silbrig grau mit manchmal angedeuteter Streifung. Unter Schwimmpflanzen und zwischen dichten, auch feinfiedrigen Pflanzengruppen halten sich die Zwergfadenfische gerne paarweise oben und in der Mitte des Aquariums auf. Moorkienholz kann ebenfalls eingebracht werden, und eine Vergesellschaftung ist mit Bodenbewohnern oder friedlichen Schwarmfischen möglich. Der brutpflegende Vaterfisch gilt als sorgfältiger Schaumnestbauer,

wobei Pflanzenteile integriert werden. Bei guten Wasserbedingungen gelingt auch die Zucht. Fast völlig rote, stark blau-betonte und „goldene" Farb-Zuchtformen sind ebenfalls erhältlich. Einige Stämme anfällig für Flossentumoren. Die Temperaturansprüche gelten als etwas umstritten, in der Natur wurden 25–28 °C beschrieben.
Haltung um 24 °C (bis 30 °C), pH 6–7,5, Härte weich bis mittel, max. 20 °dGH (weich); störungsempfindlich, aber regelmäßiger Wasserwechsel unbedingt nötig. Ernährung: O, C; alles kleine LF und TF. Aquariengröße: 60 cm; in größeren Aquarien auch mehrere Paare.

Küssender Gurami
Helostoma temminckii

Herkunft Asien; Sumatra, Borneo, Thailand, Malaysia
Lebensraum Sümpfe und Flüsse, auch kleine Seen
Beschreibung In seiner Heimat ein beliebter Speisefisch (bis 30 cm lang), wird der Küssende Gurami in Aquarien meist nur 15–20 cm groß. Die Naturform ist grün-silbrig, bekannter ist die rosa-fleischfarbene Variante. Große Aquarien mit reichhaltiger Ausstattung durch harte, kräftige Pflanzen sind ein idealer Aufenthaltsort. Schwimmpflanzen und treibende Stängel anderer Wasserpflanzen komplettieren die Einrichtung. Eine Vergesellschaftung mit

anderen Labyrinthern ist möglich; Küssende Guramis bewohnen vorwiegend die mittleren Aquarienbereiche. Die nicht einfache Zucht dieser Freilaicher ohne Nestbau und Brutpflege gelingt in großen Haltungseinheiten, wenn die Fische eine Körperlänge von ca. 14 cm haben. Zur separaten Erbrütung und Aufzucht werden die Schwimm-Eier entnommen. Der deutsche Name kommt vom Kuss-ähnlichen Balz- und Kampfverhalten mit Aneinanderdrücken der Maulscheiben.
Haltung 24–28 °C, ideal um 25 °C (bis 30 °C); in der Natur auch bei 22 °C angetroffen. pH 5,5–8 (6–7), Härte weich bis hart, besser nur bis 20 °dGH (weich); gute Filterung. Ernährung: O, H; LF, TF, Pflanzenkost, die auch von bewachsenen Steinen abgeweidet bzw. mittels feiner Kiemenreusen auf Kleinstlebewesen durchfiltert wird. Aquariengröße: ab 150 cm.

Paradiesfisch, Makropode
Makropodus opercularis

Herkunft Asien; Südchina, Korea, Vietnam, Taiwan
Lebensraum Wassergräben, Sumpfgebiete, kleine und kleinste Bäche, Reisfelder
Beschreibung Die robuste Art, der asiatische Pionier in der europäischen Warmwasser-Aquaristik, ist mit maximal 10–12 cm Länge in größeren Aquarien problemlos zu halten. Das farbigere, oft etwas schlanker wirkende Männchen hat auch längere Flossen. Gut beleuchtete Aquarien mit stellenweise dichten Pflanzenverstecken und Schwimmpflanzen bekommen dem Paradiesfisch gut, eine Dekoration mit Moorkienholz und darauf angesiedeltem *Mikrosorium* tut ein weiteres. Man sollte diese Tiere nicht mit kleinen, friedlichen Fischen vergesellschaften; nur Robustarten eignen sich dazu. Der Zuchtansatz erfolgt am besten paarweise, der Vater sorgt für die Eier und Jungen in einem Schaumnest, von dem er das Weibchen vertreibt. Manche Makropoden sind etwas aggressiv.
Haltung 10–35 °C werden zwar vertragen, doch sind 22–26 °C zu empfehlen, langfristig nicht unter 18 °C und nicht über 30 °C (um 28 °C), pH 5,5–8,5 (6–8), Härte weich bis hart. Ernährung: O, C; TF, LF. Eine Veralgung der seitlichen und hinteren Aquarienscheiben ist zum Abweiden bestens geeignet. Aquariengröße: ab 80 cm.

Honigfadenfisch, Honiggurami
Trichogaster chuna (Colisa sota, Colisa chuna)

Herkunft Asien; Nordostindien, Bangladesch
Lebensraum Pflanzenreiche Flüsse, in Einzugsgebieten der Deltabereiche, langsame Bäche, stehende Gewässer
Beschreibung Außer den Weibchen zeigen auch unterdrückte männliche Fische eine braun-graue Färbung mit zeitweiligem braunen Längsband, dagegen besticht der Farbkontrast von honig-orange und schwarz-blau bei leitenden Männchen. Letztere werden etwa 7 cm lang, weibliche Tiere bleiben kleiner. Die Art gilt als scheu und zurückhaltend, während der Laichzeit aber revierbildend. Honiggguramis eignen sich zur Vergesellschaftung mit kleinen Fischen der Bodenzone und des unteren Aquarienbereichs. Viele feinfiedrige und andere Pflanzengruppen, Schwimmpflanzen oder bis zur Wasseroberfläche wuchernde Pflanzen verwenden. Die Zucht der schaumnestbauenden Art mit aufschwimmenden Eiern und Vaterfamilie ist nicht ganz einfach.
Haltung um 25 °C (um 29 °C), pH 6–8 (6–7), Härte nicht zu hart (bis 15 °dGH); relativ abgedunkelt halten. Ernährung: C, O; kleines LF, TF. Aquariengröße: 60 cm.

Mosaikfadenfisch
Trichogaster leeri

Herkunft Asien; Malaysia, Sumatra, Borneo
Lebensraum Weiche, saure, langsam fließende, oft halbdunkle Flachwässer
Beschreibung Diese Labyrinthfische erreichen 12–15 cm Länge, die Geschlechtsunterschiede werden erst ab 8 cm Körpergröße deutlich. Die männlichen Fische zeigen orange-rot an Kiemen-, Brust- und Bauchpartie und haben eine spitz endende Rückenflosse. Die Art ist sehr friedlich, fast scheu, und fühlt sich nur in großen Aquarien wohl.

Dämmrige Haltung unter Schwimmpflanzen, der Boden gut bepflanzt (auch feinfiedrige Arten verwenden), damit Versteckmöglichkeiten zustande kommen, sind Voraussetzungen für die Zucht (Schaumnest, Vaterfamilie). Als Gesellschafter nehme man allenfalls ruhige Bodenbewohner oder kleine Bärblinge. Nur in sehr großen Behältern können mehrere Mosaikfadenfische als Gruppe gepflegt werden, da die Männchen große Reviere beanspruchen; sonst nur paarweise halten.
Haltung 24–27 °C (30 °C), pH 5,5–7,5 (bis 6,5), Härte 5–20 °dGH (weich); Torf- oder Torfextrakt-Einsatz, ruhig bis zur Braunfärbung des Wassers. Ernährung: O; TF, LF; vor allem zur Zucht auch starke C-Tendenz. Aquariengröße: ab 120 cm.

Blauer, Marmorierter oder Punktierter Fadenfisch
Trichogaster trichopterus

Herkunft Asien; Einzugsgebiet des Mekong, Thailand, Kambodscha, Vietnam, Sumatra und weitere Inseln (teils verschleppt)
Lebensraum Verschiedene Fließgewässer mit schwacher Strömung und ruhigen, pflanzenreichen Zonen
Beschreibung Der maximal 12 cm lange blaue Fadenfisch wurde früher als eine eigene Unterart angesehen (*T. t. sumatranus*), was moderne Systematiker bezweifeln. Marmorierte, blaue, goldene, weiße und gelbe Varietäten gelten als Zuchtformen. Zwischen dichten Pflanzenbeständen und Schwimmpflanzen halten sich die Tiere gerne in Beckenmitte und oben im Aquarium auf. Männliche Fische haben längere, spitz auslaufende Rückenflossen. Die marmorierten und albinotischen Zuchtformen sind leider nicht so vital und produktiv wie die Wildform. Die Zucht ist leicht, und außer einer Vergesellschaftung mit zu robusten Fischarten nimmt dieser Labyrinther so schnell nichts übel. Für kräftige und zahlreiche Nachkommenschaft hat sich die exakte Einhaltung der Zucht-Wasserwerte bewährt. Schwimmende Eier, Vaterfamilie.
Haltung 22–28 °C werden toleriert, 24–27 °C ist besser (30 °C), pH 6–8 (leicht sauer), Härte 5–30 °dGH, besser nur bis 20 °dGH (sehr weich); Alttiere vertragen das Umsetzen schlecht. Ernährung: O, C; TF, LF, auch ab und an etwas Pflanzenkost. Aquariengröße: ab 100 cm.

Knurrender Gurami
Trichopsis vittata

Herkunft Asien; Borneo, Java, Sumatra, Vietnam, Thailand
Lebensraum Ruhige Wasserzonen am Rande von Flüssen und Bächen, auch verkrautete stehende Gewässer
Beschreibung Diese mit knapp 7 cm Gesamtlänge eher kleinen Labyrinther weisen kaum wahrnehmbare äußere Geschlechtsunterschiede auf: die Männchen wirken etwas farbiger und manchmal ist ihre Afterflossenspitze länger als bei den Weibchen. Ohne starke Aggressionen zu zeigen, bilden die männlichen Knurrenden Guramis kleine Reviere, sodass eine Gruppenhaltung nur in größeren Aquarien anzuraten ist, ansonsten paarweise pflegen. Dichte Bepflanzung und eine Schwimmpflanzendecke sorgen für abgedunkelte Haltung mit vielen Verstecken. Für die Brutpflege im Rahmen der nicht sehr ergiebigen Vermehrung in Vaterfamilie baut das Männchen ein eher lockeres Schaumnest.
Die Art (und einige nähere Verwandte) erzeugt mit Hilfe der Brustflossen über sehnige Gebilde leise Knatter-Töne, die als namensgebendes „Knurren" gedeutet wurden.
Haltung 24–25 °C (bis 29 °C), pH 5,5–8 (bis 6,5), Härte 5–20 °dGH (weich). Ernährung: O, C; TF, LF. Aquariengröße: 60 cm.

Ähren- und Regenbogenfische

Obwohl von Systematikern in zwei verschiedene Gruppen innerhalb der Ährenfischartigen gestellt, wollen wir hier die Ährenfische (Atherinidae) und die Regenbogenfische (Melanotaeniidae) gemeinsam abhandeln. Sie haben Gemeinsamkeiten in der Körperform, im Schwarmverhalten und den Basisansprüchen an eine artgemäße Haltung. Der überwiegende Teil der Ährenfische bewohnt weltweit flache Küstenbereiche der Meere, die Gruppe hat nur wenige Süßwasservertreter. Kennzeichen der Familie ist der Besitz zweier Rückenflossen, die einen weiten Abstand voneinander haben. Das Verbreitungsgebiet der Regenbogenfische ist mit Australien, Neuguinea und einigen vorgelagerten Inselgruppen sowie einem Seengebiet von Indonesien dagegen recht eingeschränkt. Auch sie tragen zwei Rückenflossen, doch stehen diese dicht hintereinander.

Angehörige beider Fischgruppen haben meist einen länglichen, oval geformten und seitlich zusammengedrückten Körper und sind erst als erwachsene Tiere richtig ausgefärbt. Als Schwarmfische fühlen sie sich nur in geselliger Haltung unter ihresgleichen wohl. Gute Wasserpflege ist gegen vorzeitiges Verblassen unbedingt erforderlich.
Brutbiologisch sind sowohl Regenbogen- als auch Ährenfische so genannte Dauerlaicher, d.h. dass über die ganze Laichperiode hinweg jeden Tag einige Eier abgelegt werden. Javamoos, Wollfadenbündel oder Kunststoffgespinste geben ein geeignetes Substrat dafür ab. Dieses Material bzw. die vorsichtig von Hand abgesammelten Eier gibt man in ein Aufzuchtaquarium, in dem die gleichen Wasserwerte wie im Behältnis der Elterntiere gegeben sind. Die langsam wachsenden und sofort fressfähigen Jungfische sind nicht ganz einfach aufzuziehen.

Madagaskar-Ährenfisch
Bedotia geayi

Herkunft Madagaskar (Ostteil)
Lebensraum Bergbäche und Küstenflüsse mit klarem Wasser, bis in 500 m über dem Meeresspiegel
Beschreibung Die als etwas empfindlich eingestufte, gesellige Art wird angeblich maximal 15 cm lang, bleibt aber meist unter 10 cm Größe. Die Zucht gilt als recht leicht, wenn auf die Wasserqualität geachtet wird. Die Männchen zeigen rote Säume an Rücken- und Schwanzflosse und sind kräftiger gebaut. Die abgelegten Eier hängen, an Fädchen festgeheftet, zwischen Pflanzen (feinblättrige Arten am Rand und im Hintergrund anordnen). Lange Aquarien zum Ausschwimmen und etwas Strömung sind gut, auf klares Wasser entsprechend dem natürlichen Lebensraum sollte man achten. Eine Vergesellschaftung ist vor allem mit anderen strömungsliebenden Arten unter den friedlichen Fischen möglich.
Haltung 20–24 °C (22–24 °C), pH 7–8, Härte mittel bis hart (ab 10 °dGH bis 20 °dGH); wöchentlich bis 1/3 Frischwasser. Ernährung: C, O; LF, TF, etwas Pflanzenkost. Aquariengröße: ab 100 cm.

Lachsroter Regenbogenfisch
Glossolepis incisus

Herkunft Asien; Indonesien, nur in einem stehenden Gewässer der Neuguinea-Region Irian Jaya
Lebensraum In der Nachbarschaft von Pflanzenbeständen im Sentani-See
Beschreibung Die kräftig roten, lachsfarbenen und im Alter hochrückigen Männchen (die Farbe ist jedoch auch abhängig von Stimmung und Rangordnung) und die in gold-gelb-gepunktet auf silbrig-olivfarbenem Grund gefärbten Weibchen dieser bis 15 cm großen Art zeigen – ähnlich wie einige Buntbarsche – einen deutlichen Geschlechtsdichromatismus. Die Ausfärbung der friedlichen, schreck- und lebhaften Schwarmfische beginnt jedoch frühestens ab

etwa 5 cm Länge. Bei lockerer Bepflanzung mit viel Platz zum Schwimmen ist die Zucht mit Javamoos als Laichsubstrat nicht schwer. In der Natur gilt die Art in ihrem Fortbestand als gefährdet.
Haltung 22–24 °C (24–26 °C), pH 6–8 (ab 7), Härte mittel bis hart, max. 30 °dGH (18–25 °dGH). Ernährung: C; LF, etwas TF, Fisch- und Muschel-Schabefleisch. Aquariengröße: ab 100 cm, besser viel größer.

Werners Regenbogenfisch, Filigran-Regenbogenfisch
Iriatherina werneri

Herkunft Nordaustralien, Süd-Neuguinea
Lebensraum Kleine, stehende oder langsam fließende Gewässer mit Pflanzen
Beschreibung Deutlich verlängerte Flossenstrahlen sind sichtbares Geschlechtsmerkmal der Männchen. Mit 5 cm Körperlänge bewohnen die friedlichen Schwarmfische die mittleren Aquarienregionen. Feiner Sand als Bodengrund und reichlich freier Schwimmraum kennzeichnen das „Werneri"-Aquarium, das nur am Rand und im Hintergrund bepflanzt wird. Auch eine Teilabdeckung mit Schwimmpflanzen ist möglich. Die Zucht ist nicht ganz einfach. Man hält diese geselligen Fische entweder im Artenbecken oder in Gesellschaft kleiner, zarter Fische bzw. zusammen mit anderen Regenbogenfischen.
Haltung 25–26 °C (bis 28 °C), pH 5–7,5 (um 7), Härte mittelhart, bis 20 °dGH (ab 10 °dGH); wöchentlich $^{1}/_{4}$ Teilwasserwechsel. Ernährung: C, O; kleines LF, TF. Aquariengröße: 60 cm.

Celebes-Sonnenstrahlfisch
Marosatherina (Telmatherina) ladigesi

Herkunft Südostasien; Sulawesi (früher Celebes)
Lebensraum Bäche in hügeligem Gelände
Beschreibung Die 7 bis 8 cm lange, gesellig zu pflegende Art trägt im männlichen Geschlecht verlängerte Flossenstrahlen und bewohnt friedlich die mittleren Aquarien-

zonen. Die Schwarmfische lieben die Morgensonne und balzen prächtig in deren Strahlen. Das Becken sollte teils dichte Randbepflanzung und Schwimmpflanzen auf Teilen der Oberfläche aufweisen. In Längsrichtung wird viel freier Schwimmraum in gut bewegtem, sauerstoffreichen Wasser gebraucht. Vergesellschaftung ist gut möglich und auch die Zucht gelingt paarweise oder im Gruppenansatz.
Haltung 22–26 °C (eher unterer Bereich davon), pH 7–8 (7), Härte mittel bis hart (ab 12 °dGH); häufige Frischwassergaben und „klare Verhältnisse" sind unabdingbar. Ernährung: C, O; LF, TF. Aquariengröße: 80 cm.

Ajamaru-Regenbogenfisch, Bösemans Regenbogenfisch
Melanotaenia boesemani

Herkunft Indonesien; Ajamaru-Seen (Irian Jaya)
Lebensraum Flache Seenbereiche mit feinen Pflanzen
Beschreibung Die männlichen Tiere dieser 10 bis 14 cm langen Regenbogenfische sind intensiver gefärbt (vor allem im hinteren Gelbton), etwas größer als die Weibchen und

hochrückiger. Überwiegend in mittleren bis oberen Bereichen als Schwarm umherziehend, braucht die friedliche Art viel freien Schwimmraum. Deshalb nur eine lockere Randbepflanzung vornehmen, die im Hintergrund dichter sein darf. Der gute Gesellschaftsfisch springt gern und mag sandigen Boden. Obwohl in der Natur in weichem und alkalischem Wasser von pH 9–9,5 lebend, haben sich die unten in Klammern genannten Werte für die an sich leichte Zucht dieser Dauerlaicher bewährt. Die Jungfische brauchen bis 12 Monate, um voll heranzuwachsen.
Haltung 24–27 °C (bis 30 °C), pH 7–8,5 (7), Härte mittel bis hart, bis 20 °dGH (8–15 °dGH). Ernährung: C, O; hauptsächlich LF, TF. Aquariengröße: ab 80 cm.

Juwelen-Regenbogenfisch, Dreistreifen-Regenbogenfisch
Melanotaenia trifasciata

Herkunft Nordaustralien
Lebensraum Diverse Fluss-Systeme
Beschreibung Von dieser etwa 12–13 cm langen Art gibt es je nach Herkunft unterschiedlich gefärbte Varianten, die auch von den Ansprüchen an die Wasserparameter etwas verschieden sein können. Fragen Sie beim Kauf danach. Als friedlich-lebhafte Schwarmfische beleben die Tiere die Aquarienmitte. Becken mit dunklem Boden und Bepflanzung am Rand und hinten lassen genug freien Schwimmraum. Die Zucht der Dauerlaicher ist einfach. Die Männchen sind farbiger mit spitz ausgezogenen Flossen. 3 Männchen mit 7 Weibchen, auf jeden Fall jedoch Überschuss an weiblichen Tieren, stellen eine gute Gruppe dar. Es empfehlen sich Artaquarien oder die Vergesellschaftung mit anderen Regenbogenfischen.
Haltung 24–28 °C (25–30 °C), pH 7–8 (um 7), Härte mittel bis hart (nicht zu weich), regelmäßig Teilwasserwechsel, was auch die Fortpflanzungsbereitschaft auslöst. Ernährung: C, O; LF, TF. Aquariengröße: ab 100 cm, besser größer.

Grundeln

Diese Fischgruppe findet man fast weltweit, und zwar in allen Gewässertypen. Ausgehend von einer Höhle besetzen die männlichen Grundeln ihre Reviere. Leider sind nicht sehr viele Arten für die Süßwasser-Aquaristik geeignet oder sie werden kaum gehandelt. Des weiteren gibt es eine in der Aquaristik schlecht nachzuahmende Vermehrungsstrategie etlicher Brack- und Süßwasserarten: die Larven treiben aus den Flüssen ins Meer und reifen nur in Salzwasser heran. Daher haben wir uns hier auf die Beschreibung einer Art beschränkt, deren Zucht auch dem Einsteiger gelingt. Etwas fortgeschrittene Aquarianer mögen sich auch über die Süßwasser-Gattungen Brachygobius, Rhinogobius *und* Stiphodon *kundig machen.*

Schwanzfleck-Schläfergrundel
Tateurndina ocellicauda

Herkunft Ost-Papua-Neuguinea
Lebensraum Randzonen ruhiger Fließgewässer, in Pflanzenbeständen
Beschreibung Die nur 5 bis 7,5 cm lange, farbenprächtige Grundel trägt (fälschlicherweise?) auch weitere deutsche Bezeichnungen wie Pastell- oder Schmetterlingsgrundel. Die Weibchen bleiben kleiner als die etwas rundköpfigen Männchen, und ihre Rücken- und Afterflossen sind dunkel gesäumt. Die Einrichtung des Aquariums soll bei recht dichter Bepflanzung viele kleine Verstecke bieten, Holz- und Steinhöhlen sind anzubieten, damit die Revierwahl des Männchens bei paarweiser Haltung frei erfolgen kann. Kommt es zur Fortpflanzung, die auch in Gesellschaftsaquarien gelingen kann, bewacht das männliche Tier die oft in einer Höhle abgelegten Eier. Nicht mit langflossigen Fischen vergesellschaften, ansonsten mit eher ruhigen Arten.
Haltung 23–25 °C (bis 26 °C), pH 7–8 (um 7), Härte weich bis hart (ab 12 °dGH); häufige Frischwassergaben und „klare Verhältnisse“ sind unabdingbar. Ernährung: C; LF, TF. Aquariengröße: 60 cm. Gruppenhaltung mit mehreren Männchen-Revieren nur in deutlich größeren Aquarien.

Wirbellose

Alle Tiere, die keine Wirbelsäule als zentrales und stützendes Element ihres Skeletts im Körper tragen, sind „ohne Wirbel", also wirbellos. Die Gruppe der „Wirbellosen" ist jedoch zoologisch exakt definiert: Im Mittelpunkt der nachfolgenden Abschnitte sollen solche Wirbellose stehen, die in den letzten Jahren als aquaristische Pfleglinge immer interessanter geworden sind. Unter den Gliederfüßlern (Arthropoda) sind dies für die Aquaristik vor allem die ***Krebse*** *(Crustacea) genauer gesagt, die sogenannten „höheren Krebse" (im Sinne von biologisch-systematisch höher entwickelt; Malacostraca) mit der Untergruppe der Zehnfußkrebse (Decapoda). Hieraus möchten wir drei Vertreter aus der Familie der Nordweltkrebse (Cambaridae) beschreiben, dazu vier Gattungen von Garnelen, nämlich zwei aus der Familie der Fächergarnelen (Atyidae) und zwei aus der Familie Palaemonidae.*
Schließlich hat auch die große Gruppe der Weichtiere (Mollusca) einige Aquarienpfleglinge hervorgebracht. Unter ihnen haben wir nur zwei Arten von ***Schnecken*** *(Gastropoda) beispielhaft herausgegriffen. Neben den bereits vorgestellten „Lästlingen" oder eher ungebetenen Gästen (Turmdeckelschnecke, Posthornschnecke) haben sie bewusst den Weg zu den Aquarianern gefunden, weil Größe, Färbung oder Zeichnung ihrer Gehäuse als ansprechend empfunden werden. Manchmal ist es auch das Verhalten, welches diese Wirbellosen zwecks Beobachtung zu Heimtieren werden lässt. Entweder in Gesellschaftsaquarien oder separat in Artaquarien gehalten und vermehrt, gehören sie neben den meist in Gartenteichen angesiedelten Muscheln zu den neueren Weichtierbewohnern von Aquarien.*
Arbeitsgemeinschaften organisierter Aquarianer widmen sich der Haltung vieler weiterer Wirbelloser. Eine Recherche im Internet oder die Sichtung von Spezialliteratur lohnt sich für Interessierte allemal.

Patzcuaro-Zwergkrebs
Cambarellus patzcuarensis

Herkunft Mittelamerika; Mexiko
Lebensraum Lago Patzcuaro, ein See im Hochland; Uferregion mit dichten Wasserpflanzen
Beschreibung Naturfarben (bräunlich-beige, auch dunkelbraun) oder orange präsentiert sich diese mit 4 bis max. 5 cm Länge (die Männchen bleiben kleiner) eher tagaktive, aber auch nachts nie völlig ruhige Krebsart. Streifen und Flecken finden sich in beiden Farbvarianten, die Orangefarbene ist häufiger zu erhalten. In durch vielfältige Dekoration reicht untergliederten Aquarien mit vielen Verstecken fühlt sich die Art wohl. Eingebrachtes Laub dient zum Verbergen und als Zusatznahrung. Vermehrungsdaten noch recht uneinheitlich. Vergesellschaftung mit ruhigen Fischen, keinesfalls mit Garnelen.
Haltung 16–24 °C (ab 18 °C), pH 7–9 (ab 8 ideal), Härte weich bis hart (ab mittel). Ernährung: O; TF, LF; auch etwas Rohkost. Frisst auch Schnecken! Aquariengröße: ab 12 l für 3 Tiere, bei Gruppenhaltung (z.B. 2 Männchen auf 4 Weibchen) besser ab 20 l.

Blauer Florida-Lobster, Blauer Floridakrebs
Procambarus alleni

Herkunft Nordamerika; Süd-Florida
Lebensraum stark verbreitet in vielen stehenden Gewässern, auch künstlichen ruhigen Grabensystemen mit reichlich Wasserpflanzen
Beschreibung Auch bei dieser Cambariden-Art werden die Weibchen größer als die Männchen, einzelne Tiere sollen bis 15 cm Gesamtlänge erreichen, bis 10 cm scheint jedoch der durchschnittliche Wert zu sein. Die Wildform ist meist bräunlich, teils mit Flecken und hellen Flanken, nur an den Scheren zeigt sich ein bläulicher Schimmer. Wohl durch einen Defekt im Enzymsystem, der weitervererbt wird, entstand eine rein blaue Zuchtform. Im Handel ist fast ausschließlich diese teils auch leicht lila schimmernde Farbmorphe. In der Natur werden von den Tieren bei sin-

kendem Wasserspiegel kurze Rückzugsgänge gegraben, weshalb im Aquarium durch tiefe Bodengrundschichten das artgemäße „Buddeln“ ermöglicht werden sollte. Ansonsten biete man viele Verstecke aus Wurzeln, Steinen und Kunsthöhlen. Fast alle Pflanzen werden gefressen oder durch die Wühltätigkeit geschädigt. Mit Oberflächenfischen zu vergesellschaften.
Haltung 16–27 °C (20–28 °C), pH 6,5–8 (ab 7), Härte 10–25 °dGH. Ernährung: O; TF, LF, Laub, kleine Wirbellose, Pflanzenkost. Aquariengröße: ab 60 cm für ein Paar.

Marmorkrebs
Procambarus sp.

Herkunft Unbekannt, vermutlich südliche USA oder Mittelamerika
Lebensraum Naturbiotope sind nicht beschrieben, da die Herkunft nicht geklärt ist.
Beschreibung Diese etwa 8–12 cm langen Krebse sind wunderschön marmoriert in unterschiedlicher Farbausprägung, die sich nach der Wasserqualität richtet. Grün-braun bis bläulich und rot sind als Grundfarben mit dunklen Fleckungen beobachtet worden. Sehr genügsam und weitgehend anspruchslos, was die Wasserparameter und die vielseitige Verköstigung betrifft. Gesunde Fische werden kaum verfolgt, besser jedoch auf bodennah lebende Fische als Vergesellschaftungspartner verzichten. Wasserpflanzen werden gefressen oder zerstört, weshalb man für die zahlreich erforderlichen Versteckmöglichkeiten auf Holz, Wurzeln, Tonröhren, Steinaufbauten o.ä. angewiesen ist. Dieser Marmorkrebs weist eine fortpflanzungsbiologische Besonderheit auf, die bei Zehnfußkrebsen einmalig ist: die sogenannte Jungfernzeugung (Parthenogenese). Das bedeutet, dass es nur weibliche Tiere gibt, die keine Zwitter sind und auch alleine fruchtbare Eier legen. Männliche Tiere werden eventuell unter sehr schlechten Umgebungsbedingungen ausgebildet, wie man dies von einigen Wasserfloh-Krebschen auch kennt.
Haltung 4–30 °C (15–27 °C), pH um 7, Härte weich bis hart. Ernährung: O; TF, LF; auch Schnecken werden verzehrt, dazu Grünkost. Aquariengröße: ab 60 cm für 2–3 Tiere, jedoch erhebliches Vermehrungspotential (auch bei Einzelhaltung!) und daher rasch größere (oder mehrere) Aquarien erforderlich.

Bergwasser- oder Steingarnele, Molukken- oder Radargarnele
Atyopsis moluccensis

Herkunft Südostasien
Lebensraum Fließgewässer
Beschreibung Die Männchen dieser bisher noch nicht im Aquarium vermehrten Garnelenart (Larven werden in der Natur ins Meer gespült und brauchen eine Brack- oder Seewasser-Phase) werden bis 10 cm, die Weibchen nur 8 cm groß. Verdickungen des vordersten Paares der Schreitbeine kennzeichnen die männlichen Tiere. Die Zeichnung variiert stark, je nach Herkunft, weist jedoch häufig braun-rote Töne auf, bei einem hellen Strich auf dem Rücken. Statt Scherenbeinen (Scheren sind bei Krebsen immer umgebildete Beine) tragen diese Garnelen filigrane Borstenfächer, mit denen feine Nahrungspartikel aus der Strömung gefiltert und den Mundwerkzeugen zugeführt werden. Auch am Boden wird zusätzlich nach Nahrung gesucht. Die friedlichen Tiere sollten allenfalls mit kleinen, sehr ruhigen Fischarten oder anderen Garnelen vergesellschaftet werden. Gute Strömung und Umwälzung sind im Aquarium erforderlich, dazu einige erhöhte Sitzflächen und Verstecke.
Haltung 22–28 °C, sollen 20–30 °C vertragen, pH um 7, Härte weich bis hart. Ernährung: C, O; feines LF , kleinstes TF. Aquariengröße: ab 60 cm.

Riesenfächergarnele
Atya sp.

Herkunft Atya-Arten gibt es in Westafrika und im Nordosten Südamerikas/Ost-Mittelamerika
Lebensraum Fließgewässer

Beschreibung Meist werden afrikanische Vertreter der Gattung *Atya* gehandelt *(A. „gabonensis", A. camerunensis, A. africana, A. scabra)*, sie wird bis 15 cm lang. Im männlichen Geschlecht ist das erste Schreitbeinpaar zu Klauen verdickt. Statt Scheren tragen auch diese Garnelen Beutefang-Fächer vor den Laufbeinen. Ernährungsweise wie die asiatischen *Atyopsis*-Arten. Häutungsprobleme und Umfärbungen von Riesenfächergarnelen dürften auf Mineral-Mangelerscheinungen hindeuten. Große, körperangepasste Verstecke (Kunsthöhlen, halbierte Kokosnuss-Schalen, Steinaufbauten etc.) und gut durchströmtes Wasser sind unabdingbare Haltungsvoraussetzungen. Mit ruhigen Fischarten zu vergesellschaften. Vermehrung im Aquarium wegen nötiger Salzwasser-Phasen kaum möglich.
Haltung 21–29 °C, pH um 7, Härte weich bis hart; Spurenelementzugaben in weichem Wasser vermutlich erforderlich, zeitweilig anzuraten auch in härteren Wässern. Ernährung: O, C; TF, viel hochwertiges kleines LF. Aquariengröße: ab 100 cm für eine kleine Gruppe; in größeren Aquarien auch mit anderen Garnelen zu vergesellschaften.

Algengarnele, Amano-Garnele
Caridina japonica

Herkunft Japan (Süden der Hauptinsel)
Lebensraum Gut durchströmte Fließgewässer, in dichten Pflanzenbeständen
Beschreibung Diese zarten Garnelen, sie wirken milchglasartig mit dunkler Punktung und einem feinem Rückenstrich, werden in beiden Geschlechtern etwa 4–5 cm groß. Im Durchschnitt bleiben die Männchen etwas kleiner und sind schlanker, die Körperplatten des hinteren Teils (Abdomen) sind bei den Weibchen weit nach unten gezogen. Mit gleichgroßen friedlichen Fischen, z.B. Salmlern oder Bärblingen, gut zu vergesellschaften, sollen die Tiere in kleinen Gruppen gepflegt werden. Reich bepflanzte Aquarien imitieren den natürlichen Lebensraum. Nach der Paarung tragen die Weibchen die 1000–2000 Eier in ihren Bauchtaschen 3–6 Wochen lang mit sich herum, die Angaben hierzu sind unterschiedlich. Danach werden sie ins freie Wasser abgestoßen und benötigen eine Brack- oder Meerwasserphase bis zur Größe von etwa 6 mm (ca. 4 Wochen), während der sie sich von feinstem Plankton und einzelligen Algen ernähren und sich mehrmals häuten. Ähnliche Arten aus anderen Teilen Asiens sind auch in reinem Süßwasser zu vermehren.
Haltung 22–25 °C, soll auch erhebliche Toleranz nach unten aufweisen (bis 15 °C), pH 6–8, Härte bis 20 °dGH; bei Gewöhnung auch noch härter. Ernährung: O, H; TF; angeblich auch tote zerdrückte Schnecken, viel Pflanzenkost, die Tiere weiden Algenrasen ab. Aquariengröße: etwa 20 l für 5 Exemplare, besser größere Gruppen in 60-cm-Aquarien pflegen.

Crystal red, Rückenstrichgarnele
Neocaridina sp.

Herkunft Asien, Südostasien
Lebensraum in vielen Gewässertypen, an unterschiedlichsten Biotop-Standorten; immer in Pflanzenansammlungen
Beschreibung Für die unterschiedlichen Herkünfte, Farb- und Zeichnungsvarianten dieser Gattung gibt es entsprechend viele deutsche Bezeichnungen, die oben genannten sind nur Beispiele für typische und häufige Vertreter und weisen auf Farbe bzw. Musterung der bis zu ca. 3 cm langen Garnelen hin. Wie bei *Caridina*-Arten haben die etwas plumperen Weibchen Bruttaschen und daher breitere, weit nach unten reichende Abdominalplatten. Nicht zu weiches Wasser, reiche Bepflanzung (z.B. mit viel Javamoos) und Vergesellschaftung nur mit sehr klein bleibenden Fischen bieten die richtige Umgebung für diese friedlichen und munteren Zwerggarnelen. Die Arten der Gattung *Neocaridina* weisen unterschiedlich Brutbiologie auf: Eier/Larven in kompletter Süßwasserentwicklung, Schlupf von Jungtieren (Larvenentwicklung im Schutz des Muttertieres) oder Abstoßen der Larven, letztere teils mit erforderlicher Meerwasser-Zeitigung. Obwohl teils als reine „Algengarnelen" verkauft, sollte abwechslungsreiche Fütterung unter Zugabe tierischer Kost probiert werden.
Haltung 20–25 °C, manche Arten auch kältetolerant, pH 6,5–8, Härte mittel bis hart. Ernährung: O, H; TF. Aqua-

riengröße: etwa 20 l für eine 10er-Gruppe; bei Vergesellschaftung mit Fischen ab 60 cm Aquarienlänge.

Rennschnecke
Neritina natalensis

Herkunft Afrika; Südafrika. In Asien durch die Art *Neritina ziczac* vertreten. *N. zebra* ist wohl eine echte Meeresschnecke, die Bezeichnung dient aber oft als Handlesname für eine bestimmte Gehäusezeichnungsvariante von *N. natalensis*.
Lebensraum Küstennahe Flüsse, Brackwasserbereiche, teils aufwärts wandernd in reine Süßwasserzonen
Beschreibung Diese zwittrige Schneckenart ist farblich recht variabel, die Gehäuse der Tiere können schwarze Muster auf weiß-beigem, gelbem, goldenem, braunem oder anthrazitfarbenem Grund aufweisen. Letztere sind womöglich andere *Neritina*-Arten. Zebra- oder Nixenschnecken sind weitere gängige Namen, die Bezeichnung „Rennschnecke“ weist jedoch auf die für Schnecken relativ flotte Fortbewegungsgeschwindigkeit hin. Dies gilt nur für das nächtliche Umherkriechen, tagsüber bewegen sich die Tiere wenig und manchmal verlassen sie einen Sitzplatz tagelang überhaupt nicht. Aquarien gut abdecken, da die Schnecken oft das Wasser verlassen. Vertragen offensichtlich kaum Nitratanreicherungen. Mit Fischen zu vergesellschaften, außer natürlich mit schneckenfressenden Arten. Vermehrung in menschlicher Obhut bisher nicht geglückt. Eiablagen kommen vor, in Süßwasser kommt es jedoch nicht zur Weiterentwicklung, vermutlich wird auch hier Salzzusatz bis zur Brackwasserqualität benötigt.

Haltung 21–25 °C, pH ab 7, Härte mittel bis hart. Ernährung: H,O; TF, Pflanzenkost. Aquariengröße: 20 Liter für eine Kleingruppe; Gesellschaftsaquarien ab 60 cm.

Apfelschnecke
Pomacea bridgesi

Herkunft Süd- und Mittelamerika, Asien
Lebensraum Weit verbreitet in vielen Gewässertypen
Beschreibung Früher in die Gattung *Ampullaria* gestellt, hat man diesen Blasenschnecken (Ampullariidae) inzwischen eine eigene Gattung zugeteilt. Die stattlichen Schnecken mit rundlichem Gehäuse weisen bis 6,5 cm Durchmesser auf. Auch verwandte Arten wie *A. canaliculata* oder *A. flagellata* (weiß, auch gescheckt) sind erhältlich. Das „Haus“ der eigentlichen Apfelschnecke hat einen Deckel zum Verschließen nach Rückzug des Muskelfußes und ist braun, gold-gelb oder weiß-bläulich schimmernd mit dunklen Streifen. Die Tiere sind keine Zwitter, äußerlich erkennbare Geschlechtsunterschiede sind aber nicht bekannt. Für die Nachzucht pflege man daher eine Gruppe, um erfolgreiche Eiablagen in hart-kalkigen Traubenballen oberhalb der Wasseroberfläche des stets gut abzudeckenden Aquariums zu erhalten. Nach 3 bis 5 Wochen schlüpfen sofort kriech- und fressfähige Jungschnecken, d.h. das Larvenstadium wird innerhalb des schützenden Eies verbracht. Man kann die Apfelschnecken auch in weicherem Wasser als unten genannt halten, muss dann aber Kalk (Sepiaschale, Vogel-Pickstein-Stücke) zufüttern, damit das Gehäuse nicht porös wird. Damit wird dann allerdings auch das Wasser langsam aufgehärtet.
Haltung 20–29 °C, pH ab 7, Härte ab 15 °dGH; besser mehr. Ernährung: O, H; TF. Aquariengröße: ca. 40 l je Tier; bei Vergesellschaftung mit nicht schneckenfressenden Fischen je nach deren Größe ab 60 cm Aquarienlänge.

Service

Zum Weiterlesen

Beck, Peter: **Aquarienpflanzen Grundkurs.** Auswahl und Pflege. Kosmos-Verlag, Stuttgart 2000.
Dreyer, Stephan: **Zierfische richtig füttern.** Bede-Verlag, Ruhmannsfelden 1995.
Gering, Claus-Peter: **Aquarienpflanzen.** Kosmos-Verlag, Stuttgart 2003.
Gutachten über Mindestanforderungen an die Haltung von Zierfischen (Süßwasser). Bundesministerium für Ernährung 1999 (siehe Adres sen).
Hiscock, Peter: **Aquarien gestalten – nach dem Vorbild der Natur.** Kosmos-Verlag, Stuttgart 2004.
Kahl, Wally und Burkard und Dieter Vogt: **Kosmos Atlas Aquarienfische.** Über 750 Süsswasser-Arten. Kosmos-Verlag, Stuttgart 2003.
Kasselmann, Christel: **Pflanzenaquarien gestalten.** Planen, pflanzen, pflegen. 100 Pflanzenarten auf einen Blick. Kosmos-Verlag, Stutt gart 2006.
Koslowski, Ingo: **Die Buntbarsche Amerikas, Band 2:** Zwergcichliden. Verlag Eugen Ulmer, Stuttgart 2002
Lukhaup, Chris und Reinhard Pekny: **Krebse im Aquarium.** Dähne Verlag, Ettlingen 2005.
Kölle, Dr. med. vet. Petra: **Fischkrankheiten.** Kosmos-Verlag, Stuttgart 2001.
Mayland, Hans J.: **Diskus.** Kosmos-Verlag, Stuttgart 2000.
Mayland, Hans. J. und Dieter Bork: **Salmler.** Kosmos-Verlag, Stuttgart 2000.
Osche, Claus: **Lebendgebärende.** Kosmos-Verlag, Stuttgart 2001.
Schaefer, Claus: **Taschenatlas Aquarienfische und Wirbellose.** Verlag Eugen Ulmer, Stuttgart 2005.
Ullrich, Martin: **Buntbarsche.** Kosmos-Verlag, Stuttgart 2000.
Untergasser, Dieter: **Krankheiten der Aqurienfische.** Diagnose und Behandlung. Kosmos-Verlag, Stuttgart 2006.
Vierke, Jörg: **Labyrinthfische.** Kosmos-Verlag, Stuttgart 2001.
Vierke, Jörg: **Welse.** Kosmos-Verlag, Stuttgart 2002.
Werner, Uwe und Rainer Stawikowski: **Die Buntbarsche Amerikas, Band 3.** Verlag Eugen Ulmer, Stuttgart 2004

Nützliche Adressen

Verband Deutscher Vereine für Aquarien- und Terrarienkunde e.V. (VDA)
Luxemburger Str. 16
D - 44789 Bochum
Tel.: 02 34-38 16 50
Fax: 02 34 – 38 25 90
HansStiller@aol.com
www.vda-online.de

Zentralverband Zoologischer Fachbetriebe Deutschlands e.V. (ZZF)
Rheinstr. 35, D - 63225 Langen
Tel.: 0 61 03-91 07-0
Fax: 0 61 03-91 07-33
info@zzf.de, www.zzf.de

Bundesministerium für Ernährung, Landwirtschaft und Verbraucherschutz, BMELV
Rochusstr. 1, 53123 Bonn
Tel.: 02 28-5 29-0
Fax: 02 28-5 29-42 62
poststelle@bmelv.bund.de
www.bmelv.de

Internet

www.fishbase.net
www.wirbellose.de

Register

Bildnachweis
Farbaufnahmen von Burkard Kahl (232 Aufnahmen) sowie Peter Beck (Seite 23, 31, 44), Günter Glück (Seite 46), JBL (Seite 43, 51o, 52, 53u, 54, 55, 57M, 57u, 58o), Christel Kasselmann (Seite 72oM, 73ol, 73oM, 73or, 73ul, 75ol, 75oM, 76ol, 76or, 76ul, 76ur, 78oM, 78or, 78ul), Dr. Rainer Keppler (1, Seite 37), Christof Salata/Kosmos (Seite 58ul, 59) und Dieter Untergasser (Seite 98).

Illustrationen von Maria Bertsch/Sigrid Haag (Seite 66, 67 rechts, 68), Marianne Golte-Bechtle (Seite 62, 90), Dr. Rainer Keppler (Seite 50, 57), Angela Paysan (Seite 67 links, 93), aus Remane/Storch/Welsch, Kurzes Lehrbuch der Zoologie, 5. Aufl. (Seite 82), Brigitte Zwickel-Nölle (Seite 11, 13, 14, 15, 17, 19, 20, 28).

Alle Angaben in diesem Buch erfolgen nach bestem Wissen und Gewissen. Sorgfalt bei der Umsetzung ist indes dennoch geboten. Der Verlag und die Autoren übernehmen keinerlei Haftung für Personen-, Sach- oder Vermögensschäden, die aus der Anwendung der vorgestellten Materialien und Methoden entstehen könnten.

Impressum
Umschlag von eStudio Calamar mit 4 Farbaufnahmen von Burkard Kahl.

Mit 264 Farbfotos und 30 Schwarzweißzeichnungen.

Unser gesamtes lieferbares Programm und viele weitere Informationen zu unseren Büchern, Spielen, Experimentierkästen, DVDs, Autoren und Aktivitäten finden Sie unter **www.komos.de**

Gedruckt auf chlorfrei gebleichtem Papier

3., aktualisierte und neu bebilderte Auflage

ISBN 978-3-440-09868-4
Redaktion: Angela Beck
Gestaltungskonzept: eStudio Calamar
Gestaltung: TypoDesign, Kist
Produktion: Kirsten Raue / Eva Schmidt
Printed in The Czech Republic / Imprimé en République Tchèque